Research on Regional Development
and Regional Planning

区域发展与
区域规划研究

毛汉英 著

图书在版编目（CIP）数据

区域发展与区域规划研究 / 毛汉英著. —北京：商务印书馆，2022
ISBN 978-7-100-20501-6

Ⅰ. ①区… Ⅱ. ①毛… Ⅲ. ①区域发展－研究②区域规划－研究 Ⅳ. ①F061.5②X22

中国版本图书馆 CIP 数据核字（2021）第 237054 号

权利保留，侵权必究。

区域发展与区域规划研究

毛汉英 著

商 务 印 书 馆 出 版
（北京王府井大街 36 号 邮政编码 100710）
商 务 印 书 馆 发 行
北京艺辉伊航图文有限公司印刷
ISBN 978-7-100-20501-6

2022 年 6 月第 1 版　　开本 787×1092　1/16
2022 年 6 月北京第 1 次印刷　印张 23 $\frac{1}{4}$　插页 3
定价：148.00 元

（摄于 2018 年 80 周岁时）

  毛汉英，国际欧亚科学院院士、中国科学院地理科学与资源研究所研究员、博士生导师。1938 年 7 月出生于江苏省江阴，1961 年毕业于南京大学地理系经济地理专业。1986 年 8 月～1987 年 10 月在苏联列宁格勒大学进修、访问。主要研究方向为：区域发展与区域规划、世界地理研究。出版学术著作（含合著）16 本，发表学术论文 220 篇。曾获中科院及省部级科技进步一等奖 2 项、二等奖 5 项，中科院自然科学二等奖 1 项，1992 年享受国务院颁发的政府特殊津贴，2008 年获中国科学院研究生院"杰出贡献教师奖"，2009 年获"中国科学院杰出科技成就奖"，2017 年获"中国地理科学终身成就奖"。2012 年当选为国际欧亚科学院院士。

序　言

我自1961年9月从南京大学地理系毕业分配到中国科学院地理研究所（2000年起改名为"中国科学院地理科学与资源研究所"）工作以来，迄今已有60载。60年弹指一挥间，我从一个涉世不深的愣头青年成长为一名人文—经济地理研究学者。在我60年的科研生涯中，除受党和国家的阳光雨露滋润和培养外，我的成长还是与众多老一辈科学家的引领、指导和提携，同辈同事的团结合作和鼓励，以及我昔日的学生们的大力支持和热情帮助分不开的。每当我回忆起这一幕幕的情景，感激之情便涌向心头。在此，我要对他们表示深深的感谢！

我从事科研工作60年，其中退休前的43年主要承担中科院、国家自然科学基金委及各级政府部门下达或委托的科研任务；退休后的17年，我始终未离开所热爱的地理科学事业，除开头几年主持几项与退休前有工作联系的省、地市、县区域发展与区域规划项目外，主要参加我所在的城市地理室方创琳和黄金川团队负责的科研项目。这60年的科研生涯大体可分为三个阶段：1961年9月～1969年8月，主要从事农业地理与农业区划研究工作，其中1966年8月～1969年8月为"文革"初期最乱的三年，科研工作几乎全部停顿；1969年8月至1987年底，从事苏联地理研究，其中1986年8月～1987年10月公派赴苏联进修、访问；1988年1月至今，主要从事区域发展与区域规划研究工作。

我进所工作的60年中，遇到了三位重要的"贵人"和伯乐。其中对我成长帮助最大的是我国人文—经济地理学奠基人之一的吴传钧院士。吴先生作为我进所时的经济地理研究室主任，在我进所后不久的一次个别谈话中就明确要求我："强基础，重实践，勤总结"。他在研究工作中给予我充分信任、压重担，鼓励多出成果；同时针对我存在的骄傲自满、火爆脾气等缺点给予严肃批评帮助。吴先生对我影响最直接的是学术思想的引领作用。1960年代初，他发表于《科学通报》上的"经济地理学——生产布局的科学"一文，将经济地理学定位为具有自然—经济—技术综合特点的"边缘科学"，不仅推动了当时年轻同志开展"三基训练"（基础理论、基础技术知识、基本方法）学习热潮，而且成为我毕生工作的努力方向。1979年在广州召开的中国地理学会第四次代表大会上，吴先生在其"地理学的昨天、今天和明天"的主旨报告中提出，地理学研究的独特领域是人地关系地域系统（简称"人地系统"），吹响了振兴中国人文—经济地理学的进军号。其后，又于1991年底在其著名学术论文"论地理学的研究核心——人地关系地域系统"一文中作了详细阐述。他指出：

人地关系地域系统是由人类活动和地理环境各要素按一定规律相互交织在一起构成的复杂的开放系统，研究的目标是优化与调控；并强调："任何区域开发、区域规划和区域管理都必须以改善区域人地相互作用结构、开发人地相互作用潜力和加快人地相互作用在地域系统中的良性循环为目标"。以吴先生的人地关系地域系统理论为指导，20世纪90年代，我们以山东省作为基地，通过对不同类型、不同尺度和不同行政层级的区域发展与区域规划实践，验证并发展了人地系统理论，通过总结与凝练，相继提出"区域PRED协调发展理论""区域可持续发展理论""区域（资源环境）承载力理论与方法""区域发展模拟""区域可持续发展决策支持系统"等。每当我将上述研究成果提交他审查时，他都十分高兴，并多次参加我主持的课题验收会或评审会，还鼓励我要大胆创新，将人地关系地域系统理论不断充实、完善和提升。1997年，因原经济地理部主任陆大道升任所长，在吴先生的竭力推荐下，征求各研究室意见后，经研究所批准由我担任经济地理部主任，这是继李文彦、胡序威、陆大道之后的第四任部主任。为此，他专门找我谈话，要我戒骄戒躁，谦虚谨慎，主动团结同志，为人文—经济地理学的全面振兴多作贡献。此后，我曾多次陪同吴先生一起去香港、台湾、海南岛、深圳、厦门、乌鲁木齐、杭州、武汉、郑州等地参加国际或国内学术会议、访问或考察活动，每次他都精力充沛地做报告或主旨发言。2008年我在商务印书馆出版的《区域发展与区域规划——理论·方法·规划》一书的"序"，是经他亲自修改定稿的。吴传钧院士虽离开我们已经12年了，但是他对地理科学，特别是人文—经济地理学所作的巨大贡献将永载史册，他的学术贡献永远是引领我国人文—经济地理学发展的源泉，他对我的厚爱、谆谆教诲与殷切期望永远是激励我不断前进的动力，我们将永远怀念他。

邓静中先生是我进所后从事科研工作的启蒙老师，我在他的直接指导下走上科研之路。邓先生作为我国著名的地理学家、中国农业地理学与农业区划的主要奠基人，他对科研事业的执着与高度责任感、严谨的学风、渊博的学识、长期深入实地调研的求是精神在我的脑海里打上了深深的烙印。邓先生对我的厚爱我永远铭记。1962年我进所后发表的第一篇论文"欧洲人民民主国家农业区划述评"，就是他结合当时开展的全国农业区划任务出的题。邓先生不仅为我提供了部分有关资料，还将我完成的初稿当面进行逐词逐句修改。正是在他的严格要求、放手使用和热情指导下才成就了我的今天。如果没有他1964年对我这个进所刚两年多的年轻人压担子，让我和另一位年轻同志负责秦岭—淮河地带西段长1600公里、涉及50多个县和长达半年的实地考察，使我在经受艰苦锻炼与考验的同时，大大丰富了综合自然地理和农业地理知识面，提高了实际工作能力，我就不可能成长为一个真正的地理科学工作者，也不可能在日后的区域发展与区域规划科研工作中作出成绩。邓先生对我的深厚感情和重点培养与厚望在本书"秦岭淮河地带农业地理界线调查研究"一文中有详细叙述。邓先生的崇高品质是所有地学科研人员学习的榜样。

胡序威先生是我进所60年来遇到的第三位"贵人"和伯乐，也是共事时间最长的良师益友。1987年10月，我从苏联进修访问回所后面临着人生的关键选择，当胡先生听到我想重回经济地理部的意愿后，热情地欢迎我回归，并将我安排在新成立的区域发展理论研究室任副主任，这对从未担任过领导职务的我来讲，有点突然。但他坚定地以实际行动支持我，特别是1991年10月，由他联系，并在他指导下进行的"兰州城市发展规划研究"课题，是我首次接触的大城市发展规划，毫无经验。因此，该项目名义上由我主要牵头，实际上从调研工作、制定规划编写大纲，直到向甘肃省和兰州市政府主要领导汇报，都是在胡先生的指导、策划和参与下完成的。规划成果得到省市政府领导和专家们的高度评价，是与胡先生的努力分不开的。通过这次规划，我对区域与城市规划的全过程有了深刻的体验，同时也从胡先生那里学到了许多城市与区域规划理论方法和课题的组织管理经验。此后，我又参加了胡先生主持的"中国沿海地区可持续发展战略研究"课题。1998年我主持的"唐山市跨世纪经济社会发展战略研究"课题，特地请长期主持京津唐地区国土规划工作的胡先生担任顾问，他对规划初稿提出的一些重要修改意见都被我们采纳。2003年8月我退休后，与胡先生之间的联系与交流日渐加深。其间，我先后受《中国城市发展报告》编委会之命，邀请胡先生撰写了四篇论文，即："中国城镇化问题的观察"（2008年）、"控城市区域化，促区域城镇化"（2012年）、"健全地域空间规划体系"（2016年）和"试论我国城镇化空间格局的演化"（2020年），刊登后受到了住建部、自然资源部和中国市长协会有关领导的重视。胡先生不仅在科研工作中给予我许多指导帮助，而且他炽热的家国情怀、强烈的事业心和责任感、超强的思辨综合分析能力，以及豁达大度、一贯以大局为重、处处以身作则、严格要求自己、善于倾听不同意见和重视发挥团队精神的工作作风，也是我学习的楷模。

本书为2008年商务印书馆出版的拙著《区域发展与区域规划——理论·方法·实践》一书的续篇，全书共分三篇。其中第一篇"区域发展与区域规划的理论方法与实践"和第二篇"国外区域与城市发展研究"，主要收录了2008～2020年期间发表的代表性学术论文、讲稿及咨询报告，共21篇。第三篇"我的科研生涯回顾"，收录了我60年科研生涯中各个时期有代表性的科研项目及科研活动共7篇，年代跨度从1960年代初至2020年，内容涵盖我所从事过的农业地理、苏联地理、三峡库区移民开发与可持续发展、区域发展与区域规划研究，以及我在苏联进修访问的14个月和在北京石景山区任科技副区长两年的经历。书中个别研究论文受当时历史条件所限，未能公开出版，但至今仍有一定的参考价值。书后附有我主持或主要参加的科研项目和代表性科研成果与获奖项目目录，以及我的家庭记述。本书在出版过程中，得到方创琳、赵令勋、冯仁国和黄金川等同志的热情鼓励与帮助，包少勇同志承担了大量编辑中的技术性工作，谨此致谢。

作　者

2021年5月

目 录

第一篇 区域发展与区域规划的理论方法与实践 ········· 1

人地系统优化调控的理论方法研究——纪念吴传钧院士诞辰 100 周年 ········ 3
推进"多规合一"的路径与对策建议 ········· 17
京津冀协同发展的机制创新与区域政策研究 ········· 23
海南省海澄文一体化的路径与保障机制 ········· 41
河南省 18 地市营商环境评价——方法、结果、问题与对策建议 ········· 51
中国城市发展空间格局的优化目标与模式 ········· 64
全面提升武汉发展层次的战略思考 ········· 94
生态文明城市：现代城市发展的必由之路 ········· 100
关于《郑州市自然资源资产负债表》编制试点情况的汇报 ········· 105
咨询报告：南水北调中线工程水源地核心区——河南省南阳地区的移民安置及生态补偿问题亟待解决 ········· 110
咨询报告：必须高度重视中俄界湖兴凯湖流域的生态环境治理 ········· 115
咨询报告：中关村科学城核心区空间结构亟待调整优化 ········· 118
书评：人文与经济地理学振兴的历程回顾与启示——推荐胡序威先生的新著《一生无悔：地理与规划研究》 ········· 122

第二篇 国外区域与城市发展研究 ········· 125

世界地理研究回顾与展望——纪念中国科学院地理科学与资源研究所建所 70 周年 ········· 127
中国周边的地缘政治与地缘经济的格局和对策 ········· 141
中国与俄罗斯及中亚五国能源合作前景展望 ········· 166
全球化背景下中国地理研究亟待加强的薄弱领域——世界地理研究 ········· 180
丝绸之路经济带：中国与中亚铀矿合作开发的前景与对策 ········· 185
西天山地区金矿分布及其成矿的地质环境与开采现状 ········· 198
中亚地区工业化与城镇化的耦合关系及资源环境效应 ········· 214

咨询报告：加强与中亚铀矿合作开发，提升中国核原料保障程度 ……………243

第三篇　我的科研生涯回顾 …………………………………………………………247

秦岭淮河地带农业地理界线调查研究 ………………………………………………250
苏联地理研究十八年 …………………………………………………………………274
祖国在我心中——回忆我在苏联进修访问的十四个月 …………………………282
我在石景山区担任科技副区长的两年 ………………………………………………301
主持"三峡库区移民开发与可持续发展"研究项目 ………………………………306
回眸区域发展与区域规划研究三十二年 ……………………………………………323
退休十七年：始终未离开我热爱的地理科学事业 …………………………………337
附录1：承担的科研项目和代表性科研成果及获奖项目名录 ……………………345
附录2：我的家庭记述 …………………………………………………………………356

第一篇

区域发展与区域规划的理论方法与实践

人地系统优化调控的理论方法研究

——纪念吴传钧院士诞辰100周年

一、引言

1979年底在广州召开的中国地理学会第四届代表大会上,中国著名地理学家吴传钧先生在会上作了"地理学的昨天、今天与明天"的学术报告,他在总结中国古代朴素的人地关系思想以及19世纪西方地理学中人地关系或然论和适应论的基础上,根据中国人文—经济地理学的长期实践,并以他特有的科学敏锐,提出地理学研究的独特领域是人地关系地域系统(简称"人地系统")。其后,又经过不断充实,于1991年在其著名的学术论文"论地理学的研究核心——人地关系地域系统"一文中,对人地关系地域系统作了详细的阐述。他指出,"人地关系地域系统是以地球表层一定地域为基础的人地关系系统""人地关系地域系统是由地理环境和人类活动两个子系统交错构成的复杂的开放系统""人地关系地域系统是一个跨学科的大课题,地理学研究的中心目标是协调人地关系,重点研究人地关系地域系统中的优化,并落实到地区综合发展上",并强调,"任何地域开发、区域规划和区域管理都必须以改善区域人地相互作用结构、开发人地相互作用潜力和加快人地相互作用在地域系统中的良性循环为目标,为有效进行区域开发和区域管理提供理论依据"。

在吴先生关于人地关系地域系统理论的引领下,中国人文—经济地理学在人地系统的理论方法与实证应用研究方面取得了巨大的进展。特别在应用研究方面,从20世纪90年代开展的国土规划、区域规划到2010年以后的主体功能区规划、城市群规划、资源环境承载力与地震灾后重建规划、生态文明建设规划以及新农村和美丽乡村建设规划等,均以协调不同层级和不同类型区域人地关系和人地系统优化为主线,产出了一批高水平成果,被国家有关决策部门和各级地方政府采纳作为科学决策的重要依据。其中尤以国土规划和主体功能区规划在国家层面影响最大。中国人文—经济地理学能有今天欣欣向荣的繁荣局面,与吴先生的学术思想引领是分不开的。

二、人地系统优化调控的理论基础

1. 人地系统结构

人地系统是由人口、资源、生态、环境、经济、社会子系统构成的动态、开放的复杂巨系统，不仅各子系统之间存在相互影响、互为促进或制约的关系，而且系统内外部进行着频繁的人员、物资、能量、资金、技术、信息的交流，并在人地系统内部复杂的反馈结构作用下，呈现出明显的非线性和耗散结构特征。因此，吴先生提出，人地系统是一个不稳定的、非线性的、远离平衡状态的耗散结构。而耗散结构作为揭示复杂系统自组织运动规律的理论，根据热力学第二定律中的"熵增原理"，一个封闭系统在其自发的演变过程中，系统的熵只会增加，表明系统的有序程度越来越低，最终达到熵值最大和混沌状态。因此，人地系统要保持其持续性和有序性，就必须保持"耗散结构"，通过不断从外部输入负熵流，即输入人流、物流、能量流、信息流，减少区内的熵增。由于系统有序性增加（增大）的前提条件是系统熵值 $S(t)$ 变小，可用以下公式表达：

$$R(t) = \frac{S(t)}{S_{max}} \tag{1}$$

式中，$R(t)$ 为系统的有序性，$S(t)$、S_{max} 分别表示系统在 t 时刻和热力平衡状态时的熵值。

2. 人地系统的非线性效应

人地系统的复杂性和动态性，使得系统内部的人口、资源、生态、环境与经济社会发展之间，以及系统与外界之间存在着竞争与协同相互作用和正反馈机制，而竞争与协同本质都是非线性的，因为只有非线性系统才有整体行为。

人地系统的开放性是其产生有序结构的必要条件，而系统内部各子系统及各要素之间的非线性动力学效应则是其产生有序结构的基础，是物质—能量—信息有序化结构的重要反映，即具有生物—社会的自组织过程。当系统外部环境或内部某些环节发生变化时，系统就能感知这种变化，并在一定的阈值范围内通过自组织加以调整，从而适应这些变化。在这一自组织过程中，涉及各种要素结构功能的调整。各要素围绕着一定的目标，通过非线性的叠加与衰减，放大了系统各部分的功能，从而使得系统的整体功能远大于各部分功能之和。

人地系统内部的非线性效应具有两个主要特征，即演变与分叉。因此对它的演化可用分叉理论加以描述，最常用的数学方法是非线性微分方程组：

$$\frac{\partial X}{\partial t} = f(X, \lambda) \tag{2}$$

式中，状态变量 $X = x_1, x_2, x_3\cdots$，λ 为约束条件，用于表征系统受控程度及偏离平衡状态的程度。

3. 人地关系耦合理论

"耦合"最早作为物理学概念，是指两个或两个以上的系统或运动方式之间，通过各种相互作用而彼此影响以至联合起来的现象，是在各子系统间的良性互动下，相互依赖、相互协调、相互促进的动态关联（现代汉语辞海，2003）。人地关系耦合是指人与自然两大系统之间，通过人类经济社会活动与资源、生态、环境之间的相互作用和复杂的反馈机制而形成彼此影响的动态关联关系。按耦合的特点，可分为时空耦合，以及系统内部各要素之间的近程耦合和跨区域的区际远程耦合。人地耦合系统强调在组织上、空间上和时间上的多维度耦合，即一个要素与多个要素的复杂相互作用，以及多个要素之间一连串交互耦合作用，体现了更高层次的综合性、复杂性与非线性特征。研究区域人地耦合系统中各要素之间的多重互馈过程和胁迫约束机制，通过构建耦合度和耦合协调度模型，是对区域人地系统进行优化调控的重要理论与方法基础。

对区域人地系统而言，耦合度是指两个或两个以上子系统或子系统内部要素之间的相互作用、彼此影响的程度，是一种良性互动关系，其模型为：

$$Cn = \left\{ (u_1 \times u_2 \times \cdots u_n) \Big/ \left[\prod (u_i + u_j) \right] \right\}^{1/n}, \quad n = 1, 2, 3, \cdots i, j = 1, 2, \quad i \neq j \tag{3}$$

式中，Cn 为耦合度，u 代表子系统对总系统的有序贡献。

耦合协调度是度量系统内部要素之间在发展过程中彼此和谐一致的程度，体现了系统从无序走向有序的趋势。耦合度模型为

$$D = (C \times T)^{1/2}, \quad T = a \times U_1 \times b \times U_2 \tag{4}$$

式中：D 为耦合协调度，C 为协调度，T 为子系统综合评价指标，$U_i (i = 1, 2)$ 为子系统的时间函数，a、b 为待定参数。

4. 人地系统的演进

在区域的不同发展阶段，人地系统随着人口、经济、社会子系统发展水平的不断提升，以及水、土、气候及能矿资源和生态环境保障程度的动态变化，人地系统结构也逐步从低级向高级方向演进。

（1）人地系统演进的动力机制。人地系统演进的驱动力主要有以下三类：①内部的扰动力，这是一种无序的作用力，在人类活动对资源环境的作用强度达到损害自然资源的再生更新机制和环境的承载能力时产生，但它在一定的外力引导下可转化为结构转换的动力；②因系统内外部交流而引起的拉动力，为一种有序的作用力，如由于市场发育和信息交流而引起的人流、物流、资金流、技术流的加强，导致人地系统结构的演进；③外部推动力，由于体制机制及管理创新、政策保障以及基础设施、科技信息服务的提升而促使人地系统演进的推动力。

人地系统演进可分为两个阶段：早期趋于随机过程，后期则通过非线性的相互作用更多地趋于自组织性，并形成特定的时空结构和具有一定功能的自组织结构，表现为有序状态。人地系统的开放性是产生有序结构的必要条件，而系统内部各子系统及各要素之间的非线性动力学效应则是产生有序结构的基础。因此，人地系统演进实际上是一个又一个越来越高层次的有序结构的形成。

（2）人地系统的演进模式。人类社会从低级阶段的原始社会、农业社会向较高级和高级阶段的工业社会、后工业化社会和信息社会的发展进程中，人地系统演进的基本模式可归结为以下三类：

一是渐变型模式。人地系统的演进过程是随着社会发展阶段的不同而逐步变化的。其中最典型的是指数增长模式，即在特定的时间段内，由于区域人口和经济（GDP）的持续增长而导致资源消耗和"三废"排放量初期增长较慢、后期快速增长的过程（图1a），另外，还有两种与其相反的过程，即收敛平衡模式，前者如不可再生资源的衰减过程（图1b），后者如人口增长率的下降过程（图1c）。

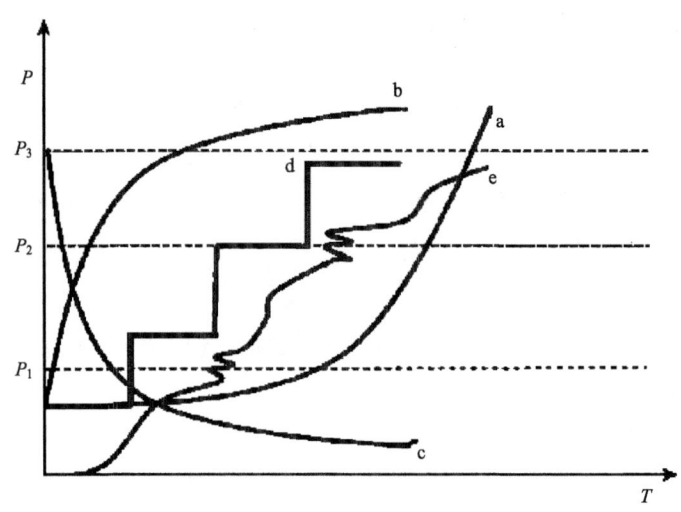

注：a：指数增长模式；b、c：收敛平衡模式（分别为增、减过程）；d：阶梯状演变模式；e：复合"S"型演化模式；T：时间过程；P：人地系统演进动力。

图1 人地系统的演进过程与模式

二是突变性模式。即在人地系统演进过程中，由于受突变因素（如重大自然灾害和科技的重大突破）的影响，短期内在特定时间节点跨越原有的发展顺序而进入新的发展阶段。其中最典型的是由一组突变过程与稳定过程交替组成的阶梯状演变模式（图1d）。

三是复合型演变模式，是由上述两种模式复合而成的。其中最典型的是由多级"S"形曲线组成的复合"S"形演化模式（图1e）。反映了人地关系系统在不同的演化阶段，阶段之间存在持续增长期、突变期和相对稳定期三个阶段，而且突变周期随系统的演进越来越短。如人地系统中资源环境承载力从可载到超载的变化过程属于此类。

三、人地系统优化与区域 PRED 协调发展

1. 人地系统优化与区域 PRED 协调发展的关系

早在 1991 年，吴传钧先生就提出了人地关系地域系统优化的思想，并指出"要从空间结构、时间过程、组织序变、整体效应、协同互补等方面寻求全球的、全国的或区域的人地关系系统的整体优化、综合平衡及有效调控的机理"，并将研究"不同层次、不同尺度的各种类型地区人地关系协调发展的优化模型"作为中国未来人地关系地域系统研究的七大重点之一。其后，又进一步强调，不仅要深入研究人地关系各组成要素间的比例组合，更为关键的是如何使人地关系达到一种理想的组合，即优化状态。

不同尺度的区域人地系统是由人口（Population）、资源（Resource）、环境（Environment）和发展（Development）四大子系统组成的复杂巨系统（简称为 PRED 系统）。在 P、R、E、D 之间，总是保持着相互联系、互为影响的关系，并处于相互制约、相互适应和相互促进的动态变化之中。在经济社会发展的不同阶段，PRED 各要素客观上存在与之相对应的和谐与合理匹配关系，而人地系统优化是指区域人地系统中各子系统及组成要素在时空过程中的合理组合与匹配关系，它与区域 PRED 协调发展具有十分紧密的动态联系。实际上，人地系统优化的最终体现就是区域 PRED 协调发展。

从系统论角度审视，区域 PRED 协调发展与人地系统优化之间的紧密联系为：一方面，协调是指系统内部各组成要素之间的一种关系状态。系统论认为，系统是有机的统一体，不是各组成部分的简单加总，子系统的最优并不意味着系统整体的最优。系统功能的强弱取决于各组成部分之间的组合与匹配状况，只有相互协调、相互适应，系统才能顺利地演进。另一方面，人地系统结构优化是区域 PRED 协调发展的主要目标，而系统结构失调必然导致区域发展失衡，须通过 PRED 相互关系的调整和结构再造，构筑相互依存、相互适应、相互促进的系统结构，才能使人地系统有序、健康地发展。

2. 区域 PRED 协调发展的动态过程特点

区域 PRED 作为动态开放的复杂系统，在其发展演进过程中，P、R、E、D 四个子系统是一个具有特定功能的有机整体，始终处于协调→不协调→协调循环往复的动态变化过程之中。为此，要从区域整体和持续发展的角度，协调发展过程中的各种矛盾与利益冲突，主要包括结构协调与时空协调，其中最基本的是整体协调、共生协调与发展协调。

（1）整体协调。是指在区域 PRED 系统的复杂交互反馈因果关系中，不仅要考虑影响人类生存与发展的各种外部因素，而且还要考虑各种内部因素的相互作用。对于一个区域而言，整体协调要求站在全局高度，从提高系统的整体功能出发，协调好局部利益

与全局利益的关系，区际与区内经济社会发展同人口、资源、环境的关系，以及区域内部 P、R、E、D 各子系统和要素同各利益主体之间的关系，确保系统的整体性大于各子系统之和。

（2）共生协调。是由协同论发展而来的，强调人与自然关系的和谐与"妥协"。它以区域 PRED 系统中多要素的组合与匹配为基础，在发展过程中通过不断的调整重组，确保整个系统朝着持续、有序的方向发展。

（3）发展协调。是指影响经济社会发展诸要素（如区位、交通、科技、资源、生态、环境等）的相互作用及优化组合。各要素间的相互作用既包括线性与非线性关系，也包括确定与随机关系；在发展效果上，既要考虑增量，也要考虑减量。

上述三者协调，不仅能促进区域人地系统优化，确保其从低级向高级演化，最终实现区域可持续发展。反之，区域 PRED 间的关系不协调（失调），如单纯追求经济的高速增长，忽视资源的合理开发利用和生态环境保护，最终必然导致资源供需矛盾日益尖锐，生态环境不断恶化，形成制约经济发展和社会稳定的负反馈效应。

3. 区域 PRED 协调发展的目标

区域 PRED 协调发展的总目标是实现区域可持续发展，亦即是在一定的时空尺度区域内，人类通过能动地控制自然—经济—社会复合系统，在不断提高人类的生活质量，又不超越资源环境承载能力的条件下，既满足当代人和本区域的发展，又不对后代人和其他区域满足其需求的能力构成危害的发展。具体目标为：

（1）经济持续健康发展。经济保持持续较快增长，经济增长动能从依靠人力、资源、资本等要素驱动转变为创新驱动，经济增长方式从粗放型转变为集约型发展模式，经济结构不断调整优化，经济发展的协调性明显增强，经济发展的综合效益明显提升。

（2）社会公平公正与进步。确保人口的长期均衡发展；建立健全就业、教育、医疗卫生、住房、社保、文化体育等基本公共服务体系，不断提高人民生活水平和社会保障程度；国民素质和社会文明程度显著提高；消除贫困，努力缩小地区和城乡发展差距。

（3）资源永续利用。加强资源的节约集约利用，将可再生资源开发利用总量控制在自然界的可再生能力之内，不可再生资源的开发利用符合"代际公平"原则；全面推进节能、节水、节地等资源节约型社会经济体系建设；建立健全资源高效利用机制，大幅提高资源综合利用效益。

（4）生态环境良性循环。通过加大环境综合治理力度和加强生态环境的保护修复，到 2020 年全国生态环境质量总体得到改善，生态环境恶化得到基本控制；2030 年全国生态环境状况得到显著改善，生态环境基本实现良性循环，其中各大中城市的大气环境质量和主要江河湖泊的水环境质量达标或基本达标，生态系统服务功能得到恢复提高，生态环境处于良性循环。

4. 区域 PRED 协调发展的重点

在区域 PRED 协调发展中，资源环境是基础，经济发展是核心，科技是动力，社会发展是目的，"协同作用"则是 PRED 协调有序的保障。区域 PRED 协调包括区内和区际协调两个方面。利用 PRED 系统和要素之间的互馈关系，重点协调好以下三个方面关系：

（1）协调好人口与经济增长同资源环境的关系。人口产生的巨大内在需求是经济增长的必要条件，但人口的过快增长又会对经济社会发展产生"拖累效应"并引发和加剧资源与生态环境问题；而人口长期过低增长甚至负增长，又会导致老龄化加快、劳动力短缺和有效需求不足等问题。因此，要确保人口的再生产同经济增长、社会进步、资源永续利用与生态环境良性循环同步发展。

（2）协调好经济发展与科技进步、资源环境关系。在大力推进经济转型发展的基础上，确保经济的持续中高速增长，既是增强国家和区域综合实力的需要，又是满足人民生活水平和生活质量日益提高的需要。合理的经济增长必须依靠科技进步和体制机制创新而实现，它不仅体现在经济总量的增长、经济结构的优化和综合经济效益的提高等方面，而且要以不破坏资源和生态环境为前提，逐步建立起既能适应经济发展，又能促进资源合理开发利用和生态环境不断改善的现代产业体系。

（3）协调好资源环境合理开发利用与保护治理的关系。长期以来，资源环境的无价和低价使用，以及资源与生态环境监管体制不健全，是导致资源不合理开发利用与浪费以及生态环境恶化的直接原因。为此，必须坚持节约优先、保护优先、自然恢复为主的方针，运用市场化经济手段，调节资源环境供需矛盾，建立完善市场化、多元化的生态补偿机制，改革并加强生态环境监管体制，才能实现资源环境可持续利用和生态环境的良性循环。

5. 区域 PRED 协调发展的理论模式

在区域发展的不同阶段，受经济社会发展目标的驱使，区域 PRED 四者始终处于相互制约、相互促进和相互协同的动态变化过程。对一个区域而言，按工业化进程与发展水平，大体可分为以下四个阶段（对应于图 2 中的Ⅰ、Ⅱ、Ⅲ、Ⅳ阶段）：①工业化以前的农业社会，为人口缓慢增长、经济低速增长、资源低消耗、生态环境良好的低水平协调阶段；②工业化初、中期，因追求经济的高速增长，导致人口较快增长、资源快速消耗、环境污染日趋严重、生态系统退化的 PRED 失调甚至严重失调阶段；③工业化后期，随着科技进步和经济结构调整优化，特别是资源节约集约利用技术、环境污染治理技术的重大突破，资源消耗减缓、环境污染逐步减轻、生态系统服务功能加强，PRED 协调状况得到改善和显著改善，处于低度和中度协调阶段；④后工业化及信息化社会，由于实施创新驱动及绿色发展战略，形成资源节约、环境友好、集约高效、绿色低碳的经济体系和绿色生活方式，PRED 实现协调发展。区域 PRED 协调发展的理论模式如图 2 所示。

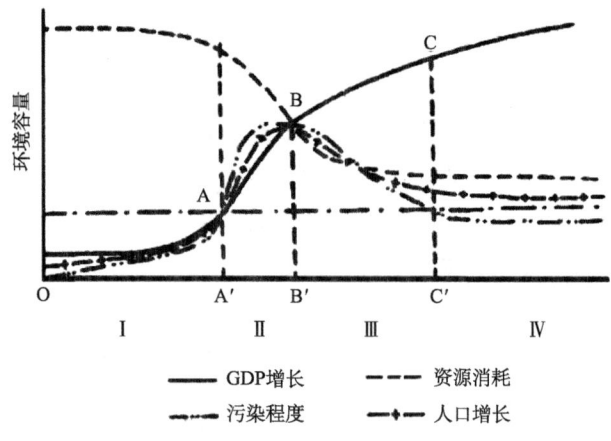

图 2 区域 PRED 协调发展的理论轨迹

6. 区域 PRED 协调发展的定量测度

为定量地测度区域 PRED 的整体协调与优化程度，可采用多目标函数法进行计算，公式如下：

$$\max[U(x)] = \frac{\prod_{i=1}^{k} f(x)}{\prod_{i=k+1}^{n} fi(x)} \tag{5}$$

$$\max[U(x)] = \frac{\prod_{i=1}^{k} [fi(x)]^{\lambda i}}{\prod_{i=k+1}^{n} [fi(x)]^{\lambda i}} \tag{6}$$

将式（6）两端取对数：

$$I_n U_x = \sum_{i=1}^{k} a_i I_n fi(x) - \sum_{i=k+1}^{n} \lambda_i I_n fi(x) \tag{7}$$

式中，$U(x)$为评价目标函数，分子为经济（如 GDP、工农业产值）、环境容量和资源承载力等指标，其数值越大，对 PERD 协调发展越有利，分母为约束条件，如人口自然增长率、万元 GDP 能耗及水耗、"三废"排放总量、水资源缺口等，其数值越大，对 PRED 协调发展越不利。λ_i 为指标权重（$i = 1, 2, 3\cdots, k$），可采用层次分析法（AHP）或主成分分析法等求得。

四、新时期人地系统综合调控的路径与对策

人地系统综合调控的最终目标是协调人与自然关系，谋求人与自然的和谐共生，亦即

是协调区域发展过程中的各种矛盾与利益分配，将人类的经济社会活动的规模和强度控制在自然环境的容量（承载力）之内，使整个人地系统处于循环再生，协调共生，持续自生，达到整体协调、共生协调与发展协调。

以党的十九大为标志，中国特色社会主义进入了新时代。习近平总书记在十九大报告中指出，"人与自然是生命共同体，人类必须尊重自然、顺应自然、保护自然"，"我们要建设的现代化是人与自然和谐共生的现代化，既要创造更多物质财富和精神财富以满足人民日益增长的美好生活需求，也要提供更多优质生态产品，以满足人民日益增长的优美生态环境需要"。根据党的十九大精神，以及习近平同志关于社会主义生态文明建设的系列论述，新时期人地系统综合调控应坚定不移地贯彻创新、协调、绿色、开放、共享新发展理念，突出创新驱动发展战略，以建设现代化经济体系、美丽中国、为人民创造良好的生产生活环境为目标，通过深化供给侧结构性改革、加快生态文明体制改革，实现最严格的生态环境保护制度，形成节约资源和保护环境的空间格局、产业结构、生产方式和生活方式。

1. 以创新驱动为引领，推动人地系统持续健康发展

创新是引领发展的第一动力，是推动人地系统结构优化与持续健康发展的强大动力。2017年1月，中共中央、国务院印发的《国家创新驱动发展战略纲要》指出，"必须依靠创新驱动打造发展新引擎，培育新的经济增长点，持续提升中国经济发展的质量和效益，开辟中国发展新空间，实现经济保持中高速增长和产业迈向中高端水平双目标"[①]。

实施创新驱动发展战略，科技创新是核心，主要为经济社会发展提供持久的动力；体制机制创新是重要保障，通过调整一切不适应创新驱动发展的生产关系，最大限度地释放创新活力。创新驱动对推动人地系统持续健康发展的作用主要体现在以下四方面：①创新驱动是推动经济结构调整优化、经济高质量发展、劳动生产率和社会生产力提高，以及能源资源消耗降低、产业核心竞争力增强的持续动力，可促进经济子系统的优化。②创新驱动是推动资源节约高效利用和环境保护的强大动力，也是建设资源节约型和环境友好型社会的重要保障。例如，通过发展污染治理和资源循环利用技术和产业，包括现代化水资源综合利用体系，资源循环利用产业以及水、大气和土壤污染防治技术等，不仅提高了资源利用率与生态环境承载力，而且可促进资源和环境子系统的优化。③由生命科学、中西医药、生物工程等多领域技术融合的先进有效、安全便捷的健康技术，有助于应对重大疾病和人口老龄化挑战、显著提升人口健康的保障能力，亦即是人口子系统的优化。④体制机制创新既是优化创新组织体系、壮大创新主体、打造区域创新高地、推动创业创新和激发全社会创新活力的重要保障，也是建设现代化经济体系的战略支撑。

---

① 引自中华人民共和国科学技术部网站（www.most.gov.vn），2017年4月17日。

2. 以主体功能区划为导向，优化人地系统空间格局

主体功能区划是根据资源环境承载力、现有开发密度和发展潜力，统筹考虑未来中国人口分布、经济布局、国土利用和城镇化格局，将全国国土空间划分为发展方向不同的三类区域，即城市化地区、农产品主产区和重点生态功能区。其中，城市化地区又可分别划分优化开发和重点开发的城市化地区（简称"优化开发区"和"重点开发区"）；重点生态功能区又可分别划分为限制开发和禁止开发的重点生态功能区（简称"限制开发区"和"禁止开发区"）[①]。主体功能区规划作为优化人地系统空间格局的重要基础，是引导人口和经济向适宜开发的区域集聚、保护农业和生态发展空间，促进人口、经济与资源环境相协调的重要途径。其基础与导向作用主要体现在：一是按主体功能区定位科学地划定城镇、农业生态空间，以及生态保护红线、永久基本农田及城镇开发边界（即"三区""三线"），并据此规范空间开发秩序、控制开发强度，优化国土开发空间格局；二是按照主体功能区定位，实行分类管理的区域政策和差异化的绩效评价与考核体系。各类主体功能区人地系统优化的方向为：

（1）优化开发区。这类地区由于经过长时期、大规模、高强度开发，在快速工业化、城镇化和人口、经济集聚的同时，水土、能矿资源过度消耗，资源环境承载力下降，生态环境日趋恶化，亦即人地矛盾日益突出。未来发展应以协调人与自然关系为核心，坚持生态优先，以高质量发展为目标，优化经济结构，强化创新驱动，推进绿色发展，加大环境治理和生态建设力度，遏制人地关系恶化趋势，并朝着良性循环发展，成为带动全国经济社会发展的龙头和中国参与经济全球化的核心区域。

（2）重点开发区。这类地区区位交通条件优越、资源环境承载能力较强、集聚经济和人口条件较好，人地关系相对宽松。作为国家未来工业化、城镇化的主要区域，既要承接优化开发区的产业转移，也要承接限制开发区的人口转移。今后要坚持发展与保护并重，减少经济社会发展对生态环境的负面影响；重点发展优势产业，引导产业集群化发展，壮大产业规模；并以中心城市为依托，以城市群为主体形态，加快城镇化进程，成为支撑全国经济发展和人口集聚、人地关系协调发展的重要区域。

（3）农产品主产区。这类地区光热、水土等自然条件与社会经济条件匹配较好，以提供粮食等农产品为主体功能。今后应限制进行大规模高强度工业化城镇化开发，严格保护耕地（其中基本农田保护区列为限制开发区），通过实施乡村振兴战略，稳定粮食生产，发展现代农业。按照产业兴旺、生态宜居、乡风文明、治理有效、生活富裕的总要求，加快美丽乡村建设。

（4）限制开发区。是指资源环境承载能力较弱、大规模集聚经济和人口条件不够好并

---

① 《全国主体功能区规划》（国发〔2010〕46号），2010年12月21日。引自：http://wenku.baidu.com（2017年7月7日）。

关系到全国或较大地区生态安全的区域。绝大部分地区人地系统脆弱，部分地区由于不合理开发，人地矛盾凸显。今后，应坚持生态保护优先，适度开发，点状开发，因地制宜发展资源环境可承载的特色产业，加强生态修复和环境保护，引导超载人口逐步有序转移，建设成为全国或区域性的重要生态屏障。

（5）禁止开发区。指依法设立的自然保护区，以及地质公园、风景名胜区、森林公园、文化自然遗产、水源保护地、重要湿地等。为维护人地关系和谐、协调，实行强制性的保护，控制人类活动对自然生态的干扰，严禁不符合主体功能定位的开发活动，逐步成为保障全国生态平衡、改善区域生态环境质量的生态功能核心区。

3. 以供给侧结构性改革为主线，建设现代化经济体系

供给侧结构性改革是从提高供给侧质量出发，运用改革的办法推进经济结构调整，使要素实现最优配置，扩大有效供给，提高供给结构对需求变化的适应性和灵活性，提升经济增长的质量和数量。推进供给侧结构性改革是新时期贯彻新发展理念、实行经济转型发展的需要，其目标是推进经济发展质量变革、效率变革，提高全要素生产率，加快建设实体经济、科技创新、现代金融、人力资源协同发展的现代化经济体系。

供给侧结构性改革是优化人地系统中经济子系统的有效路径，其重点为：

（1）经济由持续高速增长转向以高质量发展为特征的中高速发展。GDP 年均增速从"十五"时期（2001~2005 年）的 9.5%、"十一五"时期的 11.2%、"十二五"时期的 7.8%，下降到"十三五"时期计划的 6.5%。2020 年以后，经济增速保持 5%~6% 是可以接受的合理增速，有助于实现经济发展同社会、资源、生态环境的协调发展。

（2）经济结构优化。坚持走中国特色的新型工业化道路，推动科技创新与经济深度融合，深入实施"互联网+""大数据""中国制造2025""军民融合发展"以及新一代人工智能等重大举措，推动传统产业转型升级，加快发展战略性新兴产业和现代服务业，促使中国产业迈向全球产业链的中高端。

（3）调整优化经济布局。以发挥各地区比较优势和协调经济布局与资源、生态环境为目标，在宏观层面，继续实施西部大开发、全面振兴东北等老工业基地、促进中部崛起和支持东部地区率先发展战略；在中观层面，以省（市）、自治区为地域单元，按照主体功能区定位，优化重点产业布局，淘汰落后产能，加快钢铁、煤炭、有色、建材等落后产能退出，重点发展先进制造业和战略性新兴产业；在微观层次，协调好城市各类产业集聚区（新城、新区）建设与水土资源、生态环境承载力、城市功能定位相适应。

4. 以促进人口长期均衡发展为目标，逐步完善人口政策

长期以来，中国实行计划生育基本国策，严格控制人口增长。这是根据中国人口基数大、人均水土和能源资源占有量小（居世界 100 位之后），以及资源环境承载力逐年下降的基本国情而作出的战略决策。经过 40 多年来的发展，中国自 20 世纪 90 年代初人口出生率明显下降，全国人口总和生育率从 1990 年的 2.3 下降至 2000 年的 1.22，2010 年更降至

1.1811（其中城市为 0.8821，镇为 1.534，乡村为 1.4376），远低于国际人口代际均衡发展的总和出生率（发达国家为 2.17，发展中国家为 2.3）[①]。

与此相适应，中国从 1999 年进入老龄化社会（60 岁及以上人口占总人口的 10%），2010 年以来老龄化进程明显加快。2015 年，中国 60 岁及以上人口达 2.2 亿，占总人口的 16.15%（2010 年为 13.2%），其中 65 岁以上人口 14386 万，占总人口的 10.5%（2010 年为 8.87%）[②]。预测到 2020 年老龄化水平将达 17.17%[③]，2030 年达 25%[④]。人口老龄化带来的突出问题是劳动力供应减少，相应地社会劳动年龄人口对老年人口的总抚养比从 1990 年的 49.8%下降到 2010 年的 34.2%和 2015 年的 37%。同时，还增加了公共财政对社会保障的支出。因此，调整人口生育政策已迫在眉睫，2015 年 10 月党的十八届五中全会提出，在坚持计划生育基本国策的同时，完善人口发展战略，全面实施一对夫妇可生育两个孩子政策，促进人口长期均衡发展。

不断提高人口的文化、科技和健康素质是中国人口政策的重要组成部分。为此，一方面要加快基本公共教育的均衡发展，实现普及高中阶段教育，大力发展职业技术教育，结合发展现代农业做好农村科技普及工作；另一方面，结合推进健康中国建设，建立健全全民医疗保障体系，加强重大疾病防治和基本公共卫生服务，使中国人口的平均预期寿命从 1990 年的 70.47 岁提高到 2015 年的 76.3 岁，预期 2030 年为 79 岁[⑤]。同时，为积极应对人口老龄化，需建立以居家养老为基础、社区为依托、机构为补充的多层次养老服务体系。

5. 遵循市场原则，健全资源环境有偿使用和生态补偿制度

节约资源和保护环境作为一项基本国策，为落实节约优先、保护优先、自然恢复为主的方针，形成节约资源和保护环境的空间格局、产业结构、生产方式和生活方式，必须遵循市场原则，建立约束与激励并举的生态文明制度体系。

2010 年 12 月，国务院批准发布的《全国主体功能区规划》（国发〔2010〕46 号）提出，要完善利益补偿机制，"中央财政要逐年加大对农产品主产区、重点生态功能区特别是中西部重点生态功能区的转移支付力度"。在国家"十二五"和"十三五"国民经济和社会发展的五年规划纲要中，都强调必须建立生态受益地区与保护地区之间的横向生态补偿机制、加快制定生态补偿条例。2015 年 9 月，中共中央、国务院印发的《生态文明体制改革方案》再次强调，要健全资源有偿使用和生态补偿制度，并对资源有偿使用和生态补偿机制的对象、补偿原则以及资源环境税费改革等作了原则规定。2016 年 12 月 25 日，第十二届全国人大第 25 次会议通过的《中华人民共和国环境保护税法》提出，为保护和改善环境，减少污染物排放，推进生态文明建设，于 2018 年 1 月 1 日起实施开征环境保护税，并明确了

[①][②]《中国 2010 年人口普查资料》，引自：中国经济导报网（2012 年 11 月 1 日）。
[③][④][⑤]《国家人口发展规划（2016~2030 年）》（国发〔2016〕37 号），引自：中国政府网（2017 年 1 月 25 日）。

环境保护税的税目、计税依据、应纳税额及征收办法①。

通过几年来的实践，相比之下，自然资源有偿使用及核算制度（如编制自然资产负债表）进展相对较快，推动了资源节约集约利用和资源综合利用效益的提高。环境污染治理也跟进较快，通过推进联防联控和流域共治，以及加大环境基础设施建设力度，并在国家和地区层面相继出台了一系列环境治理的政策法规，环境污染恶化趋势得到遏制，整体环境状况取得不同程度改善。而对生态补偿，由于缺少实施的具体办法和细则，总体进展较慢，无论在国家层面，还是在省（市）自治区层面，迄今尚未建立科学规范的补偿机制。现有的政府为主导的项目补偿模式，普遍存在补偿的主体不明确、补偿的法律法规不健全、补偿的覆盖面和范围不统一、补偿的标准过低、补偿的方式单一，以及财政转移支付不规范等问题，这也是制约绝大部分生态功能区生态环境状况改善缓慢的重要原因。

今后，要以建设资源节约型、环境友好型社会为目标，通过促进绿色发展，以加快建立绿色生产与消费的法律法规制度和政策导向，深化资源环境价格改革，完善资源环境价格机制，使其能全面反映市场供求、资源稀缺程度、生态环境损害成本和修复效益等因素，逐步将资源税扩展到生态环境领域。在环境综合治理方面，要实行最严格的环境保护制度，提高污染物排放标准，强化排污者的主体责任，构建以政府为主导、企业为主体、社会组织与公众共同参与的环境治理体系，并在开征环境保护税、推行排污权交易制度的基础上，积极推动建立全国统一的碳排放交易市场。在生态补偿机制方面，要按照习近平总书记在党的十九大报告中提出的"建立市场化、多元化的生态补偿机制"要求，首先，明确生态补偿的范围和依据：一是生态系统的服务功能，如涵养水源、保持水土、防风固沙、调节气候、增加碳汇等；二是受损生态系统的恢复，即通过人工措施（如退耕还林还草、植树造林），使受损生态系统逐步恢复到合理的、生态系统能达到自我维持状态的结构功能。其次，优化生态补偿方式，除稳定的财政转移支付外，还可通过对口扶贫、对口支援、共建产业园区、人才培训、劳务合作等多种形式，同时要鼓励有实力的企业、机构积极参与，努力提高生态功能区的"造血"功能。再次，在国家统计体制上，应尽快采用绿色 GDP 核算体系，即在地区生产总值中扣除自然资源消耗与环境污染损失后的 GDP，才能更好地体现经济增长与自然环境和谐统一的程度。

参考文献

1. 蔡运龙："持续发展：人地系统优化的新思路"，《应用生态学报》，1995 年第 3 期。
2. 樊杰："人地系统可持续发展过程格局的前沿探索"，《地理学报》，2014 年第 8 期。
3. 樊杰："我国主体功能区划的科学依据"，《地理学报》，2007 年第 4 期。
4. 方创琳、周成虎、顾朝林等："特大城市群地区城镇化与生态环境交互耦合效应解析的理论框架及技术

---

① 中华人民共和国环境保护部网站（Zho.gov.cn）（2017 年 4 月 7 日）。

路线",《地理学报》,2016 年第 4 期。
5. 方创琳:"区域人地系统的优化调控与可持续发展",《地学前缘》,2003 年第 4 期。
6. 方创琳:"中国人地关系研究的新进展和展望",《地理学报》增刊,2004 年第 59 卷。
7. 陆大道、郭来喜:"地理学的研究核心——人地关系地域系统——论吴传钧院士的地理学思想与学术贡献",《地理学报》,1998 年第 2 期。
8. 陆大道:"关于地理学'人-地系统'理论研究",《地理研究》,2002 年第 2 期。
9. 毛汉英:"县域经济和社会同人口、资源、环境协调发展研究",《地理学报》,1991 年第 4 期。
10. 毛汉英:《区域发展与区域规划——理论·方法·实践》,商务印书馆,2008 年。
11. 毛汉英:《人地系统与区域持续发展研究》,中国科学技术出版社,1995 年。
12. 牛文元:《可持续发展导论》,科学出版社,1994 年。
13. 申玉铭、方创琳、毛汉英:《区域可持续发展的理论与实践》,中国环境科学出版社,2007 年。
14. 田亚平、向清成、王鹏:"区域人地耦合系统脆弱性及其评价指标体系",《地理研究》,2013 年第 1 期。
15. 王黎明:《区域可持续发展:基于人地关系地域系统的视角》,中国经济出版社,1998 年。
16. 吴传钧:"论地理学的研究核心:人地关系地域系统",《经济地理》,1991 年第 3 期。
17. 吴传钧:"人地关系地域系统的理论研究及调控",《云南师范大学学报》(哲学社会科学版),2008 年第 2 期。
18. 吴传钧:《人地关系与经济布局》,学苑出版社,1998 年。
19. 郑度:"21 世纪人地关系研究前瞻",《地理研究》,2002 年第 2 期。

(本文刊于《地理学报》2018 年第 73 卷第 4 期)

推进"多规合一"的路径与对策建议

规划是按照事物发展的规律和既定规则，对特定领域未来发展愿景进行整体性谋划的系统过程。在我国，由政府主导的规划本质是为了应对市场缺陷而进行的一项公共政策及政府干预，是对有限和宝贵的经济、社会、生态及空间资源进行调节与配置的一种政策工具。规划必须可实施、可检查、可监管，才能发挥应有的实际管控效应。长期以来，在我国的规划实践中，形成了由发展改革委主导的经济和社会发展规划，由国土部门主导的土地利用总体规划、由建设部门主导的城乡规划与城市总体规划，以及由环保管理部门主导的生态环境保护规划。此外，还有一些相关部门的专项规划，形成了"多规分治"的格局。

由于上述规划的编制与管理的主体不一，规划的内容边界模糊，规划的依据不同、基础数据不统一，规划的期限不统一（如国民经济和社会发展规划为5年，土地利用总体规划一般为10年，城乡规划一般为15~20年），导致"多规"的内容交叉重叠，指标与标准不统一和不兼容，由此引发矛盾冲突不断。特别在规划的空间布局上，由于目标导向不一，加之缺乏有效的衔接协调机制，矛盾与冲突更为突出。最终导致空间无序开发、土地资源浪费、生态环境恶化、投资建设成本高、行政效率低，进而影响到政府的执行能力建设和治理能力的现代化。

一、推进"多规合一"的紧迫性

中国规划领域长期存在的"多规分治"局面引起了规划界的日益关注与重视，以吴良镛、胡序威等为代表的一批规划界著名学者从20世纪末就开始呼吁：要理顺规划体系，统筹各类规划的协调，进而建立全国统一的空间规划体系。进入新世纪以来，各主管部委在编制全国发展规划与空间性规划时，也开始重视各类规划之间的对接协调。如从"十一五"开始，由国家发展改革委编制的《国民经济和社会发展规划纲要》，就开始增加优化国土空间开发和城市化布局以及差异化的区域政策等内容。建设部在1998年发布的《关于加强省域城镇体系规划工作的通知》中，将"区域开发管制区划"列为城镇体系规划中"需要补充和加强的规划内容"。2006年版《城市规划编制办法》明确规定，应划定禁建、限建和适建区，并制定相应的空间管制措施；在中心城区规划中划定城市空间增长边界，以限制城市无序蔓延。尽管如此，迄今"多规分治"的基本格局仍未打破，"多规冲突"局面依然存在，随着政府对规划的日益重视以及规划种类的细分，矛盾和冲突有愈演愈烈之势。当前，在经济发展新常态背景下，推进"多规合一"的紧迫性在于：

一是实行新发展理念的需要。中国工业化和城镇化已进入转型发展阶段。资源短缺性及其配置的低效性日益凸显，严峻的生态环境形势更是不容乐观，传统的高投入、高消耗、高排放的工业化城镇化发展模式难以为继。为全面落实党的十八届五中全会提出的创新、协调、绿色、开放、共享的新发展理念，必须实施创新驱动发展战略，推进供给侧结构性改革，优化经济结构；必须统筹城乡与区域协调发展，协调经济社会发展与人口、资源环境的关系，促进新型工业化、信息化、城镇化、农业现代化同步发展；必须坚持节约资源和保护环境的基本国策，坚定走生产发展、生活富裕、生态良好的文明发展道路，加快建设资源节约型、环境友好型社会。在资源约束力不断加剧、生态环境压力加大大背景下，现行的"多规分治"已远不能适应新发展理念的需要，必须通过"多规合一"实现国土空间集约、高效、可持续的利用。

二是推动规划管理体制改革的需要。上述"多规分治"中存在的种种问题，归根结底是条块分割体制和部门利益驱动的产物。因而改革规划管理体制已成为关键。2013 年 11月，十八届三中全会通过的《中共中央关于全面深化改革若干重大问题的决定》指出，要加快转变政府职能，深化行政管理体制改革，创新行政管理方式，提高行政效能，优化政府服务，"政府要加强发展战略、规划、政策、标准的制定和实施"。"多规合一"作为深化公共空间管理体制改革的基础性工作，也是改革和重构统一衔接、功能互补、相互协调发展空间规划体系的需要。

三是贯彻落实全面推进依法治国、实现依法执政、依规办事的要求。2014 年 10 月，十八届四中全会审议通过的《中共中央关于全面推进依法治国若干重大问题的决定》指出，要"用严格的法律制度保护生态环境，加快建立有效约束开发行为和促进绿色发展、循环发展、低碳发展的生态文明法律制度""建立健全自然资源产权法律制度，完善国土开发保护方面的法律制度，制定完善生态补偿和土壤、水、大气污染防治及海洋生态环境保护等法律法规"。而"多规合一"不仅是其成果的综合与集中体现，而且也是加强规划立法及严肃执法的要求。

基于此，近年来，中央密集出台了一系列推动"多规合一"的重要讲话与政策文件。2013 年 12 月，习近平总书记在中央城镇化工作会议讲话中指出，"在县市通过探索经济社会发展、城乡、土地利用'三规合一'或'多规合一'，形成一个县市一本规划、一张蓝图，持之以恒加以落实"。2014 年 3 月，国务院出台的《国家新型城镇化规划（2014～2020 年）》明确提出：加强城市规划与经济社会发展、主体功能区建设、国土资源利用、生态环境保护、城市规划、土地利用总体规划等"多规合一"。2014 年 4 月，国务院《关于 2014 年深化经济体制改革重点任务的意见》强调，推动经济社会发展规划、土地利用规划、城乡发展规划、生态环境保护规划等"多规合一"，开展市县空间规划改革试点。2014 年 8 月，由国家发展改革委、国土资源部、环保部和住建部四部委联合下发的《关于开展市县"多规合一"试点工作的通知》，在全国选择 28 个市县开展"多规合一"的试点方案，形成一个市县一本规划、一张蓝图。2016 年 2 月，国务院《关于进一步加强城市规划建设管理工作的若干意见》要求，加强城市总体规划和土地利用规划的衔接，推进"两图合一"。

二、发挥空间规划体系在"多规合一"中的基础与引领作用

"多规合一"并不是要取代乃至取消经济社会发展规划、城乡发展规划、土地利用规划和生态环境保护规划等各类发展与空间性规划，而是要对上述规划中的国土空间开发以及与此密切相关的人口、资源、生态环境与发展进行协调与管控，实现更高质量、更为协调、更有效率、更加公平、更可持续发展。为此，近年来中央有关文件多次提出，要通过建立空间规划体系，划定生产、生活、生态空间开发管制界限，落实用途管制，建立包括国家、省、市县三级空间规划体系。

空间规划体系是以空间资源的合理保护和有效开发利用为核心，从空间资源（土地、海洋、生态等）保护、空间要素统筹、空间结构优化、空间效率提升、空间权利公平等方面为突破，探索"多规合一"模式下的规划编制、实施、管理与监督机制。空间规划体系是厘清各层级政府的空间管理事权，打破部门藩篱和整合各部门的空间责权的重大措施，从社会经济协调、国土资源合理开发利用、生态环境保护有效监管、新型城镇化有序推进、跨区域重大基础设施统筹、规划管理制度建设等方面着手构建。

关于空间规划的编制办法，2015 年 9 月中共中央、国务院颁发的《生态文明体制改革总体方案》明确要求，"构建以空间治理和空间结构优化为主要内容，全国统一、相互衔接、分级管理的空间规划体系，着力解决空间性规划重叠冲突、部门职责交叉重复、地方规划朝令夕改等问题"。并指出，"编制空间规划，要整合目前各部门分头编制的各类空间性规划，编制统一的空间规划，实现规划全覆盖"。

在"多规合一"进程中，为更好地发挥空间规划体系的基础性与引领作用，应加强对既有国土空间规划的消化吸收与提升。

一是充分发挥主体功能区规划在"多规合一"中的基础性作用。在党的十八届五中全会公报、《中共中央关于制定国民经济和社会发展第十三个五年规划建议》，以及习近平总书记 2016 年 10 月在中央深改领导小组第 28 次会议的讲话中都指出，要以主体功能区规划为基础，统筹各类空间性规划，推进"多规合一"。主体功能区是根据资源环境承载力、现有开发密度和发展潜力，统筹考虑未来我国人口分布、经济布局、国土利用和城镇化格局，将国土空间划分为优化开发、重点开发、限制开发和禁止开发四类主体功能区。主体功能区规划在"多规合一"中的基础性作用主要体现在空间功能区划分与管控两方面，具体为：①按照主体功能区定位，规范空间开发秩序，控制开发强度，优化国土空间开发格局；

②以主体功能区规划为基础,科学地划定城镇、农业、生态空间,以及生态保护红线、永久基本农田及城镇开发边界(以下简称"三区三线"),为其他各类空间性规划提供开发强度管控和主要控制线落地依据;③按照主体功能区定位实行分类管理的区域政策、各有侧重的绩效评价考核体系,这也是制定其他各类空间性规划的政策依据。2017年2月,中办国办印发的《关于划定并严守生态保护红线的若干意见》,是贯彻落实主体功能区制度,保障和维护国家及地区生态安全的底线与生命线,实施生态空间用途管制的重要举措,在"多规合一"中起着重要的硬约束作用。

二是充分发挥国土(区域)规划对"多规合一"的引领作用。国土(区域)规划(按照胡序威先生的理解,国土规划与区域规划并没有本质的区别,在实际工作中可相互通用[①])是从地域总体上协调国土资源开发利用与治理保护的关系,协调经济社会发展与人口、资源、生态环境关系,促进地区的可持续发展。具体任务为:确定本区域主要自然资源的开发规模、布局和步骤;确定人口、产业、城镇的合理布局,明确主要城镇的性质、规模及其相互关系;合理安排交通、能源、通讯和水源等区域性重大基础设施建设;提出环境治理与生态建设的目标与对策。国土(区域)规划为"多规合一"的战略制定、发展布局、空间管控及政策措施提供了遵循与依据。2017年1月,国务院印发的《全国国土规划纲要(2016~2030年)》,是科学推进国土集约开发、分类保护和综合整治,进一步优化开发格局、提升开发质量、规范开发秩序的纲领性文件,对编制全国空间规划具有重要的引领作用。

三、加快推进"多规合一"的对策建议

1. 推进规划管理体制改革

2013年以来,中央密集推出的有关"多规合一"的政策文件都强调要整合空间规划事权,推进规划管理体制改革。为解决土地利用规划与城市总体规划不同步甚至冲突问题,2015年12月召开的中央城市工作会议提出,"在有条件地方可先行探索尝试土地资源主管部门与城市规划主管部门合一"。截至2016年12月,全国已有北京、上海、天津、广州、深圳、武汉、沈阳、银川八市实现了城市规划与国土资源主管部门的合并,其名称分别为:规划和国土资源管理局(委员会)、国土资源和规划局(委员会)、规划和国土局。规划管理体制的改革,不仅从管理职能上实现了"两规合一",而且还可促进城市规划转型与土地利用方式转变相融合,提高规划的协调性与可操作(实施)性,有利于更好地发挥规划的引领与调控作用。今后这一改革还将逐步扩大到所有的省会城市和计划单列市、地级市及市县。同时,在国家层面,为解决"多规合一"的管理机制问题,建议在国务院设立国家

---

① 胡序威:《区域与城市研究(增补本)》,科学出版社,2008年第4~5页。

空间规划委员会,成员主要由国家发改委、国土资源部、住建部、环境保护部组成,并吸收农业、林业、水利、交通、工信、能源、旅游、文保、统计等主管部门参与。其职责主要为:负责编制全国和跨省区空间规划,指导与各专项规划的衔接与协调,以及组织规划的实施、检查与调整。

2. 加快制定空间规划的规范体系与法律制度保障

"多规合一"在规划和技术层面都存在许多难点和问题。例如,在规划层面,涉及到区域发展战略(指导思想、发展定位与发展目标)、"三区三线"划分、资源开发、基础设施建设、产业发展与布局、城镇化等;在技术层面涉及到基础数据、坐标体系、用地分类标准、空间管控分区和手段、技术规范等;此外还有空间规划的编制审批制度以及空间规划的法律地位,这些都属于构建空间规划体系需要解决的问题。

根据2017年1月中办国办印发的《省级空间规划试点方案》的编制要求,并结合海南、宁夏两省区的试点经验,空间规划的主要内容应包括:空间发展战略定位、目标愿景;在科学预测城镇、农业、生态三类空间比例与开发强度指标的基础上,提出"三区三线"空间划分和管控重点;基础设施、城镇体系、产业发展、公共服务、资源能源、生态环境保护等主要空间开发利用和布局及重点任务,各类空间差异化管控措施,以及规划实施的保障措施等。在规范空间规划内容的同时,还需制定空间规划编制的统一技术流程。

为提高空间规划的权威性,应将其编制和实施纳入法制化轨道,并借鉴欧盟空间规划经验,探索建立《空间规划法》,明确"一本规划、一张蓝图"的法理内涵与法律地位。

3. 建立"多规合一"的信息共享平台

建立以大数据、云计算、物联网为基础的空间规划体系信息共享平台,是确保"多规合一"成果整合、信息共享、分析评估、辅助决策,以及提高审批效率、实现智慧规划的重要条件。"多规合一"规划信息系统的功能结构由基础支持环境、数据资源中心、运行管理平台、应用系统和服务平台五部分组成。其中,基础支持环境包括通信系统、网络系统、软硬件系统;数据资源库采用"1+N"数据管理体系,"1"为一个中心,即"多规合一""一张图数据库","N"为发改、国土、城乡规划、环保工作子库,通过构建数据整合模型,有效地集成各项规划成果;运用管理平台(公共平台)作为"多规合一"的中心平台,统一管理与维护规划的成果数据以及一系列运行管理工具(包括评估预测及"多规合一"的辅助决策工具);应用系统包括发展规划、土地利用规划、城乡规划、生态环境规划等决策支持模块;服务平台直接为相关规划部门、企事业单位及公众用户提供各种决策和咨询服务。

4. 及时总结推广"多规合一"的试点经验

根据2014年8月四部委关于开展市县"多规合一"试点文件,由国家发改委与环保部、住建部、国土部牵头,分别在全国15个省市的28个市县(含市辖区)开展"多规合一"试点。由于试点的主导部门不同,"多规合一"的侧重点与内容也有所不同。例如,由发改部门主导的广西贺州市"多规合一",在划定"三区三线"的基础上,形成以发展总体规划为统领,以环境保护规划为基础,以土地利用规划、城市总体规划为支撑的"1+3+X"规划体系。其中"1"是编制作为市域顶层规划的《贺州市发展总体规划》;"3"是市域城乡规划、土地利用规划和环境功能区规划;"X"为专项规划;并提出每5年进行一次评估调整。由住建部门主导的厦门市"多规合一",将其定位为:"治理体系和治理能力现代化的实践与创新,空间规划体系与规划管理制度的深层次改革"。其工作成果包括"四个一",即:一张图、一个平台、一张表、一套机制。其中"一张图"是以《美丽厦门发展战略规划》确定的城市目标定位、发展战略、空间格局、行动策略,作为"多规合一"的基础,通过协调多规矛盾,汇总形成一张图,并划定生态控制线、城市增长边界等控制底线;"一个平台"是构建统一的空间规划信息管理协同平台,实现信息共享;"一张表"是统一的建设项目协同审批表,推行"一张表"受理审批;"一套机制"是建立"多规合一"的法律保障机制,完善建设项目生成机制和配套法规政策。由国土部门主导的广东佛山市南海区的"多规合一",重点构建了由空间管控和用途管制相结合的规划管控体系,在此基础上,构建以国土空间综合规划为统领的"4+N"空间规划体系。其中"4"指国土规划、城乡规划、经济社会发展规划及环境保护规划;"N"包括综合交通规划、林业保护规划及市政规划等专项规划。

由此可见,上述三类模式虽然为全国开展市县"多规合一"提供了有益的借鉴,但由于主导"多规合一"的部门不同,在规划的基础、内容、空间管制区域划分及规划体系构建等方面,尚需通过进一步试点、总结、提升,才能真正形成"一本规划"和"一张蓝图"。

参考文献

1. 樊杰:"我国主体功能区划的科学基础",《地理学报》,2007年第4期。
2. 樊森:"空间规划改革与'多规合一'",《西部大开发》,2015年第4期。
3. 刘彦随、王介勇:"转型发展期'多规合一'理论认知与技术方法",《地理科学进展》,2016年第5期。
4. 王凯、胡序威:《区域与城市研究(增补本)》,科学出版社,2008年。
5. 王凯、吴良镛:《国家空间规划论》,建筑工业出版社,2010年。
6. 谢英挺、王伟:"从'多规合一'到空间规划体系重构",《城市规划学刊》,2015年第3期。
7. 张永姣、方创琳:"空间规划协调与多规合一研究:评述与展望",《城市规划学刊》,2016年第2期。

(本文刊于《2016/2017中国城市发展报告》,中国城市出版社,2017年;
合作者:张永姣,博士,兰州大学经济学院讲师)

京津冀协同发展的机制创新与区域政策研究

一、引言

协同发展是指围绕同一发展目标，基于合作共赢理念、优势互补原则、产业分工要求和资源环境承载力，协调两个或两个以上行政区（省、地市）组成的区域，形成目标同向，交通基础设施、产业发展与布局、要素市场、城乡、基本公共服务与民生保障、生态环境保护一体化的区域发展新格局。协同发展的核心是提倡和谐与包容发展，最终目标是实现互利共赢、共同发展。区域协同发展与区域一体化是彼此具有紧密联系的两个不同发展阶段，由于区域一体化是一个较长的历史过程，需要通过推进各个领域的一体化才能最终实现。与市场经济较为发育、区域发展较为均衡的长三角和珠三角地区不同，京津冀地区不仅三省市间发展差距悬殊，而且区域内部发展极不均衡、市场化程度较低、要素资源流动不畅、政策效应较弱，加之为破解北京的"大城市病"，因而京津冀协同发展是由中央政府主导推动的区域经济一体化战略，其重点以交通基础设施一体化为先导、市场一体化为核心、产业发展布局一体化和基本公共服务均等化为重点、环境保护与生态建设一体化为保障、规划一体化为实现手段的全方位一体化进程。因此可以认为，区域协同发展是区域一体化的前期阶段。

自2014年2月习近平总书记在北京考察时提出推动京津冀协同发展以来，2015年4月30日中共中央政治局会议审议通过《京津冀协同发展规划纲要》，明确了京津冀协同发展的指导思想、基本原则、发展目标、功能定位、空间布局、重点领域和重大措施，为推动京津冀协同发展提供了基本遵循和行动纲领。两年多来，按照党中央、国务院要求和京津冀协同发展领导小组部署，在三省市的共同努力和中央有关部门密切配合下，京津冀协同发展步伐加快，成效显著。围绕京津冀区域整体功能定位和三省市功能定位，在产业、交通、生态环境和民生等重点领域率先协同发展。例如，北京市按照有序疏解非首都功能要求，突出产业疏解，加大对一般性产业特别是高消耗产业，以及区域性专业市场和区域性物流基地等部分第三产业的疏解力度①。据统计,仅 2016 年 1~9 月,北京市对津、冀转移的企业投资达 1555 亿元,其中向天津投资 684 亿元,向河北投资 871 亿元,分别同比增长 60%和 114%②。京津冀三地产业对接加快,曹妃甸产业发展示范区、首钢京唐二期项目建设步伐加快,还积极推动天津滨海—中关村科技园共建,并在滨海新区成立京津冀首个众创联盟③。在交通一体化建设方面,《京津冀城际铁路网规划(2015~2030 年)》已得到国家发改委的批复,京沈客专、京张高铁建设加快,京唐、京滨城际铁路先期工程正式开工,京台高速已进场施工。在生态环境方面,三省市继续深化大气污染联防联控协作机制,联合印发了《京津冀大气污染防治强化措施(2016~2017)》,推进京津冀生态水源保护林、京津冀风沙源治理二期等重大项目建设。据统计,2016 年上半年三省市 PM2.5 平均浓度比上年同期分别下降了 17.9%、12.5%和 20.3%④。此外,医疗卫生、教育、养老等民生领域的一体化也在持续向前推进。

上述京津冀协同发展所取得的重大进展,离不开发展机制创新与区域政策的"保驾护航",而机制创新又必须与区域政策相结合,才能转化为持续推动协同发展的巨大正能量,以此加快京津冀协同发展步伐,拓展和深化协同发展领域,提升协同发展水平,增强协同发展后劲。

二、京津冀区域发展的机制与政策研究述评

(一)机制创新与区域政策的内涵和特点

机制原指机器的构造和工作原理。现广泛应用于自然现象和社会现象,指其内部组织和运行变化的规律。机制是经过实践检验有效的方式方法,并通过凝练使之系统化和理论化,再用于指导实践。因此,实践性、指导性是其显著特点。机制创新是企业与区域为优化各组成部分之间、各生产经营要素之间的组合,提高效率,增强竞争力而在各种运营机制方面的创新活动。机制创新作为在区域管理与运行层面所作的制度性设计,其作用:一是增强对市场的应变能力;二是增强内在的发展动力;三是调动人的积极性。京津冀协同发展的机制主要有互惠互利机制、合作共赢机制、协同创新机制、共建共享机制、发展约束机制、利益分配与补偿机制等,其中构建高层次的高效协调机制、健全利益协调与分享机制是机制创新的重点。

区域政策是以政府为主体、协调区域发展为对象,为弥补市场在空间范围内配置资源

---

① "京津冀协同发展领导小组办公室负责人就京津冀协同发展有关问题答记者问",《人民日报》,2015 年 8 月 24 日。
② "市发改委主任谈北京供给侧结构改革:京企向津冀投资超千亿元",《北京晚报》,2016 年 11 月 13 日。
③ "京津冀产业分工格局初步形成",《北京日报》,2016 年 8 月 10 日。
④ "京津冀城际铁路网规划获批",《北京日报》,2016 年 11 月 29 日。

失灵而采取的相应政策总称。区域政策是以区域差异和资源环境承载力为基础、立足于优势互补、分工合作、互利共赢等原则而制定的；也是中央和地方政府旨在改善国家或区域范围内经济社会活动的地理分布，以及解决区域发展中存在的重大问题（如区域发展差距扩大、区域结构失衡、区域布局不合理等）而采取的所有公共干预行为。因此，区域政策具有空间性、阶段性和系统性特点，不同阶段关注的重点不同。在工业化初期，主要关注产业布局问题；在工业化快速推进时期，主要关注地区差距扩大和落后地区发展问题；21世纪以来，随着经济全球化和区域经济一体化的深入发展，区域政策的重点已转移到提高区域竞争力、增强可持续发展能力，以及实现公共服务均等化等方面。区域政策按功能作用可分为支持政策与限制政策；按政策手段可分为直接干预和间接干预政策；按层次可分为宏观区域政策与微观层面操作政策；按内容包括区域经济政策、区域资源政策、区域政治政策、区域社会民生政策与区域文化政策等。

机制创新与区域政策作为政府对区域发展的方向、目标、速度、格局、路径进行综合调控的政策手段，也是贯彻落实区域发展战略与区域规划的重要保障措施，两者具有相辅相成、相互促进的紧密联系：一方面，机制创新的实施有赖于配套区域政策作为支撑；另一方面，区域政策的实施又推动机制创新领域的不断拓展与内容深化。

"十三五"时期，为落实创新、协调、绿色、开放、共享的新发展理念，按照构建区域协调发展新格局的要求，机制创新与区域政策应向细化、实化方向发展，发挥机制创新对经济发展新常态的引领作用，服务于推进供给侧结构性改革和市场化改革；同时又要着力提高区域政策的差异性、精准性与可操作性，探索缩小政策单元、强化政策针对性的新方式。

（二）京津冀区域发展的机制与政策研究进展述评

京津冀区域发展的机制与政策研究始于20世纪80年代，大体可分为以下三个阶段：第一阶段为20世纪80~90年代中期，以京津唐为主要研究区域，结合80年代当时的国家计委组织的京津唐地区国土规划进行。其中最具代表性的是1984年由胡序威和陆大道主持的京津唐地区国土综合开发规划，在"对策措施"部分，提出了建立新的产业分工与城乡协调机制，以及实施规划的政策措施。第二阶段为20世纪90年代后期至2010年，研究范围从京津唐地区逐步扩大到京津冀北及冀中地区。其中吴良镛先生于20世纪90年代末主持的《京津冀（大北京地区）城乡空间发展规划研究》，在提出优化城乡空间结构和构建以京津为核心的世界城市的同时，强调要加强区域统筹管理，建立区域协调与合作机制，并制定了相应的政策措施。2005~2006年，由樊杰主持的《京津冀都市圈区域综合规划研究》，将"冀"的范围扩大到包括河北省的张家口、承德、秦皇岛、唐山、廊坊、保定、沧州、石家庄八市。通过对京津冀都市圈的功能定位、空间总体布局、工业发展与布局、交通基础设施、水土资源保障、环境保护与生态建设等进行深入分析的基础上，提出了解决的路径、方案与情景模拟，制定了落实区域综合规划的机制与配套区域政策，如统筹城乡与区域协调发展的机制与对策（政策），加强区域合作、促进区际分工协作的机制与政策，提升产业发展的机制与政策，水资源和生态补偿机制与政策等。2006年以来，有关京津冀一体化发展机制与政策措施的论文数量显著增多，但主要集中于区域经济一体化方面。2011年至今为第三阶段，研究范围扩大到京津冀全域，研究内容从京津冀一体化发展转向协同发展，特别是《京津冀协同发展规划纲要》出台后，有关京津冀协同发展的论文呈"井喷式"增长，与机制创新和区域政策有关的内容主要包括：产业疏解与承接产业转移，交通基础设施一体化建设，协同创新，市场一体化发展，基本公共服务均等化，环境保护，生态建设与生态补偿等。

总体来看，上述有关京津冀区域一体化和区域协同发展的成果，在机制和区域政策研究方面明显地存在三方面不足：一是对区域发展机制与政策研究比较泛化，针对性与指导性不强，特别是政策的区域特征不明显，因而效果也大打折扣；二是机制与区域政策不够细化、实化，整体可操作性不强；三是约束性、限制性的机制与政策运用不够，如明确区域的开发强度、产业进入门槛、红线管制、城乡增长边界约束等，而这对规范发展秩序和优化空间发展格局具有十分重要的作用。

三、京津冀协同发展的机制创新与区域政策目标和指向

（一）京津冀协同发展的机制创新与区域政策目标

在京津冀协同发展的进程中，为有序疏解北京非首都功能、优化提升首都功能、缩小京津冀发展差距、优化经济结构和空间结构，必须正确处理好追求经济效率和社会公平两大目标的关系。对京津冀地区而言，公平与效率目标既存在相互制约的一面，又有互为促进的一面。基于京津冀三省市发展落差巨大的现状，未来较长一段时期内应将缩小区域发展差距作为主要目标。相应地，机制创新与区域政策也应更多地向追求公平目标倾斜，并以公平促进效率的提高。

1. 社会公平目标

京津冀三省市社会发展差异悬殊，公共服务水平落差大。2014年，河北省人均财政收入仅分别为北京、天津的1/6和1/5，城镇居民人均可支配收入和农民人均纯收入分别为北京的55%和50%、天津的77%和60%；城镇化率为49.3%，比北京、天津分别低37.1%和33%；每千人口拥有的医疗机构床位数和执业医师数分别约为北京的1/3和天津的2/3；平均受教育年限比京津落后2～3年。环京津贫困带问题突出，2014年河北省仍有国家级扶贫开发重点县39个。为缩小三省市的社会发展差距，机制创新与区域政策应以促进基本公共服务均等化为目标，充分发挥政府的引导作用，运用市场机制和区域政策杠杆，在脱

贫攻坚、提升全民教育和健康水平、提高人民生活水平等方面，合力推进各项社会事业的发展，逐步提高社会民生保障水平。

2. 经济效率目标

京津冀三省市经济处于不同的发展阶段，经济发展阶段和发展水平相差悬殊。以2014年为例，北京市人均 GDP 99995 元，约折合 1.59 万美元，三次产业增加值结构为 0.7%：21.4%：77.9%，服务业在三次产业结构中占比为78%，总体已进入了后工业化发展阶段；天津市人均 GDP 105231 元，约折合 1.67 万美元，三次产业结构为 1.3%：49.4%：49.3%，第二、三产业就业占比分别为 38.9%和 53.5%，总体上处于工业化后期阶段；河北省人均 GDP 39984 元，约折合 6347 美元，三次产业产值结构为 11.7%：51.1%：37.2%，第二、三产业就业占比分别为 34.3%和 30.8%，尚处于工业化中期阶段。在经济效率方面，2015年河北省全员劳动生产率为 7.07 万元/人，仅为北京市的 21.8%和天津市的 37.9%。因此，为缩小三省市区域发展与经济效率差距，机制创新与区域政策应将创新驱动与推动产业转移和产业转型升级置于优先地位，以此实现区域产业结构优化和经济效率的持续递升。

3. 生态文明目标

生态环境保护是生态文明建设的核心。京津冀三省市国土空间中，生态空间约占总面积的60%。由于长时期大规模、高强度的开发，资源环境严重超载，自然生态系统退化，因而是中国东部地区人与自然关系最为紧张、资源环境超载矛盾最突出、生态联防联治要求最迫切的区域。因此，在京津冀协同发展中，应将生态环境保护置于优先地位，突出尊重自然、顺应自然、保护自然、发展和保护相统一、绿水青山就是金山银山的理念，加大环境整治力度，大力推进生态保护与恢复，推动绿色低碳发展和循环经济，落实生态补偿机制与政策，力争用 10 年或更多一点时间，使京津冀地区生态环境质量得到明显改善。

（二）京津冀协同发展机制创新与区域政策指向

根据京津冀三省市的功能定位和近中期协同发展的目标，其机制创新与区域政策指向主要集中于以下五个方面：

1. 有序疏解北京非首都功能

有序疏解北京非首都功能，是京津冀协同发展的核心、关键环节和重中之重，对推动京津冀协调发展具有重要先导性作用[①]。为解决北京市日益严重的"大城市病"，有效控制全市人口过度膨胀、交通拥堵、环境污染、房价持续高涨、城市安全隐患等突出问题，贯彻落实中央对北京市的城市功能定位（全国政治中心、文化中心、国际交往中心、科技创新中心），《京津冀协同发展规划纲要》提出要有序疏解非首都功能，近中期优先重点疏解

---

① "京津冀协同发展领导小组办公室负责人就京津冀协同发展有关问题答记者问"，《人民日报》，2015年8月24日。

以下四类非首都功能：一般性产业特别是高消耗产业，区域性物流基地、区域性专业市场等部分第三产业，部分教育、医疗、培训机构等公共服务功能，部分行政性、事业性服务机构和企业总部。为有序疏解上述非首都功能，制定了政府引导与市场机制相结合、集中疏解与分散疏解相结合、严控增量与疏解存量相结合、统筹谋划与分类实施相结合的疏解原则。在实施过程中，还须做好顶层设计，制订分领域、分阶段推进方案，建立健全倒逼机制与激励机制，有序推出配套政策，如财税分成政策、人口调控政策、土地政策、社会保障政策等，将疏解地的推力、承接地的拉力、相关部门的引力，形成强有力的疏解合力，充分调动疏解对象外迁的积极性和主动性。

2. 优化产业结构与空间格局

基于京津冀区域的整体功能定位、各自的区位交通、发展基础、科教资源比较优势，并根据区域资源环境承载力和发展潜力，统筹考虑长远发展需要、区域分工协作与提升区域总体竞争力，实施差异化的产业发展战略。其中，北京市重点发展知识经济、服务经济、绿色经济、总部经济，加快构建高精尖产业结构；天津市优化发展先进制造业、战略性新兴产业以及航运业与金融等现代服务业，建设全国先进制造业研发基地和金融创新运营示范区；河北省积极承接北京非首都功能转移和京津科技成果转化，重点建设全国现代商贸物流重要基地，新型工业化基地和产业转型升级试验区。在此基础上，按照"功能互补、区域联动、轴向集聚、节点支撑"的发展思路，构建"一核、双城、三轴、四区、多节点"的空间结构①，形成以北京为核心、天津为副中心、重要交通干线为轴线、主要产业与生态功能区为载体、区域中心城市为节点的网络型空间格局，更好地推动京津冀协调发展。

为实现上述产业结构与空间格局优化目标，必须围绕推动产业升级转移，在改造提升传统产业、培育壮大战略性新兴产业、推动产业转移对接、加强产业分工协作、促进产业集聚集群等方面，加快机制创新并出台相应的配套区域政策。

3. 构建一体化的现代交通网络

交通一体化是京津冀协同发展的骨架系统和先行领域。基于京津冀区域城镇与产业的空间布局，为适应疏解北京非首都功能和产业升级转移的需要，按照网络化布局、智能化管理和一体化服务的要求，围绕建设高效密集的铁路交通网、完善便捷的公路交通网、现代化的津冀港口群、国际一流的航空枢纽、一体化的智能交通服务为目标，加快京津冀交通一体化建设，实现客运专线覆盖区内所有地级及以上城市、京津唐保"一小时交通圈"，形成多节点、网格状区域交通格局，建成安全可靠、便捷高效、经济适用、绿色环保的综合交通运输体系。为此，要在各种运输方式的分工合作、互联互通、智能化管理、绿色安全可持续交通建设、综合运输能力提升、运输市场体系建设等方面进行机制创新与区域政

---

① "京津冀协同发展领导小组办公室负责人就京津冀协同发展有关问题答记者问"，《人民日报》，2015年8月24日。

策保障。

4. 促进基本公共服务均等化

基本公共服务均等化是指政府要为全体社会成员提供基本的、与经济社会发展水平相适应的、能体现公平正义原则的大致均等的公共产品和服务,主要包括劳动就业、教育、医疗卫生、社会保险、基本养老服务等。促进基本公共服务均等化是京津冀协同发展的本质要求。其机制创新与区域政策重点有三:一是缩小三省市间公共服务的区际差距,主要通过增加公共服务产品与服务的有效供给实现;二是在京津冀三省市内部,促进公共服务资源,尤其是优质教育、医疗卫生等公共服务资源的均衡布局,实现人人享有基本公共教育、基本医疗卫生服务以及老年人口享有养老服务;三是在管理层面,通过"互联网+"提升基本公共服务与社会保障的便捷化程度与运行效率,让广大人民享受高效便捷的优质服务。

5. 加强生态环境保护

生态环境保护是推动京津冀协同发展的重要基础与重点任务,也是京津冀区域实现绿色发展的前提条件。在机制创新与政策保障方面,应强化主体功能区作为国土空间开发保护的基础性作用,加快完善主体功能区政策体系,推动各地区严格按照主体功能定位发展;打破行政区限制,推动能源生产与消费革命,促进绿色循环低碳发展;建立环境污染联防联控机制与政策、一体化的环境准入和退出机制与政策、生态保护联动机制与政策、区域生态横向补偿机制与政策,形成人与自然和谐发展的现代化建设新格局。

四、京津冀协同发展的机制创新与宏观区域政策

宏观区域政策是对区域发展具有全局性影响和长远性指导作用的区域政策。京津冀协同发展的机制创新与宏观区域政策包括:区域产业协同发展机制与政策、区域要素市场一体化机制与政策、区域协同创新机制与政策、区域公共服务共建共享机制与政策和区域横向生态补偿机制与政策。

(一)区域产业协同发展机制与政策

京津冀地区经济发展很不平衡,产业分工相对独立,同质化竞争明显,产业协作水平低,迄今尚未形成合理的产业梯度和紧密联系的产业链。基于此,推动京津冀产业协同发展的机制创新重点为:建立产业合作发展机制、收益分享机制、共建共管运行机制、要素交流平台和流通机制,并及时出台相应的配套政策,形成优势互补、错位发展、分工协作、协调有序、布局合理的产业发展新格局,不断提升发展水平与发展质量。

1. 推动产业转移对接

北京市有序疏解非首都功能与津冀承接产业转移对接是"十三五"时期京津冀协同发

展的首要任务。为此,一方面,应加强三省市产业发展规划的衔接,健全市场化的疏解导向机制,完善支持和激励疏解政策措施,以及确保转移企业顺利落地与发展的配套政策体系;另一方面,要以协调三省市利益分配为出发点,建立财税政策协同机制(统一财税政策),建立京津冀产业转移 GDP 分计机制和产业转移新增利益分享机制。

2015 年 6~7 月,工业和信息化部会同北京、天津、河北三省市政府出台了《京津冀产业转移指南》,制定了《京津冀产业转移指导目录》,明确了津冀承接的八大类重点产业,即信息技术、装备制造、商贸物流、教育培训、健康养老、金融后台、文化创意、体育休闲[①]。财政部和国家税务局又发布了《京津冀协同发展产业转移对接企业税收分享办法》(财预〔2015〕92 号)[②]。与此同时,北京市为加快非首都功能的疏解步伐,也出台了资源、环境约束、建设用地管控和差异化的区域电价及水价等限制政策,以及疏解企事业的激励政策,形成有序疏解的倒逼机制;天津市与河北省为促进转移企业的落地投产,设立了承接产业转移基金,从资金上支持转移产业与当地对接,并出台了土地和人口等优惠政策。有力地推动京津冀产业转移对接持续地向前发展。

2. 加快产业转型升级

加快产业转型升级是京津冀协同发展中构建现代产业体系的核心。按照京津冀和三省市的产业发展定位,充分利用北京有序疏解非首都功能和产业转移的机遇,着力理顺产业链条,优化产业结构。其中,北京市在大力疏解非首都功能的同时,利用腾出的发展空间等要素资源,突出高端化、服务化、集聚化、融合化、低碳化的发展新理念,重点发展金融、科技、信息、商务服务、现代物流、会展、文化等现代服务业。按照《北京市国民经济和社会发展第十三个五年规划纲要(2016~2020 年)》的要求,实现"三产"提级增效发展,"二产"智能精细发展,"一产"集约优化发展;同时,深化调整三次产业内部结构,促进三次产业融合发展。天津依托北京市的科技资源优势和原有产业基础,重点发展高端装备等先进制造业,大力发展航空航天、生物医药、节能环保等战略性新兴产业,加快发展金融、航运、物流等现代生产性服务业。河北省在承接京津产业与技术转移的同时,通过实施"6643"工程[③],加快淘汰落后产能和积极化解过剩产能,实现"腾笼换鸟",改造提升传统优势产业,大力发展先进制造业、现代商贸物流等服务业和战略性新兴产业,推动全省产业的转型升级。

---

① 特约记者张梦洁:"京津冀产业转移指导目录或于近期发布:河北天津承接八大重点产业",21 世纪经济报道,2015 年 6 月 2 日第 6 期。

② 两种分享办法为:一是迁出企业完成工商和税务登记变更并达产后,3 年内缴纳的"三税"(即增值税、企业所得税、营业税),由迁入地区和迁出地区按 50%:50%比例分享;二是若 3 年未达到分享上限,分享期限再延长 2 年,此后迁出地区不再分享,由中央财政一次性给予迁出地区适当补助(http://yss.mot.gov.cn/zhengwu)。

③ 河北省"6643 工程"要求,到 2017 年压减 6000 万吨钢铁、6000 万吨水泥、4000 万吨煤和 3000 万标准重量箱玻璃(河北省人民政府印发《化解产能过剩矛盾实施方案》(冀政〔2014〕14 号),河北省政府办公厅网站,2014 年 2 月 14 日)。

3. 加强产业分工协作

京津冀协同发展中，加强产业的分工协作是建设现代产业体系和提升产业整体竞争力的需要。为此，要按照产业发展定位，构建区域间产业合理分工和上下游联动合作机制。以主导产业发展为重点，通过延伸优势产业链，将产品的上、中、下游的研发、总装、核心零部件、一般零部件、原材料采购、销售服务等环节链接成分工协作的产业体系。其中，研发在北京，总装及核心零部件生产在天津及河北的石家庄、保定、唐山等中心城市，一般零部件加工在河北各地。通过延伸优势产业链，不仅可引导和加强产业的分工协作，而且有利于促进三次产业联动发展。近中期，应重点加快装备制造、电子信息、生物医药、汽车、航空航天、新能源等区域优势产业链的发展。未来应促进区域产业分工协作从产业链转向价值链分工，从加工制造业转向服务业（如金融业中：北京的金融管理、天津的金融创新运营与河北的金融后台服务等）；并应根据产业链不同环节的价值能力差异构建区域间的转移支付、财税补贴等各项支持政策，促进区域利益均衡。

4. 优化产业协同布局

产业集中布局与集群发展是现代产业体系发展的要求。按照产业合理分工、集群布局、协调发展理念，实施"点—轴—网络"开发战略，加强产业、金融、财税、科技等政策的协同，打造"一个中心、五区五带、若干个特色基地"的产业协同发展新格局。其中"一个中心"即北京高技术产业和战略性新兴产业的研发设计及服务中心；"五区"包括北京中关村、天津滨海新区、河北唐山曹妃甸区、沧州沿海地区及张承地区，作为产业协同发展布局示范平台；五大特色产业带（京津走廊高新技术及生产性服务业产业带、沿海临港产业带、京广沿线先进制造业产业带、京九沿线特色轻纺产业带、张承沿线绿色生态产业带）和以特色优势集群（园区）为依托的一批特色产业基地，作为优化区域布局的骨架和支撑点。并通过资本、技术、人才、管理、品牌、服务输出等协作方式，引导企业向五区、五带及特色基地转移，促进京津冀产业的协同布局。

（二）区域要素市场一体化机制与政策

推动要素市场一体化是京津冀协同发展的战略重点。与珠三角和长三角相比，京津冀统一要素市场建设滞后，加之三省市地方政府间缺乏必要的合作协调机制以及相应的合作组织，导致市场受到行政区分割和存在市场壁垒，制约了资本、技术、产权、人才和劳动力等要素的自由流动与优化配置。为激发要素市场活力，实现市场间要素充分流动与融合，必须从创新合作和协调机制入手。正如2014年习近平总书记在北京考察时所强调的，要建立京津冀区域统一的金融投资、产权交易、技术研发、创业就业政策，完善共建共享协作配套、统筹互助机制，推动要素市场的整合重组，加快形成统一开放、竞争有序的市场体系。

1. 推进区域金融市场一体化

区域金融市场一体化是推动京津冀协同发展的重要保障。为满足产业疏解、转移升级，以及交通基础设施和社会服务设施建设需要,由京津冀三省市按一定比例共同出资设立京津冀协同发展基金(河北省已于2016年1月设立了由政府与社会资本合作总金额为100亿元的协同发展基金①),共同出资设立京津冀产业结构调整基金,积极利用债券市场等多渠道募集资金,并正在研究建立京津冀开发银行等,重点支持投资回报期较长的基础设施及其他重大项目建设。同时,深化区域内各类资本市场的分工协作机制,推动三省市建立统一的抵押质押制度,推动京津冀支付结算、异地存储、信用担保等业务同城化,显著降低跨行政区金融交易成本②。

2. 推进区域产权市场一体化

以建立京津冀地区统一开放、竞争有序的产权市场体系为目标,近中期以2014年7月成立的"京津冀产权市场发展联盟"为重要平台,在信息联合披露、业务交流学习、重点项目推介、投资人引进、会员资源共享、市场研究等方面开展密切合作。发挥北京产权交易所在技术交易、金融产品交易、环境交易方面,天津产权交易中心在非上市企业的股权交易和融资服务、农村产权交易方面,河北产权交易中心在公共资源交易方面的比较优势,实现优势互补,推动三省市要素市场的协同重组。同时,积极探索资本与股权合作,为新一轮国资国企混合所有制改革提供优质服务。

3. 推进区域土地市场一体化

土地市场要素一体化在推动京津冀协同发展及区域供给侧结构性改革中起重要的基础性、调节性作用。以建立京津冀城乡统一的建设用地市场为目标,深化城镇国有土地有偿使用改革,并根据2015年出台的《国务院关于开展农村承包土地的经营权和农民住房产权抵押贷款试点的指导意见》,慎重稳妥推进农村土地制度改革,建立兼顾国家、集体、个人的土地增值收益分配机制,加强三省市农村土地产权交易机构的合作,形成统一的农村集体建设用地产权交易市场。同时,还应加快构建能体现土地资源稀缺程度、各行政单元相互衔接的城乡基准地价体系;强化对土地市场的调控监测,避免出现一些地方片面追求招商引资而竞相压低地价等不合理现象②。

4. 推进区域人力资源市场一体化

以建立京津冀统一开放的人力资源市场体系为目标,加快建立三省市协调机制与政策的衔接统一,逐步实现制度衔接、政策互惠、信息互通、资质互认。2015年,北京市人力资源和社会保障局(以下简称"人力社保局")与天津市人力社保局、河北省人力社保厅分别签署了《推动人力资源和社会保障工作协同发展合作协议》和《加强人才工作合作协议》,北京市人力社保局还出台了《关于京津冀三地人力资源市场从业人员资格证书互认有关问

---

① "河北设京津冀协同发展基金",《人民日报》,2016年1月7日第10期。
② 记者王尔德:"京津冀要素市场、公共服务一体化、改革清单明晰",21世纪经济报道,2015年7月29日第5期。

题的通知》(京人社市场发〔2015〕185 号),为建立统一规范灵活的人力资源市场提供了保障。在劳动就业政策方面,通过搭建区域人力资源信息共享与服务平台,完善人力资源流动的户籍政策,建立区域相互衔接的劳动用工政策,包括从业人员资格证书互认、职业技能培训服务,以及区域内劳动保障监察和争议处理协作机制等,不仅满足了北京市非首都功能疏解、天津及河北承接产业转移升级对人力资源需求的变化,而且促进了人力资源行业结构的优化。在人才政策方面,建立了专业技术人才职称和任职资格互认机制,统一职称评价标准,创新高端人才与高技能人才的引进与合作交流机制,初步形成了人才自由流动、资源共享、合作共赢的人才发展新格局。

5. 推进区域技术市场一体化

以建立科技成果共享机制为基础,推进京津冀区域技术市场一体化。为充分发挥北京作为科技创新中心的辐射带动作用,应将技术市场作为科技成果转化的主渠道,通过完善科技成果转化机制,建设科技成果转化和交易服务共享平台,构建信息共享、标准统一的技术交易服务体系,促进技术要素资源的自由流动与优化配置。2015 年 12 月,由科技部火炬中心和三省市科委(科技厅)倡议成立了"京津冀技术转移协同创新联盟",积极探索开展技术资本化试点,建立需求导向、市场导向的技术转移服务机制[①]。河北省科技厅则出台了《关于加强区域性常设技术市场发展的若干意见》,要求到 2017 年全省初步建成功能完备、交易活跃、互联互通、覆盖全省的多层次常设技术市场网络。区域技术市场建设必须发挥财政资金的杠杆作用,并采用互联网股权众筹、科技融资担保、知识产权质押、股份质押等多种方式,吸引和引导社会资本参与。并积极探索技术成果挂牌交易、拍卖、托管等交易方式,引入第三方支付主体、提供技术成果交易结算服务等,为科技型中小企业"新三板"上市前后创新能力提升和产权交易提供全程服务。

(三)区域协同创新机制与政策

创新是引领发展的第一动力。党的十八大提出实施创新驱动发展战略,发挥科技创新在全面创新中的核心与引领作用,为经济社会发展提供持久动力。

京津冀地区是中国创新资源最集中、科技创新成果最丰硕的区域。这里汇集了全国 1/4 以上的高等学校、1/3 的国家重点实验室和工程(技术)研究中心、2/3 以上的两院院士、1/4 的留学归国人员,科技投入与产出均居全国首位。2014 年,三省市科技研发(R&D)投入占全国的 15.7%,有效专利量和有效发明专利分别占全国的 29.9%和 46%。因此,京津冀区域协同创新要以促进创新资源合理配置、开放共享、高效利用为主线,以深化科技体制改革为动力,推动形成京津冀创新共同体,建立健全区域创新体系,共同打造引领全

[①] 科技部:"京津冀技术转移协同创新联盟成立"(http://www.most.gov.cn/kjbgz/201512/t20151228_123174.htm),2015 年 12 月 19 日。

国、辐射周边的创新发展战略高地。

1. 制定差异化的区域创新发展战略

在京津冀三省市中,北京科技创新能力优势最突出,基础研究和原始创新能力强;天津科技创新能力较强,技术研发和成果转化能力较突出,科技型中小企业发展迅速;河北省科技创新能力相对薄弱,但技术承接潜力显著。根据三省市科技创新能力的梯度差异,制定差异化的创新发展战略。其中,北京以打造中国自主创新的重要源头和原始创新的主要策源地为目标,重点提升原始创新和技术服务能力,完善相应的创新支持政策(如中关村自主创新示范区政策),更好地聚集高端创新要素,打造技术创新总部集聚地、科技成果交易核心区、全球高端创新中心及创新型人才集聚中心。天津以打造自主创新高地为目标,实施原始创新与集成创新并重战略,以企业为主体、天津国家自主创新示范区为主要平台,围绕提高应用研究与工程技术研发转化能力,打造产业创业中心、高水平现代化制造研发转化基地和科技型中小企业创新创业示范区。河北省重点强化科技创新成果应用和示范推广能力,以石保廊国家创新改革试验区和中小企业创新创业示范区为载体,强化企业创新主体地位和主导作用。围绕传统产业的改造提升、战略性新兴产业的培育、现代农业与现代服务业的发展,采用引进消化吸收再创新和集成创新模式,并配套建设科技成果孵化转化中心、重点产业技术研发基地、科技支撑产业结构调整和转型升级试验区。

2. 推进区域协调创新体系建设

积极推进京津冀三地创新主体市场化合作。依据《北京市国民经济和社会发展第十三个五年规划纲要(2016~2020年)》,要联合构建由企业、科研院所、高等院校、产业投资机构、科技咨询机构等多主体参与的创新合作体系。例如,围绕传统产业的改造与产业的转型升级,联合组建以产学研结合为特色的产业技术创新战略联盟,提升技术创新能力;围绕战略性新兴产业培育发展的技术瓶颈与关键技术,联合建立重点实验室、工程技术创新中心、企业技术创新中心等技术创新平台,进行协同攻关;围绕科技成果转化,共建一批合作园区(如中关村合作园)和高科技园区(如天津未来科技新城及河北白洋淀科技新城),不仅可享受中关村国家自主创新示范区的各项支持政策,而且通过关联影响、扩散效应、示范效应,促进所在区域产业转型升级。

区域创新体系建设离不开机制创新与政策引导。在组建各类技术创新战略联盟和技术创新平台时,应同步建立跨区域的技术协同创新协调机制,如科技创新联席会议、重大科技攻关项目办公室等,对联盟与平台运行中出现的问题进行协商决策;同时还应出台支持企业创新和科技成果转化的财政金融政策,设立科技成果转化专项基金,建立科技成果转化利益分享机制与知识产权保护法律法规。

3. 推动区域创新资源共享

针对京津冀区域创新分工格局尚未形成、创新资源共享不足、创新链与产业链对接融合不充分等特点,以构建区域创新合作机构为引领,以整合创新资源为切入点,通过建立京津冀大型仪器设备共享联盟、科技情报资源共享联盟、科技专家信息服务网、技术创新平台联盟及科技成果转化试验区，推动区域创新资源共享。

（四）区域公共服务共建共享机制与政策

区域公共服务共建共享是促进京津冀区域基本公共服务均等化的重要条件。要充分发挥京津两市优质公共服务资源的集聚优势和辐射带动作用，特别要抓紧北京疏解非首都功能中要将部分教育、医疗、培训机构有序迁出的机遇，促进公共服务资源（尤其是优质公共服务资源）的均衡配置，推动区域共建共享公共服务。

1. 推动区域教育合作发展

以完善京津冀教育合作机制为引领，以促进三省市教育均衡发展为目标，分别采取以政府为主导的集中模式，搭建教育的共建共享平台；以政府为引导的契约模式，在一定条件下签约合作；以及市场机制下的自主合作模式，促进京津冀教育协同发展。在基础教育领域，通过组建一体化学校、集团学校、联盟学校等方式在课程教学和师资队伍方面共建共享。鼓励扶持在京高校与河北、天津高校组建"京津冀高等学校联盟"，通过共建特色学科、建设校区等方式开展合作办学，促进高校优质教学科研资源共享。加强京津冀职业教育与企业、行业协会和校际间的合作，优化学校、专业布局，推进对口合作、集团化办学等。

2. 加强医疗卫生联动合作

根据推进健康中国建设和健全全民医疗保障体系要求，建立京津冀医疗卫生联动协作机制并出台配套政策，重点为：优化京津冀医疗资源布局，引导在京医院通过开办分院、合作办医、专科协作以及异地建设区域性医疗中心等，推动在京医疗资源向京外、京郊疏解；共享京津冀优质医疗资源，通过组建医疗联合体或医院集团、开展远程医疗、派驻专家、交流进修等多种方式，共同提升河北省医疗卫生服务能力和水平；推动医疗卫生联动发展，包括：建立健全区域内双向转诊和检查结果互认制度，推进区域内执业医师一体化注册管理和多点执业，推动疾病和卫生应急合作；完善重大公共卫生事件联防联控；形成京津冀医疗卫生协同发展的新格局。

3. 推进区域社会服务合作发展

按照公平、可持续的原则，建立更加便捷的社会保险转移接续机制，推动实现京津冀三省市医疗保险异地结算、养老保险顺利衔接。三省市积极探索跨区域养老新模式，开展跨区域购买养老服务试点，合力破解养老服务方面的身份和户籍障碍。同时三省市将联合建立区域灾害信息共享机制，合作构建区域性防灾减灾救灾体系。

五、京津冀协同发展的区域横向生态补偿机制与政策

京津冀地区的北部和西部，分属于坝上高原和燕山—太行山区。在京津冀三省市《主

体功能区规划》中列为重点生态功能区，定位为京津冀和华北平原的重要生态屏障，土地总面积13.01万平方公里①，约占三省市国土总面积的60.2%。大体可分为以下三部分：一是河北省坝上地区6个县（张家口市的张北、沽源、康保、尚义县及承德市的丰宁、围场县）属国家级重点生态功能区——浑善达克沙漠化防治生态功能区的南缘，面积约3.16万平方公里，突出防风固沙功能；二是北部的燕山山区省级重点生态功能区，包括河北省张家口及承德两市所属其余的14个县（市），以及秦皇岛市的抚宁县和青龙县，唐山市的迁西县、北京市北部和西部5区（县），天津市蓟县的部分地区，总面积约5.83万平方公里，为滦河、潮白河的发源地和汇流区；三是西部的冀西太行山区省级重点生态功能区，包括石家庄、保定、邢台、邯郸4市西部的17个县（市），土地总面积约3.75万平方公里，为海河南支流流域的主要水源地。上述2个省级生态功能区主体功能均为水源涵养、饮用水源保护、水土保持。未来应按照"统一规划、严格标准、联合管理、改革创新、协同互助"的原则，建立联防联控环境污染机制，生态保护联动机制，区域横向生态补偿机制，推动区域生态环境质量有效改善。

1. 全面落实横向生态补偿机制与政策是推动生态功能区建设的关键

2010年12月，国务院批准发布的《全国主体功能区规划》（国发〔2010〕46号）提出，要"基本形成适应主体功能区要求的法律法规和政策，完善利益补偿机制""中央财政要逐年加大对农产品主产区、重点生态功能区特别是中西部重点生态功能区的转移支付力度。增强基本公共服务和生态环境保护能力，省级财政要完善对下转移支付政策"。国家"十二五"经济社会发展规划纲要第25章"促进生态保护和修复"中提出，为从源头上扭转生态环境恶化趋势，必须建立生态受益地区与保护地区间的横向生态补偿机制，明确了补偿对象、补偿原则、资金来源，并积极探索市场化生态补偿机制。但是，由于缺少生态补偿机制实施的具体办法、细则与量化指标，因此，京津冀生态功能区至今尚未建立科学规范的生态补偿机制，现有的以政府主导的"项目式"生态补偿模式，不仅补偿的主体不明确、补偿的法律法规不健全、补偿的覆盖面和范围不全面，而且存在补偿项目不统一、补偿的标准过低、补偿的方式单一、财政转移支付不规范等突出问题。特别是由于重点生态功能区大多为国家级贫困县（2014年河北省燕山山区21个县中有16个为国家级贫困县），地方政府面临经济发展、民生保障与生态环境保护多重压力。由于经济发展长期滞后，难以投入大量资金、人力、技术用于环境保护与生态建设，是导致该地区生态系统退化和环境污染严重的主要原因。为此，应将建立健全区域横向补偿的机制与配套政策作为推动京津冀地区生态文明建设的重中之重。

---

① 按《河北省主体功能区规划》，将承德市的隆化县（面积5473平方公里）和平泉县（面积3297平方公里）列为农产品主产区，但按其自然社会经济特点、资源环境承载力与发展方向，应作为省级重点生态功能区。

2. 区域横向生态补偿的范围与标准

生态补偿机制是以保护生态环境、促进人与自然和谐发展为目的，根据生态系统的服务价值、生态环境保护成本、发展机会成本，综合运用行政和市场手段，调节生态建设和环境保护各方面利益关系的制度安排与政策。生态补偿既包括对生态系统服务功能，也包括对资源环境保护而进行的激励与补偿，是一项基于社会主义市场经济法则中"生态损害者赔偿、受益者付费、保护者得到合理补偿"原则的环境经济政策。

京津冀地区横向生态补偿的范围主要包括：一是生态系统本身的服务价值。生态系统服务功能是指生态系统与生态过程所形成的、维持人类生存的自然环境条件及其效用，如在涵养水源、保持水土、防风固沙、调节气候、增加碳汇以及生物多样性方面的重要作用。二是受损生态系统的恢复。是指通过人工措施，按自然规律，使受损生态系统恢复合理的结构功能，使其达到能够自我维持的状态，包括退耕还林还草、植树造林等。三是由于生态环境保护需要，对当地合理发展权的限制。例如，承德市 2007～2014 年期间为保护生态环境，主动禁止高耗能、污染大的各类资源型工业项目 2014 个，取缔"五小"污染企业 1410 家，每年减少利税 50 多亿元，减少就业人口约 30 万。此外，还有为保证下游地区用水及水质而限制上游工农业发展用水等，均应作为生态补偿的发展机会成本。例如 1960～2014 年承德市累计向密云水库调水 197.83 亿立方米；又如 1983 年 9 月引滦工程建成后至 2009 年，位于滦河上游的承德市通过潘家口和大黑汀水库，累计向下游的天津、唐山等市调水 464.5 亿立方米，其中调往天津 192.2 亿立方米，仅得到象征性的补偿①。

由于中国自然资源价值核算工作滞后，绿色 GDP 迟迟未能实施。长期以来，水土等自然资源和环境资源处于无价或低价使用状态，这也是导致目前生态补偿政策中补偿范围不明确、补偿标准过低、补偿渠道不畅的直接原因。集中体现在现有的生态补偿金额远低于实际应补偿额度。例如，河北省张承地区共有森林面积 352.7 万公顷（集体林地占 84.6%，国有林地占 15.4%），其中承德市 224 万公顷，占 63.5%；张家口市 128.7 万公顷，占 36.5%。根据全国第八次森林普查数据与典型县实地调研数据推算②，张承地区森林每年可产生的生态服务价值约为 1200 亿～1400 亿元，而按河北省 2016 年以前对公益林和天然林的管护补偿标准，国家和省级年仅投入 3.93 亿元。根据作者近年在承德市隆化县、张家口市张北县及崇礼县实地调研测算，张承地区最基本的生态补偿应包括生态保护红线区域生态管护及建设补偿、水资源与水环境补偿、草地生态奖补、湿地生态效益补偿等，保守估计大体每年约为 140 亿～150 亿元，应由受益的京津两市通过建立横向生态补偿机制与相应配套政策进行补偿。

---

① 张承地区长期向北京集中供饮用水，每方水补贴原为 0.03 元，现在才提高到 0.3 元（王玫等，2015）。
② 据实地调查，河北省丰宁县全县 47.5 万公顷森林每年可产生的生态服务总价值达 195 亿元，其中涵养水源一项总价值达 48 亿元，保守估算每年为下游送水价值可达 20 多亿元（何树臣等，2016）。

3. 区域横向生态补偿模式

2015 年 4 月 25 日中共中央国务院发布的《关于加快推进生态文明建设的意见》提出，要健全生态保护补偿机制，结合"深化财税体制改革，完善转移支付制度，归并和规范现有的生态保护补偿渠道，加大对重点生态功能区的转移支出力度"，引导生态受益地区与保护地区之间、流域上下游之间，通过资金补助、产业转移、人才培训、共建园区等方式实施补偿。

在京津冀区域横向生态补偿机制中，最基本也是最稳定的生态补偿方式是财政转移支付，大体应占生态补偿总额的 60%以上，包括京津两市对北部燕山山区重点生态功能区各县市的财政转移支付，以及河北省的石家庄、保定、邢台、邯郸四市对冀西太行山重点生态功能区的转移支付。其次，利用京津两市以及石家庄、保定、唐山等中心城市产业转移的机遇，与生态功能区产业发展条件较好的县（市），通过共建产业园区、延伸产业链、科技成果推广等方式，实现产业的转型升级。再次，建立对口扶贫机制。与扶贫工作相结合，通过京津两市各区（县）与生态功能区相关县（市）结对，开展对口支援、帮扶，以改善生产生活条件为重点，优先推动绿色清洁产业向受援方转移，建设劳务合作专门培训基地，加强劳动力职业培训，帮助提高基本公共服务水平等，重点提高受援方的"造血"功能。同时，还应根据生态保护地区成本及受益水平，研究征收"生态补偿累进税"的可行性及实施方案。

六、结论与讨论

（1）在京津冀协同发展进程中，必须正确处理好追求经济效率和社会公平两大目标的关系。基于三省市发展差距悬殊的现状，未来较长一段时期内应将缩小区域发展差距作为主要目标。相应地，机制创新与区域政策也应围绕促进基本公共服务均等化，增加公共服务供给，建立健全更加公平、更可持续的社会保障体系，逐步提高社会民生保障水平，并以公平促进效率的提高。

（2）京津冀协同发展的近中期机制创新与区域政策指向为：有序疏解北京非首都功能，优化产业结构与空间格局，构建一体化的现代交通网络，促进基本公共服务均等化，加强生态环境保护。围绕上述任务，建立促进与激励机制、限制与倒逼机制，并出台一系列配套政策。

（3）京津冀协同发展的机制创新与宏观区域政策主要有：①区域产业协同发展机制与政策。通过建立完善的利益分配机制，推动产业转移对接、加强产业分工协作、优化产业布局，形成优势互补、错位发展、分工协作、结构优化、布局合理的产业发展新格局。②区域要素市场一体化机制与政策。通过激发要素市场活力，打破部门与地域分割，实现要素资源自由流动与优化配置。③区域协同创新机制与政策。以促进京津冀创新资源的合理配置、开放共享、高效利用为主线，通过制定差异化的区域创新战略、建立创新共同体、区域创新体系，共同打造引领全国、辐射周边的创新发展战略高地。④区域公共服务共建共享机制与政策。充分发挥京津两市优质公共服务资源的集聚优势和辐射带动作用，按市场经济要求，强化合作机制、联动机制，促进教育、医疗卫生、社会服务等公共服务资源均衡配置，共建共享公共服务。⑤区域横向生态补偿机制与政策。以改善京津冀生态环境为目标，通过建立健全区域的生态补偿机制与配套政策，明确补偿范围，提高补偿标准，加大补偿力度，采取多元补偿模式，促进自然生态系统的恢复与良性循环。

本文也存在一些明显不足之处，如对机制创新与区域政策的关系从理论上阐述不够，同时在实际操作上两者如何对接还有待进一步研究。另外，对区域政策如何细化、实化，并提高其差异性、精准性与可操作性也未很好解决。以往人文—经济地理学者在区域发展与区域规划研究中，比较重视发展条件、发展方向与定位、发展目标与重点产业的研究，以及发展布局的规划论证，而对区域发展战略与规划的机制和政策研究较为薄弱，给规划的实施带来一定困难。因此，在京津冀协同发展中，必须围绕不同发展阶段协同发展的目标和任务，发挥人文—经济地理学的自然与社会科学交叉的学科优势，加强对机制创新的引领作用和区域政策保障作用的深入研究，提高各类政策的协同配套程度和可操作性，这都是今后的努力方向。

参考文献

1. 陈诗波、王书华、冶小梅等："京津冀城市群科技协同创新研究"，《中国科技论坛》，2015 年第 7 期。
2. 崔和瑞："京津冀区域经济一体化可行性分析及发展对策"，《技术经济与管理研究》，2006 年第 5 期。
3. 邓勇："扬州市入河排污口调查与整治对策研究"，《水利发展研究》，2016 年第 8 期。
4. 樊杰："我国国土空间开发保护格局优化配置理论创新与'十三五'规划的应对策略"，《中国科学院院刊》，2016 年第 1 期。
5. 樊杰：《京津冀都市圈区域综合规划研究》，科学出版社，2008 年。
6. 冯海波、王伟、万宝春等："京津冀协同发展背景下河北省主要生态环境问题及对策"，《经济与管理》，2015 年第 5 期。
7. 高树兰："京津冀基本公共服务协同发展与财税政策支持探讨"，《经济与管理》，2016 年第 6 期。
8. 何树臣、王智慧："京津冀水源涵养功能区横向生态补偿的途径研究"，《河北林业》，2016 年第 3 期。
9. 何树臣："京津冀水源涵养功能区的横向生态补偿途径探讨"，《国土绿化》，2016 年第 6 期。
10. 胡之光、陈甬军："京津冀市场一体化研究综述"，《管理科学与工程》，2016 年第 5 期。
11. 江曼绮、谢珊："京津冀地区市场分割与整合的时空演化"，《南开学报》（哲学社会科学版），2015 年第 1 期。
12. 李惠茹、杨丽慧："京津冀生态环境协同保护：进展、效果与对策"，《河北大学学报》（哲学社会科学版），2016 年第 1 期。
13. 李京文、李剑玲："京津冀协同创新发展比较研究"，《经济管理》，2016 年第 2 期。
14. 李玉涛："京津冀地区基础设施一体化建设研究"，《经济研究参考》，2015 年第 2 期。

15. 李志强、张凤林："环京津地区协同共建水生态文明调研建议"，《中国水利》，2016 年第 3 期。
16. 梁林、刘兵："京津冀基本公共服务均等化评价及河北省提升途径研究"，《河北工业大学学报》（社会科学版），2016 年第 3 期。
17. 梁晓林、谢俊英："京津冀区域经济一体化的演变、现状及发展对策"，《河北经贸大学学报》，2009 年第 6 期。
18. 刘晓春："京津冀区域经济一体化研究"，《唐山师范学院学报》，2010 年第 3 期。
19. 陆大道、樊杰：《2050：中国的区域发展》，科学出版社，2009 年。
20. 陆大道等：《环渤海经济区整体开发与综合治理》，科学出版社，1993 年。
21. 陆大道等：《京津唐区域经济地理》，天津人民出版社，1988 年。
22. 罗乙宁："服务京津冀——打造跨区域要素市场协作发展平台：'京津冀产权市场发展联盟'在京成立"，《产权导刊》，2014 年第 8 期。
23. 马慧强、王清、弓志刚："京津冀基本公共服务均等化水平测度及时空格局演变"，《干旱区资源与环境》，2015 年第 11 期。
24. 马淑萍："进一步完善北京产业疏解政策"，《北京观察》，2016 年第 9 期。
25. 孙久文、邓慧慧、叶振宇："京津冀区域经济一体化及其合作途径探讨"，《首都经济贸易大学学报》，2008 年第 2 期。
26. 孙丽文、李跃："京津冀一体化下协同创新研究"，《河北工业大学学报》（社会科学版），2016 年第 8 期。
27. 孙明正、余柳、郭继孚等："京津冀交通一体化发展问题与对策研究"，《城市交通》，2016 年第 3 期。
28. 王辉、张明："京津冀协同视角下河北省承接首都功能疏解和产业转移的研究"，《统计与管理》，2016 年第 4 期。
29. 王玫、王立源："京津冀水源生态涵养区建设面临的困境及应对措施"，《环境保护》，2015 年第 16 期。
30. 吴良镛：《京津冀地区城乡空间发展规划研究》，清华大学出版社，2002 年。
31. 吴良镛等：《京津冀地区城乡空间发展规划研究》（二期报告），清华大学出版社，2006 年。
32. 张振："京津冀区域一体化格局 2030 年基本形成：访京津冀协同发展领导小组办公室负责人"，《中国经贸导刊》，2015 年第 25 期。
33. 朱云飞、刘海涛、王鑫鑫："京津冀协同发展背景下河北承接产业转移的财政政策研究"，《河北工业大学学报》（社会科学版），2014 年第 6 期。
34. Daily G C. 1997. *Nature's services: Societal dependence on natural ecosystems.* Island Press, Washington DC.

（本文刊于《地理科学进展》2017 年第 36 卷第 1 期）

海南省海澄文一体化的路径与保障机制

一、前言

进入 21 世纪以来，我国中西部地区的许多省会城市和计划单列城市，为提升其综合竞争力，增强中心城市的辐射带动功能，纷纷同周边地域上相连的城市一起，实行一体化发展。例如，河南省的郑（州）汴（开封）一体化（后又扩展至郑汴洛一体化）、湖南省的长（沙）株（洲）潭（湘潭）一体化、陕西省的西（安）咸（阳）一体化、黑龙江省的哈（尔滨）大（庆）一体化、吉林省的长（春）吉（林）一体化、新疆维吾尔自治区的乌（鲁木齐）昌（吉）一体化等等。实践证明，这类中心城市与周边城市一体化的发展模式，对加快区域城镇化的进程，特别是促进要素集聚、壮大经济实力、拓展新的发展空间、打造新的经济增长极，以及实现集约发展、联动发展、互补发展，进而推动省会都市圈的形成和发展发挥了重要的核心作用。

2015 年 6 月，海南省委、省政府提出加快推进海口、澄迈、文昌三市县一体化发展，并将其作为推动全省"多规合一"改革、助推区域经济一体化、形成海南经济增长极、打造国际旅游岛升级版的重要举措。在 2016 年 1 月海南省五届四次人大通过的《海南省国民经济和社会发展第十三个五年规划纲要》中明确提出，要着力推进海澄文功能协作、产业互补、交通一体、设施高效一体化发展，到 2020 年其经济总量占全省 50%以上。

二、海澄文一体化的背景分析

1. 三市县概况

海澄文三市县位于海南省北部沿海，北临北部湾琼州海峡，最近处距大陆雷州半岛仅 18 海里，土地总面积 6868 平方公里，占全省土地总面积的 19.3%。2014 年，海澄文三市县常住总人口为 323.1 万人，占全省常住人口的 35.8%（表 1）。

区位交通、资源与生态环境是海澄文地区突出的比较优势。在区位交通方面，海澄不仅地处中国沿海港口与北部湾各港口航运的咽喉，而且也是海南岛对外联系（尤其是通往珠三角地区）的重要门户，区位十分重要。近年来，随着环岛高速公路、环岛高铁、海南中线高速和琼文高速的相继建成通车，以及海口美兰国际机场二期、海口新海港客货滚装码头一期、澄迈马村港区二期竣工交付使用,海口—澄迈已成为全省陆海空综合交通枢纽,为三市一体化发展奠定了基础。

表1 海澄文一体化区域基本情况表(2014年)

市县名	土地面积(平方公里)	常住人口(万人)	地区生产总值(亿元)	固定资产投入(亿元)	社会消费品零售总额(亿元)	地方一般公共财政收入(亿元)	城镇化率(%)
海口	2304	220	1091.7	824.6	541.3	100.1	76.6
澄迈	2076	48	226.8	263.7	27.0	20.5	44.1
文昌	2488	55	159.8	141.9	54.6	13.0	49.5
合计	6868	323	1478.3	1230.2	622.9	133.6	67.2

在自然资源方面,海澄文地处热带北缘沿海地带,属热带海洋性季风气候,冬季温和,夏季高温多雨,光热与降水资源充足。以海口市为例,年平均气温24.2℃,1月平均气温17.7℃,年均降水量1664毫米,全年无霜期346天,有利于发展热带特色高效农业。此外,海澄文具有得天独厚的海洋资源优势。三市县海岸线总长约500公里,海域面积7276平方公里,沿海有滩涂约180平方公里,−10米等深线以内浅海面积超过1000平方公里,适合于发展海水养殖;近海海洋鱼类等生物资源丰富;沿海港湾众多,仅文昌市就有大小港湾40多处,不仅建港条件良好,而且又是优质的滨海休闲旅游资源。

在生态环境方面,海澄文地区空气质量优良率98%以上,水环境质量总体良好,地表水大部分为Ⅲ类水质,近岸海域水质优良,森林覆盖率达44.67%,各类自然保护区和生态功能区均得到了有效的保护。

在经济社会发展方面,海澄文三市县在海南省占有十分重要地位。2014年,三市县地区生产总值1478.3亿元,占全省地区生产总值的42.2%;人均地区生产总值45749元,为全省平均值的1.18倍;常住人口城镇化率为67.2%,高出全省平均水平的13.5个百分点;三次产业增加值结构为12.3%:24.7%:63%。但与发达地区相比,海澄文三市县经济总体发展水平不高,不仅经济总量规模较小,而且人均地区生产总值还略低于全国平均水平(4.66万元/人)。

2. 一体化发展中存在的问题

(1)核心城市(海口)辐射带动能力较弱。海口作为海南省的省会、海澄文一体化的核心城市,2014年地区生产总值总量1091.7亿元,仅相当于"长三角"和"珠三角"地区一个较发达的县级市水平,在全国36个省会城市和计划单列市中居倒数第三位;加之产业结构不合理,特别是工业基础薄弱(工业占GDP的13.5%),先进制造业和高技术产业规模较小、竞争力不强,服务业中生产性服务业占比不到30%,因而对要素的集聚作用不强,对包括澄迈、文昌在内的周边地区辐射带动能力较弱。

（2）三市县经济社会发展差距较大。海澄文三市县由于目前所处的经济发展阶段不同，因而产业结构和经济发展水平差异明显。根据国际上通行的 H.钱纳里判别地区经济发展阶段的 9 项指标，海口市三次产业增加值结构为 5.2%：19.9%：74.8%，人均 GDP 为 49943 元（折合 8033 美元）城镇化率 76.6%，总体上处于工业化中后期阶段；澄迈县三次产业增加值结构为 26.8%：47.6%：25.6%，人均 GDP 为 47421 元（折合 7628 美元），城镇化率为 44.1%，总体上为工业化中期阶段；文昌市三次产业增加值结构为 40.3：25：34.7(%)，人均 GDP 为 29055 元（折合 4674 美元），城镇化率为 49.5%，处于工业化中期初始阶段。三市县经济社会发展水平的显著差异，导致基础设施与基本公共服务水平的落差较大，给海澄文一体化发展带来巨大挑战。

（3）空间结构松散。海澄文三市县在长期发展过程中，由于缺少统筹规划，导致空间开发相对分散，建设用地利用粗放。人口与产业主要集中于北部滨海地区，而包括东部沿海在内的中、南部广大地区开发利用程度均不高。即使在北部滨海地区的海口主城区，位于南渡江以东、包括美兰国际机场在内的江东组团开发利用也明显不足。迄今，海口市主城区与同位于北部滨海的澄迈县老城和文昌市的铺前尚未连成一片。在产业布局上，同样地也存在园区数量多（合计 48 个）、布局分散、占地面积过大、开发利用程度低、经济效益不高等问题，其中 11 个省级产业园区用地总规模达 189 平方公里，但实际已开发利用不足三成。

（4）体制机制障碍。在海澄文三市县一体化进程中，还存在行政壁垒、市场分割，促进资金等问题，制约了资金、资源、技术、信息等生产要素自由流动与优化配置。如何协调三市县的财税政策与利益分配等体制机制问题，都需要通过深化改革逐步解决。

3. 一体化发展的重要意义

（1）落实"21 世纪海上丝绸之路"国家战略的需要。"21 世纪海上丝绸之路"作为"一带一路"国家战略的重要组成部分，而海澄文独特的区位交通优势，使其不仅是联结中国与东南亚和南亚地区黄金航道的交通枢纽，也是经贸联系的重要枢纽与文化交流的枢纽，起着重要战略支点作用。为此，需要通过海澄文一体化发展，提升其综合竞争力，并增强辐射影响力。

（2）南海常态维权和开发海洋资源的需要。南海诸岛自古以来就是中国的领土，为应对近年来美、日、澳等域外国家在南海制造紧张局势、妄图使南海问题国际化，以及周边一些国家大规模掠夺海洋油气资源的行径，南海维权将成为一项常态化任务。特别是随着 2012 年 6 月三沙市的成立，南海岛礁建设及海洋资源开发步伐加快，后勤保障服务的重要性日益凸显。海澄文作为海南省经济技术实力相对较强、港口转运条件较好的城市，不仅对承担南海维权的后勤保障和海上救援任务，而且对海洋资源大规模开发所需的海洋工程装备制造，将发挥基地作用。目前，国家已明确将文昌市的木兰湾和清澜港作为三沙市的后勤保障基地和应急救援基地，海口及澄迈也将承担海洋工程配套装备制造及舰船修造与物资供应等保障服务功能。

（3）海南省加快对外开放与发展的需要。海南省虽具有经济特区、国际旅游岛等政策优势，但由于历史和原有经济基础较差等原因，目前对外开放水平仍不高。2014年，全省经济外向度仅27.4%，低于全国平均水平（41.5%）。今后，海澄文一体化将以其港口、机场、综合保税区、航空及港口物流园等开放资源优势而成为海南省下一轮对外开放的重点区域，并有可能成为未来海南自由贸易区的核心区。

三、海澄文一体化的发展思路

海澄文一体化发展应坚持市场主导、政府引导，资源共享、互利共赢，分工协作、优势互补，统一规划、统筹推进，生态优先、绿色发展的原则，打破行政分割，着力解决同质化竞争问题，提高资源配置效率和基础设施效能，合力推进经济转型升级，共同提升产业综合实力、开放合作水平和科技创新能力，协同保护区域生态环境，实现公共服务均等化和提升公共服务品质；构建充满活力、富有效率、具有更加开放体制机制的省会都市圈（省会经济圈）。为此，必须重点推进五个一体化。

1. 基础设施一体化，作为推进一体化的基础

立足于加强海澄文地区人流、物流、信息流联系，以实现快捷、安全、高效为目标，通过路网同城化、公共交通同城化、信息服务和市政设施同城化，促进海澄文三大组团一体化发展。为此，近期要进一步加强三市县道路、城际公交、旅游车辆、港口等方面的对接及互联互通。例如，加快"文昌—海口—澄迈"滨海旅游公路、海文高速+海口绕城高速、文昌—定安—澄迈—临高高等级公路三大通道建设；整合区内港口岸线资源，形成功能清晰、特色鲜明、进出便利的一体化港口群等。同时，还要抓紧建立一体化的交通运输管理机制，实现市民公交"一卡通"、游客客运联程联运、一票到底，旅游车辆、出租车统一管理。此外，还应加强同城化地区的能源、环保、通信、市政等基础设施的同标准建设与共建共享。

2. 产业发展与布局一体化，作为推进一体化的核心

立足于海澄文三地产业发展的原有基础、资源优势、市场需求与科技创新能力，按照优势互补、错位发展的原则，优化三地产业结构与产业布局，促进产业的合理分工协作，形成特色鲜明，优势互补的产业分工协作体系。其中，海口应依托教育、医疗、信息等优质资源，发展省会经济，重点发展以旅游、金融、会展、商务、购物、医疗健康、科技教育为主体的现代服务业，加快发展高新技术产业，打造成为全省现代服务业发展的先行区和高技术产业中心。澄迈重点发展先进制造业、互联网信息产业和现代物流业，打造琼北的新型工业区。文昌重点建成为以滨海航天科技、侨乡及乡村文化为特色的国际滨海旅游胜地和热带高效特色农业基地。

3. 城镇空间布局与城乡发展一体化，作为推进一体化的节点

以城镇合理布局和统筹城乡发展为出发点，优化城镇空间布局，加快广大农村地区的城镇化步伐，重点推进城镇空间的同城化和城乡融合发展。着力将海口主城区、澄迈老城、文昌铺前—木兰湾打造成滨海同城化地区，形成"滨海同城化地区+卫星城+特色小镇+美丽乡村"的城乡一体化格局。

4. 公共服务与社会保障一体化，作为推进一体化的共享

以基本公共服务均等化为目标，建立一体化的基础教育体系，逐步实现三市县城镇常住人口和农村户籍子女享有义务教育的同等待遇，并有序推进义务教育均衡发展，努力缩小城乡义务教育发展差距；建立覆盖城乡居民一体化的基本卫生医疗体系，加快发展涵盖卫生、医疗、康复、养老在内的健康产业，使三地市城乡居民享有均等化的医疗服务。

在社会保障方面，重点建立和完善城乡一体的劳动就业保障体系、基本住房保障体系、社会救助保障体系、居民健康保障体系及公共安全保障体系五大体系。

5. 生态文明建设一体化，作为推进一体化的保障

以主体功能区规划为依据，统筹三市县生态功能区的一体化建设、生态敏感区的一体化保护，以及环境污染的一体化联防联治；统筹三市县海陆及岸线资源一体化的开发利用，对近岸海域的生态保护和开发进行严格的管控，实行最严格的环境准入制度，提高产业项目准入门槛，严守生态环保红线和环境质量底线，构建一体化的环境质量检测体系；强化对跨区域的东寨港红树林自然保护区、雷琼世界地质公园、海南岛北部滨海岸线等生态资源的保护；统筹推进南渡江、五源河以及其他城市内河水系治理，严控同城化地区的点源污染和卫星城镇周边的面源污染。

四、海澄文一体化的空间结构

点—轴系统是区域发展与区域规划中最常用的最佳空间结构模式，其基本原理为：以人口与产业集聚的不同规模城镇为节点，以线状的交通基础设施为轴线，通过轴线对人口、产业、资金、技术、信息的吸引，导致原有节点的不断壮大和新节点的形成，并随着交通线的不断延伸与拓展，最终发展成网络状空间结构。海澄文地区按照"壮大极核、轴向集聚、节点支撑、功能互补、海陆统筹"的发展思路，构建"一核、四城、五轴、五区"的空间结构，实现人口有序集中和产业有效集聚（图1）。

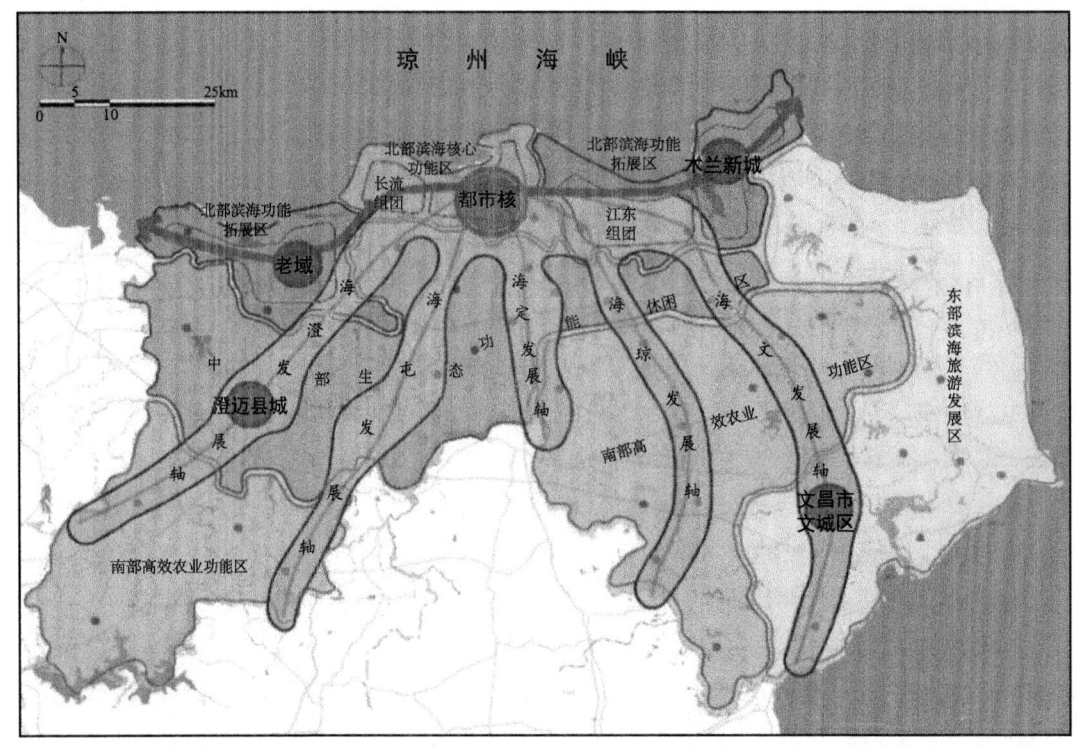

图 1 海澄文一体化空间结构规划图

1. 一核：做大做强海口主城区发展极核

海口市主城区是海澄文一体化发展核心，主要位于海口市区外环路以北地区，包括中心城区、中心城区西侧以长流镇为主体的长流组团和南渡江以东的江东组团。海口市主城区为全市人口及产业的集中分布区。其功能为：区域性旅游目的地和集散中心、金融、会展、物流、房地产、教育、文化体育、科技等服务业，以及先进制造业与高新技术产业的集聚区。当前发展中存在的主要问题为经济总量规模小、产业结构不合理。今后应充分发挥其区位、交通、生态、人文、地缘和省会等优势，突出转型、提质增效，加快发展现代服务业和高技术产业，引导城镇人口集中和高端产业集聚，不断增强综合经济实力和竞争力，建成为引领海南省、辐射北部湾和东南亚地区的现代服务业中心与绿色制造业基地、经贸文化交流中心、南海开放开发的前沿核心区和维权与后勤保障服务基地。

2. 四城：实现四城联动发展

澄迈的金江与老城、文昌市的文城和木兰新城是海澄文一体化发展的四个重要支点。其中，老城是海澄文地区的先进制造业、信息与互联网等新兴产业、港口物流中心；金江为澄迈县的县城与综合服务中心和休闲旅游目的地；文城为文昌市中心城区及全市经济、文化、商贸中心和旅游服务中心；位于文昌市西北部木兰湾沿岸的木兰新城为重要的旅游服务休闲基地及三沙市的后勤保障服务基地。今后要通过加快交通基础设施与产业一体化发展，加强海口主城区与四城的联动发展，实现海口主城区与老城、铺前—锦山在空间上的对接，形成滨海城市化连绵区，增强滨海发展极核的竞争力和辐射带动功能。

3. 五轴：推动海陆统筹发展主轴

（1）海文发展轴。以海文高速公路、海南环岛高铁东线以及省道201为复合轴，重点发展该轴沿线的美兰机场临空经济区、三江镇、大致坡镇、咸来镇、潭牛镇、新桥镇等重点镇和产业园区，打造海澄文一体化地区的科技研发转化、综合保税物流、电子信息及先进制造业发展带和主要城镇集聚轴。

（2）海琼发展轴。以海榆东线公路（原国道233线）为主轴，重点发展沿线的云龙镇、旧州镇、红旗镇和三门坡镇，打造乡村休闲旅游发展带和主要城镇集聚轴。

（3）海定发展轴。以海南岛东线高速公路和南渡江西岸沿江公路为复合轴，发展沿线的龙桥、龙塘、龙泉、新坡等镇，打造南渡江滨水休闲旅游和主要城镇集聚轴。

（4）海屯发展轴。以海榆中线高等级公路（原国道224线）为主轴，重点发展沿线的永兴、罗京、永发、京山等重点镇，打造乡村休闲旅游、汽车零部件产业发展带和主要城镇集聚轴。

（5）海澄发展轴。以海南环岛铁路西线和国道225线为复合轴，重点发展北部的老城—马村和南部的金江，辐射带动沿线的仁兴、中兴和加乐等重点镇，打造海澄文地区的港口物流、信息与互联网产业、装备制造业发展带和主要城镇集聚轴。

4. 五区：因地制宜划分五大功能区

（1）北部滨海核心功能区。该区位于海口市主城区的北部。东西界于南渡江与海口新海港间，南界为南海大道，包括中心城区与长流两个组团，为海澄文一体化核心区中的核心。其中，中心城区应重点强化政治、金融、商贸、医疗、教育、文化、旅游、服务与管理功能；长流组团承担中心城市和国际旅游岛双重功能，并通过建设美安科技新城，加快发展电子信息、生物医药、高端装备制造等新兴产业，打造成为海口市的新增长极。

（2）北部滨海功能拓展区。在合理开发利用岸线资源的基础上，将北部滨海核心功能区向东西侧拓展。向西延伸至澄迈县的老城—马村和桥头镇，依托马村港口和原有产业基础，做大做强新型工业、软件与互联网产业、港口与临港物流业、滨海休闲旅游业等四大支柱产业，建成为国家级软件产业基地、海南省先进制造业基地、临港工业基地和生产性服务业基地；向东延伸至海口市南渡江以东的江东组团、文昌市西北部的铺前—木兰湾滨海地带。其中，江东组团重点建设海南岛门户枢纽（空港），培育旅游与科教等现代综合服务功能，发展航空产业和保税物流业，建设海南省教育培训与科技研发基地；文昌市西北部依托"两桥路"，建成为与海口市同城化发展区域，并通过建设规划总面积为83平方公里的木兰新城，重点发展滨海旅游、体育、文化娱乐等休闲产业，并为三沙市提供后勤保障服务。

（3）东部滨海旅游发展区。该区包括文昌市东北部、东部和东南部滨海地区。岸线资源丰富，发展空间广阔，自然环境优美，特别是文昌市东部北起潮滩湾，串联月亮湾、铜鼓岭、淇水湾、八门湾、东郊椰林高隆湾等在内滨海黄金旅游带，不仅拥有洁净的海水、沙滩、阳光、椰林等旅游资源，而且在东南部的龙楼还建有全国第四个航天发展基地，是海澄文一体化地区开展包括航天文化旅游在内的滨海休闲度假旅游的最佳区域。

（4）中部生态休闲功能区。该区包括澄迈县的中部和海口市的中部区域。生态系统较为完整，环境质量相对较好，水资源较丰富，是支撑海澄文一体化发展的生态功能区域。重点发挥生态保障、水源涵养、休闲旅游等功能。依托南渡江滨水资源和周边生态旅游资源，通过改善对外交通和基础设施，逐步形成山水特色鲜明、城镇与旅游区散落分布的生态休闲功能区。

（5）南部高效农业功能区。该区包括澄迈县的南部、海口市的南部和文昌市的西部地区。水、土和热量资源丰富，生态环境良好，十分有利于发展热带特色农业，是推动海澄文一体化发展的战略腹地与农产品主产区。重点发展冬季瓜菜、热带水果、橡胶等热带经济作物、优质畜禽养殖、水产品等特色农副产品生产和乡村旅游休闲产业。

五、海澄文一体化的保障机制

1. 做好一体化的顶层设计

做好一体化的顶层设计是确保海澄文一体化顺利实施的重要条件。而《海澄文一体化规划》（以下简称《规划》）是顶层设计的集中体现。《规划》应以党的十八届五中全会提出的"创新、协调、绿色、开放、共享"发展理念为指导，按照《国家新型城镇化规划（2014~2020）》和《海南省国民经济和社会发展第十三个五年规划纲要》的要求，不仅要提出推进海澄文一体化的总体战略、发展定位和空间布局，而且还要明确构建功能协作、产业互补、交通一体、设施共享的一体化发展路径，以及实施《规划》的保障机制和重大项目建设，提高其科学性和可操作性。

2. 深化要素市场一体化改革

改革是推动发展的强大动力，也是推进体制机制创新的重要基础。海澄文一体化发展应以要素市场一体化改革为切入点，探索建立一体化的财政税收、金融、土地、技术和信息等要素市场体系。

一是财税体制改革。以建立一体化的财税制度和投融资方式为目标，逐步消除三市县共享税种分成比例差异，建立健全的财政转移支付办法，对省级重点产业园区和跨市县的重点基础设施建设给予财政资金倾斜。

二是金融市场一体化改革。除积极吸引国内外投资者并利用债券市场多渠道募集资金外，鼓励三市县共同出资设立海澄文一体化发展基金，推动投融资统一平台建设；建立股份交易平台，为战略性新兴产业和低碳制造业提供创新股权基金；深化三市县票据市场、保险市场、产权市场、柜台交易市场等各类资本市场的分工协作；推动建立支付清算、异地存储、信用担保等业务同城化。

三是土地要素市场一体化改革。重点深化城镇国有土地有偿使用制度改革，扩大土地有偿使用范围；慎重稳妥推进农村土地制度改革，建立城乡统一的建设用地市场，并开展农村空心村整治宅基地进入市场试点。

四是技术和信息市场一体化改革。以网络互联为平台、信息互通为纽带，建设一体化的网络基础设施为目标，大力推进下一代互联网建设，推进三网融合；同时，整合区域信息资源，建设区域大数据中心。

3. 推进体制机制创新

一是建立行政协调机制。由省政府牵头，建立海澄文一体化领导小组，研究、协调和决策空间规划、产业布局、重点项目、政策制定等重大事项；同时，建立三市县职能部门（发改委、环保、国土、规划、交通、港务、旅游、林业等）的对口协调机制，通过建立联席会议，加强部门对口衔接，打破行政区划分割，推进区域一体化管理。

二是建立利益分成机制。建立科学合理的跨市县投资、产业转移对接、园区共建、科技成果落地等项目分配体制。对跨行政区的项目和税源，按照"利益共享、权责对等、友好协商、互利共赢"原则，综合考虑资本、资源、技术、人力等的投入，由一体化领导小组协商确定分配比例。

三是构建协同发展机制。主要包括：

——建立基础设施互联互通机制。统筹规划建设区域路网及水电气管网等基础设施，建立三市县公路、铁路及港口协作机制，推进区域综合交通运输信息互联互通共享开放，形成区域统一开放的运输市场。

——建立生态环境保护联动机制。以大气污染联防联治、流域治理、海陆水资源保护及生态安全为重点，统一三市县生态环境规划、标准、监测、执法体系、搭建区域循环经济技术市场、产品服务平台，加快建立海口与澄迈、文昌之间的横向生态补偿机制。

——建立产业发展协同机制。统一三市县的招商条件和产业政策，协商制定产业园区准入条件、准入门槛和负面清单；统筹税收、人才引进、用地、用工、水电气等优惠政策，避免相互间不必要竞争。要根据各市县的产业发展条件实行差异化的招商，同一产业按产业链（如研发、加工制造、销售）实行差异化布局。

4. 开展一体化发展试点示范

要从实际出发，选择有条件的区域率先推进，积极推动交通及基础设施、生态环境保护、产业合作、公共服务、对外开放等领域先行先试，通过试点带动其他地区发展。

一要打造先行先试平台。配合海南申报国际自由贸易试验区和建设海口国家级新区需要，将美兰临空经济区、海口综合保税区、美安科技城、新澄迈老城经济开发区、文昌市木兰湾新城作为产业协同发展、开展投资和贸易便利化改革、创新管理体制机制等一体化发展的试点地区；探索海口与澄迈共建海口港协同发展示范区，打造国际自由贸易港。

二是推进重点领域率先试点。例如，交通一体化方面，推进海澄文城市公交"一卡通"互联互通试点，开展货物多式联运试点；生态环境保护一体化方面，推进南渡江生态环境共同治理，探索开展跨区域的 SO_2、NO_X 及挥发性有机物等排污权有偿使用与交易试点；产业发展与布局一体化方面，鼓励国际级和省级经济开发区共建跨区域合作园区或产业联盟，积极推动海口市部分产业或生产加工环节向澄迈和文昌转移，加快承接平台建设。

三是推动社会与公共服务一体化试点。例如，推进农民工进城落户政策先行先试，建立区域内统一的人力资源市场及公共就业服务平台，完善医疗保险转移接续和异地就医服务试点，开展跨地区购买养老服务试点，探索建立统一的质量安全监管、重大动植物疫情防控体系。

参考文献

1. 陈玮、慕野、孙旭东："海南省文昌市城乡总体规划（2011～2030 年）"，《城市规划通讯》，2013 年第 13 期。
2. 甘露："以海澄文一体化打造海南经济增长极"，《新东方》，2015 年第 5 期。
3. 海口市统计局：《海口市统计年鉴 2015》，中国统计出版社，2015 年。
4. 海南省统计局：《海南省统计年鉴 2015》，中国统计出版社，2015 年。
5. 孙旭东、慕野："后开发区时代下的'营城'战略探讨——以海南省澄迈老城工业开发区为例"，《规划师》，2015 年第 9 期。
6. "海南省'十三五'规划纲要（草案摘要）"，《海南日报》，2016 年 1 月 27 日。
7. "中共海南省委关于制定海南'十三五'规划的建议"，《海南日报》，2015 年 12 月 16 日。

（本文刊于《2015/2016 中国城市发展报告》，中国城市出版社，2016 年。

合作者：黄金川，中国科学院大学讲座教授）

河南省 18 地市营商环境评价
——方法、结果、问题与对策建议

一、前言

良好的营商环境，是吸引力、竞争力，更是创造力、驱动力，还是社会发展进步的风向标。打造良好的营商环境是建设现代化经济体系、促进高质量发展的前提条件。党的十八大以来，以习近平同志为核心的党中央高度重视优化营商环境工作。2017 年 7 月 17 日，习近平总书记在中央财经领导小组第 16 次会议上强调，要营造稳定公正透明、可预期的营商环境，加快建设开放型经济新体制。并对外商投资管理模式、改善营商环境与创业环境的制度和法规建设、产权保护特别是知识产权保护、扩大金融业对外开放等提出了指导性意见，要求北京、上海、广州、深圳等特大城市应率先加大营商环境改善力度。2018 年 11 月 5 日，习近平主席在首届国际进出口博览会开幕式的主旨演讲中提出，要营造国际一流的营商环境。中国将加快出台外商投资法规，完善公开、透明的涉外法规体系，全面深入实施准入前国民待遇加负面清单管理制度。中国将尊重国际营商惯例，对在中国境内注册的各类企业一视同仁、平等对待。中国将保护外资企业合法权益，坚决依法惩处侵犯外商合法权益特别是侵犯知识产权行为，提高知识产权审查质量和审查效率，引入惩罚性赔偿制度，显著提高违法成本。并指出，营商环境只有更好，没有最好。李克强总理在 2018 年 3 月和 2019 年 3 月召开的第十三届全国人大一次和二次会议所作的《政府工作报告》中都提到优化营商环境，强调深化"放管服"改革，在全国推开"证照分离"改革，推进企业投资项目承诺制改革试点；加快建立统一开放、竞争有序的现代市场体系，放宽市场准入，加强公正监管，打造法治化、市场化、国际化、便利化的营商环境，让各类市场主体更加活跃。2019 年 10 月 8 日，国务院第 66 次常务会议审议通过的《优化营商环境条例》，包括市场主体保护、市场环境、政府服务、监管执法、法治保障共 6 章 72 条，可作为营商环境评价的主要遵循依据。

近五年来，中国营商环境取得了显著改善，据世界银行发布的《全球营商环境报告 2020》，中国营商环境总得分为 77.9 分，比去年增加了 4.26 分，在全球评价的 190 个经济体（国家和地区）中，排名跃居第 31 位，比 2015 年度的第 84 位、2018 年度的第 78 位和

2019 年度的第 46 位分别上升了 53 位、47 位和 15 位，连续两年被世界银行评为全球营商环境改善幅度最大的 10 个经济体之一。

二、营商环境评价方法概述

2018 年 11 月 28 日，国务院第 34 次常务会议决定，按照国际可比、对标世行、中国特色原则，开展中国城市营商环境评价，并逐步在全国展开。2019 年 2 月，国务院正式批复营商环境评价实施方案，确定在直辖市、计划单列市、部分省会城市和地级市进行。根据党中央、国务院指示精神，中共河南省委办公厅、河南省人民政府办公厅于 2018 年 8 月 25 日印发《河南省优化营商环境三年行动方案（2018～2020 年）》，按照对标一流、争创优势，改革创新、先行先试，整体设计、重点突破，凝聚合力、协同推进原则，要求在 2018 年建立全省营商环境评价体系、制度框架和责任分工体系；2019 年在全省全面推开营商环境考核和第三方评价工作；2020 年全省各个领域营商环境全面进入国内先进行列，其中跨境贸易、开办企业便利度等部分指标达到国际先进水平，成为全国营商环境新高地。

（一）评价对象与评价指标体系

河南省作为全国营商环境的试点省，评价工作自 2019 年 2 月起至 10 月告一段落，评价对象为全省 18 个地级城市（含省直管市济源）。本次评价以世界银行《2017/2018 年度营商环境报告》衡量营商环境便利度的 10 项指标（开办企业、办理施工许可、获得电力、不动产登记、获得信贷、保护中小投资者、纳税、跨境贸易、执行合同、办理破产）为基础，结合中国政府颁布的有关法令、政策、法规和前期试点经验，构建了包括三个维度、18 个一级指标、87 个二级指标的河南省城市营商环境评价指标体系。其中三个维度分别为：衡量企业生命周期的流程类指标，包括 8 个一级指标；反映城市投资吸引力因素类指标，包括 6 个一级指标；体现城市监管服务质量类指标，包括 4 个一级指标（图 1）。

图 1 各项指标体系的权重，根据世界银行评估方法，18 个一级指标权重设定为均权或等权；二级指标赋值时根据问卷调查、部门上报和假设模拟等方式获得的数据，其中绝对指标（如办理的环节、程序、时间等）和相对指标（如总税率、成本占比等）可直接赋值，而指数指标则需转化为比例值赋值。

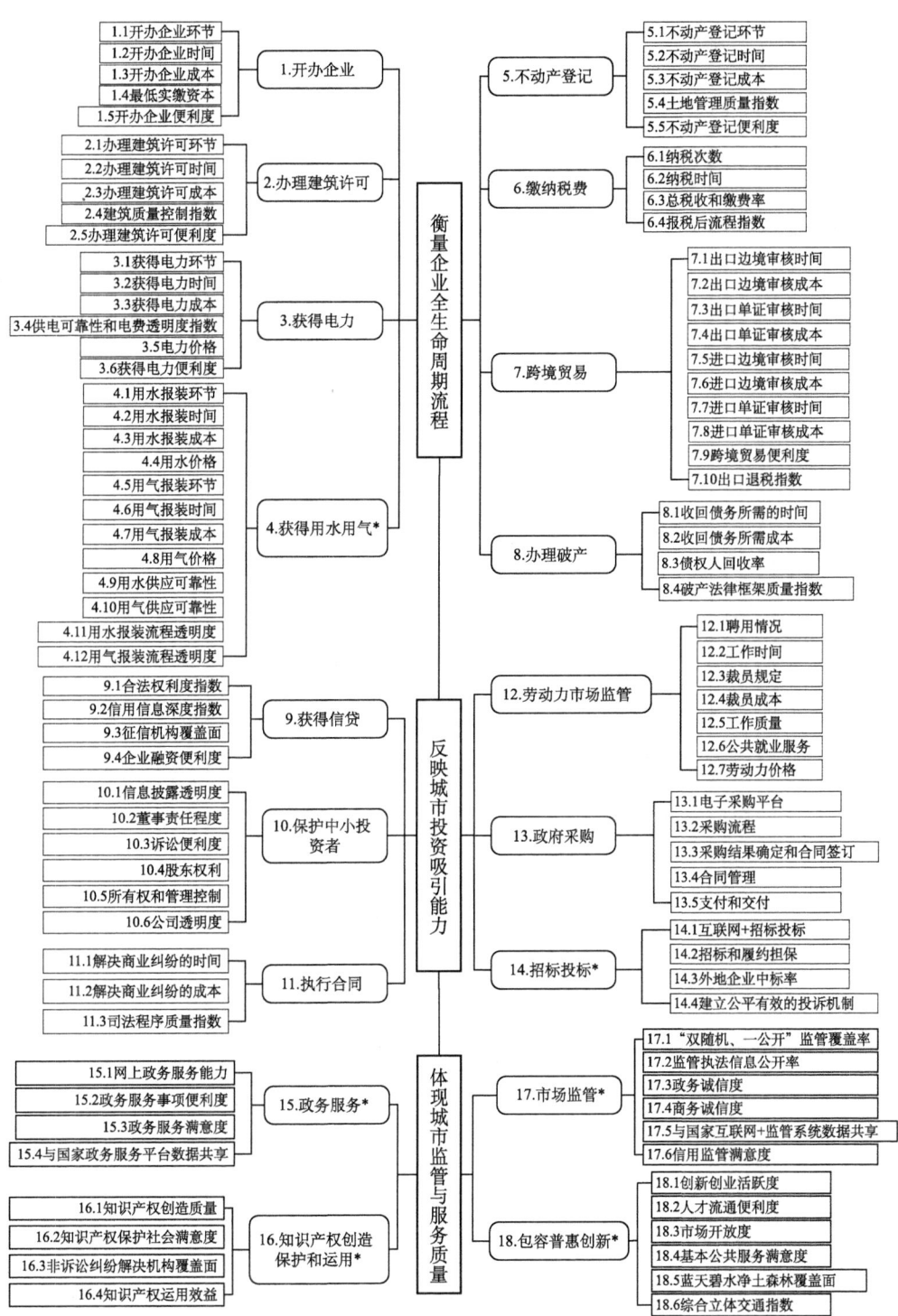

图1 河南省18地市环境评价指标体系

注：*表示该指标为非世界银行的中国特色营商环境评价指标。

（二）数据来源

本次营商环境评价数据以 2018 年为主，并以 2019 年 1~5 月数据作为校核。数据主要来源有以下四方面：①企业访谈考察与问卷调查。企业作为市场的主体，也是营商环境的直接服务对象。调研期间，共访谈了 200 多位不同类型企业家（以民企为主），实地考察了 100 多家不同类型实体企业（主要是工业企业），深入了解不同群体对营商环境的感受、需求、问题和建议；发放了 2 万份企业问卷调查表，从企业的业务记录中获取程序、时间、花费等信息，从企业获得感角度取得服务方式与服务质量的评价。②召开政府有关职能部门座谈会。政府部门是营商环境政策与条例的制定、贯彻执行和监督者。本次对 18 个地级市政府有关营商环境的职能部门（包括：发展改革委、工业和信息化局、商务局、市场监督管理局、财政局、税务局、金融工作局、科技局、人力资源和社会保障局、自然资源和规划局、住房及城乡建设局、交通局、供电公司，以及不属于政府序列的市中级人民法院和市人民银行、建设银行等），按调研提纲召开了集体座谈会，并发放了 1.6 万份问卷调查表。③有关经济社会统计资料。如《河南省统计年鉴 2019》及统计年报，18 个地市 2019 年的统计年鉴及统计年报。④网络数据。通过关键词搜索和文本信息提取等方式，从电子政务和政府网站采集有关营商环境信息数据共 10 万条。

（三）评价方法

河南省 18 地市营商环境评价方法主要采用世界银行进行营商环境评价开发的"前沿距离法"，计算营商环境便利度得分。"前沿水平"代表世行评价的 190 个经济体最近 5 年内每项指标曾达到的最佳表现。前沿距离显示当前每个评价城市离"前沿水平"的差距，数值介于 0~100 分区间，其中 0 分代表最差表现，100 分代表前沿水平。前沿距离可表示年度营商环境便利的程度，计算公式为：

$$f某指标\text{city} = （最差表现 - 当前值）/（最差表现 - 前沿值）\times 100$$

式中，f 某指标 city 代表评价城市某一项营商环境的便利度得分，分值在 0~100 分之间，分值越高，说明评价地区营商环境越好。

本次评价运用简单平均法先汇总每个二级指标的得分，再汇总一级指标的得分，可得到该城市营商环境总得分。

三、营商环境评价结果

（一）总体评价结果

根据上述营商环境评价指标体系及评价方法，可得出河南省 18 个地市营商环境的综合得分，其中郑州市最高为 74.26 分，相当于世界银行指标得分全球排名第 50 位水平；洛阳市和鹤壁市分别为 71.99 分和 71.97 分，居第二、三位，相当于世界银行指标得分全球排名第 62 位水平；得分最低的商丘市，为 63.33 分，全省 18 地市平均值为 69.26 分。按得分从高到低可分为三个方阵，其中第一方阵包括郑州、洛阳、鹤壁、许昌、漯河、濮阳 6 个地市；第二方阵包括开封、焦作、平顶山、新乡、安阳、三门峡 6 个地市；第三方阵包括济源、驻马店、南阳、信阳、周口、商丘 6 个地市。全省 18 个地市营商环境得分的地区分布呈现"中心强、外围弱"的圈层分布格局，其中营商环境得分较高的地区主要分布于中部、西部和北部（图 2）。

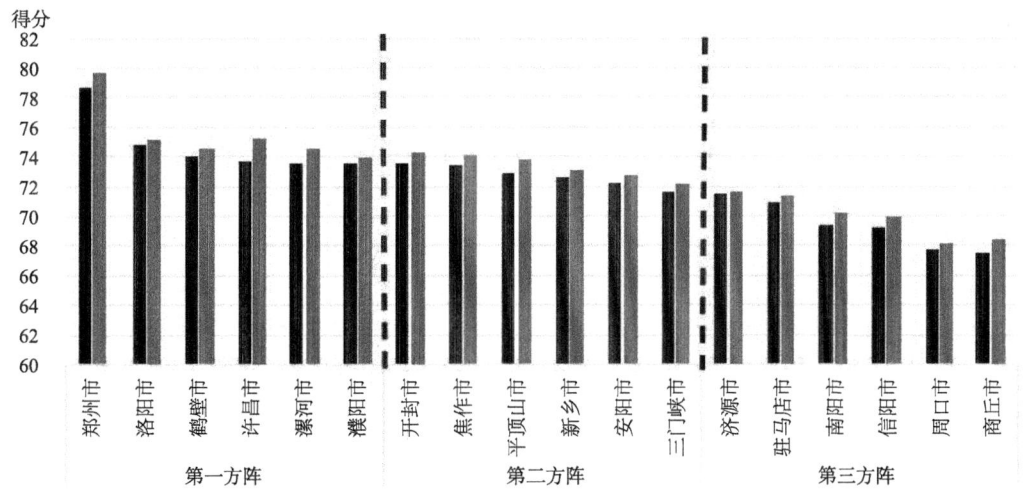

图 2　河南 18 地市营商环境得分排序及三大方阵划分图

（注：深黑色为 2018 年数据，浅灰色为 2019 年 1~5 月数据）

（二）三个维度指标评价结果

根据营商环境评价指标体系中的三个维度指标考察，河南省 18 个地市存在显著差异。其中衡量企业全生命周期流程的指标和反映城市投资吸引能力的指标得分较高，18 个地市均值分别为 74.80 分和 71.29 分，而体现城市监管和服务质量指标仅得 50.45 分，为营商环境的明显短板。

在衡量企业全生命周期的流程维度指标方面，河南省 18 个地市差异相对较小，其中，郑州、开封、鹤壁、洛阳、许昌和漯河为第一方阵，平均得分 75.81 分；新乡、安阳、平顶山、济源、濮阳、三门峡为第二方阵，平均得分 74.99 分；驻马店、焦作、周口、信阳、南阳和商丘为第三方阵，平均得分 73.59 分（图 3）。

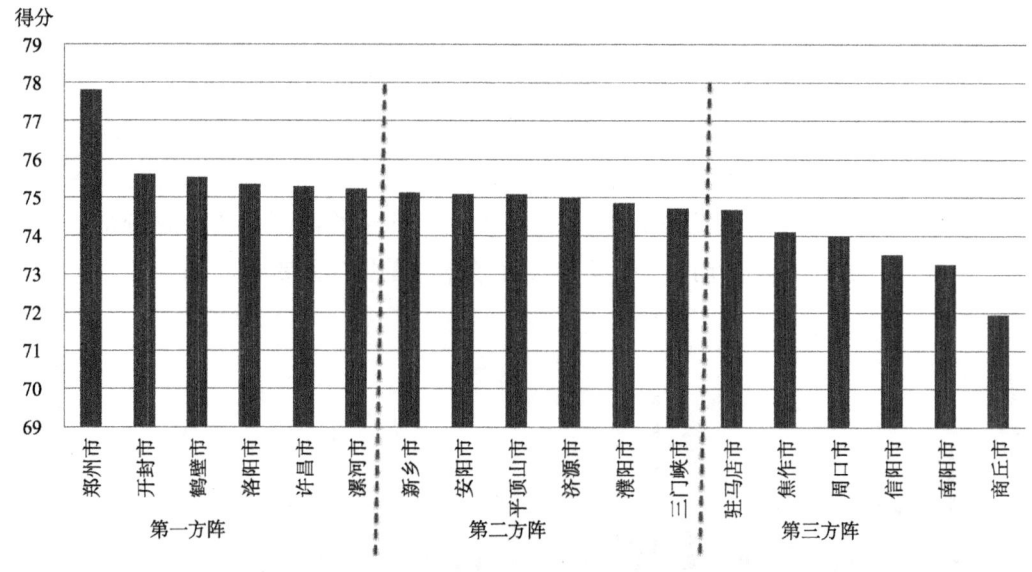

图 3 2018 年河南省 18 地市衡量企业全生命周期流程的营商环境得分比较

从反映城市投资吸引能力维度指标考察，河南省 18 个地市差异较明显。其中，郑州、许昌、濮阳、开封、洛阳和漯河为第一方阵，平均得分 75.68 分，投资吸引能力较强；鹤壁、焦作、新乡、平顶山、安阳和三门峡为第二方阵，平均得分 70.19 分，投资吸引能力中等；驻马店、南阳、济源、信阳、周口和商丘为第三方阵，平均得分 65.72 分，投资吸引能力相对较弱（图 4）。

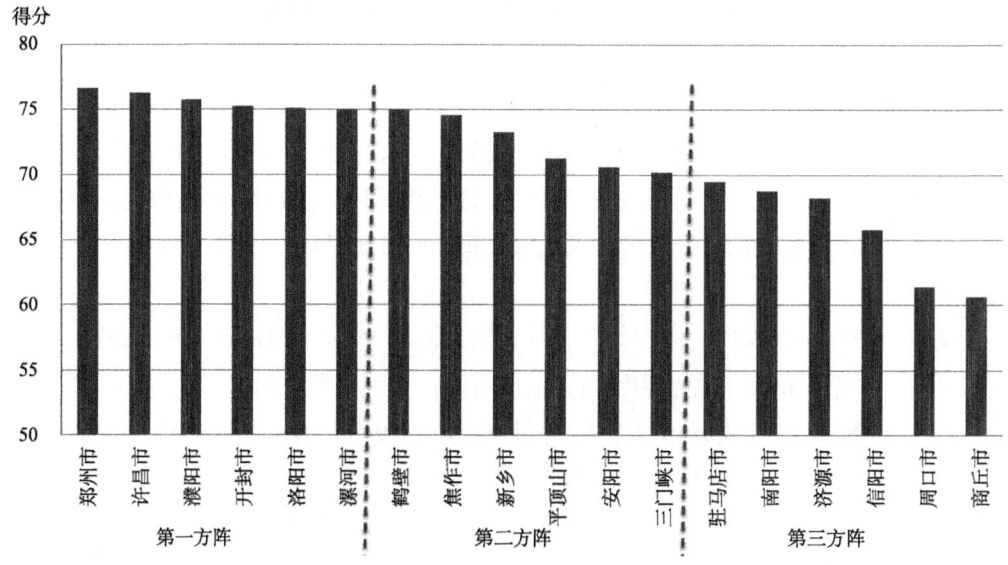

图 4 2018 年河南省 18 地市反映城市投资吸引能力的营商环境得分比较

从体现城市监管与服务质量维度指标考察，河南省 18 地市总体得分均较低，且差异明显。其中，郑州、洛阳、鹤壁、焦作、漯河和濮阳为第一方阵，平均得分 55.82 分；平顶山、济源、开封、许昌、安阳和三门峡位为第二方阵，平均得分 49.24 分；三门峡、新乡、信阳、商丘、驻马店、南阳和周口为第三方阵，平均得分 44.35 分（图 5）。未来，该维度指标改善与提升的潜力较大。

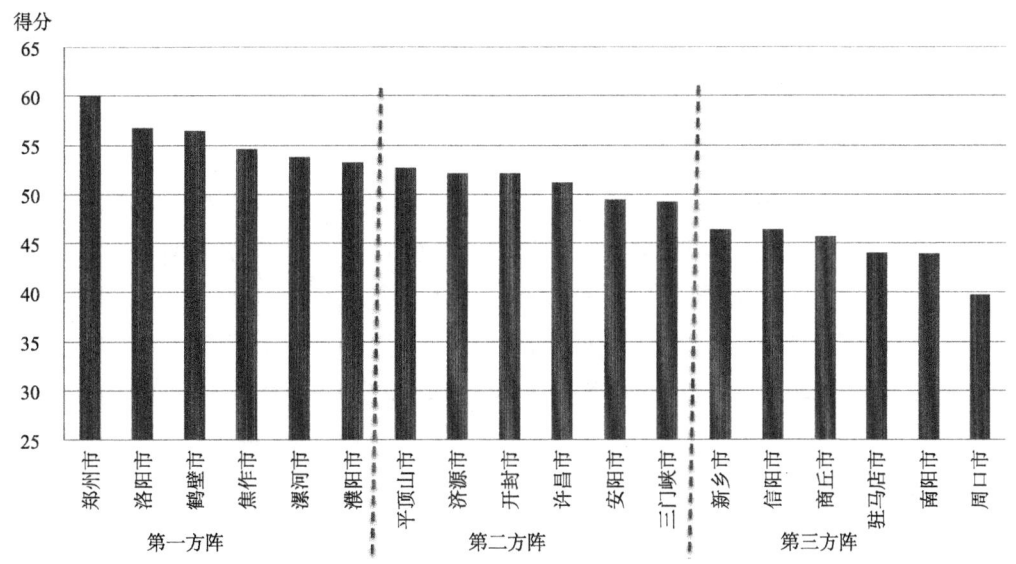

图 5　2018 年河南省 18 地市体现城市监管与服务质量营商环境得分比较

四、营商环境存在的主要问题及优化对策建议

（一）存在的主要问题

1. 生产要素成本上升，对国内外投资者吸引力下降

劳动力、土地、资本为基本生产要素。河南作为全国第一人口大省，平原面积占比较大，可开发利用的土地资源相对充裕。因此，改革开放以来，劳动力和土地是河南省 18 地市吸引国内外投资者的比较优势。但自 2010 年以来，随着"人口红利"的逐步消失，劳动力市场从"供大于求"转变为"求大于供"；在建设用地方面，受耕地和生态红线的硬约束，供地日益紧张，由此导致劳动力和土地价格不断上涨，其要素成本优势逐渐丧失。其中，在用工方面，2015 年以来，由于城市居住及生活成本呈较快上涨态势，由此倒逼工资上涨；加之企业员工包括"五险一金"在内的社保缴费率不断提高，使得劳动力成本快速上升。目前，招工难、稳工难、熟练工人难留已成为河南省 18 地市劳动力市场的普遍现象。在用地保障方面，由于土地利用规划与产业发展规划、城乡建设规划未能实现"多规合一"，耕地占补平衡缺乏统筹规划，致使城市土地调配力度有限，加之土地使用税费较高（如郑州

市为5.75元/平方米，甚至高于北京市的4.75元/平方米），用地成本不断推高，使得工业项目落地难度加大。此外，河南18市由于地处内陆，平均物流成本占GDP的15.3%，明显高于沿海省市的12%。生产要素成本上升，使得企业创业投资压力增大，对国内外投资者吸引力下降。

2. 创新企业能力不强，保障机制有待完善

研发长期投入不足，是河南省18地市创新能力不强的主要原因。2018年，河南省研发总投入（R&D）占GDP的1.4%，明显低于全国均值2.1%。在河南18个地市中，研发投入占GDP最高的洛阳市为2.14%，郑州市为1.9%；而邻近的西安达5.10%，武汉为3.52%，合肥为3.24%，长沙为2.6%。

河南省18地市"双创"人才队伍建设明显滞后，致使研发型人才力量薄弱，尤其是高端人才严重缺乏。尽管自2015年以来，河南省政府及18个地市政府均出台了鼓励人才流动和吸引各类人才的优惠政策，但与沿海发达地区和周边省市相比，在住房、薪酬、职称评定、科研经费支持力度，以及创业创新股权激励政策方面落实不到位，导致本地人才留不住，外地人才又进不来。例如，2018年郑州市引进各类人才39854人，而武汉与西安分别引进30万人和38.6万人。

3. 生态环境问题突出，制约城市营商环境的改善

河南作为经济发展滞后的人口大省，随着城市经济社会的快速发展，对自然环境的负面影响日渐加重，特别是豫北和豫西大部分地市，高耗能、重污染的钢铁、煤炭（煤电）、有色金属、化工、建材等资源型产业占主导地位，致使环境污染严重，其中尤以大气污染最为突出。2018年，河南省大气环境优良天数占全年的56.5%，明显低于全国平均值79.3%。其中，优良天数占比小于50%的地市有：洛阳（49.59%）、新乡（48.49%）、郑州（46.05%）、安阳（43.84%）和焦作（41.37%）。据生态环境部2018年10月至2019年3月对京津冀及周边"2+26"市PM2.5浓度监测数据，在京津两市周边26个地市中，污染最重（平均PM2.5浓度最高和重污染天数最多）的城市分别为河南的安阳和濮阳两市。在水污染方面，绝大部分流经城市河道水质为Ⅳ—Ⅴ类，少部分为劣Ⅴ类。

生态环境恶化，对河南中西部和北部地区城市营商环境影响尤为明显，如安阳、平顶山、三门峡、济源、焦作等市发展陷入"资源型产业结构—环境污染严重—环保措施一刀切—营商环境恶化—招商引资难度加大—产业结构低端锁定"的封闭循环圈。

4. 经济外向度低，外向型经济和跨境贸易是短板

2018年，河南经济外向度（外贸进出口总额/GDP）为11.47%，不仅明显低于全国平均水平（33.88%），更低于沿海地区各省市平均值（43.82%）。在全省18个地市中，省会郑州一市独大（外贸进出口总额占全省74.5%，经济外向度为40.47%，其他各地市经济外向度低于8%）。而郑州外贸进出口主要依赖于富士康集团手机的拉动（分别占全省和郑州市外贸进出口总额的61.5%和82.6%）。

河南省 18 地市经济外向度低的主要原因，一是由于产业结构层次较低，绝大部分城市以资源型（矿产资源和农副产品资源）开采加工为主，产业链短，产品大多数为资源和劳动密集型初级产品，未能融入国际产业分工合作体系，仅有的手机亦属代工性质，外贸产品种类少、附加值低。二是由于跨境贸易不便。全省跨境贸易的 74.5%集中于郑州海关，其他各市海关尚处于筹建阶段。海关对进出口货物边境审核环节较多、耗时较长（特别是进口货物），其便利度有待改善。

5. 民企投融资难度较普遍，金融服务亟待提高

河南省 18 地市民营企业，尤其是中小微企业融资难、融资成本高具有普遍性，成为优化营商环境的瓶颈之一。2018 年 18 个地市营商环境评价中，获得信贷指标测评总得分均值为 71.47 分，其中前三名分别为郑州（71.83 分）、洛阳（69.40 分）和焦作（68.04 分），比北京、上海、广州等沿海城市低 10~15 分。究其原因，一是融资渠道单一。银行作为现有民企投融资主渠道，审批程序复杂、服务模式与产品趋同，且成本较高（利率普遍上浮 30%~50%）；而国家近期推出针对中小微企业上市的证券市场在河南尚未启动。二是缺乏风险担保机制。2016 年省政府出台的《关于促进融资担保行业加快发展的实施意见》至今仍未得到落实。三是信用体系建设亟待加强，尚未建立对失信主体的惩戒措施和机制。

6. 对产权缺乏长效保护机制和法治保障

产权是民营企业家发展民营经济的基础，只有切实保护好产权，民营经济才能不断发展壮大，并激发其市场主体活力。河南省 18 个地市在产权保护方面存在的主要问题：一是对知识产权保护法制有待加强。现有体制下知识产权保护起点低、多头管理与管理职能交叉、执法力量分散、司法认定程序复杂、耗时较长、违法成本较低。二是商事审判司法鉴定效率低下，案件审判周期长，以及对鉴定机构监管缺失，导致民企商务诉讼不仅时间和经济成本较高，而且即便胜诉后也难以执行。三是市场主体救治和退出机制不健全。由于缺少有效的法律保障体系，破产企业救治和处理难度较大。

（二）优化营商环境的对策建议

1. 依托多层次对外开放平台，打造中西部内陆开放新高地

一是打造多层次对外开放平台。2017 年 3 月，国务院发布《关于印发中国（河南）自由贸易区总体方案通知》，该试验区面积为 119.77 平方公里，包括：郑州片区 73.17 平方公里，开封片区 19.94 平方公里，洛阳片区 26.66 平方公里。自贸试验区要求以制度创新为核心，以可复制可推广为基本要求，通过 3~5 年的改革探索，形成与国际投资贸易相衔接的制度创新体系，营造法治化、国际化、便利化的营商环境，努力建成为投资贸易便利、高端产业集聚、交通物流通达、监管高效便捷的高水平对外开放高地；并通过其辐射带动，推动河南自贸试验区与航空港经济综合试验区、自主创新示范区、跨境电商综试区及其他 15 个地市的综合保税区（片）和高新技术开发区联动发展，打造多层次对外开放平台。

二是积极开拓国际市场，推动全方位对外开放。加强与欧盟、日本、韩国、俄罗斯以及东南亚、中亚、西亚地区国家的深度合作，积极开拓拉美和非洲等新兴市场，充分发挥新亚欧大陆桥和郑州航空港在扩大对外开放和开拓国际市场中的重要作用。

三是大力发展外向型经济。要下大力气引进国际"500强"企业，更好地融入国际产业链、供应链和价值链。同时，要有计划培育壮大一批民营出口企业和出口加工基地。如郑州自贸片区重点发展智能终端、高端装备和汽车、生物医药等先进制造业，以及现代物流、跨境电商、现代金融、服务外包等现代服务业；洛阳自贸片区重点发展现代装备、机器人、新材料等高端制造业，以及研发设计、电子商务、服务外包、国际文化旅游等现代服务业；其他各市都要大力发展各具特色的外向型经济。

四是打造跨境电商高地。一方面，要扩大跨境电商试点覆盖范围和交易领域，优化生存环境，持续发展壮大产业主体，推动产业集群发展；另一方面，要创新物流模式，加快建立海外仓储，引导物流企业兼并、重组、整合、组建跨境物流集团，大力发展第三方跨境物流。

五是推动海关特殊监管区域的制度改革创新。例如，大力推进报检报关、通关与物流"并联"作业，创新"通关一体化""分送集报""保税货物区结转"等监管，为企业提供全面压缩通关时间的监管服务，提高保税货物的流转效率。

2. 不断降低企业发展的要素成本，推动实体经济发展和产业转型升级

一是降低城镇职工的基本养老保险单位缴费比例。根据2019年国务院办公厅印发的《降低社会保险费率综合方案的通知》要求，自2019年5月起统一降至16%，并继续实施阶段性降低失业保险和工伤保险率、调整社保缴费基数等政策，降低企业用工成本。

二是合理确定土地使用年限。根据产业生命周期，工业用地可按10年、20年及50年确定合理使用年限，并在不改变用途条件下，提高土地利用率和增加容积率；同时要节约高效利用好存量闲置空地、厂房、楼宇，推动"腾笼换鸟"。通过上述措施，降低企业用地成本。

三是推动产业转型升级。逐步压缩产能过剩的劳动密集型产业，尤其是用工成本较高、以资源性开采加工为主的重化工产业；加快发展用工成本相对较低、并可推动中老年妇女就业创业的城市服务业，促进金融、互联网服务、大健康与养老等新兴服务业的发展，推动城市从以"二产"为主转变为"二产三产并重"、部分大城市以服务业为主的产业发展格局。

3. 加强生态环境保护，促进经济与生态环境协调发展

一是加大环境污染治理力度。严格管控钢铁、有色冶金、火电、化工、建材等高耗能、重污染行业的污染达标治理力度，以环保倒逼其加快淘汰落后产能；同时，建立健全各地市大气污染联防联控机制，控制区域复合型大气污染，力争2025年18个地市全年PM2.5优良天数占比达80%。

二是要抓紧当前以供给侧改革推动经济高质量发展的机遇，以信息技术和智能技术加快改造提升传统产业，促进节能、降耗、提质增效；大力发展先进装备制造、机器人、智能制造、新能源、新材料等新兴产业，促进经济与生态环境协调发展。

三是建立生态补偿机制。国家"十三五"经济社会发展规划纲要提出，为从源头上扭转生态环境恶化趋势，必须建立生态受益区与保护区之间的横向生态补偿机制。河南省生态受益区主要是18个地市的城镇化地区，保护区则主要分布于中西部的伏牛山区、西北部的南太行山区、东南部的大别山区和南部的桐柏山区。根据生态系统的服务价值、生态环境的保护成本、受损生态系统的恢复费用和发展机会成本综合测算，确定每年补偿数额，受益地市通过财政转移支付和对口支援等方式按年度向保护区进行补偿。

4. 加大创新投入，增加创新活力

一是加大科技创新资金投入，是激发企业创新和提高其核心竞争力的重要途径。力争到2020年河南省研发投入占GDP比重达1.8%～2.0%。其中，洛阳、郑州达2.3%～2.5%，其他地市提高到1.5%～1.8%。

二是落实人才引进力度。充分发挥企业在引进人才中的主体作用，全面贯彻执行省政府于2017年8月发布的《关于深化人才发展体制机制改革，加快推进人才强省实施意见》，推进加速"人才+项目+产业"深度融合为目标的"智汇郑州"人才工程，深化人才分类评价和职称制度改革，落实创新创业人才的多项激励机制（包括股权和期权激励办法等）。

三是加强新型基础设施建设。要抓住产业数字化、数字产业化赋予的机遇，加快基础网络（5G网络、工业互联网、物联网等）、数据中心、人工智能运算等新型基础设施建设，在着力壮大新增长点（如数字经济和生命健康）、形成发展新动能的同时，为优化营商环境提供有力支撑。

四是完善创新体系建设。包括搭建创新平台、营造创新环境，完善创新服务。18地市应将构建集"研发+孵化+中试+产业化"平台建设作为重点，加强各类企业与科研院所、高校的创新合作，促进产学研相结合，使创新成果尽快转化为新产品开发和传统产业升级。

5. 加大金融改革力度，缓解民企融资成本高问题

一是拓宽企业融资渠道。一方面完善多层次资本市场建设，加快发展直接融资，推动新三板、四板股票市场，完善企业上市（挂牌）后建设，建立上市企业绿色通道；另一方面，大力发展融资租赁业务，由于其对企业资信与担保门槛不高，所以非常适合中小微企业融资。

二是降低企业融资成本。重点解决单户授信1000万元以下的小微企业融资成本，鼓励企业进行知识产权质押融资，给予最高不超过60%、年度最高80万元补贴。

三是加强信用体系建设。根据省、市出台的公共信用管理规定，对失信行为作出详细界定，具体规定失信主体的惩戒措施和守信主体的激励措施。加强各类金融机构信用信息整合和共享，构建完善的金融信息体系网络。

四是完善金融风险补偿和分担机制。引导政府、银行、担保机构合作，发挥政府的主导和政策导向作用，共同分担融资风险，破解银行对小微企业"不敢贷、不愿贷"问题。同时引导银保合作，支持鼓励保险机构开发民营企业贷款担保，与商业银行合理分担不良贷款风险。

6. 加强法治建设，构建民营企业发展长效保障机制

一是依法保护产权和企业家的合法权益。坚持依法平等、全面保护、对特殊群体特别保护原则，既要保护物权、债权、股权、知识产权和其他各种无形资产，也要保护企业家的人身权、经营自主权、创新创业权，做到产权和企业家合法权益保护无死角、无障碍。加强落实各项产权保护措施，建立侵权惩罚性赔偿制度；解决知识产权侵权成本低、维权成本高问题。

二是缩短审判周期。为加快案件审理过程，对调解员调解、法官办案、快速解决商事纠纷提供智能化支持；健全商事审判中司法鉴定工作制度，设置合理的鉴定时间，规范鉴定机构收费标准，完善鉴定机构的考评与退出机制。

三是推进破产审判制度，不断完善市场主体的退出和救治机制。深入推进"执转破"工作，加强执行程序与破产程序的有效衔接，为"僵尸企业"退出市场提供有力的司法保障。加强破产重整机制探索，完善破产企业识别机制，及时甄别具有拯救价值和可能性的困难企业，依法导入重整、和解程序，促进其重整再生。逐步完善"府院联动"解决疑难复杂破产案件的工作机制，推动破产审判体制机制建设。

参考文献

1. 河南省生态环境厅："2018年河南省生态环境状况公报"，2019年6月6日。
2. 河南省水利厅："2018年河南省水资源公报"，2019年12月15日。
3. 河南省统计局："河南统计年鉴2019"，中国统计出版社，2019年。
4. 黄金川、杨洁、王琦："中国城市营商环境评价指标体系"，《2017/2018中国城市发展报告》，北京科学技术出版社，2019年。
5. 生态环境部："2018年京津冀及周边地区'2+26'城市大气环境污染报告"，http://www.gov.cn/xinwen/2018-09/10/content_5320719.htm，2018年9月10日。
6. 生态环境部等16部门印发："京津冀周边地区2019～2020年秋冬季大气污染综合治理攻坚方案"，中国报告网，2019年10月18日。
7. 世界银行集团："2019年全球营商环境报告：强化培训，促进改革"，https://chinese.doingbusiness.org/zh/reports/global-reports/doing-business-20191. 中华人民共和国国务院令："优化营商环境条例（国令第722号）"（国务院第66次常务会议通过），2019年10月23日。
8. 世界银行集团："2020年全球营商环境报告"，https://chinese.doingbusiness.org/zh/reports/global-reports/doing-business-2020，2020年。

9. 张占仓等:"河南省经济高质量发展存在的突出问题与战略对策研究",《创新科技》,2020年第1期。
10. 中共河南省委办公厅,河南省政府办公厅印发:"河南省优化营商环境三年行动方案(2018~2020年)",2018年9月7日。

(本文刊于《2019/2020中国城市发展报告》,中国城市出版社,2020年。
合作者:黄金川,中国科学院大学讲座教授)

中国城市发展空间格局的优化目标与模式

基于对中国城市发展空间格局合理性的诊断结果，新时期新型城镇化背景下的中国城市发展空间格局优化应遵循公平正义原则、适度集聚原则、协同发展原则、创新驱动原则和持续发展原则共五大原则，以《国家新型城镇化规划（2014~2020年）》提出的"优化布局，集约高效"为总体指导思想，提出中国城市发展空间格局优化的总目标为：形成合理的行政设市格局、公平的城市空间组织格局、多样性强的城市职能结构格局、协同性强的大中小城市协同发展的新金字塔形格局、主体性强的城市群格局、驱动性强的城市创新格局和智慧城市建设格局。到2020年，全国常住人口城镇化率达到60%左右，户籍人口城镇化率达到45%左右，城镇化发展质量逐步得到提升，城镇化发展告别中期的快速成长阶段，进入后期的成熟稳定发展阶段，大城市病和小城镇病的问题逐步缓解，以人为本的城镇化发展质量得到稳步提升；到2030年，全国常住人口城镇化率达到65%~70%左右，户籍人口城镇化率达到55%~60%左右，以人为本的城镇化发展质量得到显著提升，城镇化发展长期处在后期的成熟稳定发展阶段。实现上述优化目标，需要重点履行节约集约发展，形成紧凑集约与精明增长的城市发展空间格局；提高城市运行效率，形成便捷高效与有机通畅的城市发展空间格局；加快城市产业升级转型，构建现代产业支撑的城市发展空间格局；优化城市体系结构，形成规模有序与分工合理的城市发展空间格局；营造绿色低碳的人居环境，形成以人为本与和谐宜居的城市发展空间格局；实施交通通道引导模式、产业集聚关联模式、城乡一体融合模式、均衡网络发展模式和生态文明导向模式。

一、城市发展空间格局优化原则

城市发展空间格局优化原则亦即是构建合理的中国城市发展空间格局所必须遵循的指导原则，这些原则是从中国城市60多年来的发展历程中总结提炼出来的，并根据世界城市发展与布局的普遍规律，以及我国仍处于快速发展阶段，资源环境形势严峻、社会矛盾日益凸显的背景下提出的，具有普遍性、前瞻性和指导性。概括起来讲，新时期新型城镇化背景下的中国城市发展空间格局优化应遵循以下五大原则：

(一)公平正义原则

1. 我国城镇化进程中衍生出的空间区域剥夺行为呼唤公平正义原则

伴随我国工业化进程和城市化进程的不断加快,我国已进入快速城市化发展时期,快速城市化进程中衍生出了一系列区域剥夺行为,这种行为主要是指强势群体和强势区域基于区域与区域之间的空间位置关系,借助政策空洞和行政强制手段掠夺弱势群体和弱势区域的资源、资金、技术、人才、项目、政策偏好、生态、环境容量,转嫁各种污染等的一系列不公平、非合理的经济社会活动行为,表现为大城市对中小城市、城市群与都市圈内部的剥夺,城市对乡村的剥夺,旅游度假区对农村的剥夺,开发区占地对农民和农田的剥夺,大学城建设对农地的剥夺,房地产开发和"城中村"改造对老百姓和城市居民生存空间的剥夺,发达地区对落后地区的剥夺、资源匮乏区对资源富集区的剥夺,农民工输入地区对输出地区的剥夺等;这些区域剥夺行为具有强制性、垄断性、层次性、等级性和貌似合理性等基本特征;空间剥夺的内容包括对土地、水、资源、生态环境容量、资金、人才、技术、劳动力、重大建设项目甚至政策等的剥夺;政策空洞与调控失控形成的剥夺惯性,利益驱动形成的剥夺动力和弱势群体透支形成的剥夺温床是产生区域剥夺行为的主要成因;剥夺的后果表现为空间开发失调,资源配置失衡,政策调控能力受限甚至失效,和谐社会建设步伐延缓,最终导致富者更富,贫者更贫。因此,必须从意识形态、政策制定、制度建设、空间扩散与和谐发展等方面提出中国快速城市化进程中消减区域剥夺行为的路径选择,包括充分尊重弱势领域、弱势群体和弱势地区的发展权,让弱者不绝望;制定并实施落后地区和弱势群体发展的普惠制政策,给予更多的人文关怀;形成"支强扶弱,公平和谐"的反哺机制,给强者搭桥,给弱者开道;客观评价极化效应带来的正面及负面影响,推行均衡发展模式;按照公平正义、循序渐进、城乡协调、集约高效、因地制宜、多元推动的原则,走出一条"高密度、高效率、节约型"的差异化城镇健康发展道路,为顺利推进我国新型城镇化健康发展做出贡献。

2. 我国城镇化发展中日益加大的空间不均衡性呼唤公平正义原则

在长期的经济发展过程中,我国区域经济发展突出了效率优先的主导原则,因而暴露出了一系列不公平的空间发展行为,导致城乡空间发展差距拉大,地区发展机会不均等,出现导致中国城市发展空间格局的合理性受到影响,直接威胁着国家生态空间、生产空间和生活空间的安全。具体表现为"三过多":一是过多地强调了东部沿海地区的城市发展和城市效益提升,忽视了中西部地区城市发展,影响了中国城市发展空间格局的合理性,拉大了东、中、西部地区经济社会发展的差距和城镇化的差距;二是过多地关注了发展超大城市、特大城市,未能把县域城镇化摆在突出重要的地位,导致县域小城市和小城镇对国家城镇化的贡献率不断降低,出现了空间城镇化的不公平性;三是过多地强调城镇化的经济效益,突出了效益优先,结果社会矛盾和生态环境矛盾日益突出。针对以上问题,《国家新型城镇化规划（2014～2020年）》进一步指出，城镇空间分布和规模结构不合理，与资源环境承载能力不匹配，东部一些城镇密集地区资源环境约束趋紧，中西部资源环境承载能力较强地区的城镇化潜力有待挖掘；城市群布局不尽合理，城市群内部分工协作不够、集群效率不高；部分特大城市主城区人口压力偏大，与综合承载能力之间的矛盾加剧；中小城市集聚产业和人口不足，潜力没有得到充分发挥；小城镇数量多、规模小、服务功能弱，这些都增加了经济社会和生态环境成本。党的十八大报告也明确指出，公平正义是中国特色社会主义的内在要求，要逐步建立以权利公平、机会公平、规则公平为主要内容的社会公平保障体系，努力营造公平的社会环境，保证人民平等参与、平等发展权利。如果说过去更多地关注城市化发展的效率格局，那么未来必须突出公平格局，由非均衡的效率之上转变为均衡的公平优先。因此，在优化中国城市发展空间格局过程中，必须坚持公平正义的第一法则。

（二）适度集聚原则

集聚是现代经济社会发展的主要特征之一。集聚是规模经济形成的前提条件。集聚不仅通过规模经济和外部经济效应，具有节省投资、节约能源资源消耗、提高资源配置和运行效率、减轻生态破坏与环境污染，能取得较好的综合经济效益、社会效益和生态效益；而且更为重要的是，通过集聚形成的"中心"，对周边地区的人口、产业、资源、资金具有强大的吸引力和辐射力，成为推动区域经济增长的核心（增长极）。因此，适度集聚是整合资源、提升功能、强化特色、增强竞争力的重要途径，也是加快中国新型城镇化的必由之路。

1. 人口与产业的适度集聚

一是适度的人口集聚，重点推进农业转移人口市民化。按照尊重意愿、自主选择、因地制宜、分步推进、存量优先、带动增量的原则，积极稳妥地逐步使符合条件的农业转移人口落户城镇，不仅要放开小城镇的落户限制，也要放宽大中城市的落户条件，实行差别化的落户政策。

二是适度的产业集聚。产业集聚是城市产业向产业集聚区集中的过程。产业集聚区既包括各类经济技术开发区和工业园区，也包括以现代服务业为主的商务中心区（CBD）、物流集聚区（物流园区）、商贸集聚区（商圈）和文化旅游集聚区，以及各类现代农业示范园区和生产基地。产业集聚区除以生产企业为主体外，还包括配套服务企业和研发机构的集聚。

2. 资源与资本的适度集聚

一是适度的资源集聚。资源既包括水土资源等自然资源，也包括区位交通、产业、人才、市场、技术、文化信息等社会经济资源。通过不同类型资源的集聚配套、组合，成为推动城市持续发展的重要物质基础，以及增强城市对周边区域辐射影响的主要源泉。

二是适度的资金集聚。资金（资本）是城市建设和产业发展的重要物质基础之一。除政府财政资金外，市场经济条件下要通过市场主导、政府引导、建立多元的投融资体制，吸引更多的社会资本，尤其是民营资本和外资参与城市产业结构调整优化，以及基础设施和公共服务设施建设。

（三）协同发展原则

协同发展原则就是正确处理好城市发展中的各种关系和矛盾，既包括城市外部关系（如城市发展与资源、环境的关系），也包括城市间和城市内部关系（如城市经济与社会发展关系、城乡关系及不同类型城市的协同协调）。协调实质上就是不断调整、优化关系的过程，是各种关系相互适应，形成良好的匹配关系，实现优化组合、协同发展。

1. 协同好城市发展与人口资源环境承载力的关系

城市化与城市健康发展不仅与水资源、土地资源和其他资源的保障程度密切相关，而且受生态环境容量和承载力的制约。在中国城市化进程中，面临着资源环境保障形势十分严峻、保障水平不高的困境，必须协调好城市化与城市发展与人口、资源、环境的关系，其速度、规模与空间结构必须同资源环境的承载力相适应，建设资源节约型与环境友好型城市。

2. 协同好城市发展与社会公共服务均等化的关系

城市经济是城市赖以发展的重要物质技术基础，而包括人口的数量、质量、就业、生活、公共服务、社会保障等在内的社会发展则是城市发展的主体，也是衡量一个城市发展水平的重要标志。城市经济与社会发展关系应当是相辅相成、相互促进的。在经济系统实现经济总量持续较快增长、经济结构不断优化、竞争力不断增强的同时，应确保社会系统持续健康协调发展，即：人口有序增长、人口质量和人民生活水平不断提高，民生保障和基本公共服务体系不断完善。

3. 协同好新型城乡关系

城乡二元结构是中国城市发展中的突出问题之一，也是制约中国城市化健康发展的体制机制障碍。为此，要按照城乡一体化思路，统筹城乡规划与发展。要坚持工业反哺农业、城市支持农村和多予少取放活方针，通过推进城乡统一要素市场建设、基础设施和公共服务一体化与均等化，形成以工促农、以城带乡、城乡互惠和一体化发展的新型城乡关系。

4. 协同好不同规模等级和职能城市的关系

一是针对20世纪90年代以来中国城市发展中存在的大城市增长过快、中小城市发展相对不足、"大城市病"日益严重的现状，按照中央提出的促进大中小城市协调发展原则，加快发展中小城市和小城镇，满足现有人口就近城镇化的需求；适度有序地发展大城市，严格控制特大城市人口规模。二是对不同职能结构城市采取分类发展、重视质的提升方针，重点发展提高制造型工业城市，优化发展综合型城市，提升交通枢纽和旅游城市，加快改造转型资源型工业城市（尤其是资源枯竭型城市）。

（四）创新驱动原则

创新作为当今时代的主旋律和引领未来中国发展的主导力量，也是中国新型城镇化和建设现代城市体系的重要驱动力。通过创新带动，促进城镇化和城市发展从重视"量"的快速增长向"质"的提升转变，即更加重视城镇化的质量（人口城市化）和综合效益，人民生活水平和文明程度的提高，资源的合理利用与生态环境保护、基础设施与公共服务的改善、城乡就业和产业结构优化等方面。

1. 自主科技创新

顺应科技进步和世界范围内产业发展的新趋势，发挥城市创新载体作用，依托科技教育和人才资源优势，强化信息化与新型工业化和城镇化的关联，与城市经济社会发展的融合。重点推进自主创新与引进消化吸收再创新相结合的集成创新模式，加强创新体系与创新平台建设，优化创新环境，强化创新成果的推广应用。同时，通过"数字城市"和"智慧城市"建设，推动城市生产方式、生活方式、流动方式和公共服务、政府决策及社会管理的巨大变革。

2. 体制机制创新

体制机制创新是实施创新驱动的核心，主要包括人口与土地管理制度改革创新、资金保障机制创新，以及强化生态环境保护制度等。要搞好制度的顶层设计，鼓励大胆探索，先试先行，深化改革，形成有利于新型城镇化和现代城市健康发展的制度环境。

一是推进人口管理制度改革。在加快改革户籍制度的同时，创新和完善人口服务和管理制度，逐步消除城乡区域间的户籍壁垒；健全人口信息管理制度，促进人口有序流动、合理分布和社会融合。

二是深化土地管理制度改革。实行最严格的耕地保护制度和集约节约用地制度；按照管住城市用地总量、严控增量、盘活存量的原则，创新土地管理制度，优化城镇土地利用结构，提高土地利用效率，合理满足城镇化和城市发展用地。

三是建立健全城镇发展资金保障机制。完善财政转移支付，建立规范透明的城市建设投融资机制；创新金融服务，放开市场准入领域和门槛，完善监管，逐步建立多元化、可持续的城镇发展资金保障机制。

四是强化生态环境保护制度。完善推动城镇化的绿色循环低碳发展的体制机制，实行资源有偿使用制度和最严格的生态环境保护制度，形成节约资源和保护环境的空间格局、产业结构、生产方式和生活方式。

3. 管理制度创新

管理创新是实施创新驱动的保障。主要包括：加强组织协调，建立健全工作协调机制；强化政策统筹，制定相关配套政策，建立健全相关法律、法规、标准体系；选择不同类型地区和城市，开展试点示范；健全评估检测，建立科学的城市绩效考核评价体系。

（五）持续发展原则

可持续发展作为基本国策，也是《国家新型城镇化规划（2014~2020 年）》的重要组成部分。面对日趋强化的资源环境约束，必须将资源环境承载力作为城市可持续发展的前提条件。此外，产业的支撑、基础设施和公共服务设施的保障，也是城市可持续发展不可或缺的条件。

1. 与资源环境承载能力相适应的城市规模与空间结构

资源环境承载力不仅是确定人口合理规模、产业规模与产业结构的科学依据，而且通过城市生产空间、生活空间和生态空间的集约利用与优化布局，成为优化城市空间结构的基础。

2. 强化城市产业支撑，加快培育发展各具特色的城市产业体系

以信息技术和先进适用技术改造传统产业，淘汰落后产能，加快发展壮大先进制造业和以新一代信息技术、新能源、新材料、生物医药、节能环保、新能源汽车为主的战略性新兴产业。并适应制造业转型升级要求，推动生产性服务业的优先发展，生活性服务业满足城乡居民不断增长的多元化的消费需求。

3. 改造提升城市基础设施和公共服务设施水平

交通、电力、通信、给排水、供热、燃气等城市基础设施是城市正常运行的重要保障，教育、医疗卫生、文化、体育等公共服务设施则与居民的生活密切相关。为此，一方面要通过改扩建和新建，完善城市间和城市内部综合交通网络和市政公用设施网络体系，加快构建以公共交通为主体的城市机动出行系统；另一方面，要增强城市基本公共服务有效供给，完善基本公共服务体系，增强其对人口集聚和服务的支撑能力。

二、城市发展空间格局的优化目标与重点

按照系统论的观点，城市发展空间格局是一个涉及到人口、土地、产业、基础设施、公共服务设施、生态环境乃至社会文化等多目标（子系统）的复杂巨系统。总体优化并不等于各个目标优化值的简单加总，而是要通过协调各个目标（子系统）之间关系，充分利用其相融性，克服其对抗性，在各自目标最优或较优条件下，实现总体最优。

（一）总体优化目标

《国家新型城镇化规划（2014~2020 年）》提出中国新型城镇化发展的指导思想为：优化布局，集约高效。根据资源环境承载能力构建科学合理的城镇化宏观布局，以综合交通网络和信息网络为依托，优化城市内部空间结构，促进城市紧凑发展，提高国土空间利用

效率。按照这一总体指导思想，提出中国城市发展空间格局的总体优化目标和阶段性优化的具体目标。

中国城市发展空间格局优化的总目标为：形成合理的行政设市格局、公平的城市空间组织格局、多样性强的城市职能结构格局、协同性强的大中小城市协同发展的新金字塔形格局、主体性强的城市群格局、驱动性强的城市创新格局和智慧城市建设格局。

1. 城镇化发展进入成熟稳定阶段，城镇化发展质量稳步提升

到 2020 年，全国常住人口城镇化率达到 60% 左右，户籍人口城镇化率达到 45% 左右，实现 1 亿左右农业转移人口和其他常住人口在城镇落户。基本实现《国家新型城镇化规划》提出的城镇化发展目标，以人为本的城镇化发展质量逐步得到提升，按照城镇化发展的四阶段论判断，我国城镇化正式告别中期的快速成长阶段，进入后期的成熟稳定发展阶段（表1）。城市万元 GDP 新鲜水耗降至 50 立方米，城市工业用水重复率提升到 75%，百万人口以上大城市公共交通机动化出行率达到 60%，城镇公共供水普及率达到 90%，城市污水处理率达到 95%。城市生活垃圾无害化处理率达到 95%，城市家庭宽带接入能力达到 50Mbps，

表 1　中国城市发展空间格局优化目标一栏表

格局名称	目标名称	单位	2013 年	2020 年	2030 年
新型城镇化发展目标	常住人口的城镇化水平	%	53.6	60	65～70
	户籍人口的城镇化水平	%	36.0	45	55～60
	新型城镇化发展阶段		第二阶段：快速成长阶段	第二阶段：快速成长阶段	第三阶段：成熟稳定阶段
城市空间组织格局	分区格局	个	5 大区，47 个亚区	5 大区，47 个亚区	5 大区，47 个亚区
	轴线格局	条	5	5	5
	城市群格局	个	20	20	20
	城市一体化格局	个	37	37	37
城市等级规模格局（新金字塔形格局）	城市数量	个	660	720	770
	超大城市（≥1000 万人）	个	3	10	10
	特大城市（500～1000 万人）	个	8	15	20
	大城市（100～500 万人）	个	113	135	150
	中等城市（50～100 万人）	个	106	200	240
	小城市（10～50 万人）	个	427	362	350
城市行政设市格局	设市城市数	个	660	720	770
	直辖市数	个	4	4	4
	地级市数	个	286	300	318
	县级市数	个	370	416	448

续表

格局名称	目标名称	单位	2013年	2020年	2030年
城市创新发展格局	全球创新型城市	个		4	10
	国家创新型城市	个		16	30
	区域创新型城市	个		30	50
	地区创新型城市	个		60	110
智慧城市建设格局	智慧城市试点	个	222	300	400
新型城镇化发展质量	城市万元GDP新鲜水耗	立方米	64	<50	<45
	城市工业用水重复率	%	65	75	90
	百万人口以上大城市公共交通机动化出行率	%		60	75
	城镇公共供水普及率	%	81.7	90	95
	城市污水处理率	%	87.3	95	98
	城市生活垃圾无害化处理率	%	84.8	95	98
	城市家庭宽带接入能力	Mbps	4	≥50	≥100
	城市社区综合服务设施覆盖率	%	72.5	100	100
	城镇常住人口基本养老保险覆盖率	%	66.9	≥90	≥95
	城镇常住人口基本医疗保险覆盖率	%	95	98	100
	城镇常住人口保障性住房覆盖率	%	12.5	≥23	≥50
	农民工随迁子女接受义务教育比率	%		≥99	≥99

说明：本表的城市规模是指市区常住人口数。

城市社区综合服务设施覆盖率达到100%，城镇常住人口基本养老保险覆盖率达到90%，城镇常住人口基本医疗保险覆盖率达到98%，城镇常住人口保障性住房覆盖率达到23%，农民工随迁子女接受义务教育比率达99%。大城市病和小城镇病的问题逐步缓解，城镇化发展质量得到稳步提升。

到2030年，全国常住人口城镇化率达到65%~70%左右，户籍人口城镇化率达到55%~60%左右，以人为本的城镇化发展质量得到显著提升，城镇化发展长期处在后期的成熟稳定发展阶段，城市万元GDP新鲜水耗降至45立方米，城市工业用水重复率提升到90%，百万人口以上大城市公共交通机动化出行率达到75%，城镇公共供水普及率达到95%，城市污水处理率达到98%，城市生活垃圾无害化处理率达到98%，城市家庭宽带接入能力达到100Mbps，城市社区综合服务设施覆盖率达到100%，城镇常住人口基本养老保险覆盖率达到95%，城镇常住人口基本医疗保险覆盖率达到100%，城镇常住人口保障性住房覆盖率达到50%，农民工随迁子女接受义务教育比率达到99%。大城市病和小城镇病的问题得到全面解决，城镇化发展质量得到显著提升。

2. 城市等级规模结构更趋合理，基本形成新金字塔形组织格局

到 2020 年，全国城市数量由 2013 年的 660 个增加到 720 个左右，其中市区常住人口≥1000 万人的超大城市增加到 10 个，市区常住人口介于 500 万～1000 万人的特大城市增加到 15 个，市区常住人口介于 100 万～500 万人的大城市增加到 135 个，市区常住人口介于 50 万～100 万人的中等城市增加到 200 个，市区常住人口介于 10 万～50 万人的小城市减少到 362 个，基本形成合理的新金字塔形城市等级规模结构格局。

到 2030 年，全国城市数量由 2013 年的 660 个增加到 770 个左右，其中市区常住人口≥1000 万人的超大城市控制在 10 个左右，市区常住人口 500 万～1000 万人的特大城市控制在 20 个左右，市区常住人口 100 万～500 万人的大城市适度有序增加到 150 个左右，市区常住人口 50 万～100 万人的中等城市增加到 240 个左右，市区常住人口 10 万～50 万人的小城市达到 350 个左右，城市规模结构更加完善，中心城市辐射带动作用更加突出，形成合理的新金字塔形城市等级规模结构格局。

3. 城市空间组织结构更趋优化，基本形成轴群连区的空间格局

到 2030 年，中国城市发展的空间组织格局将形成由轴线组织格局、分区组织格局、城市群组织格局、一体化组织格局和大中小城市协同发展的新金字塔组织格局共 5 个不同空间尺度的组织格局，这些格局形成由点、线、面、网共同组成的中国城市发展的空间组织总格局。其中：

① 轴线组织格局。形成由沿海通道、沿长江通道、陆桥通道、京哈京广通道、包昆通道 5 条国家城镇化主轴线组成的宏观组织格局；

② 分区组织格局。形成由城市群地区城镇化发展区（Ⅰ）、粮食主产区城镇化发展区（Ⅱ）、农林牧地区城镇化发展区（Ⅲ）、连片扶贫区城镇化发展区（Ⅳ）、民族自治区城镇化发展区（Ⅴ）共 5 大类型区和 47 个亚区组成的新型城镇化综合区划格局；

③ 城市群组织格局。由长三角城市群、珠三角城市群、京津冀城市群、长江中游城市群和成渝城市群等 20 个大小不同、发育程度不一、规模不等的城市群组成"5+9+6"的空间组织格局；

④ 城市一体化组织格局。形成由 37 个紧密程度不同、规模不等的城市一体化地区组成的一体化组织格局。

这些不同空间尺度的空间组织格局通过优化组合，形成中国城市发展的轴群连区、多点融合的空间格局。

4. 城市职能结构更趋多样，基本形成分工合理互补发展的职能格局

到 2020 年，伴随城市等级规模结构和空间组织格局的优化，城市职能结构更趋多样合理，与城市产业结构调整方向相一致；城市基本职能得到充分发挥，特殊职能得到更加张扬；城市职能分工互补有序，实现错位发展避免职能雷同。

到 2030 年，城市职能结构逐步实现以下八大转变转型，即由单一职能城市向综合职能城市转变，由制造功能向服务功能转变，由中低端传统制造功能向中高端先进制造功能转变，由资源型城市向资本密集型城市和知识密集型城市转变，由生产性服务业向生活性服务业和知识型服务业转变，由制造功能转向创造功能，由资本驱动转向创新驱动，由传统城市转向创新型城市和智慧城市。

到 2030 年，根据不同职能类型城市发展目标，重点建设一批在全国和国际上具有重要影响力和综合竞争力的综合型城市、资源型城市、交通枢纽城市、工业城市、物流城市、旅游城市和智慧城市。

5. 城市创新成为驱动主力，基本形成创新型城市与智慧城市的建设格局

从建设创新型国家的战略目标出发，构建由全球创新型城市—国家创新型城市—区域创新型城市—地区创新型城市—创新发展型城市共 5 个层级组成的国家创新型城市空间网络结构体系。

到 2020 年，形成由 4 个全球创新型城市、16 个国家创新型城市、30 个区域创新型城市、60 个地区创新型城市和 180 个创新发展型城市组成的国家城市创新网络空间格局和 300 个智慧城市的建设格局。物联网、云计算、大数据等新一代信息技术创新与城市经济社会发展深度融合，信息网络宽带化、城市管理信息化、基础设施智能化、公共服务便捷化、产业发展现代化、社会治理精细化程度更进一步加强。

到 2030 年，形成由 10 个全球创新型城市、30 个国家创新型城市、50 个区域创新型城市、110 个地区创新型城市和 300 个创新发展型城市组成的国家城市创新网络空间格局和 400 个智慧城市的建设格局。全面建成信息网络宽带化、城市管理信息化、基础设施智能化、公共服务便捷化、产业发展现代化、社会治理精细化的智慧城市。

6. 城市设市有序推进，基本形成高效运行的城市行政设市格局

按照《国家新型城镇化规划（2014～2020）》关于"完善设市标准，严格审批程序，对具备行政区划调整条件的县可有序改市，把有条件的县城和重点镇发展成为中小城市"的要求，在试点基础上有序推进设市城市建设。

到 2020 年，全国设市城市数量达到 720 个，比 2013 年增加 60 个新设市城市，其中直辖市保持在 4 个，地级市数量由 2013 年的 286 个增加到 300 个，县级市由 370 个增加到 416 个左右。

到 2030 年，全国设市城市数量达到 770 个，比 2013 年增加 110 个新设市城市，其中直辖市保持在 4 个，地级市数量由 2013 年的 286 个增加到 318 个，县级市由 370 个增加到 448 个左右。基本形成由 4 个直辖市、318 个地级市、448 个县级市组成的 770 个行政设市城市新格局。

（二）具体优化重点

1. 实行节约集约发展，形成紧凑集约与精明增长的城市发展空间格局

《国家新型城镇化规划（2014～2020 年）》明确提出，要走"集约高效"和"绿色低碳"的城镇化发展道路，并要求"严格控制城镇化建设用地规模，严格划定永久基本农田，合理控制城市开发边界，优化城市内部空间结构，促进城市紧凑发展，提高国土空间利用率""着力推进绿色发展、循环发展、低碳发展，节约集约利用土地、水、能源等资源……推动形成绿色低碳的生产生活方式和城市建设运营模式"。节约集约发展的核心是按照精明增长理论，集约化、紧凑化发展的理念建设资源节约型、利用高效型的城市。

（1）提高土地利用率，建设紧凑型城市

根据方创琳等的研究，城市土地集约利用程度与该地区的城镇化和工业化水平有着密切关系。按不同的经济发展阶段，城市土地集约利用程度可分为：①工业化初期阶段，城镇化与工业化水平均处于 1%～30% 之间，土地集约利用度为 1%～10%；②工业化中期阶段，城镇化与工业化水平分别为 30%～60% 和 30%～70% 之间，土地集约利用度为 25%～50%；③工业化后期阶段，城镇化水平为 60%～80% 之间，工业化水平从 70% 下降至 30%，土地集约利用度为 50%～75%；④后工业化时期，城镇化水平 80% 以上，工业化水平低于 30%，土地集约利用度为 75%～90%。未来 10 多年，中国绝大部分城市将处于工业化中后期或后期阶段，少数特大城市处于后工业化阶段，土地集约利用度整体处于较快上升阶段，对城市节约集约利用土地的总体要求为：合理规划城市开发边界，严格控制城市空间无序扩张。按照严守底线、调整结构、深化改革、管住总量、严控增量、盘活存量、优化结构、提升效率的思路，切实提高城市建设用地的集约化程度。

一是节约用地。认真落实保护耕地的基本国策，严控农用地转为建设用地的规模，认真落实"占补平衡"政策，建立健全城镇建设用地定额标准，推行多层标准厂房，鼓励深度开发地上地下空间；推进农村土地整理，调整合并农村居民点，搞好"空心村"整治和土地复垦；控制城市大广场建设，发展节能省地型公共建筑；清理城市高尔夫球场，严控数量与布局。

二是集约用地。集约用地的核心是在控制用地总量的前提下，以消耗最小的土地获得最大的综合效益。重点是在现有基础上提高建设用地集约利用水平。为此，要加强用地效率的准入管理，盘活存量建设用地，加大挖潜力度；防止城市工矿用地过度扩张，尤其是工业用地低效扩张，促进其增容改造和深度开发；加快"城中村"的改造力度，腾出的建设用地作为生态用地或生活服务设施用地；规划农村建设用地利用，严格按照有关用地标准，加强农村宅基地管理，积极探索建立农村宅基地推出机制，完善农村集体土地流转机制。

三是建设紧凑型城市。紧凑型城市概念最早是由 Dantzig G. 和 Satty T. 于 1973 年在其著作《紧凑城市——适于居住的城市环境计划》一书中提出的。1990年"欧共体委员会（CEC）"发布的城市环境绿皮书中，将其作为"一种解决居住和环境问题的途径"而得到重视。紧凑型城市是以防止城市蔓延、实现土地与能源节约、提高城市运行效率为目的，具有要素集聚、形态紧凑、功能混用等特征的一种城市空间结构。其主要特点为：土地占用较少，土地利用的集约度较高，能满足城市运作需求且运行效率较高。影响城市紧凑度的主要因素有：人口密度、地理环境、城市功能结构、用地的空间格局、产业布局、交通可达性和公共服务设施的布局等。根据有关指标体系测算，将2020年中国大城市和特大城市的紧凑度指数[①]定为≥0.4是比较切合实际的。

（2）提高水资源的利用率，建设节水型城市

针对目前我国70%城市缺水的现状，应实行最严格的水资源管理制度，加强城市总用水量的控制与定额管理，严格水资源的保护，推进节水型社会建设。城市节水中，首要的是提高工业用水效率（万元工业增加值用水量），加快冶金、化工、火电等高耗水行业的节水技术改造，不断提高工业用水重复利用率，强制推广使用节水设备和器具，扩大再生水的利用；加强公共建筑和住宅的节水设施建设，积极开展海水淡化、海水直接利用和矿井水利用等。到2020年全国城市万元GDP新鲜水耗降至50立方米以下，工业用水重复率达70%～80%。

（3）推进节能、环保，建设绿色低碳城市

节能是改善城市环境的重要途径之一。在中国快速城镇化进程中，要强化能源节约和高效利用的政策导向，加大节能力度。一要通过优化产业结构，抑制高耗能产业的过快增长，不断降低钢铁、有色、电力、化工、建材等高耗能产业比重；二要大力开发推广节能技术，通过推广节能改造工程和产业化示范工程，实现技术节能；三要通过加强能源生产、运输、消费各个环节的制度建设和监管，实现管理节能，通过节能改善城市空气质量。

推进绿色低碳城市建设，将低碳、节能贯穿其全过程。按照"低排放、高效能、高效率"的低碳城市建设理念，绿色低碳城市不仅强调要拥有优美的自然环境，充满绿色空间，更重要的是体现在转变发展方式、调整优化产业结构和发展模式，以及发展绿色能源、绿色交通、绿色建筑、生态产业园区等方面。

2. 提高城市运行效率，形成便捷高效与有机通畅的城市发展空间格局

（1）基础设施便捷高效

交通、通信、能源、水利等重大基础设施建设，是城市赖以生存和发展的基础，在城市发展中具有重要的保障作用。其总体建设目标为：逐步建成安全、高效、全覆盖的基础设施网络体系。要求到2020年百万人口以上大城市公共交通机动化出行比例达60%，城镇

[①] 城市紧凑度指由影响城市内部紧凑度的诸因素（城市密度、城市功能混用程度、城市紧凑趋势、城市公共交通、城市公共服务配置、城市效率）构建的指标体系求得。

公共供水普及率达 90%，城市污水处理率达 95%，城市生活垃圾无害化处理率达 95%，城市家庭宽带接入能力≥50Mbps，城市社区综合服务设施覆盖率达 100%。

一是构建快捷、安全、畅通的城市综合交通运输体系。在城市间，形成以铁路（含高铁）、高速公路为骨干、国省道为基础，与民航、水路和管道向配合的多层次快速交通运输网络，加快城市群内核心城市连接各主要中心城市的城际铁路建设；在城市内部，优先发展城市公共交通，积极发展以快速公共汽车、现代有轨电车等大容量地面公交系统，在部分大城市有序推进轨道交通建设。

二是建设完善的通信网络体系。以国家骨干光纤网为支撑，推进"三网融合"，建设以下一代信息技术为基础的"智慧"城市。到 2020 年，固定电话普及率达 50%，移动电话普及率达 80 部/百人，互联网普及率达 30%。

三是建设安全、清洁、经济的能源供应网络体系。统筹电力、供热、燃气等地下管网建设，大力发展可再生能源及热电联产，构建智能电网系统，完善燃气输配、储备和供应保障系统。

四是建设安全可靠的城市给排水体系。加强城市水源地保护与建设和供水设施的改造与建设，确保供水安全。加强城市防洪设施建设，完善城市排水与暴雨外洪内涝防治体系，提高应对极端天气能力。

建设安全、高效、全覆盖的城市基础设施必须做到"四个坚持"：一要坚持适度超前、优先发展。不断提高基础设施对经济社会发展的保障程度，发挥基础设施对产业结构和功能布局的导向作用；二要坚持统筹协调，突出重点。提高基础设施的网络化水平，推进基础设施共建共享，重点解决关系国计民生的重大基础设施问题及薄弱环节，促进各项基础设施间的协调发展和通畅运行，提升基础设施的整体承载能力；三要坚持增量建设与存量改造提升并重。为满足城市快速发展需求，既要重视新建一批重大基础设施项目，又要重视存量基础设施的更新改造，优化完善功能，提升基础设施的服务效率和水平；四要坚持政府主导、社会参与、市场运作。进一步深化基础设施投融资体制改革，拓宽投融资渠道，实现投资主体多元化；积极推进基础设施建设和运营市场化步伐，政府投资重点从经营性领域向非经营性领域转移。

（2）服务完善畅通

服务完善畅通程度是衡量城市运行效率的重要标志。主要包括各种服务设施在数量上的满足程度，各种服务设施的综合配套和便捷程度，以及服务设施管理科学化和精细化水平等。通过加快基本公共服务设施的建设，并将新一代信息技术广泛应用于基本公共服务领域，不断提升服务水平，实现服务完善畅通的总目标。

一是提高基本公共服务的完备程度。通过增加人均基本公共服务的有效供给，确保城镇居民享受均等化的基本公共服务。根据《国家新型城镇化规划（2014～2020 年）》的要求，到 2020 年城镇居民的基本公共服务水平为：城镇常住人口基本养老保险覆盖率≥90%，城镇常住人口基本医疗保险覆盖率达 98%，城镇常住人口保障性住房覆盖率≥23%，农民工随迁子女接受义务教育比例≥99%。

二是促进信息技术与城市服务业的融合发展。以推进智慧城市建设为契机，加强新一代信息技术和信息资源与公共服务和社会治理的深度融合。通过建设共享城市公共服务信息系统，利用信息技术创新城市教育、就业、社保、养老医疗和文化服务模式，实现公共服务便捷化；通过加强信息技术在市场监管、环境监管、信息服务、应急保障、治安反恐和公共安全等社会治理领域中的应用，实现社会服务畅通。

三是在大中城市构建基于家庭和社区的"个人生活圈"。该圈是由家庭、服务设施、交通节点组成的、各种功能高度混合的日常生活圈。其特点是各类服务设施（如超市、菜场、便利店、幼儿园、健康与文体中心、社区服务中心）向居民可达性高的地区集聚，居民可就近得到便捷、高效的服务，一般通过步行或自行车便可达到活动场所。

3. 加快城市产业升级转型，构建现代产业支撑的城市发展空间格局

产业作为建设现代城市的物质技术基础，《国家新型城镇化规划（2014～2020年）》将强化城市产业就业支撑作为提高城市可持续发展能力的重要组成部分，并提出要"调整优化城市产业布局和结构，促进城市经济转型升级，改善营商环境，增强经济活力，扩大就业容量"。产业提升包括产业结构高级化、产业发展动力创新化、产业体系融合化、产业分工国际化、产业布局集群化和产业发展可持续化。最终目标为：构建以创新为动力、高技术产业和战略性新兴产业为先导，以先进制造业和现代服务业为基础，以基础设施和基础产业为支撑的现代产业体系。具体优化目标为：

（1）产业结构高级化

调整优化城市产业结构，是增强城市的辐射带动力和提升城市竞争力的重要途径。产业结构的高级化主要表现为：产业组织结构的集团化、产业部门结构的服务化、行业结构的链条化、技术结构的信息化、产品结构的高端化和空间结构的集群化。要根据城市的资源环境承载力、要素禀赋和比较优势，培育发展各具特色的城市产业体系。改造提升传统产业，壮大先进制造业和新一代信息技术、节能环保、生物、新能源、新材料和新能源汽车等战略性新兴产业。要适应制造业转型升级要求，推动金融、保险、物流、信息咨询服务等生产性服务业向专业化、市场化、社会化发展；为适应居民消费需求多样化，提升生活性服务业，扩大服务供给，提高服务质量，不断推动和促进特大和大城市产业结构从"加工—制造型"向服务经济为主的方向转变。

（2）产业发展动力创新化

创新是城市产业提升的主要推动力，也是建设现代产业体系的核心。其重点为：一是创新产业发展的体制和机制。以建立现代企业制度为核心，推进重点领域改革，完善要素市场，优化发展环境。二是创新产业发展动力。从目前的资源、劳动力和资本依赖性转变为"创新驱动型"，促进经济增长从主要依靠人力、资金投入和物质资源消耗向主要依靠科技进步、劳动者素质提高和管理创新转变。三是大力推进自主创新，鼓励原始创新、集成创新，突出抓好消化吸收再创新，以此抢占国内外产业链高端环节，增强产业的竞争力。

（3）产业体系融合化

加强产业间的融合发展是提升产业综合实力与竞争力的客观需要。融合化一方面包括加强第一、二、三产业的协调与关联，主要是通过三次产业的优化整合、延伸支柱产业链和建设特色产业集群，促进产业链上、中、下游产业的相互渗透与互动，形成包括供应、生产、销售、服务与研发各个环节融合发展。不仅有利于促进新兴产业（如现代物流、金融保险、会展、信息服务和文化创意产业）的发展，同时还可推动生产加工性制造业逐步向高端的服务型制造业升级，高技术产业向外包服务业拓展。

（4）产业分工区域化

产业的分工协作是现代产业体系的显著特征之一，也是降低产品生产成本、提高劳动生产率、提升产品和行业竞争力的重要途径。要按照产业链和产业集群分工协作要求，构建高效的专业化分工体系，重点发展具有市场竞争力的优势产业和特色产业。在经济全球化不断深入发展的背景下，大城市和特大城市的产业体系应更好地融入国际产业分工体系，更深、更广泛参与国际产业分工，充分利用国内外"两种资源"和"两个市场"，抢占产业制高点，并在国内外产业分工格局中占据比较有利的位置，推动产业价值链的高端化。

（5）产业布局集群化

集聚是城市现代产业体系发展的主要特征之一，也是优化产业结构、转变发展方式，实现集约节约发展的基础。要按照整合资源、提升功能、强化特色、增强竞争力要求，加强产业集群和集聚区（工业园区）的基础设施和服务设施建设，大力推进优势企业和配套服务业向产业集聚区集中，尽快形成产业特色和规模效益。同时，要促进产业链上、下游企业，以及供应商、生产商、销售服务商与研发机构结成网络，形成集群优势。各类产业集聚区要通过提升优化产业结构，发展循环经济，实现经济效益、社会效益与生态效益的统一，建成为区域经济发展的重要增长极。

（6）产业发展可持续化

高科技含量、高附加值、低消耗、低污染和自主创新能力强是现代产业体系的最主要特征。在目前中国多数城市产业结构仍然偏重、传统制造业和能源原材料工业所占比重较大的背景下，减少能源、资源消耗和减排是产业与城市可持续发展面临的艰巨任务。要结合绿色城市、低碳城市和生态城市建设，一方面要从节能、降耗入手，包括加快淘汰落后生产力，推广清洁生产和循环经济，提高环保准入门槛，减少碳排；另一方面，要通过加快产业结构优化升级，大力发展高技术产业、金融、保险、现代物流、信息服务及文化创意等低碳产业；同时还要通过发展现代农林、荒山绿化和完善平原农田防护林（网）等措施，增加碳汇。最终目标为：以较少的资源消耗和较低的污染与生态代价，实现城市经济的持续较快发展。

4. 优化城市体系结构，形成规模有序与分工合理的城市发展空间格局

城市体系结构优化主要包括城市规模等级结构优化、职能结构优化和空间结构优化，三者既有联系，又有区别，从不同侧面影响中国城市发展空间格局的动态演进。

（1）城市规模等级结构优化

按照国务院 2014 颁发的《国家新型城镇化规划（2014～2020 年）》和《关于进一步推进户籍制度改革的意见》，城市规模等级结构优化的核心是实行差别化的城市发展政策。按照"促区域城镇化，控城市区域化"的思路，遵循促进大中小城市和小城镇协调发展原则，加快发展城区人口在 100 万以下的中小城市和小城镇，作为优化城镇规模结构的主攻方向，有重点地发展城区人口 100 万～300 万的大城市，适度发展城区人口 300 万～500 万的大城市，严格控制城区人口 500 万以上的特大和超大城市规模。针对不同类型城市实行差别化的人口落户政策。例如，全面放开人口 50 万以下小城市和建制镇的人口落户限制（参加社保年限不超过 3 年）；有序放开城区人口 50 万～100 万的中等城市人口落户限制（参加社保年限不超过 3～5 年）；对城区人口 100 万～300 万的大城市，要合理确定其落户条件（参加社保年限不超过 5 年）；对城区人口 300 万～500 万的大城市，要建立积分落户制度；对城区人口 500 万以上的特大和超大城市，要实行更为严格完善的积分落户制度，控制其空间无序蔓延的城市区域化倾向。

（2）城市职能结构优化

发展各类城市在国家或区域发展战略中的不同职能与综合功能，按其所起的作用大小可分为以下两类：

一是提升中心城市的综合功能。直辖市、省会城市、计划单列市和重要的节点城市等中心城市，在中国城市发展体系中起着重要的引领作用。其中沿海地区中心城市要加快产业转型升级，提高参与全球产业分工的层次，加快提升国际化程度和国际竞争力，发挥规模效应和带动效应。区域重要节点城市要完善城市功能、加强协作对接，实现联动发展与互补发展。特大城市要适当疏解经济功能，推动劳动密集型和资源密集型加工业向外转移，加强与周边城镇基础设施连接和公共服务共享，形成一体化发展的都市圈。

二是发挥中小城市和小城镇的特色功能。中小城市和小城镇是支撑中国城镇化的重要基础。要根据当地的区位、交通、资源、市场与原有基础等比较优势，发展具有地区特色的支柱产业，努力扩大生产规模，提升质量，向产业链的高端方向推进。通过"退二进三"，加快服务业的发展，加强市政基础设施和公共服务设施建设。小城镇发展要与疏解大城市中心城区功能相结合，与特色产业集群发展相结合、与服务"三农"相结合，当前要抓紧将常住人口 10 万以上的建制镇逐步升格为城市，发挥其吸纳人口多、广就业的优势，就近转移农村剩余劳动力，促进农村地区经济发展。

（3）城市空间结构优化

城市空间结构优化包括宏观和城市两个层面。宏观层面是指全国范围内城市及城市化地区的空间战略格局，城市层次的空间结构优化包括中心城区功能结构优化和规范新城新区建设等。

一是优化城市发展空间格局。2010年12月21日国务院颁发的《全国主体功能区规划》提出，要构建"两横三纵"为主体的城市化空间格局。其中，"两横"是指以陇海—兰新铁路为主的亚欧大陆桥通道和以长江为通道的城市发展轴；"三纵"是以沿海、京哈京广铁路和包（头）昆（明）铁路为通道的城市发展轴。形成以国家优化开发和重点开发的城市化地区（城市群）为主要支撑，以轴线上其他城市化地区为重要组成的城市化空间格局。

二是将城市群作为推进城镇化的主体形态。2006年3月14日，第十届全国人民代表大会第四次会议批准的《中华人民共和国国民经济和社会发展第十一个五年规划纲要》明确提出，要把城市群作为推进城镇化的主体形态。国家"十二五"经济和社会发展规划再次强调，城市群在构建高效、协调、可持续的中国城镇空间中的核心作用。并提出要在东部地区逐步打造更具国际竞争力的城市群，作为参与国际竞争合作的重要平台；在中西部有条件的地区培育、壮大若干城市群。城市群作为城市发展到成熟阶段的空间组织形式，推进城市群建设，不仅有利于突破行政区划体制束缚，加快城镇化步伐，而且对缓解特大城市中心城区压力，强化中小城市产业功能，增强小城镇公共服务和居住功能，推进大中小城市基础设施一体化建设和网络化发展，都将发挥重要作用。目前，国内学者和政府部门比较公认的处于不同规模和发展阶段的城市群有20个。其中，沿海地区有7个城市群，沿江有4个城市群，京哈京广沿线有6个城市群，新亚欧大陆桥沿线有5个城市群。

三是改造提升中心城区功能。中心城区是城市发展的核心区，也是城市空间结构优化的重点。要通过"疏、增、统、提"等策略，改造提升中心城区功能。其中，"疏"就是控制人口大规模增长，推动大城市中心部分功能向卫星城疏散。"增"就是增强中心城区的高端生产服务功能，大力发展金融、现代商贸、信息中介、创意创新等现代服务业，建成为高端服务业集聚区。"统"就是完善中心城区的功能组合，推进商业、办公、居住、生态空间与交通站点的合理布局和综合开发，统筹规划地上地下空间开发，促进城市空间从二维向三维方向发展。"提"是按照改造更新与修复并重的要求，挖掘旧城区的历史文化内涵，大力推进棚户区和城中村改造，有序推进老旧住宅小区综合整治，加快城市低收入群体保障房建设，提升城市整体形象。

四是严格规范新城新区建设。新城新区建设是2000年以来中国城市空间快速扩张的主要原因之一。新城新区建设对拓展城市发展空间，吸纳人口居住就业和改善城市人居环境，疏解城市功能、缓解日益严重的城市病，以及推动城市产业转型升级、提升城市的竞争力等方面发挥了重要的引领作用。但是，目前新城区建设中存在的突出问题是建设失控，不仅建设过多、过快，而且由于缺乏科学规划，存在定位不清、建设粗放、产业基础薄弱、用地浪费严重以及债务风险等问题。据不完全统计，截至2014年1月底，全国在建的各类新区达106个，其中国家批准的新区13个，省政府批准的38个，市政府批准的55个；按照面积，超过 1000 平方公里有 19 个，500~1000 平方公里有 10 个，100~500 平方公里的约 40 个。此外，还有一大批未经批准而建设，或边批边建的新区，由此直接导致城市边界"摊大饼式"粗放发展。为规范新城新区建设，一要严格新城新区的设立条件，严禁突破土地利用总体规划设立新城新区和各类开发园区，防止城市边界无序蔓延；二要与行政区划相协调，以人口密度、产出强度和资源环境承载力为基准，科学严谨地编制新城区规划，严格控制建设用地规模，控制建设标准过度超前；三要统筹生产区、办公区、生活区、商业区等功能区规划建设，推进功能混合和产城融合，在集聚产业的同时对集聚人口、防止新城新区空心化；四要加强现有开发区城市功能改造，推进单一功能向综合功能转型，为促进人口集聚，发展服务经济拓展空间。

5. 营造绿色低碳的人居环境，形成以人为本与和谐宜居的城市发展空间格局

社会和谐是中国特色社会主义的本质属性，也是落实"以人为本"科学发展观的具体体现。和谐城市建设目标为：在人与人之间建立相互信任、邻里关系和睦共处的良好关系，以及强化社区的自治功能，包括邻里活动、居民自治和混合居住等。宜居城市则是为居民生活提供高品质、高效率、绿色的居住环境，包括出行方式、生活服务、居住环境、以及基本公共服务等方面。其优化目标为：

（1）便捷的城市交通出行体系

建设完善的公共交通出行体系。将公共交通放在城市交通发展的首要位置，加快构建以公共交通为主体的城市机动化出行系统，积极发展快速公共汽车（BRT）、现代有轨电车等大容量地面公交系统，科学有序推进大城市轨道交通建设。优化公交站点和线路设置，推动形成公共交通优先通行网络，提高覆盖率、准点率和运行速度，基本实现 100 万人口以上大城市中心城区公共交通站点 500 米全覆盖。同时，要处理好城市公共交通与慢行交通的关系。在公共交通主导的条件下，将步行和自行车出行作为社区出行的主要方式；按照"机非分离"的理念，建立一套非机动车专用路系统。

（2）完善的基本公共服务体系

要根据城镇常住人口，并考虑到未来人口增长趋势和空间分布特点，统筹布局学校、幼儿园、医疗卫生机构、文化体育设施。加强社区卫生服务机构建设，完善重大疾病防控、妇幼保健等专业公共卫生和计划生育服务网络。加强公共文化、公共体育、就业服务、社保经办和便民利民服务设施建设。优化社区生活设施布局，健全社会养老服务体系，完善便民利民服务网络，打造 15 分钟便捷生活服务圈，不断提高城镇居民基本公共服务水平。

（3）绿色低碳的人居环境

绿色低碳是在工业化、城镇化快速发展条件下，营造人与自然和谐相处城市人居环境的重要途径。其具体建设目标为：一要拥有绿色和清洁的环境，包括为居民提供洁净的空气，优质、可达性好的绿色空间和公共健身、娱乐场地。二要加快产业结构的优化升级，淘汰落后产能，推广清洁生产和循环经济，提高环保进入门槛，大力发展高技术产业和现代服务业等低碳产业。三要积极创导绿色低碳高效的可再生能源系统（如分布式太阳能发电），建立循环利用的节水系统，以及建造绿色节能建筑。四要积极倡导绿色低碳的出行方式，提倡"步行优先、自行车优先和公共交通优先"的"三优先"原则，改善步行、自行车出行条件，减少对小汽车的依赖。五要积极推进包容互爱社区建设。社区作为城市居民居住和生活的基础单元，也是人居环境的有机组成以及居民感知、参与城市活动的基础物质空间。社区除拥有良好的生活环境和便利、高效的基本公共服务网络外，今后应加强培育社区居民的共存感、认同感和归属感，并向更加包容与多元、更加符合人心所向的方向发展。

（4）城市历史文化传承融合发展

发掘城市文化资源，强化文化的传承创新，将城市建设成为历史底蕴厚重、时代特色鲜明的人文魅力空间。注重在旧城改造中保护历史文化遗产、民族文化风格和传统风貌，促进功能提升与文化文物保护相结合。重视在新城新区建设中融入传统文化元素，与原有城市自然人文特征相协调。加强对历史文化名城名镇、历史文化街区、民族风情小镇文化资源挖掘和文化生态的整体保护，传承弘扬优秀传统文化，推动地方特色文化发展，保持城市文化记忆。鼓励城市文化多样化发展，促进传统文化与现代文化、本土文化与外来文化交融，形成多元开放的现代城市文化。

三、城市发展空间格局优化模式

模式亦称"范式"，指事物的标准样式，或对真实事物理想化和结构化的表达方式。模式研究作为一种认识事物和解决问题的重要方法，通过对复杂事物及其运营方式进行深入分析研究，把握其共性规律和差异特性，并在理论上加以抽象概括，再用来指导实践。特色鲜明、相对稳定性、区域代表性和实用性是模式的主要特征。中国城市发展优化模式是在对影响因素、格局、方式、方法、路径等进行较深入研究的基础上，进行凝练和概括而得出的，具体包括交通通道引导模式、产业集聚关联模式、城乡一体融合模式、均衡网络发展模式和生态文明导向模式。

（一）交通通道引导模式

交通作为人口与产业集聚以及资源、产业等要素流动的基础支撑，交通对城市的形成、发展与布局起着导向作用。各类不同等级的交通线（尤其是铁路、公路、水运航线）是构成相应等级城镇发展轴线的基础。交通基础设施与城市发展的关系是相互联系、互为促进的。一方面，交通是城市发展的基础条件，在交通基础设施供给不足、发展水平不高的条件下，对城市的发展规模和空间布局具有明显的制约作用；另一方面，交通发展水平的提高，包括运输能力、网络化程度和服务水平的提升，对城市的发展与布局产生巨大的促进作用。特别是随着高铁、高速公路和民航等快捷运输方式的发展，交通的快捷化产生的时空压缩效应大大加快了城市的扩展与城市间的联系，成为城市群发育发展的重要外部驱动力。交通基础设施引导中国城市发展模式可分为宏观及城市两个层面。

1. 国家交通基础设施引导城市发展模式

与《全国主体功能区规划》确定的"两横三纵"城镇化战略格局相匹配，在国家层面，构建由沿海、沿江、京哈京广、陇海—兰新、包头—昆明5条新型城镇化主轴线串联的20个城市群，形成"以轴串群、以群托轴"的国家新型城镇化宏观格局。根据国家2004年制定、2008年调整的国家铁路和高速公路中长期发展规划，到2020年将建成"五纵五横"骨干铁路网和"四纵四横"客运专线，基本建成由7条放射线、9条纵线和18条横线组成的国家高速公路网，以及扩建新建一批民航机场和沿海、沿江港口。最终形成以"五纵五横"综合交通运输大通道[①]为依托，国家铁路（含高铁）、国家高速为骨干，普通国道、省道为基础，并与水路（内河及海上航线）、民航、管道共同组成的综合交通网络。因此，在目前国家"两横三纵"城镇发展轴线的基础上，今后在"五纵五横"综合交通运输通道联结的不同节点，还将发育和充实提高一批不同等级规模的城市和城市群。

2. 城市交通基础设施引导空间发展模式

城市交通在城市空间结构的形成与演化过程中起着重要的作用。城市发展的不同阶段都在当时主导交通方式的引导作用下，形成了相应的城市空间结构。其中，当前城市规划中应用最广的公交导向型（Transit Oriented Development, TOD）城市发展（开发）模式，是一种基于"大容量公共交通—土地利用"互动关系的城市开发模式。TOD对城市空间结构的影响为：一是影响城市道路路网结构，而路网结构对于引导城市空间扩展具有重要作用；二是影响城市规模，限制城市无序蔓延，营造与城市空间相适应的空间结构，从而实现城市紧凑、有序发展；三是影响城市空间结构演化。在电车和通勤铁路时代，城市空间随带状交通线路呈星型城市形态；在机动化交通工具（尤其是小汽车）为主的现代个体交通时代，城市呈填充式"摊大饼"方式向外蔓延；在以轨道交通为主的现代公共交通时代，城市沿交通枢纽集聚，并向多核的组团型城市空间结构演化。《国家新型城镇化规划（2014～2020年）》倡导发展密度高、功能混用和公交导向的集约紧凑型城市发展模式，因此TOD模式是当前中国许多大城市，尤其是特大城市所倡导的空间结构优化模式。

（二）产业集聚关联模式

产业是城市发展的重要物质基础，城市人口的就业有赖于产业的发展。因此，人口集

---

① 五纵：黑龙江省黑河至海南省三亚、北京至上海、内蒙古自治区满洲里至港澳台、包头至广州、内蒙古自治区临河至广西壮族自治区防城港等五条南北向综合运输通道。五横：天津至新疆喀什、青岛至拉萨、江苏连云港至新疆维吾尔自治区阿拉山口、上海至成都、上海至云南省瑞丽等五条东西向综合运输通道。

聚与产业集聚是相辅相成、相互促进和互为制约的关系。产业集聚与城市发展的关系为：一是产业集聚形成城市。由于经济活动在利润最大化法则作用下，具有一种空间集中的向心力，并在空间上导致了经济活动综合体的形成，由此带动了人口集聚，形成了经济活动与人口集聚的综合体，即城市。二是产业集聚有利于提升城市的竞争力。产业集聚一方面通过产业的分工，形成高效的专业化分工协作体系，有利于提高劳动生产率，降低生产成本、配套成本、劳动力成本和信息成本，形成低成本的竞争优势；另一方面，产业集聚形成的规模优势和技术创新优势，又能增强产业的国内外市场竞争力。产业的竞争优势提高了城市对周边地区生产要素的吸引力与控制力，推动了城市竞争力的提升。三是产业集聚降低了城市化的成本。据1990年有关部门研究，产业集聚的城市化模式可节约土地30%，提高能源利用率40%，节约行政管理费用20%以上。因此，产业集聚程度高的长三角和珠三角地区，均为我国城市化水平最高、城镇最密集地区。四是产业集聚的迁移是城市空间扩张的重要动力。大城市产业集聚形成后，由于污染、土地和劳动力成本上升等原因，会产生离心力，集聚企业会向市郊迁移，带动周边地区产业集聚发展，进而推动周边地区城市化并促进形成都市圈。

1. 区域尺度的产业集聚关联模式

产业集聚的城市发展模式主要通过产业链—产业集群—产业集聚区—产业一体化布局路径，来影响与推动不同等级城市与城市群的关联发展。以武汉城市圈（城市群）为例，该城市圈以武汉为核心，周边的黄石、鄂州、黄冈、孝感、咸宁、仙桃、潜江、天门8市为主体的"1+8"城市圈。在城市圈的形成与发育进程（城市圈的一体化）中，产业集聚与关联发挥了重要作用。

（1）通过延伸产业链，增强城市发展的产业支撑

产业链是以具有比较优势的主导产业为龙头，根据一定的经济技术要求，将原材料供应、生产加工、组装、销售及服务连接成链状的产业体系。武汉城市圈通过整合，形成了汽车及零部件、电子信息、装备制造、钢铁、有色冶金、石油化工与盐化工、生物医药、建材与建筑、纺织服装、食品饮料、林浆纸等12个主要产业链。通过产业链的上、中、下游分工和前向、后向、侧向的关联带动作用（如汽车工业可以带动钢铁、有色金属、机械、电子、电器、仪表、轮胎、塑料、玻璃等数十种相关产业的发展），以及不同环节的价值链增值效应，有力推动了各类城市的产业发展与分工。

（2）产业集群和各类产业集聚区推动了城市产业竞争力的提升

在产业链的基础上，通过推进产业的协作与联合，逐步形成了一批特定产业领域内协作联系紧密的企业与相关支撑产业在某一地区的集聚发展，即产业集群。产业集群的突出特征为：特定的产业空间集聚、本地化的产业联系与配套，以及知识溢出与创新。武汉城市圈现已形成了15类、约80个重点特色产业集群，如汽车整车制造产业集群、汽车零部件产业集群、光电子产业集群、电子信息及家电产业集群、钢铁及深加工产业集群、石油

化工产业集群、盐化工产业集群、建材产业集群、纺织服装产业集群、造纸及包装产业集群等等。每一个重点产业集群都集聚于相应的城市与城镇（经济技术开发区）。2013年武汉城市圈共有3家国家级开发区、71家省级开发区（含6家旅游度假区和65家以工业为主的开发区），除少数国家级和省级经济技术开发区有2~3个产业集群外（如武汉经济技术开发区），绝大部分均以一个产业集群为主体。产业集群与经济技术开发区不仅强化了产业的集聚与分工，成为城市产业的重要支撑，而且由于具有规模优势和竞争优势，推动了城市竞争力的提升。

（3）产业布局一体化推动了城市圈的一体化进程

武汉城市圈在延伸产业链和建设产业集群的基础上，通过整合资源，形成了以下七大特色产业带：①以武汉东湖国家自主创新示范区为龙头与辐射极，包括鄂州、黄州、黄石的高新技术产业带，重点发展光电子信息、生物医药、新材料及环保产业；②以武钢为龙头，包括鄂州、黄石、大岩、阳新在内的冶金—建材产业带；③以武汉经济技术开发区为龙头，包括孝感、黄石黄冈、潜江、天门在内的环城市圈汽车与零部件产业带；④以武汉经济技术开发区和吴家山经济技术开发区为龙头的环城市圈电子信息及电器制造产业带；⑤以武汉、仙桃、汉川、赤壁、孝感、黄石、潜江、天门为主的环城市圈纺织服装产业带；⑥以武汉为龙头，包括鄂州、云梦、应城、仙桃、潜江的石油化工与盐化工产业带；⑦环城市圈农副产品产业带。上述产业一体化布局模式不仅促进了城市圈内各类城市（不同等级中心城市和城市）的协同发展，而且有力地推动了城市圈内各级城市的一体化进程，对提升武汉城市圈整体发展水平与竞争力具有极为重要作用。

2. 城市尺度的产业集聚关联模式

城市尺度可以武汉市为例，说明产业集聚与城市空间结构的关联模式。武汉是中部地区最大的国家中心城市，长江中游城市群的核心城市。2013年全市常住人口1022万人，GDP总量9051亿元，中心城区面积534.3平方公里。现已形成了包括汽车零部件、装备制造、电子信息、钢铁及深加工、食品烟草、能源及环保、石油化工等工业支柱产业，以及金融、物流、信息、计算机服务和软件等为主的现代服务业。根据2010年修编的城市总体规划以及在此基础上编制的《武汉2049远景发展战略》，未来武汉将依托长江沿江发展主轴、沟通天河机场与东湖高新区的南北发展主轴（沿轨道交通2号线），以及联系汉江和江夏区的南北发展副轴，形成"两主一副"空间发展架构。以中心城区的滨江中心商务区（CBD）为核心，以城市轨道交通和快速公交构成的复合交通走廊为支撑，通过整合距中心城区10~20公里范围内的东湖科技新城、汤逊湖新城、盘龙湖新城、金银湖新城、太子湖新城等5个边缘新城，以及沌口汽车产业发展区、阳逻临港产业发展区、天河临空产业发展区和吴家山都市产业发展区等四大产业发展区，形成以产业、人口联动发展为特色的"主城+6个卫星城"的空间结构模式，即"1+6"模式。

（三）城乡一体融合模式

城乡一体化融合发展是指城市与乡村两个不同特质的社会经济单元和人类聚落空间，在一个相互依存的区域范围内谋求融合发展、协调共生的过程。城乡一体化作为中国现代化与城镇化发展的新阶段，要将工业与农业、城市与乡村、城镇居民与农村居民作为一个整体，统筹规划、协同发展，促进城乡间土地、劳动力、资本、技术、信息等生产要素自由流动、优化组合，实现城乡在政策上的平等、产业上的互补、国民待遇上的一致、地方文化的传承、生态环境的协调发展。因此，城乡一体化是一项重大而深刻的变革，不仅涉及到城乡居民生产方式、生活方式和居住方式的转变过程，而且包括思想观念的更新、发展思路的转变、利益关系的调整、体制机制的创新和政策措施保障等。城乡一体化的目标是逐步缩小和消除城乡之间的"二元"结构与基本差别，促使城市和乡村有机地融为一体，最终实现城乡经济社会全面协调、可持续发展。

城乡一体化是一个逐步推进的动态演变过程，是一个从量的积累到质的变化过程。为加快城乡一体化过程，必须持续推进城乡规划、产业发展、基础设施、公共服务、就业社保和社会管理"六个一体化"，促进城乡协调发展和共同繁荣。由于中国各地区的自然和社会经济条件差异较大，城乡一体化的模式也各具特色；既有自上而下，也有自下而上的一体化模式；既有大城市带动型一体化模式，也有中小城市和城镇集聚拓展一体化模式；既有外资带动型一体化模式，也有民营经济和乡镇企业带动型一体化模式。从全国层面看，代表性的城乡一体化模式主要有以下四类：

1. 珠江三角洲外向型经济推动型模式

"珠三角"地区包括广州、深圳、珠海、佛山、中山、东莞、惠州、江门、肇庆等地市，是我国城镇化水平最高、城乡一体化进程较快的地区之一。"珠三角"依托其毗邻港澳台的地缘和亲缘优势，是我国对外开放最早、外向型经济最发达的地区。自20世纪80年代起，以"三来一补"为特点的外向型经济得到了快速发展，不仅加速了人多地少、商品农业较发达的当地农村剩余劳动力向城镇和第二、第三产业转移，而且吸引了中西部各省区大量农村剩余劳动力来此打工。大量廉价劳动力的涌入，又促进了以劳动密集型为主的纺织、服装、玩具、消费类电子、食品、塑料等行业的进一步发展，产业空间分布也逐步从中小城市向小城镇和乡镇推进，城乡一体化进程明显加快，并由此推动了新一轮的外来务工人员的快速增长，2000年"珠三角"地区登记的外来人口占总人口的53%。直到新世纪初，由于经济全球化的快速发展和"珠三角"地区土地、劳动力等生产要素成本上升，促进了产业转型升级，人口集聚的势头才逐步趋于稳定，2009年金融危机后外来务工人口出现明显减少趋势。这种外向型经济推动型城市发展模式存在的突出问题为：人口城市化大大落后于经济和土地城市化；城市基础设施建设滞后，公共服务供给不足；城市经济社会发展与人口、资源环境处于严重失调。其后，经历了10多年的调整，才得到了明显改善。

2. 长江三角洲工业化与城市化互动模式

长江三角洲经济区包括上海市，江苏省的南京、苏州、无锡、常州、南通、镇江、扬州、泰州，浙江省的杭州、宁波、嘉兴、湖州、绍兴、金华、舟山等 16 市。是我国综合经济实力最强、城镇化水平较高和城乡一体化进程较快的地区之一。"长三角"城镇化依托其区位、交通条件和上海市的经济、技术与科教优势，始终以工业化为主体，实行工业化与城镇化互动发展。其中苏南地区自 20 世纪 80 年代中期以来凭借其发达的乡镇企业，以农村工业化为动力，走出了一条乡镇企业带动城乡一体化模式。浙江依托其较雄厚的民营资本，以劳动密集型的产业集群（如纽扣、打火机、制鞋、低压电器等）起步，逐步发展到纺织服装、汽车零部件、电子电器和商贸业，实行一个乡镇（或村）一品的专业化生产，产业集群带动了乡镇城镇化和城乡一体化发展。2000 年以来，随着"长三角"地区产业转型升级步伐加快，乡镇企业转为民营企业、外资或合资企业，民营企业的规模与组织形式也相应提升，布局也逐步向小城镇和重点建制镇集中。该模式的特点为：城镇化质量较高，人口城镇化水平较全国高出 10%（2012 年），城镇的产业支撑能力较强，基础设施和公共服务保障水平较高，但其资源环境的承载力和保障能力均不高，绿色低碳是其未来发展的主要方向。

3. 京津冀地区中心城市带动型模式

京津冀地区包括北京、天津、两个直辖市，以及河北省的石家庄、廊坊、保定、唐山、秦皇岛、沧州、张家口、承德等城市。该区城市化发展中最突出问题是受城乡二元结构的制约。不仅北京、天津两市与周边河北省广大地区，而且上述中心城市的城区与周围农村地区在经济发展阶段、经济社会结构、综合经济实力、居民收入水平以及基础设施和基本公共服务的保障程度等方面，都存在巨大的落差。由此，不仅直接影响到区域城镇化水平，也在很大程度上制约了城乡一体化进程。自 20 世纪 90 年代中期起，随着京津两市和区内大部分中心城市经济社会的持续快速发展带来的城市空间扩张的迫切需求，实行了由政府主导、以中心城市为核心的城乡一体化进程。其中，既包括国家自上而下的制度安排，如由国家发改委、两市一省发改委和国家住建部等编制的区域规划、城镇体系规划等，对实施城乡一体化做出了全面规划与部署；同时，各中心城市通过加快交通等基础设施建设、产业扩散和行政区划调整等途径，促进了城乡周边农村地区产业与人口的集聚规模，进而在基本公共服务上进行了不同力度的改革。反映在城乡空间演化上，形成城区—城乡交错带（半城市化地区）—农村的结构特点。随着城市化向前推进，半城市化地区逐渐演变为新城区。但这种城乡一体化模式的最大弊病是：城乡一体化进程受制于中心城市的经济综合实力，因此出现了地区间的发展严重不平衡，直接影响区域城乡一体化的总体进程。"十二五"以来，随着国家层面大力推进京津冀协同发展，城乡一体化正在朝着持续健康的方向发展。

4. 成渝地区统筹城乡协调发展模式

2004 年中央 1 号文件首次将城乡统筹作为解决"三农"问题的主要途径之一。接着，国务院批准将成渝地区作为统筹城乡发展的示范区。以成都为例，该市在推行城乡一体化的试点示范中，实施了"三个集中""六个一体化"和"四大基础工程"。其中"三个集中"为：工业型集聚发展区集中、农民向城镇和新型社区集中、土地向适度规模经营集中；"六个一体化"为：城乡规划一体化、城乡产业发展一体化、城乡市场体制一体化，城乡基础设施一体化、城乡公共服务一体化、城乡管理体制一体化；"四大基础工程"为：农村产权制度改革、农村新型治理机制建设、村级公共服务和社会管理改革、农村土地整治。因此，成渝地区一体化模式可归结为以城带乡、城乡互动。通过统筹城乡社会经济发展，以重点突破、圈层状空间扩展为途径，走大城市带动型与自下而上的农村城镇化相结合的道路。这一模式对中西部地区（尤其是中部地区）城乡一体化具有借鉴意义。

（四）均衡网络发展模式

区域网络式结构是在"点—轴系统"发展模式的基础上，随着区域经济的发展，致使位于轴线上不同等级的节点（城镇）之间以及节点与周围次级节点之间的联系不断加强。相应地，连接各个点之间的交通、通信、能源等基础设施在空间上的不断扩展，形成纵横交错的网络系统，并与不同等级的节点（城镇）构成了网络式空间发展格局。

从城市的发展视角看，网络城市是指两个或更多的原先彼此独立，但存在潜在功能互补的城市，借助于快速、高效的交通走廊和通信设施联结起来，彼此尽力合作而形成的富有创造力的城市集合体，如荷兰的兰斯塔德、日本的关西和近畿地区等。网络城市的主要特点：一是强调水平联系和互补性，以及城市间经济的关联和城市的功能的异质性；二是注重城市的科研、教育、创新技术等知识型活动，并与其他城市在交互式增长的协调中获益；三是城市增长潜力不受制于城市的规模，而与其弹性相关，其增长率明显高于其他中小城市。

为阐述区域网络化城市发展模式的形成过程，本文以河南中原城市群为例加以说明。中原城市群位于河南省中部，是由郑州、洛阳、开封、焦作、新乡、许昌、漯河、平顶山、济源 9 市组成的城镇密集地区。与国内其他城市群显著不同的是，核心城市郑州的首位度相对不高（2010 年为 1.9），城市群内各主要节点城市发展相对均衡，有利于构建多中心网络式的空间结构。中原城市群空间结构演进大体可分为以下三个阶段：

1. 点轴发展模式阶段

该阶段大体相当于 1980 年代初，河南省中部地区主要依托陇海、京广、焦枝三条干线铁路，以及国道 107、310、207、220 等交通干线作为经济和城镇发展轴，将经济技术协作联系较紧密的 9 市串联在一起，形成由多条点—轴系统构成的区域空间结构。其中，陇海发展轴串联了郑州、开封、洛阳三市，京广发展轴串联了新乡、郑州、许昌、漯河三市，焦枝线串联了焦作、济源、洛阳、平顶山四市。此外，在各条轴线上还有一些较小的二级城市。因此，在1980年代末国内一些学者就提出了构建以郑州为核心、其他7市为节点城市（当时济源尚隶属于焦作市）的中原城市群的战略设想。

2. 网络化发展模式阶段

该阶段大体相当于1991~2000年。随着中原城市群区域经济社会的持续快速发展，以及交通等基础设施条件的显著改善，在上述三条城镇发展轴上，各节点城市依托支线铁路、国道、省道等交通基础设施，并通过产业扩散等途径向周边地区拓展，形成了许多新的二级节点。例如，郑州周边形成了巩义、新郑、荥阳、新密、登封5个二级节点城市，洛阳市周边形成了偃师、新安、吉利3个二级节点城市，焦作市周边形成了沁阳、孟州2个二级节点城市，新乡市周边形成了卫辉、辉县2个二级节点城市，许昌市周围形成了禹州、长葛2个二级节点城市，平顶山市周围形成了汝州、舞钢2个二级节点城市。由此在中原城市群形成了网络式空间发展的基本框架。同时，随节点城市特色经济的快速发展，以及节点城市间交通、通信基础设施的不断完善，以人流、物流为主体的交通流持续增长，表明城市间的经济关联性增强。2000年，中原城市群已呈现出明显的网络化发展格局。

3. 多中心网络化模式阶段

自2001年至2013年，中原城市群实现了交通基础设施的大发展，以高速铁路、高速公路、城际铁路交通为主的快速交通运输方式得到了突飞猛进的发展。在铁路方面，先后建成了京广高铁、陇海铁路、徐（州）兰（州）客运专线，形成了"双十字"的骨干网络，并正在建设郑州至太原、重庆、济南、合肥的客运专线；在高速公路方面，相继建成了京港澳高速、连云港—霍尔果斯高速、大广高速、宁洛高速、二广高速、长济高速、郑焦晋高速、郑卢高速等，基本上实现了90%的县通高速；在轨道交通方面，建成了郑州—焦作、郑州—许昌、郑州—开封的城际铁路，正在建设郑州—新乡，许昌—平顶山、新郑机场—登封—洛阳、洛阳—平顶山的城际铁路。同时，近年来，中原城市群互联网得到了快速发展，2013年实现了3G网络全覆盖。目前，快速交通和互联网已覆盖区内一、二级节点城市，2020年将覆盖包括全部城镇及重点建制镇在内的三级节点城市。随着交通、通信联系更为快捷、高效，中原城市群各城市间的经济联系更加密切，从一级节点城市发展到二级和三级节点城市与城镇。据史雅娟运用重力模型测度，中原城市群9个节点城市间的经济联系强度总和从2000年的335.6提升至2005年的761.8，2010年更达1984.8，为2000年的5.9倍、2005年的2.6倍。此外，由南而北纵横城市群的南水北调中线输水工程也将在2014年10月投入运营。目前中原城市群已基本形成由三级节点和纵横交错的交通、通信、能源和水利基础设施构成的多中心网络化发展格局。

2012年11月，国务院批准的《中原经济区规划（2012~2020年）》，将中原城市群作为中原经济区发展的核心区域,并提出要加快形成"一核四轴两带"放射状、网络化发展格局[①],将中原城市群9市建成为经济融合发展,形成高效率、高品质的组合型城市地区。区域多中心网络化发展模式将朝着进一步充实、完善、提高的方向发展。

(五)生态文明导向模式

国内众多学者研究表明,城镇发展同资源开发利用和生态环境之间存在着"S型"曲线耦合关系。其中,水土资源开发利用受经济发展阶段的制约,初、中期由低到高,但达到一定阶段后增速趋缓,甚至零增长或负增长;城镇化与生态环境之间的时空演变趋势为:低水平的协调阶段—拮抗阶段—磨合阶段—高水平的协调阶段。

中国是一个人均资源短缺的国家。在城镇化进程中面临的资源与生态环境保障形势十分严峻。据方创琳等研究,在1978~2007年的30年间,城镇化水平每提高一个百分点,需新增城市用水量17亿立方米、新增城市建设用地100400公顷;而从2010年起的未来15年,城镇化水平每提高一个百分点,需新增城市用水量32亿立方米、新增城市建设用地340600公顷。又据1950~2006年数据计算,期间城镇化水平每增加一个百分点,需增加生态足迹总量1.15亿公顷,人均生态足迹增加0.08公顷,生态盈亏下降6.72%;预测2010~2050年,城镇化水平每增加一个百分点,生态足迹总量增加1.05亿公顷,人均生态足迹增加0.11公顷,生态超载将增加5.68%。由此,必将深刻地影响到城镇化的速度、城市的规模等级结构、空间布局与产业结构。必须构建资源与生态环境约束的生态文明型城市发展模式,科学划分与主体功能区对接的城市"三生"空间,也包括政策层面上的建设资源节约型、环境友好型城市,以及推进生态文明城市建设等。

1. 科学划分与主体功能区对接的城市"三生"空间

国家"十一五"规划纲要提出,"要根据资源环境承载力、现有开发密度和发展潜力,将国土空间划分为优化开发、重点开发、限制开发和禁止开发四类功能区,按照主体功能定位调整完善区域政策和绩效评价,规范空间开发秩序,形成合理的空间开发结构。"国家"十二五"规划纲要再次强调"实施主体功能区战略",并将主体功能区按发展方向分为以下三类:城市化地区(含优化开发和重点开发的城市化地区)、农产品主产区、重点生态功能区(含限制开发和禁止开发的重点生态功能区)。主体功能区已成为规范空间开发时序、控制开发强度,形成高效、协调、可持续国土空间开发格局的重要科学依据。

城市空间按承担的主体功能不同,可划分为生态空间、生产空间和生活空间三种类型,不同性质的空间除发挥其主体功能外,还兼顾非主体功能。其中,生态空间主要发挥生态功能,积累生态资本,兼顾生产功能,相当于国家主体功能区中的禁止开发区;生产空间

---

① "一核"为中原经济区核心区域——中原城市群;"四轴"为沿陇海、京广发展轴,沿济(南)郑(州)渝(重庆)发展轴,沿太原、郑州、合肥发展轴;"两带"为北翼的沿邯长—邯济经济带,南翼的沿黄淮经济带。

主要发挥生产功能,积累生产资本,兼顾生活功能,相当于国家主体功能区中的重点开发与优化开发区;生活空间主要发挥生活居住功能,积累生活资本,兼顾生产与生态功能,相当于国家主体功能区中的限制开发区。通过对"三生"空间的识别、整合与划分,理顺城市空间开发秩序,明确城市发展中需要重点保护、需要保护与开发并重、需要重点开发与优化提升的区域,确保城市生态空间山清水秀、生产空间集约高效、生活空间宜居适度。

在中国城市格局优化过程中,也必须按照"三生"空间整合优化理论,遵循"集合、集聚、集中、集成"四原则,突出"生态空间相对集合、生产空间相对集聚、生活空间相对集中、三生空间相对集成"的优化思路,优化提升和集约利用"三生"发展空间,实现从空间分割到空间整合的转变,提升城市空间运行效率,为实现城市可持续发展提供科学依据。

2. 建设资源节约型与环境友好型城市

国家"十一五"规划纲要提出,要"落实节约资源和保护环境的基本国策,建设低投入、高产出、低消耗、少排放、能循环、可持续的国民经济体系和资源节约型、环境友好型社会"。从城镇化和城市发展视角看,必须将单位城镇化水平的水耗、能耗、建设用地消耗,以及环境污染物的排放量与生态破坏作为约束性指标,提出相应的实施路径。

(1) 大力倡导资源节约型城市发展模式

土地、水资源和能源分别作为国家新型城镇化的主要载体、生命线和命脉,是城市可持续发展的基础保障。在中国人均城市建设用地、水资源和能源资源日益短缺、约束力不断增强的背景下,中国城镇化与城市发展必须走资源能源节约型城镇化道路,突出节约优先。在具体实施中,一要推行节水型城镇化。在全面推广节水型社会建设的基础上,以水资源的供需确定城镇化速度及大、中、小城市规模与布局;二要推行节地型城镇化。在充分挖掘城市现有土地的利用潜力和提高单位土地产出率的前提下,以地定城镇化的速度与规模;三要推行节能型城镇化。在大力推进结构节能、技术节能和管理节能的基础上,以能定城镇化的效率与效能。

(2) 积极推进生态环境友好型城市发展模式

生态环境友好型城市发展模式是以可持续发展思想为指导,通过协调人口、资源、环境与经济、社会发展的关系,公平地满足当代与后代对发展和环境方面的需求。绿色、循环、低碳是其发展的主要理念,而这三者既有紧密联系、但侧重点又有所不同。其中,绿色城市作为建设的总目标,包括控制城市人口密度(要求控制在0.8万~1万人/平方公里),倡导低碳的生产与生活方式,发展绿色空间(城市园林绿地、都市农业等)及绿色建筑等;低碳城市立足于节能减排,包括调整产业结构与转变发展模式,发展太阳能、风能、生物能等新能源,治理环境污染,减少"三废"排放量等;循环型城市发展模式则是遵循减量化、再利用、资源化原则,立足于城市各行各业和产业园区(产业集聚区),通过大力推广清洁生产、延长生态产业链条,大力提倡绿色消费,发展循环经济,建设全社会共同参与的循环型社会和循环型城市。

3. 建设生态文明城市

生态文明是继农业文明、工业文明之后，人类社会进步的一种更高级的文明形态。生态文明城市是以人的行为为主导、自然环境为依托、资源流动为命脉、社会体制为经络，以"人与自然和谐共生"为宗旨，以自然生态系统与社会生态系统融合为基础，以全面提升居民的生活品质和人居环境为目标，实现经济发展与环境保护、物质文明与精神文明、自然生态与人类生态高度统一和可持续发展的文明城市。生态文明城市建设的总体要求为：一要拥有健康的自然生态。为确保城市生态系统良性循环目标，一方面要加强对自然生态系统的保护，发挥其自我调节、自我修复维持和发展能力；另一方面要通过治理环境污染和生态建设，加强对受损生态系统的修复，促进其与人工生态系统的融合。二要拥有绿色高效的经济生态，要通过确立绿色发展模式，依靠科技进步，转变经济发展方式，调整优化城市经济结构、能源结构与产业布局，实现集约、节约、高效发展；同时按照经济生态化要求，大力发展以生态型工业、生态农业和生态旅游为主的生态型产业，构建绿色、高效的产业体系；三要拥有文明的社会生态。要求市民确立自觉的生态意识和环境价值观，建立民主化、法制化、公平、安定的社会秩序；四要拥有先进的生态文化。以先进的生态文化规范市民的价值取向、道德观念、生活方式和消费行为；五要拥有健全的制度保障。要建立和完善各项制度（包括法律、法规、政策等），形成良好的政务环境、法制环境、政策环境、舆论环境和社会环境。

参考文献

1. 崔功豪："中国城市发展的再思考"，2009 城市发展与规划国际论坛文集，2009 年。
2. 方创琳、刘海燕："中国快速城市化进程中的区域剥夺行为及调控路径"，《地理学报》，2007 年第 8 期。
3. 方创琳、刘晓丽："中国城市化发展阶段的修正及地域分异规律分析"，《干旱区地理》，2008 年第 4 期。
4. 方创琳、刘毅、林跃然等：《中国创新型城市发展报告》科学出版社，2013 年。
5. 方创琳、马海涛、王振波、李广东："中国创新型城市建设的综合评估与空间分异格局"，《地理学报》，2014 年。
6. 方创琳、马海涛："新城新区，如何让城市更美好？"，《光明日报》，2014 年 7 月 11 日。
7. 方创琳、马海涛："新型城镇化背景下中国新区建设与土地集约利用"，《中国土地科学》，2013 年第 7 期。
8. 方创琳、祁魏锋、宋吉涛："中国城市群紧凑度的综合测度及空间分异分析"，《地理学报》，2008 年第 10 期。
9. 方创琳、祁魏锋："紧凑城市理念与测度研究进展及思考"，《城市规划学刊》，2007 年第 4 期。
10. 方创琳、姚士谋、刘盛和：《2010 中国城市群发展报告》，科学出版社，2011 年。
11. 方创琳："中国城市发展方针的演变调整与城市发展新格局"，《地理研究》，2014 年第 4 期。
12. 方创琳："中国城市发展空间格局优化的科学基础与框架体系"，《经济地理》，2013 年第 12 期。
13. 方创琳："中国城市群发展中的主要问题与新格局构建"，刊于《2013/2014 中国城市发展报告》，中国城市出版社，2014年。
14. 方创琳："中国城市群形成发育的新格局与新趋向"，《地理科学》，2011年第9期。
15. 方创琳："中国城市群研究取得的重要进展与未来发展方向"，《地理学报》，2014年第8期。
16. 方创琳："中国创新型城市发展综合评估与发展瓶颈分析"，《城市发展研究》，2013年第5期。
17. 方创琳："中国快速城市化过程中的资源环境保障问题与对策建议"，《中国科学院院刊》，2009年第5期。
18. 方创琳：《中国城镇化进程及资源环境保障报告》，科学出版社，2010年。
19. 方创琳：《中国新型城镇化发展报告》，科学出版社，2014年。
20. 国务院：《中华人民共和国国民经济和社会发展第十二个五年规划纲要》，人民出版社，2011年。
21. 国务院：《中华人民共和国国民经济和社会发展第十一个五年规划纲要》，人民出版社，2006年。
22. 胡序威："控城市区域化，促区域城镇化"，《2013/2014中国城市发展报告》，中国城市出版社，2014年。
23. 黄金川、方创琳："城市化与生态环境交互耦合机制与规律分析"，《地理研究》，2003年第2期。
24. 刘耀彬、李仁东、宋学锋："中国城市化与生态环境耦合度分析"，《自然资源学报》，2005年第1期。
25. 毛汉英："生态文明城市:现代城市发展的必由之路"，《2013/2014 中国城市发展报告》，中国城市出版社，2014年。
26. 毛汉英：《区域发展与区域规划——理论·方法·实践》，商务印书馆，2008年。
27. 祁巍锋：《紧凑城市的综合测度与调控研究》，浙江大学出版社，2010年。
28. 中华人民共和国国务院：《国家新型城镇化规划（2014~2020年）》，2014年。

（本文系方创琳、毛汉英等著《中国城镇发展空间格局优化理论与方法》第四章
［由作者执笔撰写］，科学出版社，2016年）

全面提升武汉发展层次的战略思考

中共中央关于制定国民经济和社会发展第十二个五年规划的建议中指出,要以科学发展观为主题,以加快转变经济发展方式为主线,深化改革开放,保障和改善民生,并将加快转变经济发展方式贯穿于经济发展的全过程和各领域,提高发展的全面性、协调性、可持续性,坚持在发展中促转变、在转变中谋发展,实现经济社会又好又快发展。

武汉作为武汉城市圈的龙头和核心城市,对武汉城市圈的发展起着核心增长极和直接辐射源(项目、资金、技术、人才、信息)的作用。"十二五"期间,为了推动武汉经济社会实现跨越式发展,更好地发挥武汉在加快长江中游地区和促进中部崛起中的"三基地、一枢纽"(先进制造业和高新技术产业基地、现代服务业基地、科教与创新基地,综合性交通枢纽)作用,必须加快转变发展方式,全面提升武汉的发展层次。

一、武汉市发展中存在主要问题

有比较才有鉴别。我们构建了由综合经济实力、科技创新能力、国际竞争能力、辐射带动能力、交通通达能力、信息交流能力、可持续发展能力7大类一级指标、37个二级指标构成的指标体系,采用主成分分析法、聚类分析法和层次分析法,对全国包括直辖市、省会城市和计划单列市在内的35个大城市和特大城市(不含拉萨)进行发展水平与质量的综合测度。

将上述35个城市某项指数的最高值设定为1.00,其余城市按其绝对值所占百分比乘以相应的权重,得出各项能力的指数值,通过加总得出发展的综合指数值(见表1)。计算结果表明,武汉市在35个省会城市和计划单列市中,发展水平与质量的综合测度值居第8位,在中西部地区19个城市中居第1位。总体来讲,武汉在区位交通与可持续发展能力方面(生态环境)优势较明显,科技创新能力亦较强;但武汉同位于其前的上海、北京、广州、深圳、天津、南京等市相比,发展差距明显,存在的问题主要有以下四方面:

一是经济综合实力不强。2009年武汉市GDP总量4621亿元,在全国35个省会城市和计划单列市中居第9位;人均GDP 55275元,仅相当于广州的48.1%、上海的51.4%、北京的56.7%、天津的71.7%、杭州的74.2%和南京的82.3%。2009年武汉地方财政预算收入316.07亿元,在全国35个省会城市和计划单列市中居第14位;人均地方财政收入3871

亿元，仅相当于上海的21.3%、北京的23.8%、深圳的39.2%、广州的43.8%、杭州的50.8%和南京的56.1%，甚至低于中西部地区的乌鲁木齐（4711元）和郑州（4130元）。

二是经济结构不优。服务业在武汉经济中所占比重与其区位交通地位很不相称。由于现代服务业具有"高增长、强辐射、广就业"的特点，因此当今世界上许多特大城市都拥有发达的现代服务业（金融保险、现代物流、信息服务、科技、文化、旅游及社会服务等），服务业通常占就业人口和GDP的70%~80%。2009年，武汉市服务业占就业人口的49%、GDP的50.4%，明显低于北京（分别为73.8%和75.5%）、广州（分别为50.4%和60.9%）和上海（分别为56.2%和59.4%）；在服务业中现代服务业的比重大体为40%，而沿海发达地区同类城市已达50%以上。

三是对外开放度不够，国际化水平不高。2008年武汉市的经济外向度只有24.5%，大大低于全国平均水平（59.2%）和沿海地区同类城市（如广州为69.3%，杭州为81%，南京为84%）；全市实际利用外资25.73亿美元，仅占全国利用外资总额的2.7%。此外，在国际航线及航班数量、入境国际游客数量与沿海地区同类城市相比差距也较大。

表1 全国35个省会城市与计划单列市发展的综合指数值（2008年）

	城市	综合经济实力	科技创新能力	国际竞争力	辐射带动能力	交通通达能力	信息交流能力	可持续发展能力	综合测度指数
1	上海	1	0.542	1	1	0.998	1	0.608	0.885
2	北京	0.842	1	0.647	0.922	1	0.946	0.498	0.839
3	广州	0.552	0.463	0.556	0.555	0.935	0.732	0.717	0.644
4	深圳	0.547	0.357	0.974	0.482	0.36	0.991	0.796	0.629
5	天津	0.392	0.29	0.555	0.399	0.77	0.419	0.536	0.48
6	南京	0.356	0.45	0.362	0.257	0.626	0.223	1	0.469
7	杭州	0.37	0.329	0.37	0.265	0.633	0.337	0.6	0.416
8	武汉	0.279	0.435	0.231	0.283	0.673	0.222	0.737	0.411
9	青岛	0.29	0.248	0.426	0.28	0.696	0.216	0.437	0.372
10	宁波	0.326	0.189	0.452	0.234	0.549	0.348	0.515	0.371
11	厦门	0.26	0.317	0.633	0.157	0.264	0.434	0.621	0.369
12	成都	0.271	0.326	0.15	0.232	0.707	0.338	0.482	0.361
13	重庆	0.286	0.225	0.152	0.335	0.852	0.172	0.358	0.351
14	大连	0.292	0.253	0.41	0.205	0.58	0.186	0.501	0.348
15	沈阳	0.302	0.272	0.338	0.219	0.432	0.169	0.611	0.337
16	西安	0.177	0.399	0.152	0.213	0.583	0.236	0.521	0.324
17	济南	0.248	0.391	0.06	0.192	0.528	0.157	0.376	0.285
18	郑州	0.235	0.22	0.076	0.154	0.66	0.219	0.371	0.283

续表

	城市	综合经济实力	科技创新能力	国际竞争力	辐射带动能力	交通通达能力	信息交流能力	可持续发展能力	综合测度指数
19	长沙	0.236	0.278	0.112	0.141	0.501	0.215	0.464	0.281
20	哈尔滨	0.159	0.249	0.22	0.253	0.294	0.179	0.418	0.251
21	福州	0.17	0.198	0.357	0.182	0.266	0.158	0.432	0.248
22	长春	0.147	0.283	0.339	0.133	0.279	0.22	0.37	0.245
23	合肥	0.155	0.257	0.208	0.08	0.355	0.078	0.578	0.243
24	南昌	0.105	0.246	0.149	0.073	0.24	0.137	0.761	0.24
25	太原	0.125	0.213	0.061	0.113	0.439	0.202	0.462	0.23
26	兰州	0.103	0.269	0.018	0.075	0.321	0.138	0.656	0.228
27	石家庄	0.131	0.152	0.061	0.13	0.508	0.141	0.427	0.224
28	昆明	0.118	0.219	0.072	0.12	0.342	0.169	0.488	0.217
29	海口	0.102	0.167	0.151	0.007	0.077	0.127	0.874	0.209
30	乌鲁木齐	0.13	0.182	0.021	0.037	0.254	0.166	0.545	0.191
31	呼和浩特	0.205	0.208	0.16	0.071	0.222	0.097	0.286	0.188
32	贵阳	0.058	0.198	0.022	0.053	0.303	0.078	0.569	0.182
33	南宁	0.073	0.152	0.054	0.071	0.106	0.032	0.464	0.176
34	银川	0.03	0.132	0.05	0.012	0.072	0.142	0.669	0.155
35	西宁	0.017	0.089	0.004	0.008	0.032	0.031	0.852	0.142

四是节能减排和环境污染治理压力较大。武汉市工业中由于高耗能的钢铁、化工等比重较高，2009年全市万元工业增加值能耗为2.26吨标煤，而北京为1.04吨标煤，广州为0.89吨标煤。因此，武汉市节能减排压力很大。

二、新形势下武汉市发展的战略目标

2009年1月，国务院颁布的《珠江三角洲地区改革发展规划纲要》，将广州定位为国家中心城市、综合性门户城市和国际化大都市。2010年2月，住建部发布的《全国城镇体系规划（2010～2020年）》明确提出建设五大国家中心城市（北京、天津、上海、广州、重庆）。根据国家发展改革委的定义，国家中心城市是指位于国家战略要津、肩负国家使命、引领大区域发展、参与国际竞争、代表国家形象的现代化大都市，也是全国城镇体系中的"塔尖"城市。据此，我们提出了未来10年武汉发展的战略目标：到2020年将武汉建成为现代化、国际化、自主创新和生态文明城市为标志的国家中心城市。这不仅是改革开放新形势下全面提升武汉发展层次和实现跨越式发展的需要，而且也是更好的发挥武汉在中部崛起中的辐射带动、创新示范、组织协同功能的需要，并与武汉在中西部地区特大城市中具有突出的综合发展优势（综合交通枢纽、科技创新、生态宜居等）是分不开的。

1. 现代化城市

现代化城市的主要特征为：经济工业化与市场化、政治的民主化与法制化、城市发展的国际化与都市化、科技与知识的创新及社会信息化、社会生活的公平及生活质量的优化、经济社会发展的可持续与协调化。

武汉建设现代化城市的目标为：城市经济现代化和产业结构高级化、基础设施现代化、人民生活质量现代化、社会发展现代化。

2. 国际化城市

基本建成与国际经济相接轨的现代市场经济体制、国际化的产业发展平台和国际化的交流平台，经济外向度显著提高（跨国公司和国外金融机构集聚程度较高），对外经济、文化旅游交流日益密切，目标是将武汉建成为我国内陆地区对外开放程度和国际化水平较高的门户城市。

3. 自主创新示范城市

依托武汉实力雄厚的科教资源和东湖国家自主创新示范区，建成较为完善的自主创新体系，打造一批具有自主创新能力的创新性企业，加强科技创新、体制机制创新、创新投入与创新能力建设，将武汉建成为我国中西部地区的自主创新示范城市。

4. 生态文明城市

遵循生态学原理与生态经济规律，将武汉的生态建设、环境保护、自然资源合理开发利用、生态系统的修复，以及经济社会发展与城乡建设有机结合，通过统一规划、综合建设，形成天蓝、水清、地绿、景美的生态景观，全面完成创建国家环保模范城市；培育整体、和谐、自生、开放的生态文明，大力发展经济高效、环境友好、资源节约的生态经济和循环经济，建成人与自然和谐共处的、富裕、健康、文明、向上的生态文明城市。

三、全面提升武汉发展层次的对策建议

1. 加快建设与国家中心城市相适应的现代产业体系

现代产业体系与传统产业体系相比，不同之处在于：产业结构高级化、产业发展动力创新化、产业体系融合化、产业分工国际化、产业布局集群化和产业发展可持续化。

武汉建设现代产业体系的紧迫性在于：一方面是贯彻落实科学发展观、推动科学发展和加快转变经济发展方式的现实要求，也是武汉产业结构优化升级、实行节约集约发展以及提升产业的国内与国际竞争力的迫切需要；另一方面，是武汉建设国家中心城市，增强武汉在中部崛起中的核心地位以及提升辐射带动功能的需要。

武汉市现代产业体系建设的重点为：

——加快发展以生产性服务业为主的现代服务业。重点发展物流、金融、保险、科技、

信息服务、会展、咨询中介、服务外包等生产性服务业。同时大力发展为满足人们生活需求服务的商贸、房地产、餐饮、住宿、旅游休闲等消费性服务业。推动武汉向服务型经济为主的产业结构过渡。

——培育壮大以新一代信息技术、生物、节能环保、高端装备制造、新材料、新能源汽车等产业为主的战略性新兴产业。要强化关键技术研发，加快形成先导性、支柱性产业。

——改造提升交通运输机械、装备制造、石化、钢铁、轻纺等传统制造业，重点优化结构、提升产品品种质量、增加产业配套能力、淘汰落后产能。

——推进以都市农业为特色的现代农业体系建设，为城市提供农产品生产、休闲、生态等多种功能。

——加强能源、信息、水利等基础设施和综合运输体系建设，为经济社会实现跨越式发展提供保障。

2. 进一步扩大对外开放，提升国际化水平

坚持对外开放的基本国策，提高开放的广度和深度，实行全方位、多层次、宽领域对外开放，将"引进来"和"走出去"更好地结合起来，优化开放结构，提高开放质量，构建内外联动、互利共赢、安全高效的内陆开放型经济体系。为此，应采取以下5项措施：

一是完善对外开放功能。围绕将武汉建成为中部地区外经、外贸、文化交流及服务外包中心目标，加强航空、水运、铁路、公路口岸以及对外金融、信息服务体系建设，加快武汉保税物流中心（B型）和武汉空港保税物流园区建设，吸引外国领事馆和跨国公司在武汉设立总部与分部。

二是扩大招商引资规模，优化外商投资结构。重点引导外资向现代服务业、高技术产业和先进制造业领域倾斜；建设外资密集区，推动引进外资上规模与上档次。

三是优化出口结构。大力发展加工贸易与服务贸易，实现从"武汉制造"向"武汉创造"和"武汉服务"转型。加强出口商品的国际质量体系认证工作，引导和扶持出口企业打造品牌，以品牌拓展市场。

四是以承包大型外经项目为突破口，鼓励有实力企业到境外投资，不断培育壮大外经龙头企业与品牌。

五是办好各类会展。在现有的机械博览会和食博会的基础上，以优势产业、荆楚文化和长江为载体，策划各类专业和综合性会展，提升武汉的国际影响力。

3. 加快创新体系和创新型城市建设

提高自主创新能力，建设创新型国家是创新发展战略的核心。城市作为区域科技、教育、经济的中心，是实现国家创新的关键环节。武汉市要加快转变经济发展方式，大力推进产业结构的优化升级，提升城市的核心竞争力，离不开提高自主创新能力和建设创新型城市。

创新型城市是以科技进步为动力，以自主创新为主导，以创新制度为促进，以创新文化为保障，主要依靠科技、知识、人才、文化、体制等创新要素驱动发展的城市。目前武汉市已初步形成了以科研院所、高等学校、国家与省重点实验室、工程技术中心及大中型企业为主体，包括市、区两级创新网络，并具备了较强的创新能力（其中科技创新能力与上海、广州、南京同处于国内第二梯队），但发展不平衡，特别是创新体系建设滞后，由此直接影响到创新成果的转化和扩散，以及创新对全市经济的拉动作用。

武汉市创新体系的建设，首先要从人才入手，建立人才引进和培养的长效体制，形成创新人才保障体系；建设科学研究与高校、科研单位紧密结合的知识创新体系，建立以企业为主体、产学研有机结合的技术创新体系；搭建科技服务平台（研发公共技术服务平台和科技成果转化平台），形成以科技创新为支撑的创新保障体系。

4. 搞好"两型社会"建设综合配套改革试验

建设"两型社会"综合配套改革试验区，是国家为深入贯彻落实科学发展观和实现科学发展而赋予武汉城市圈和武汉市的一项艰巨而又光荣的任务。武汉市作为试验区的"试验示范区"，责任重大。

重点探索促进资源节约和环境保护的体制机制。包括创新循环经济发展机制，创新节能减排实施机制，创新滨江滨湖生态建设机制；积极探索促进产业结构优化升级的体制机制，包括创新发展高新技术产业的体制机制，创新发展先进制造业的体制机制，创新发展现代服务业的体制机制。在此基础上，拓展到探索促进扩大开放的体制机制，探索提升城市功能的体制机制，探索促进城乡统筹和区域一体化发展的体制机制，探索促进公共服务型政府建设的体制机制，探索促进社会发展和改善民生的体制机制。

为实现"两型社会"建设综合配套改革试验的预定目标，一是要在体制机制创新上取得突破。以金融、环保、土地、行政管理体制等重点领域为突破口，强化制度创新，实现一批改革事项，争创体制优势。二是加强产业对接，在石化、钢铁、装备制造、船舶、汽车、电子信息、轻工等传统优势领域，以及现代服务业、环保基础设施建设方面，实施一批重大建设项目，促进产业结构升级，为构建两型产业体系打好基础。三是紧紧围绕资源节约和环境保护，在两型示范工程和示范项目建设方面取得突破，特别在循环经济、节能减排、水生态整治和生态宜居环境建设等方面，建成一批示范工程，为"两型社会"建设打下扎实基础。

（本文为 2010 年 11 月在湖北高层发展论坛会上的讲演稿）

生态文明城市：现代城市发展的必由之路

纵观整个人类文明发展史，人与自然的关系经历了人类畏惧自然、依赖自然、征服自然到回归自然的变化。相应地，人类经历了原始文明、农业文明、工业文明和生态文明诸阶段，目前正处于工业文明向生态文明的过渡阶段。

随着中国全面进入工业化和城镇化的快速发展阶段，面对资源约束趋紧、环境污染严重、生态系统退化的严峻形势，中共第十七次全国代表大会报告中首次提出生态文明这一概念，并将"建设生态文明，基本形成节约能源资源和保护生态环境的产业结构、增长方式、消费模式"提到了发展战略的高度。党的十八大报告又强调："必须树立尊重自然、顺应自然、保护自然的生态文明理念，把生态文明放在突出地位，融入经济建设、政治建设、文化建设、社会建设各方面和全过程，努力建设美丽中国，实现中华民族永续发展"。

一、生态文明与生态文明城市

生态文明是指人类在认识、利用和改造自然环境的过程中，通过不断调整和改善人与自然关系，为建设良好生态环境所取得的物质和精神成果的总和。生态文明与物质文明和精神文明是三位一体的，共同构成了人类社会的大文明或整体文明。

生态文明是继农业文明、工业文明之后，人类社会进步的一种更高级的文明形态。如果说，原始渔猎文明和农业文明主要是解决温饱和生存问题，工业文明解决了财富增长问题，那么，生态文明则要立足于解决人与自然的和谐问题。生态文明按其实质是一种价值观念、行为准则、生产和生活方式，其内涵主要包括生态意识文明、生态制度文明和生态行为文明三方面。其中，生态意识文明是人们正确对待生态环境的一种进步的观念形态，如进步的生态意识、生态心理、生态道德，以及体现人与自然平等、和谐的价值取向；生态制度文明是人们正确对待生态环境的一种进步的制度形态，如生态制度、法律法规体系、道德规范等；生态行为文明是人们在生产和生活实践中，推动生态文明进步发展的活动，如清洁生产、循环经济、环保产业和绿化建设，以及一切具有生态文明意义的参与和管理活动。

城市作为人类生产和生活的集聚地,不仅是经济、交通、文化与科技中心,也是能耗及碳排放最集中的地区。在世界范围内,城市能耗占全球的75%,温室气体CO_2排放量占全球的80%(中国分别为84%和88%)。现代城市作为"社会—经济—自然"复合生态系统的重要组成部分,建设生态文明城市就是要以"人与自然和谐共生"为宗旨,以自然生态系统与社会生态系统融合为基础,以全面提升居民的生活品质和人居环境为目标,实现经济发展与环境保护、物质文明与精神文明、自然生态与人类生态高度统一和可持续发展的文明城市。

生态文明城市与生态城市的内涵相近,都强调人与自然的和谐发展,但生态文明城市内涵包括生态经济文明、生态社会文明、生态环境文明和生态制度文明,比生态城市更为宽泛和全面。

二、生态文明城市建设的总体要求

生态文明城市是以人的行为为主导、自然环境为依托、资源流动为命脉、社会体制为经络,资源节约集约利用、环境友好、经济高效、社会和谐、人居环境优美、制度管理健全的人类居住区。其建设的总体要求为:

1. 拥有健康的自然生态

自然生态是建设生态文明城市的重要基础。以确保城市生态系统的良性循环为目标,一方面要加强对现有自然生态系统及其演进过程的保护,最大限度地发挥其自我调节、自我修复维持和发展能力;另一方面,要通过大力治理环境污染和生态建设,对受损的自然生态系统进行修复,促进自然生态系统与人工生态系统的融合,让城市拥有青山、绿水、蓝天、空气清新、环境怡人的自然环境。

2. 拥有绿色高效的经济生态

经济生态是生态文明城市建设的重点。城市经济发展要与资源环境承载力相适应,与自然和生态系统相协调;既要确保城市经济的持续适度快速增长,也要提高城市经济增长的质量。为此,要确立生态经济的绿色发展模式,通过依靠科技进步,转变经济发展方式,调整优化城市经济结构、能源结构与生产布局,实现经济的集约、节约、高效发展。同时,要按照经济生态化的要求,大力发展以生态农业、生态型工业和生态旅游为主的生态型产业,积极推进低碳经济、绿色经济和循环经济,构建绿色、高效的城市产业体系。

3. 拥有文明的社会生态

社会生态是建设生态文明城市的重要体现。要求市民确立自觉的生态意识和环境价值观,建立民主化、法制化、公平、安定的社会秩序。通过大力加强社会事业建设,创造良好的社会生活环境,树立文明、健康、和谐的社会风气;建立和健全社会保障体系和服务体系,提高社会安全水平和舒适度;完善公共服务设施,优化人居环境;确保城市人口规模与资源环境承载力和经济发展相适应,建立合理的人口规模与结构,实现人口的良性持续协调发展。

4. 拥有先进的生态文化

生态文化是推动生态文明城市建设的主要动力。先进的生态文化具体表现为价值观念、道德规范、生活方式及消费行为等方面的高度和谐。要求市民的价值取向不再是单纯追求经济效益,而是以人与自然和谐为目的,普及生态伦理意识,提高生态文明意识和生态道德观念;提倡有利于可持续发展的适度消费、绿色消费和低碳生活方式。最终实现以生态文明理念引导决策行为、管理体制和社会风尚,塑造全社会节约资源、保护生态以及崇尚绿色消费和低碳生活的大环境。

5. 拥有健全的制度保障

生态文明制度是建设生态文明城市的有效保证。它不仅约束社会关系,也对人与自然的关系进行约束。要求建立和完善各项制度(包括法律、法规、政策等),形成良好的政务环境、法制环境、政策环境、舆论环境及社会环境。制度作为政府行施管理职能的依据,应更多地体现在政策、规划、计划和发展战略等宏观调控中;同时还要通过环境和资源立法,惩治破坏自然和生态环境的行为。

三、生态文明城市的建设重点

1. 加快城市人工生态系统建设

人工生态系统作为现代城市生态系统的主要形式,是按照"人与自然和谐共生"的基本原理,对受损的自然生态系统进行修复、更新乃至重建而形成的。遵循"点、线、面"相结合的原则,构建以大河、大湖、城市绿化隔离带为轴线,以城市公园、绿地、广场为斑块,以城市建成区外围的农田、林地、园地、水面为基质,以河渠、交通干线及高压走廊两侧的绿化带为廊道,通过以斑串廊(轴)、以廊(轴)连基和斑,斑块—廊道(轴)—基质相互联接,形成市域的带、环和市区的"斑块—廊道—基质"相连接的人工生态系统,并促使人工生态系统与自然生态系统相融合,形成城市的生态屏障与生态网络,作为建设生态文明城市的基础和前提条件。

2. 加快城市产业结构与产业布局的调整优化

围绕建设城市现代产业体系的总目标,以创新为动力,从产业政策、投资、土地、财税、环保政策等方面采取"倒逼"机制,加快传统产业的转型升级,培育发展以信息技术、生物、新能源、新材料、节能环保、高端装备制造为主的战略性新兴产业,以金融、物流、信息服务、商贸服务和服务外包为主的生产性服务业,以商贸、旅游、家庭服务为主的生活性服务业,形成以先进制造业、高技术产业和现代服务业为主体的现代型产业结构。城市产业布局从分散向集聚发展,重点建设好包括国家级、省级、地市级经济技术开发区、工业园区、综合保税区等在内的各类产业集聚区，并逐步将其建成为循环经济区和生态型产业集聚区。

3. 加快绿色城市建设

绿色城市是将节约优先与环境优先的绿色发展理念和生态文明理念融入城市规划和建设，以提高能源资源利用效率和城市环境质量。绿色发展的重点包括：①大力发展绿色交通，如合理控制机动车保有量，加快发展新能源、小排量环保型汽车，优化步行和自行车道路系统，倡导绿色出行；②优先发展绿色能源，如风能、光能、生物质能源及再生能源，推广分布式光伏发电等；③推广绿色建筑，重点推广绿色建筑标准、绿色建筑设计和绿色社区建设；④产业园区循环化改造，实现土地集约利用、废物交换利用、能量梯级利用和污染物集中处理；⑤扩大绿色生态空间，依托自然山体、湖泊水系、交通干线绿化走廊等建设生态廊道，增加城市公共绿地，发展城市立体绿化等。

4. 积极推进智慧城市建设

智慧城市是立足于生态文明理念，强调城市规划与建设必须充分发挥智力资源、信息资源和信息技术的作用，大力推进大数据、云计算、物联网、新一代移动通信等信息和通信技术的普及应用。强化城市公共信息资源的社会化开发利用，以此支撑和推动下一代创新（创新 2.0），培育与扶持以信息知识加工和创新为主的新型业态，实现城市基础设施智能化、产业发展现代化、公共服务便捷化、社会管理精细化和城市规划信息化。

5. 建设和谐宜居的人居环境

和谐宜居的生活居住环境是生态文明城市建设的主要目标之一，旨在为市民创造出一个人与自然和谐的高品质高效率的工作与生活环境。其建设要求是：为城市居民提供绿色和清洁的环境，具有美感的空间，便捷的交通出行系统，完善的城市服务设施，多元化的生活方式，特色鲜明的地方文化，以及包容互爱的社会环境。人居环境建设应同绿色社区、和谐社区的建设相结合。

6. 重视城市人文建设

通过挖掘城市的文化资源，强化文化的传承创新，将城市打造成为历史底蕴厚重、时代特色鲜明的人文魅力空间。既要加强历史文化遗迹和传统风貌的保护，传承弘扬优秀传统文化，同时又要鼓励城市文化多样性发展，积极发展文化产业与文化事业，促进传统文化与现代文化、本土文化与外来文化交融，形成多元、开放、包容的现代城市文化。

参考文献

1. 贵阳市人民政府：《贵阳市建设生态文明城市指标体系》，2008 年 10 月。
2. 胡锦涛："坚定不移沿着中国特色社会主义道路前进，为全面建成小康社会而奋斗——在中国共产党第十八次全国代表大会上的报告"，人民出版社，2012 年。
3. 路甬祥主编：《中国至 2050 年生态与环境科技发展路线图》，科学出版社，2009 年。

4. 秦伟山等:"生态文明城市评价指标体系水平测度",《资源科学》,2013年第8期。
5. 覃玲玲:"生态文明城市建设与指标体系研究",《广西社会科学》,2011年第7期。
6. 王如松:"生态文明城市的科学内涵与建设指标",《前进论坛》,2010年第10期。
7. 《中华人民共和国国民经济和社会发展第十二个五年规划纲要》,人民出版社,2011年。

(本文刊于《2013/2014中国城市发展报告》,中国城市出版社,2014年)

关于《郑州市自然资源资产负债表》编制试点情况的汇报

编制自然资源资产负债表是党的十八大以来，以习近平为核心的党中央高度重视社会主义生态文明建设，坚持把生态文明建设作为统筹推进"五位一体"总体布局和协调推进"四个全面"战略布局的重要内容，以及坚持节约资源和保护环境基本国策、坚持绿色发展的重要战略举措。2013年11月12日，党的十八届三中全会通过的《中共中央关于全面深化改革若干重大问题的决定》明确指出，"健全国家自然资源资产管理体制""探索编制自然资源资产负债表，对领导干部实行自然资源资产离任审计""建立生态环境损害责任终身追究制"。2017年6月，中央深改组通过了《领导干部自然资源资产离任审计规定》（试行），并于11月28日由中办和国办正式对外公布，对领导干部自然资源资产离任审计等工作的原则、内容等提出了具体要求。

根据中央关于推进生态文明建设先行先试的精神，2014年7月22日，国家发改委公布了全国第一批55个生态文明先行示范区，郑州市作为国家中心城市和中原经济区的核心城市成功入选，其中探索编制自然资源资产负债表是先行先试的重要内容之一。按照国家和省发改委的统一部署，郑州市发改委于2016年11月委托中国科学院地理科学与资源研究所承担《郑州市自然资源资产负债表编制研究》。课题组在市发改委的领导、组织和协调下，得到了市国土局、水务局、林业局、环保局、气象局、统计局等部门的大力支持，初稿完成后，又重点征求上述部门的意见。2017年12月6日，郑州市发改委组织国内知名专家，对《研究报告》进行评审。与会专家对该项成果给予充分肯定，同意通过评审，可作为下一步编制《郑州市自然资源资产负债表》的科学依据；同时也提出了一些需修改完善之处。

一、《郑州市自然资源资产负债表》的编制思路与方法

自然资源资产负载表是以类似会计报表的形式，定量评估国家或地区政府在某一时期所拥有或控制的自然资源的数量和经济价值，核算期初与期末的自然资源资产负债和净资产值。根据2015年11月17日国务院办公厅印发的《编制自然资源资产负债表试点方案》

要求，在吸取浙江省湖州、河北省承德等城市试点经验的基础上，充分考虑郑州市的市情特点，以"摸清家底、厘清负债"为目标导向，重点核算土地资源、水资源、森林资源、大气资源四类自然资源，以2005~2015年为核算期，编制形成一套自然资源资产负债账户报表。具体采用"一组等式、两套核算、三大账户"的编制思路。

1. "一组等式"方法

自然资源核算的基本公式为：

$$自然资源期末资产＝期初资产＋本期增加－本期减少$$

$$自然资源净资产＝自然资源资产－自然资源负债$$

其中，自然资源资产不仅包括土地、水、森林和大气资源的数量和质量等实物资产，还包括上述资源的生态服务功能（如涵养水源、保持水土、防风固沙）和社会服务功能等无形资产。自然资源负债是指由于对自然资源不合理的开发利用，导致资源的过度消耗、资源质量的下降和对生态环境破坏所需付出的代价（包括资金、人力及工程技术等投入）。自然资源净资产是指政府对自然资源的实际控制情况和拥有量。

2. "两套核算"内容

即分别对自然资源的实物量和价值量进行核算。其中价值量包括经济价值、生态价值和社会价值，并以货币形式反映自然资源的价值及其收支或增减情况。

3. 最终成果——"三大账户"

一是自然资源资产账户。包括：自然资源的总账户，即上述四类自然资源期初和期末的存量情况，以及数量上的增减变化情况；土地资源、水资源、森林资源和大气资源资产分账户。

二是自然资源负债账户。包括自然资源负债总账户，以及土地、水资源、森林和大气资源负债分账户。

三是自然资源资产负债账户。相当于自然资源净资产，包括自然资源资产负债总账户，以及土地、水资源、森林资源和大气资源资产负债分账户。

二、郑州市各类自然资源资产负债表核算结论

1. 土地资源资产负债表

由于受资料来源所限，编制郑州市土地资源资产的期初、期末年份分别为2009年和2014年。内容包括耕地、园地、林地、草地、水域及水利设施用地。根据核算，2009年郑州市土地资源资产总值为11298.67亿元，其中生态用地资源资产总值为7503.29亿元；2014年郑州市土地资源资产总值为11443.52亿元，其中生态用地资源资产总值为7083.14亿元。在土地资源负债中，土地质量下降损失价值为4.52亿元，土地维护与治理支出为14.4亿元，

负债合计为 18.92 亿元。

2014 年郑州市土地资源净资产为 11424.6 亿元，其中生态用地资源净资产为 7064.22 亿元，资产负载率为 0.27%。

2. 水资源资产负债表

郑州市水资源包括地表水资源、地下水资源，以及跨流域调入水资源。郑州市核算期初的 2005 年和期末的 2015 年水资源资产总值分别为 120.7 亿元和 108.66 亿元。其中 2015 年全市水资源资产构成中，水资源量资产为 95.45 亿元，占 87.8%；水生态价值为 13.21 亿元，占 12.2%。2005～2015 年，郑州市水资源资产总值减少了 12.04 亿元，其中水资源量资产减少 10.11 亿元，水生态减少了 1.98 亿元。

2005～2015 年，郑州市水资源资产负债总值为 25.57 亿元，其中水资源过量开采为 24.10 亿元，占 94.3%；水资源污染导致资产负债 1.47 亿元，占 5.7%。

2015 年，郑州市水资源资产净值为 83.09 亿元，水资源资产负债率达 23.5%。

3. 森林资源资产负债表

郑州市纳入本次核算的森林资源口径不完全统一，既包括各类林地（乔木、灌木、竹林、疏林、苗圃等）面积与林木蓄积量，也包括四旁绿化、无立木林地（采伐迹地）等。2014 年郑州市森林资源资产价值合计 91.51 亿元。由于受资料所限，森林资源的资产负债及资产净值未能计算。

4. 大气资源资产负债表

大气资源以大气环境容量作为核算对象，重点核算污染物（如 SO_2、NO_X、PM2.5、PM10 等）对大气环境质量的影响。2005 年和 2015 年郑州市大气资源资产总值分别为 19.08 亿元和 18.69 亿元，这一时期大气资源负债达 32.73 亿元，而大气污染造成的经济社会损失达 31.07 亿元，其中健康损失 15.23 亿元（占 49%），农业损失 12.3 亿元（占 39.6%），森林损失 3.54 亿元（占 11.4%）。

5. 郑州市资源资产负债总表

2005～2015 年，郑州市土地、水资源、大气资源等三种自然资源在核算期初（其中土地资源为 2009 年数据）的资产总值为 7643.07 亿元，期末为 7210.5 亿元，期间总资产减少 432.58 亿元。其中，土地资源资产减少 420.15 亿元，占 97.1%；水资源资产减少 12.04 亿元，占 2.8%；大气资源资产减少 0.39 亿元，占 0.1%。郑州市上述三项资源资产负债合计 77.22 亿元，其中土地资源资产负债 18.92 亿元，占 24.5%；水资源资产负债 25.57 亿元，占 33.1%；大气资源资产负债 32.73 亿元，占 42.4%。

三、存在的主要问题与下一步工作建议

1. 存在问题

一是编制的方法亟需科学规范。目前国内关于自然资源资产负债表的编制,在土地资源和水资源方面相对成熟;而森林资源资产负债表编制,无论是核算内容与方法都不够成熟与规范;至于大气资源资产负债表编制目前尚处于探索阶段。特别是后两类资源的多重属性与用途,以及其价值量的核算标准难度较大(如生态服务价值)。因此,下一步亟待在更好地总结各地试点经验的基础上,提出科学与规范的编制与核算方法。

二是现有的统计数据难以支撑自然资源资产负债表的编制。自然资源的统计数据往往分散于各个部门,且时间序列长短不一,相当一部分数据难以覆盖市域所有区、市、县,特别是历史数据更为残缺不全。因此,建立各类自然资源数据库是开展这项工作的前提条件。除充分利用现有统计数据外,应广泛运用遥感、地理信息系统等技术手段进行数据挖掘,并充分利用分散于国土、农林水利、城乡规划等部门及有关科研院所近年建立的资源环境信息系统,多途径收集相关数据,以满足编制工作需要。

三是相关配套制度不健全。自然资源资产负债表的编制,涉及多个责任部门,特别是同领导干部的绩效考核和离任审计相挂钩,政策性很强。但由于配套制度不健全(相当一部分区县尚未建立),因而开展此项工作遇到了不少阻力,这也是有些部门不愿积极配合提供相关数据的重要原因之一。为此亟待有关领导部门根据中央文件精神制定相关制度和实施细则。

2. 下一步工作建议

一是加强组织领导,尽快建立国有自然资源资产管理和自然生态监管机构。习近平总书记在党的十九大报告中关于"改革生态环境监管机制"中提出,"设立国有自然资源资产管理和自然生态监管机构,完善生态环境管理制度,统一行使全民所有自然资源资产所有者职责,统一行使所有国土空间用途管制和生态保护修复职责,统一行使监管城乡各类污染排放和行政执法职责。"而上述职责的实施都必须以自然资源资产负债表作为依据。据此,建议成立由市发改委牵头,统计局、财政局、审计局、国土资源局、环保局、水利局、农业局、林业局、气象局等单位领导组成的郑州市自然资源资产管理和自然生态监管委员会,由市政府主要领导担任正、副主任,办事机构设在市发改委,统一领导郑州市自然资源资产负债表的编制与实施。

二是推进郑州市建立统一的自然资源确权登记系统。自然资源确权登记是开展自然资源资产负债表编制的基础性工作。2015 年 9 月 21 日,中共中央、国务院印发的《生态文明体制改革总体方案》要求,积极稳妥推进建立统一的自然资源确权登记系统,以点带面探索自然资源统一确权登记方法,推进确权登记法治化试点工作。要求在 2018 年上半年完成试点的评估总结。郑州市虽不是试点城市,但作为全国第一批生态文明先行示范区,建

议应在 2018 年底前建立统一的自然资源确权登记系统，建立归属清晰、权责明确、监管有效的自然资源资产产权制度，支持自然资源的有效监管和严格保护。

三是进一步加快完善郑州市自然资源资产负债表的编制工作。在中科院地理科学与资源研究所课题组提交的《郑州市自然资源资产负债表编制研究报告》的基础上，抓紧完善森林资源和大气资源资产负债表的编制方法，建立科学规范的核算体系。同时，根据郑州市的市情特点，应将矿产资源和自然旅游资源纳入全市自然资源资产负债表的编制范围，更加全面客观地反映全市自然资源资产的动态变化。争取在 2018 年完成全市自然资源资产负债表的编制，2019 年完成市区及所属的 6 县（市）的编制工作。

四是研究制定自然资源资产核算的相关地方法律、法规和标准。由于自然资源资产负债表编制及应用中涉及政府和社会诸多利益主体，不同主体之间的权责归属和利益制衡需要相关法律法规作为保障；同时为确保编制过程中数据的真实可靠性，应在地方性法规中制定监督惩罚机制，并通过建立自然资源负债的政府信息披露制度和相关信息共享平台，广泛接受媒体和社会各界的有效监督。

（本文为 2017 年 12 月 16 日向郑州市政府的试点情况汇报稿。

合作者：黄金川，中国科学院大学讲座教授）

咨询报告：南水北调中线工程水源地核心区

——河南省南阳地区的移民安置及生态补偿问题亟待解决[①]

南水北调中线工程是我国最大的跨流域调水工程，自 2014 年 12 月 12 日第一期建成通水以来，取得了巨大的社会经济和生态环境效益。其输水干渠地跨河南、河北、北京、天津四省市。截至 2020 年 4 月 13 日，已累计向北方地区供水超过 300 亿立方米，不仅直接惠及沿线的南阳、平顶山、许昌、郑州、焦作、新乡、鹤壁、安阳、邯郸、邢台、石家庄、保定、北京、天津等 14 座大城市的 6500 多万居民，成为城市供水新的生命线；而且还利用汛期富余水量向沿线 40 多条河流实施生态补水近 40 亿立方米，有效地改善了华北平原地区的生态环境。

作者曾于 1960 年参加长江水利委员会办公室组织的南水北调中线工程选线南阳段的勘查工作，长期以来关注该项工程的进展。2014 年 9 月和 2019 年 3 月曾两次赴南阳开会和实地调研，并向当地各级政府了解有关南水北调中线工程的建设和移民情况，现将南阳地区在南水北调中线工程建设及运行中存在的移民安置及生态补偿问题，以及解决的对策建议报告如下：

一、南阳地区为南水北调中线工程建设作出了巨大贡献

作为南水北调中线工程水源地的丹江口水库始建于 1958 年 9 月，后因大坝存在严重的质量问题而一度停工，直到 1973 年丹江口水利枢纽初期工程完成。水库大坝建于湖北省丹江口市汉水中上游及其支流丹江的汇合处附近。库区由位于十堰市的汉江库区（系狭长的河道型水库）和河南省淅川县境的丹江库区两部分组成，多年平均入库水量 394.8 亿立方

[①] 本文以 2019 年 3 月实地调研为基础，于 2020 年 4 月上报被采用。文中有关数据截止于 2018 年底。

米。丹江口水库建成 30 多年来，为消除和缓解武汉、襄阳等 23 个县市 1 亿多人口及 1860 万亩耕地的洪涝灾害发挥了重要作用，并兼有发电、灌溉、航运、水产养殖、旅游等多种功能。为修建丹江口水库，南阳地区水库受淹移民 20.3 万人，其中淅川县前后 4 批移民达 15 万多人。

2005 年 9 月，为满足南水北调中线工程向北方省市调水需要，经国务院批准，丹江口水库大坝高程从原来的 162 米加高至 176.6 米，设计蓄水位从 157 米提高到 170 米，相应地水库库容也从 174.5 亿立方米增至 290.5 亿立方米，水库面积从原来的多年平均 700 多平方公里扩至 1022.75 平方公里，其中湖北汉江库区 620 平方公里，河南淅川丹江库区 400 平方公里。2014 年 2 月，南水北调中线工程一期完工，并开始从淅川县陶岔渠首向沿线的河南、河北、北京、天津四省市 19 个城市供水，渠首设计引水量 500 立方米/秒，年均调水量 95 亿立方米。按调水分配方案，河南省为 37.69 亿立方米，河北省为 34.7 亿立方米，北京市为 12.4 亿立方米，天津市为 10.2 亿立方米。远期规划年调水 130 亿立方米。

南阳地区作为丹江口水库的水源核心区之一，涉及淅川、西峡、内乡、邓州 4 县市，水源区总面积 6362 平方公里，为丹江口水库大坝加高蓄水后淹没面积最大、移民人口最多、直接经济损失最重、生态环境保护任务最为艰巨的地区。据统计，位于库区的淅川县新增淹没面积 144 平方公里，占整个库区淹没面积的 47.6%，涉及该县 11 个乡镇、184 个行政村，淹没耕园地 13.2 万亩，占全库区的 51.2%；直接淹没人口 10.7 万人，淹没房屋面积 244.5 万平方米，淹没工矿企业 36 家，以及交通、通讯等基础设施，直接经济损失达 90 亿元，搬迁安置移民 16.5 万人，占库区新增移民总数的 47.8%，其中有 1/3 为老移民二次迁移。为确保南水北调水质稳定达到 II 类水，在淅川县丹江库区周边设置了一级水源保护区 59 平方公里，二级保护区 791 平方公里。因此，南阳地区既是南水北调中线工程渠首所在地和核心水源保护地，也是水库大坝加高后的主要淹没区和移民安置区，为南水北调中线工程建设及正常运行作出了巨大贡献。

二、南水北调中线工程建设中应补未补的资金缺口较大

1. 关停搬迁企业和养殖户的补偿资金未全部到位

在南水北调中线工程建设中，南阳地区为保护丹江库区水质，先后在水源核心区和引水干渠沿线关停了 1111 家工业企业，4.6 万名职工因此下岗失业；同时还关闭了 1509 家养殖场，取缔库区 5.2 万个养鱼网箱，以上共涉及拆迁补偿、转产就业等各项补偿费用 82 亿元。市、县两级政府在财政困难情况下，千方百计自筹资金 15.6 亿元先行予以补偿，但仍有应补未补资金 66.4 亿元，每年职工安置费用 3.96 亿元无处筹措。如 2003 年关停的淅川县泰龙纸业及丰源化工两家企业批复的补偿资金分别为 2.6 亿元和 1.98 亿元至今仍未到位，致使 2600 多名下岗职工每人每月仅有县财政拨付的 300 多元补偿，生活陷于困境。由于部

分企业应补偿资金长期未落实到位,以及一些关停企业债务无法清偿等问题,引发部分企业职工不断上访,造成不良的社会影响。

2. 库区生态建设和环境保护资金尚未落实

为打造南水北调中线工程绿色水源地,确保水质安全,自 2009 年起持续加大生态环保等投入力度。在国家补偿资金尚未到位情况下,南阳市自筹资金 13 亿元,在丹江口库区完成了国家规划的生态隔离带建设项目,在 185.5 公里输水干渠沿线建设了两侧各宽 100 米的生态防护林带,在汇水处及输水干渠沿线乡镇建成垃圾、污水处理场(厂)76 个,但至今仍留下建设资金缺口 2.93 亿元。为巩固提升水质保护成果,下一步还将在库区周边规划建设 29.6 万亩生态隔离带,开展 230 万亩石漠化治理,并持续进行工业点源污染治理、农村综合环境治理、水质监测,开展水土保持和中小河流域治理、新建改建垃圾和污水处理场(厂)等,还需增加投入 154.9 亿元,每年运行费为 2.1 亿元。

3. 水源地核心区脱贫攻坚任务繁重[①]

南阳市为河南省经济欠发达的人口第一大市(2017 年底人口 1005 万),2018 年全市人均 GDP 为 3.55 万元,仅分别相当于全国和全省平均水平的 55% 和 70.6%。作为国家级扶贫开发重点区域,2014 年建档立卡时,全市共有 7 个贫困县、1112 个贫困村、81.8 万贫困人口。截至 2018 年底,全市还有 4 个贫困县、269 个贫困村、19.52 万贫困人口,均为河南省最多。现在距 2020 年实现脱贫攻坚任务时间紧、压力大。尤其是生活在库区周边及输水干线沿线地区的 16.3 万贫困人口,为保护水质,畜禽养殖、网箱养鱼被叫停,种植业严控农药、化肥施用,致使群众赖以生存和脱贫的渠道被堵。此外,南阳市区还安置了因丹江口水库大坝加高而新增安置的 10 万移民,由于缺乏创业支持资金和技术,就业不充分,移民平均收入比当地居民低 20%。

4. 地方财政大幅减收

为确保南水北调中线水质,库区周边地区实行最严格的生态环保政策,使得当地经济的发展受到刚性制约,由此导致地方财政收入直接或间接大幅减收。例如,因企业关停搬迁和畜禽养殖关停造成地方财政每年减收约 7 亿元;工业方面,因取消原规划或拟建的 430 多个工业项目造成地方财政每年减收超过 14 亿元;农业方面,水源核心保护区内 207 万亩耕地为控制面源污染,每年需多支出增施有机肥及生物防治等生产成本 4.77 亿元;旅游业因涉水项目受限,每年直接经济损失 7070 万元。

综上所述,南阳地区因南水北调中线工程,前期经济损失总额达 82.8 亿元,地方财政投入达 28.6 亿元,目前仍有应补未补和项目建设资金缺口 69.4 亿元。今后几年,在水质保护、环境治理、生态建设、移民稳定发展、水源地群众脱贫致富方面,还需增加投入 174.7

---

① 据《河南日报》2021 年 2 月 25 日报道,2020 年底,南阳地区贫困县已全部摘帽,贫困村全部出列,贫困人口全部脱贫,取得了脱贫攻坚战的全面胜利。

亿元，每年各类运行费用开支 6.01 亿元，每年地方财政减收 21 亿元（引自南阳市发改委 2019 年 3 月所提供数据）。

三、建立健全生态补偿长效机制

生态补偿机制是根据生态系统的服务价值、生态环境保护成本、发展机会成本，综合运用行政和市场手段调节生态建设和环境保护各方面利益关系的制度安排与政策。2015 年 4 月中共中央、国务院发布的《关于加快推进生态文明建设的意见》提出，要健全生态保护补偿机制，结合深化财税体制改革，完善转移支付制度，归并和规范现有的生态保护补偿渠道，加大对重点生态功能区的转移支付力度。南阳地区作为南水北调中线工程水源地核心区，建立健全生态补偿机制，是确保南水北调中线工程持续安全运行的重要保障。

1. 当前生态补偿中存在的主要问题

一是补偿主体不明确，主要依靠中央财政专项资金。自 2009 年至 2018 年，中央财政对南阳市已累计拨付资金 78.6 亿元，安排项目资金 39.7 亿元，主要用于移民安置、企业关停搬迁、生态环境治理与保护和民生工程，迄今尚未建立南水北调中线工程受益城市对南阳水源地核心区的横向生态补偿机制。

二是南水北调中线调水定价标准过低。南水北调中线工程实行差异化的水价政策。其中河南省的综合水价：南阳段为 0.18 元/立方米，河南省黄河以南段 0.34 元/立方米，河南省黄河以北段 0.58 元/立方米；河北省为 0.97 元/立方米，北京市为 2.16 元/立方米，天津市为 2.33 元/立方米。以上综合水价均大大低于受水城市普通居民生活用水水价（郑州市为 4.4 元/立方米，石家庄市为 4.74 元/立方米，北京为 5.0 元/立方米，天津为 4.9 元/立方米），尚有较大调整空间。

三是具有生态补偿性质的"对口支援"未能实现预期目标。在国家有关生态补偿的法律法规出台以前，2013 年 4 月，根据《国务院关于丹江口库区及上游地区对口协作工作方案的批复》（国函〔2013〕42 号）要求，受水地区城市通过开展对口支援协作，到 2020 年实现水源区生态环境持续改善，调水量水质稳定达标，资源节约集约利用水平显著提高，生态型特色产业形成优势；劳动就业明显增强，收入水平进一步提高，公共服务能力得到加强，城乡面貌不断改观；协作互动格局全面建立，内在发展动力不断增强，把水源区建成生态良好、社会文明和谐、经济持续发展、人民安居乐业的生态文明地区。6 年时间过去了，迄今除北京等极少数城市外（北京自 2014 年以来累计投入湖北丹江口水库协作资金 13.6 亿元），绝大部分城市对口支援力度不大，有的甚至流于形式，致使《批复》所提出的目标除库区生态环境持续改善和调水量水质稳定达标外，其余均存在较大差距。

2. 关于建立健全南水北调中线生态补偿长效机制的政策建议

一是适当提高南水北调中线的综合水价。为充分体现水资源的稀缺性，综合考虑水源核心区的生态系统服务价值、受损生态系统的恢复，以及因保护水质而对当地发展权的限制等因素，经综合测算，建议将北京和天津综合水价提至 2.50 元/立方米，河北省提至 1.50 元/立方米，河南省黄河以北和以南城市（不含南阳市）分别提至 1.20 元/立方米和 1.0 元/立方米。该项费用收入的 80%用于补偿南阳及湖北十堰市丹江口水库水源地核心区，20%用于丹江口水库上游各县（市）生态补偿。

二是本着"有偿使用"和"公平受益"原则实施横向补偿机制。建议将南水北调中线受水城市生活、工业与服务业用水水价中的水资源税费划归河南省南阳市及湖北省十堰市使用。

三是加大对重点生态功能区的财政转移支付。2016 年经国务院批准，南阳市列为国家重点生态功能区的淅川、西峡、内乡 3 县，经测算，每年应由中央财政转移支付 5 亿～6 亿元用于生态保护、环境治理及改善民生。

四是建立多元化的生态补偿模式。根据以上纵向及横向生态补偿测算，南阳市每年应获得 50 亿元生态补偿，其中 70%通过财政转移支付实施。同时，为实现 2020 年全市脱贫致富目标以及促进经济社会的可持续发展，要充实完善对口帮扶及协作机制，通过延伸产业链、科技成果推广及共建产业园区等方式，加快产业、金融、科技、人才培训，以及教育、医疗卫生等民生领域的合作，提高就业及基本公共服务水平。

（合作者：黄金川，中国科学院大学讲座教授）

咨询报告:必须高度重视中俄界湖兴凯湖流域的生态环境治理[①]

应黑龙江省鸡西市政府邀请,2011年10月,中科院地理科学与资源研究所毛汉英、李宝田研究员对位于该省东南部的中俄界湖兴凯湖流域的资源开发与生态环境进行了为期五天的实地考察,针对近年来这一地区生态环境日益恶化的状况,提出了必须高度重视中俄界湖兴凯湖流域的生态环境治理的对策建议。

一、兴凯湖流域生态环境日益恶化

1. 湖区水质状况急剧下降

兴凯湖分大湖和小湖,大湖总面积4380平方公里,以当壁镇—龙王庙一线为界,南部水域属俄罗斯,北部属于中国(中国境内面积1240平方公里);小湖位于大湖之北,面积176平方公里,属于中国。根据监测数据,2000年兴凯湖大湖水质符合国家地表水Ⅱ类标准,小湖水质为Ⅲ类;2006年大湖水质降为Ⅲ类,小湖为Ⅳ类;到2010年,大湖和小湖平均水质均下降为Ⅳ类,属于轻度污染。主要超标污染物为总磷,其次是总氮、氨氮、高锰酸盐等。污染加重的原因:一是大穆棱河等入湖河流带来大量未经处理的生活污水;二是农业超量施用化肥及农药残留物造成的面源污染;三是由于湖区周边湿地面积减少导致污染物自净能力减弱。由于兴凯湖水体交换能力较弱,平均换水周期为8.8年,因此,水体一旦被污染不仅难以靠自身生态系统恢复,而且将导致对整个水生态系统的破坏。

2. 生物多样性受到破坏

生物多样性是维护生态系统稳定的重要条件。兴凯湖自然保护区是世界上不多见的湖泊—森林—湿地生态系统,是一个巨大的基因库。在保护区内有高等植物691种,其中兴凯湖赤松、紫椴等国家珍稀濒危植物10种;有脊椎动物360种,其中鱼类68种,翘嘴红鲌(兴凯湖大白鱼)是我国四大淡水名鱼之一;有鸟类238种,其中丹顶鹤、东方白鹳等国家一级保护动物9种。据有关专家研究,近10年来,由于湿地开垦、环境污染、过度捕

---

① 该咨询报告于2011年11月上报被采用。

猎以及监管不力等原因，兴凯湖自然保护区内珍稀、濒危物种有将近 1/3 正趋于消失，其中著名的野生兴凯湖大白鱼在我国水域已几近绝迹。

3. 宝贵的国土资源不断流失

在人为活动（如开荒和采砂）和自然因素的双重作用下，导致湖（河）岸坍塌日益严重，河床冲刷加剧，界河松阿察河道主流向我国一侧移动。据边防部队反映，一般年份河道主流冲蚀我岸约 2～3 米，大水年份可达 10 米左右。根据《中俄国界管理制度协定》规定，双方每隔 10 年对国界线走向进行一次联合检查，并按照乌苏里江以主航道（通航界河）、松阿察河以水流中心线（非通航界河）为界的原则，重新勘界。因此，原本属于我国的领土、岛屿，由于水流冲刷引起河道变迁而划给俄方。例如，位于松阿察河内的河口岛屿，在中俄东段重新划界时，归属中方。20 世纪 90 年代后，由于靠近我岸一侧的新河道冲刷加强，逐渐变深变宽，而作为国界线的原河道则因河床抬高淤积，水流逐渐变小，到 2005 年，已基本与俄岸相连，因此，在下一轮划界时将划归俄方。又如，位于虎林市境内大穆棱河口附近的下游岛，在 1971 年版 1∶5 万地形图中，属于中方。但由于后来长年毁林开荒，导致河水对我岸冲刷加剧，进而引起乌苏里江主航道向西移至中方一侧，在 1999 年版 1∶5 万地形图中该岛已归属俄方。

4. 生态环境恶化影响我国国家形象

兴凯湖流域及其毗连的三江平原为世界三大湿地之一，也是亚太地区候鸟迁徙的大通道，被列为世界生物圈保护区和国家级自然保护区。1996 年，中俄两国共同签署了《关于兴凯湖自然保护区协定》，明确了兴凯湖保护是中俄两国的共同责任和义务。但 20 世纪 90 年代以来，随着我国境内兴凯湖流域工业化、城镇化和农业产业化经营的快速发展，因对生态环境保护重视不够、管理不力、投入严重不足，使其近 10 年来生态环境状况不断恶化，生态系统遭到破坏；而俄方则对其境内的大兴凯湖主体部分保护较好，生态环境总体良好。为此，俄方多次通过外交途径对我境内兴凯湖流域的生态环境问题提出照会和抗议。

二、加强兴凯湖流域生态保护与环境保护的对策建议

1. 理顺管理体制，改变条块分割局面

兴凯湖自然保护区由黑龙江省政府于 1986 年 4 月 27 日批准成立，并于 1994 年 4 月 5 日经国务院批准（国函〔1994〕26 号），升格为国家级自然保护区（面积为 2246 平方公里）。目前，对兴凯湖自然保护区具有管理权限的有：保护区管委会、8510 农场、兴凯湖农场、边防二团和密山市政府等 5 家单位，客观上形成了多层管辖、条块分割、政出多门、各行其是的局面，不利于协调各部门以及上下游之间的矛盾与利益冲突，导致流域的环境污染治理与生态保护措施难以落实。为此，建议以地方政府为主体，建立统一、权威、协调、高效的管理体制，全面负责兴凯湖流域的生态环境保护和资源的合理开发。

2. 尽快编制兴凯湖流域生态经济区规划

兴凯湖流域在《全国主体功能区规划》中，属于禁止开发区。为了更好地保护兴凯湖流域的资源与生态环境，要按照国家对禁止开发区的核心区、缓冲区和实验区分类管理的要求，建议由鸡西市政府牵头，组织资源、生态、环境、农林、水利、水产和区域经济等方面的专家，尽快编制《兴凯湖流域生态经济区规划》，提出兴凯湖流域生态环境保护、生态经济发展、生态文明社会构建的总体与阶段性目标；着力解决好濒危动植物的拯救、珍稀动物的跟踪保护、水产资源的过度与越界捕捞、水鸟栖息地的人为干扰，以及影响鱼类繁殖的绿藻等问题；最大限度地保护好兴凯湖流域的地质遗迹、森林与湿地、动植物资源及水资源。

3. 加强对水污染的防治

水质问题是兴凯湖流域生态保护的头等大事。目前兴凯湖水体中总磷严重超标（达 0.08 毫克/升），已接近发生富营养的临界值。近年来，小兴凯湖已出现了绿藻爆发现象，湖泊富营养化的恶果已显现出来。根据兴凯湖流域维护生态系统良性循环的要求，大湖水质保持 II 类、小湖水质应达到 III 类。为此要加大环境治理投入，加强对穆棱河流域城镇工业及生活污水的治理力度，实现达标排放（对已建污水处理厂应增建脱氮和除磷工艺）；结合发展生态农业和创建绿色食品生产基地，严格控制农药、化肥的施用量及其残留物进入湖区；加大对点源污染治理力度，关停造纸、化工等重污染企业；沿湖的旅游宾馆、饭店必须建设生活污水处理设施，实现生活污水达标排放；规模以上的养殖企业必须采取有效措施，确保养殖废水不外排。

4. 加大生态环境监管力度

为加强对兴凯湖生态保护与环境治理的监管，一是新组建的兴凯湖保护区管委会应强化五项职能，即：管整体规划、管生态保护、管社会建设、管户籍人口、管税务征收。二是严格保护湖岗，禁止采挖湖岗及湖内砂石，禁止在湖岗上采集野菜与林副产品。三是禁止在湿地内挖渠、开垦、建筑及放牧。四是禁止在湖区的一切猎捕、毒杀、买卖野生鸟兽的行为，禁止破坏鸟兽迁徙繁衍与生存环境。五是加强渔政管理，严格按省政府规定的禁渔期、规定的网目和捕捞方式，控制下水作业船只数量及发动机功率。六是在沿盐湖一公里范围内设立湖滨保护区，实行统一的管理保护措施，限制无序开发和破坏自然植被的现象。

5. 加强生态修复工程和对界湖（河）岸坡及河道的整治

为加强对湖岗风沙口的治理，应加快建设湖岗林、草隔离带，基本恢复湖岗沙生植被；实施"退耕还湿"，恢复湿地对污染物的降解净化能力。凡在保护区的核心区内开垦的湿地全部退耕还湿，缓冲区内应逐步退耕。建议水利部门设立专项资金，对界湖（河）岸易冲刷岸段修建护岸工程，并进行定期整治维护，确保国土资源不再被流失；对松阿察河湖水出口处定期进行清淤除沙，加大排泄量，降低湖面水位，减轻湖水对我方湖（河）岸的侵蚀作用。

（本文完稿于 2011 年 11 月 29 日。合作者：李宝田 中国科学院地理科学与资源研究所研究员）

咨询报告：中关村科学城核心区空间结构亟待调整优化

城市空间结构是指城市不同功能区在空间范围内的分布与组合状态。中科院地理资源所专家在海淀区科协的支持下，对中关村科学城核心区空间结构进行了深入调研，发现了一系列严重制约和影响核心区功能发挥的问题，如用地结构不尽合理、空间布局碎片化等。针对存在的问题，提出了调整优化中关村科学城核心区空间结构思路及对策建议。

一、空间结构（布局）存在的主要问题

中关村科学城核心区范围：南起知春路，北至成府路，西起中关村大街，东界为京包铁路和城铁 13 号线，土地面积 3.31 平方公里。这里集聚了中国科学院及国防科工委所属的 28 家国家级科研院所（研究中心）和上千家高科技企业，其中包括联想、中科集团、北大方正及腾讯等一批知名的高科技企业，在职的科技人员总数约 1 万人，其中两院院士约 100 位，高级科技人员超过 6000 人。因而，这一区域不仅是中关村国家级自主创新示范区核心区——中关村科学城（面积 75 平方公里）的核心，也是全国科技资源最集中、自主创新能力最强的高端科技人才集聚区。

1. 用地结构不合理，主体功能明显弱化

在中关村科学城核心区现状用地结构中，科研教育用地仅占总用地的 27.2%，如除去北京大学等占用的教育用地外，真正的科研用地占比约 22%。其他各类功能用地占比分别为：居住用地 33.4%，道路用地 15.2%，工业仓储用地 6.5%，商贸金融用地 6%，行政办公、中小学教育、文体卫生用地占 9.6%。由此可见，在用地结构中科研创新主体功能明显弱化。

2. 条块分割严重，空间布局碎片化

中关村科学城核心区各单位按其隶属关系可分为中央单位、北京市及海淀区属单位；中央单位中又可分为中国科学院、国防科工委航天集团和北京大学系统；按所有制，可分为全民、股份制、集体及个体等四种。由于所有制及隶属关系不同，各科研院所自成体系，形成了 30 多个单位大院，同时科研与教育、居住、商业等功能区相互混杂，条块分割严重。各个单位大院周边又集聚了一批小商店、小饭店、小宾馆等低端产业群，并且在四环路南

北形成了两个城中村，空间布局呈现严重的碎片化。

3. 市政基础设施老化，存在重大安全隐患

中关村自 20 世纪 50 年代进行大规模开发建设以来，由于历史原因，有相当一部分道路、给排水、供电、供热、通讯等市政基础设施是 20 世纪 50~70 年代建成的，标准低、配套水平不高。现有道路除北四环、中关村东路和中关村南路外，南北两片区内道路因受单位大院阻隔，"断头路"多，交通循环不畅。因管线老化破裂导致较大范围的跑水和泄漏事件每年发生多起，严重影响科研工作和居民的正常生活。此外，还有不少科研院所的化危物品存放处与密集的小饭馆等低端市场仅一墙之隔，在北四环路边至今还有一个中科院力学所的爆炸实验室。

4. 人口密度大，公共服务供给不足

据统计，中关村科学城核心区范围内目前常住人口约 10 万人，平均每平方公里达 3 万人左右，超过了北京市中心城区的人口密度（2.32 万人/平方公里）。此外，还有流动人口约 3 万~4 万人。由于人口密度大，教育、医疗卫生、文体设施等公共服务产品供给明显不足，加之区内一些优质的教育资源（如中关村一、二、三小）大量被区外挤占，本已短缺的公共服务设施更是不堪重负。

5. 生态空间长期被挤占，人居环境较差

在中关村科学城核心区用地平衡表中，绿化用地仅占 3.1 公顷，占总用地的 0.93%，即使包括各单位大院及居民小区中的小片绿地，绿化百分率也只有 3%，人均绿地面积不足 1 平方米。由于生态用地严重不足，居民缺少休闲活动场所，加之研究院所周边环境嘈杂，交通常年拥堵，居民出行不便，因此该区已成为北京市少数人居综合环境较差的地区之一。

二、空间结构调整优化的目标和思路

根据 2014 年 3 月国务院出台的《国家新型城镇化规划（2014~2020 年）》，以及 2015 年 12 月召开的中央城市工作会议和习近平总书记的重要讲话精神，要以创新、协调、绿色、开放、共享的新发展理念为引领，遵循"统一规划、协调推进、紧凑集约、疏密有致、环境优美"的原则，统筹中关村科学城核心区空间结构的调整优化。总目标为：建成宜研宜业宜居的绿色新区、智慧新区、和谐新区及历史文化传承的人文新区。

1. 用地结构调整优化：构建合理的"生产（研发）、生活、生态"三生空间

参照国际上三个著名的科学城——日本筑波科学城、美国斯坦福科技园（"硅谷"）及俄罗斯新西伯利亚科学城的建设经验，科学城必须突出科教研发主体功能，用地结构向主体功能倾斜。例如，1970 年建成的日本筑波科学城的核心区（拥有 43 个国家级研究所和一所大学，研究人员 1.1 万人）用地平衡为：科研教育用地占 54.3%，居住用地占 24.7%，道路、公园、停车设施用地占 16.7%，公共服务设施用地占 4.3%。按照中央提出的"严控总量、盘活存量、优化结构"要求，参照筑波科学城的经验，建议中关村科学城核心区用地结构调整优化目标为：科研教育用地占比为45%，其中科研用地占比40%；其他用地占比：居住用地25%，道路用地14%，生态用地10%，商贸服务用地6%。科研与生态用地大幅扩张主要通过老旧居住小区的拆迁改造、合并及工业与仓储企业的腾退而实现。

2. 空间结构（布局）优化：构建南北两个集中的科学园区及五个研究集群

在现代城市规划中，将相同的城市功能按照集聚、集群、集约的原则进行集中布局是其发展方向。参照国外著名科学城的集中布局模式，建议以北四环西路为界，构建南、北两个集中连片的科学园区，并以研究方向相近的研究所（大学）为主体，在北片区组建化学研究集群和电子研究集群，在南片区组建基础科学（数学与物理等）研究集群、航天研究集群和软件信息研究集群。

3. 基础设施优化：提高基础设施的供给配套水平

优化街区路网结构。逐步打开单位大院，打通断头路，实现道路公共化。通过建设地下综合管廊，统筹给排水、供电、供气、供热、通讯等各类管线敷设。力争到2020年核心区内基础设施供给配套水平得到显著提升。

4. 社会服务设施优化：提升便捷化与智慧化水平

坚持共享发展理念，合理确定公共服务设施建设标准，要按照科学城核心区人口承载力，配套建设中、小学、幼儿园、超市、菜市场，以及社区养老、医疗卫生、文化服务等设施。加强智慧社区、园区建设，促进大数据、物联网、云计算等现代信息技术与园区创新服务、城市管理、居民的生活融合发展，大大提升社会公共服务便捷化与智慧化水平。

三、空间结构调整优化的对策建议

1. 成立由北京市牵头，包括中科院、国防科工委、教育部、海淀区等参加的综合改造领导小组

中关村科学城核心区空间结构调整优化是一项涉及面广、利益主体多元化、难度较大的系统工程。为此，必须在北京市委、市政府的统一领导下，成立包括中科院、国防科工委、北京大学、海淀区等参加的综合改造领导小组（下设指挥部），加强统筹指导和综合协调，并做好顶层设计。在深入调研和广泛征求意见的基础上，抓紧时间编制空间结构调整优化的总体规划和详细规划，经专家委员会咨询论证和政府有关程序批准后付诸实施。

2. 改革国有土地部门化和单位化的现状，打破条块分割与碎片化布局

中关村科学城核心区现状用地中，中科院系统占地191.7公顷，占比为57.8%。由于历史原因，一些国有企事业单位占据了大片建设用地，后因搬迁及功能转型，导致目前部分建设用地利用不充分甚至闲置（如原清华园火车站的两处货场）。为此，在空间结构调整优化中，必须建立国有土地使用退出机制，根据主体功能定位，进行空间统一规划，打破现有的条块分割及碎片化布局。

3. 加强空间开发限制，设置三条保护"红线"

划定保护红线是落实空间管制的重要手段。中关村科学城核心区在空间结构调整优化中应设置以下三条红线，即：以确保生态空间和绿地系统为主的生态保护红线，以保护著名科学家故居等为主的历史文化保护红线，以确保城市公共安全为主的防灾减灾红线。通过上述三条红线对今后的建设与发展进行刚性约束。

4. 由海淀区牵头，集中整治城中村，疏解低端产业和人口

建议由海淀区政府牵头，整治核心区内的两处城中村，有序地拆迁、合并老旧小区，疏解非首都功能的企事业单位与服务机构，规划到2025年核心区常住人口控制在7万~8万人。

5. 借鉴发达国家和地区经验，推进以公寓制为中心的住房制度改革

基于土地资源的有限性和稀缺性，借鉴日本筑波、美国硅谷等科学城的经验，建议尽快在核心区推进以公寓制为中心的住房制度改革。研发人员在核心区工作时，入住公寓，并享受相应的服务设施与配套条件；退休后，搬出核心区，并由国家补贴相应的购房款，在区外购房，从根本上解决"人满为患"的问题。

（本文为2016年中科院老科协提出并得到海淀区科协资助项目，
2016年4月上报被采用。合作者：赵令勋，
中国科学院地理科学与资源研究所研究员）

书评：人文与经济地理学振兴的历程回顾与启示

——推荐胡序威先生的新著《一生无悔：地理与规划研究》

商务印书馆于 2019 年 12 月出版的胡序威先生的新著《一生无悔：地理与规划研究》尽管只有短短的三个多月，却受到了地理与规划界的广泛关注与好评。该书作者在其伯父胡愈之革命思想的长期影响下，于新中国成立当天从南洋新加坡回到北京，并进入华北大学（后改为中国人民大学）学习。1953 年由中国人民大学调入中国科学院中华地理志编辑部工作。1958 年中华地理志编辑部正式并入由南京迁来北京的中国科学院地理研究所，并以经济地理组人员为基础成立了经济地理研究室。从 20 世纪 60 年代初开始，胡序威先生作为经济地理室（部）的主要领导人之一，全力协助吴传钧、邓静中等老一辈经济地理学家为复兴中国人文与经济地理学发挥了重要作用。特别自改革开放以来，他亲自参与并组织领导了一系列紧密服务于国民经济建设和社会发展的重大科研任务，如全国国土与区域规划、区域生产力布局、城镇化与城镇密集地区规划研究等，在国家和地区经济社会发展决策层面起到了重要影响，受到当时的国家计委、国家建委、建设部等中央部委主要领导的肯定与高度重视。同时，通过合作承担国家重大科研项目和举办学术研讨会，不仅带动了国内有关地理研究机构和高校人文与经济地理学的发展，而且增强了与城乡建设和产业部门规划设计机构的业务联系、交流与合作，大大提升了人文与经济地理学在学术界的知名度和影响力。

1. 内容简介

胡序威先生这部 30 万字的新著共分 15 章，其中除第一、二、三章是作者对新中国成立前的家庭、童年、求学及工作经历外，其余 12 章都是回顾和记述他从事地理与规划研究的学术经历。其中，第四、五、六章主要回顾 1953 年至 1966 年"文革"前的研究工作。包括参与中华地理志华北、华东及西北地区经济地理编写工作，积极探索将区域规划作为人文与经济地理学同国家经济建设相结合的路径，并通过承担海南热带作物布局调查、华北地区工业布局调查和西南三线建设战略布局研究等实践积累经验。第七章重点回顾作者在"文革"期间所经历的政治上彷徨、科研工作中断、研究团队解散，以及被批斗、下放五七干校的种种劫难与磨练。即使如此，他从未放弃对地理与规划研究的思考和追求。第八、九章主要记述"文革"后期自1972年至改革开放初的1979年期间，为推动人文与经济地理学恢复发展，重点开展以下两方面工作：一是坚持地区生产力布局研究，先后完成了鲁西南煤矿地区、淄博与胜利油田和冀东生产力布局调研；二是密切与城市规划界的合作，包括共同参与唐山震后重建规划、城镇与工业布局区域研究、天津城市总体规划修编，以及对中国城镇化问题的研讨等。通过上述工作，为人文与经济地理学的振兴奠定了基础。第十、十一、十二和十三章为本书的核心部分，主要记述1980年至1996年作者退休的16年间人文与经济地理学界发生的巨变。党的十一届三中全会确立的改革开放基本国策，以及1981年4月中共中央书记处做出的《关于搞好我国国土整治工作的决定》，迎来了地理与规划研究的春天。作者深情地回忆了国土整治与规划的由来，《全国国土规划纲要》的起草过程，《京津唐地区国土规划》试点取得的成果及其对全国各省市国土规划的示范带动效应。由于工作需要，作者从20世纪80年代中起将研究方向从工业交通转向城镇与区域，因而，沿海地带与沿海城市研究、城镇化与区域城镇体系规划、全国设市规划预测、城镇密集地区研究和城市与区域规划咨询等成为其研究的重点，相继提交了一批重大研究咨询报告和高水平的学术论著。同时，随着人文与经济地理学在国家层面和学术界的影响力不断提升，推动了学科的快速发展。书中详细地记述了经济地理部成立的背景（从一个研究室扩大为定员编制规模90人的四个研究室），以及1986~1997年中科院地理所实行中国科学院、国家计委双重领导体制改革的过程。第十四、十五章回顾了作者1996年退休后仍一如既往关注地理与规划研究工作，不仅频繁参加学术与科技咨询活动，而且围绕新型城镇化与城市群的发展，健全国土空间规划体系和规划协调机制等热点问题，撰写了15篇学术论文，作为"地理与规划论述补遗"一并收录于书中（作者2008年前发表的论文结集于《区域与城市研究（增补本）》，科学出版社，2008年）。

2. 三个显著特点

归纳起来，胡先生的新著有以下三个显著特点：一是全书结构合理。以作者从事地理规划研究的经历为主线，时间与研究领域经纬交织，每个领域又有若干重大研究项目（课题）或重大事件为支持，环环相扣，可读性强。二是对地理与规划事业具有高度责任感和强烈的使命感。全书每一章节和段落的字里行间都充满了他对事业的执着与热爱。作为一名在地理与规划研究领域的知名学者，他经常为我国国土空间规划和新型城镇化奔走呼吁、建言献策，作出了重大贡献；作为科研工作的组织者和领导者，他胸怀全局、身先士卒，以满腔热情带领团队高质量完成各项科研任务。三是记述客观公正，实事求是。对每项研究任务（课题）的来龙去脉、研究队伍组成、实地调研过程、调研得出的主要结论，以及政府部门的评价和反馈意见都做了详细、客观的记述。因此，胡先生的这本新著真实、客观地记录了中国人文与经济地理学发展振兴历程中的许多重大事件。尽管受作者专业所限，书中对人文与经济地理学领域内同样发展较快的农业与乡村地理、旅游地理学涉及相对较少，但总体上仍较好地把握了人文与经济地理学的发展脉络，不仅为地理学与规划史的学术研究积累了丰富的史料，而且对学科未来的可持续发展也具有指导作用。

3. 几点有益启示

通过对胡先生新著中地理与规划研究的全面回顾与梳理，展示了人文与经济地理学充满艰辛的发展历程。中科院地理科学与资源研究所的人文与经济地理学能有今天欣欣向荣的大好局面，来之不易，是几代学者在党的领导下，团结全室同志艰苦奋斗与努力拼搏的结果，从中可得出四点有益启示：一是坚持以国家需求作为学科的研究方向。人文与经济地理学是一门经世致用的学问，必须同国家的经济建设和社会发展需求密切结合，如国土（空间）规划、区域规划、城镇体系规划、新农村规划及美丽中国建设等，才能在国家及区域层面决策中发挥学科的独特作用。同时通过大量实践也有力地推动了学科的发展与全面振兴。否则，如照搬西方的研究内容与模式，必将陷入学院式的研究死胡同。二是坚持实地调研与理论总结相结合的学风。人文与经济地理学的研究对象是人类的经济社会活动与地理环境相互作用的规律及其地域结构特点。必须进行深入的实地调研才能发现和提出解决问题的路径，并在此基础上，凝练提升为理论，再用于指导实际。其中，吴传钧先生提出的人地关系地域系统理论、邓静中先生提出的中国农业区划理论、陆大道提出的点—轴系统空间结构理论等在国内外学术界具有较大影响力；而胡先生和他的同事们则对国土与区域规划、区域生产力布局和城镇化的理论方法进行了长期探索与系统总结，并用于指导实践，受到了城市与区域规划界的广泛好评。三是重视人才梯队建设。建立一支高水平的研究团队是高质量完成各项科研任务、确保人文与经济地理学科可持续发展的重要保障。在吴传钧、胡序威、李文彦等老一辈学者的长期培养和言传身教的影响下，通过长期的实践与理论总结，形成了在全国具有较强影响力的老、中、青三个梯队，并呈现"长江后浪推前浪""青出于蓝胜于蓝"的大好形势。四是坚持团队合作精神。地理与规划研究是一项涉及地域范围广、学科门类多、时间跨度长的系统工程，要让研究成果真正为国家和地方决策部门采纳，必须发挥团队合作精神，使来自不同单位、不同专业的科研人员精诚团结、齐心协力、拧成一股绳。而要建设好一支研究团队，关键在于团队领导。在这方面，胡先生为我们树立了榜样，他一贯以大局为重，一心为公、处处以身作则，"律己严、责人宽"，善于倾听不同意见，主动团结一度反对过自己甚至在"文革"中整过自己的同志，他豁达大度、诚恳厚道、平等谦逊的高尚品质是这支团队合作凝聚力和战斗力不断增强的黏合剂。我们衷心希望以上优良传统能一代又一代地得到传承和发扬。

（本文刊于《地理研究》2020年第4期）

第二篇

国外区域与城市发展研究

世界地理研究回顾与展望

——纪念中国科学院地理科学与资源研究所建所70周年

世界地理又称外国地理,为地理学的重要分支学科,主要研究全球、大洲、洲内次区域、各国及各地区自然要素与人文(社会经济)要素之间相互联系、相互作用关系,综合揭示人地关系地域系统(人地系统)的结构、作用机制、时空过程及其地域分异规律,提出协调的途径与对策。世界地理按其研究对象可分为世界自然地理和世界人文—经济地理两个分支。近年,随着研究对象综合性的不断加强,现代世界地理越来越朝着自然与人文—经济相结合的综合方向发展。

中国科学院地理研究所的世界地理研究历史悠久。早在建所初期的20世纪40年代,就有少数学者从事边疆地理研究。新中国成立后,1950~1955年期间,根据当时的外事和外交斗争需要,抽调3名同志专门从事世界地理研究,1956年研究人员增加到4人,并正式成立了隶属于经济地理研究室的外国地理研究组。1960年外国地理研究组研究人员增加到10人,改为直属于研究所领导。1966年至1970年代初,由于文化大革命导致大部分本国地理研究工作处于停顿状态,而世界地理则由于当时国际复杂斗争形势的需要得到了空前的发展和繁荣,研究队伍一度扩大到创纪录的40~50人,直到1971年正式组建外国地理研究室时尚有30多人。"文革"后期,由于本国地理研究工作陆续恢复,部分从事世界地理研究人员相继归队,研究人员有所减少,但在1982年改名为世界地理研究室时尚有23人。1980年代中后期以来,由于国家关注的重点转向国内经济建设,加上科研经费不足和人员老化等因素的影响,世界地理研究工作日益萎缩,1995年撤销研究室建制,成为当时经济地理部下属的一个学科组。此后,随着老同志逐渐退休,研究队伍青黄不接,2000年初中国科学院地理研究所与自然资源综合考察委员会合并成立中国科学院地理科学与资源研究所(以下简称地理资源所)时,世界地理研究建制正式撤销,但地理资源所世界地理研究工作并未因此而完全停顿,近年在国外区域发展、城市化与城市密集区及世界资源地理研究方面取得了若干新进展。

回顾世界地理70多年来的研究历程,由于我们坚持了为国家政治斗争和社会主义经济建设服务的正确方向，在地缘政治与地缘经济，国家与区域地理的综合研究，世界战略资源与城市化等重大专题研究、世界地理知识的普及等方面取得了一系列重要研究成果，先后出版了国家地理及专题研究著作 30 多本，发表学术论文 400 多篇，撰写科普著作 20 多本，在国内外产生了较大的影响。其中有 4 项成果获省部级二等奖，许多成果在国家外交斗争与对外经贸工作以及"洋为中用"方面发挥了重要的作用，并为提高全民文化素质和增强各国人民的了解与友谊作出了积极的贡献。

一、地缘政治与地缘经济

地缘政治是指国家和国家集团之间，由于地理上的邻近以及气候、民族等地理因素的影响，而导致政治上的对抗或结盟关系，亦即研究地理环境与政治之间的关系；地缘经济则是新形势下地缘政治在国际经济格局中的重要体现。地缘政治与地缘经济两者相互交错、互为影响。在 20 世纪初至 60、70 年代，地缘政治曾经是主导国际政治、经济格局的最主要因素。自 80 年代以来，由于国际政治格局从单极化向多极化发展，国际形势整体趋于缓和，特别随着经济全球化步伐的加快，地缘经济在国际政治经济格局中的作用日益凸现，区域经济集团化与一体化趋势不断加强。

地理资源所对地缘政治与地缘经济研究随着国内外政治经济形势的变化而有所侧重。20 世纪 50～70 年代，为打破以美、苏两个超级大国为首的政治集团对中国的包围与封锁，重点开展边疆地理与军事地理研究；自 80 年代以来，与地缘经济有关的国家、区域与专题研究已成为地理资源所世界地理研究的主要方向。

1. 边疆地理研究

边疆地理作为世界地理研究的重要领域之一，主要从历史地理角度研究边界（包括陆地与海洋）的走向与历史沿革，自然与社会经济条件，为维护国家领土主权和外交斗争提供依据。例如，20 世纪 50～60 年代地理研究所对中印、中缅、中尼、中老等边界的研究，70 年代对中苏边界、钓鱼岛和南海诸岛疆域的研究等，研究内容涵盖历史、自然、经济和社会等方面。其中黄盛璋等人以翔实的史料为依据，深入研究了清代时期中印边界、中尼和中锡边界，维护了中印边界西段和东段的正确划界与走向，以有力的证据揭露了英国殖民主义者妄图篡改历史和对中国领土进行侵略扩张的野心。宋力夫等人配合外交斗争需要，以考古发现和大量的史实，论证了从遥远的古代起，中国人民就在南海长期航行和生产实践中发现了包括南沙、中沙、西沙和东沙诸群岛 200 多个岛礁沙滩在内的南海诸岛，并持续不断地进行开发经营，且最早由中国历代政府进行管辖和行使主权。宋力夫在此基础上执笔撰写了《南海诸岛自古就是我国领土》一文，于 1975 年 11 月 24 日以史棣祖的名义在《光明日报》以整版篇幅刊登，11 月 25 日《人民日报》头版全文转载，随后全国新闻媒体相继转载，新华社以英文电讯全文播发，在国内外产生了很大的反响。有关边界地理研究成果最后汇编成《边界历史地理研究论丛》，该成果获 1978 年全国科学大会重大科技成果奖。

2. 周边国家和地区政治与军事地理研究

该项研究工作紧密结合不同时期的地缘政治形势和国家外事斗争的需要而进行的。例如，1960 年印尼发生大规模排华事件后，应外事部门要求，地理研究所开展了华侨问题研究，先后提交了《印度尼西亚的华侨》、《越南华侨问题》和《东南亚地区华侨》等报告，详细分析了华侨和海外华人的数量、原籍所在地、分布国家和地区（城市）、职业构成，以及对所在国家经济社会发展的作用等，为国家有关部门决策提供了重要的基础资料。又如，在 1962 年中印边界自卫反击战后，地理研究所开展了印度与巴基斯坦兵要地理研究；1969 年中苏边境珍宝岛事件后，为应对苏联的军事入侵，开展了中苏边境地区军事地理研究。这类研究主要偏重于宏观及区域层面的战略研究，内容包括地形、气候、水文、植被等自然地理要素，以及人口、民族、交通、经济、城镇等社会经济要素与军事活动的关系。20 世纪 70 年代初、中期，又将研究范围拓展到海洋，开展了对世界海洋战略重点——海湾、海峡和海港研究；并为外事部门参加联合国海洋法会议提交了《世界岛国的海域测算》《东海、黄海和南海大陆架量算》《东海及日本海大陆架地质地貌》等报告和图件。上述研究工作，不仅为世界地理开辟了新的研究领域，而且对打破当时国际反华势力对中国的包围封锁和维护国家的安全作出了重要贡献。

3. 中亚地区地缘政治与地缘经济研究

进入 20 世纪 90 年代以来，随着苏联的解体，原先中亚地区的 5 个加盟共和国——哈萨克斯坦、乌兹别克斯坦、吉尔吉斯斯坦、塔吉克斯坦和土库曼斯坦相继成为独立国家。中国同中亚五国由于地缘上紧密相连（陆上边界长约 3000 公里），民族、文化相通，经济上互补性较强，在发展本国经济、抵制外来势力入侵和反恐等重大问题上有着共同利益，特别是 2001 年成立了包括中、俄、哈、乌、吉、塔六国在内的上海合作组织后，共同的地缘政治目标促进了地缘经济的快速发展。世界地理研究室在中亚地区研究方面做了大量工作，包括油气资源的开发与贸易，跨界河流水资源的合理开发利用，中亚地区的生态环境问题（如"咸海问题"）及其对中国的影响等，其中文云朝等依托国家自然科学基金完成的《中亚地缘政治与新疆开放开发》（2002 年）一书，从国家战略高度，将地缘政治和地缘经济与促进新疆开放开发紧密结合在一起，对加强新疆与中亚地区的经贸合作、推动共同发展与经济繁荣具有极为重要的作用。

4. 对亚非发展中国家援外项目的前期研究

20 世纪 60 年代初~70 年代初，原来处于殖民统治下的亚非拉国家纷纷独立，这些国家为了摆脱帝国主义和殖民主义对政治、经济的控制，迫切要求加快发展本国经济。中国作为第三世界国家的忠实朋友，本着发扬国际主义精神，在力所能及的条件下对这些国家进行经济援助。1965~1976 年期间，地理研究所世界地理工作者应国家对外经济联络委员会（后改为外经贸部）及援外工程设计单位的要求，先后进行了亚非欧 15 国[巴基斯坦、越南、朝鲜、柬埔寨、老挝、尼泊尔、斯里兰卡、几内亚、马里、刚果、塞拉利昂、阿尔巴尼亚、坦桑尼亚、赞比亚、刚果（布）]的援外工程项目前期研究，完成了《援外成套项目设计基础资料汇编》（共 10 册）中自然地理部分编写工作，以及为老挝、孟加拉国、毛里塔尼亚、刚果（布）等一些援外项目提供基础地理资料，并承担了铁道部第三设计院委托的坦赞铁路选线任务。自 1990 年起，又应博茨瓦纳国政府要求，在外经贸部的组织安排下，以世界地理室为主体组队参与该国的土地测量与土地规划工作，历时长达 6 年，为博茨瓦纳的发展作出了重要贡献。

二、世界区域与国家地理研究

世界区域与国家地理是世界地理研究的传统领域，也是全面、系统地认识世界某一区域与国家地理环境同人文经济条件相互联系、相互作用特点和规律的基础性研究。地理研究所世界地理室根据地缘政治与地缘经济的需要，通过较长时间的研究积累，逐步形成了东南亚、苏联（后为俄罗斯及中亚地区）、日本和西非地理为主的四个方向，出版了一批影响力较大的国家地理专著。

1. 东南亚地理研究

东南亚地区与中国山水相连，又是华侨分布集中地区，历史上与中国有着十分紧密的联系。第二次世界大战后至 20 世纪 50 年代初，这一地区国家相继独立，成为新中国的友好邻邦。1954 年万隆会议以后，中国和东南亚各国交往日益频繁，因此自 1955 年起，地理研究所就将东南亚国家作为重点研究地区，1958 年和 1964 年分别出版了赵松乔等编著的《缅甸地理》和《菲律宾地理》。两书在大量掌握国内外已有研究成果的基础上，参照中华地理志的学科体系，全面系统地阐述了缅甸和菲律宾的自然环境、发展的历史背景、居民及经济地理，以及中缅与中菲的长期友好关系和华侨对两国开发所作出的历史贡献，是"文革"以前两本学术水平较高的外国地理著作。其后，徐成龙等又相继编写了《马来西亚地理》及《老挝地理》。"东南亚地理研究"由于内容全面，资料翔实，分析有深度，受到了当时外交和外经贸部门的欢迎和好评。

2. 苏联（俄罗斯）地理研究

1969 年中苏边界"珍宝岛"事件后，为应对苏联的入侵，开展了对中苏边境地区苏方一侧的自然和社会经济地理的系统研究。在此基础上，通过不断拓展、深化和演变成为苏联地理研究。在毛汉英的组织协调下，利用地理研究所丰富的研究积累，并与东北师范大学陈才研究团队合作，先后于 1983 年和 1987 年出版了近百万字的《苏联经济地理》上册（总论）和下册（区域）。其中《苏联经济地理总论》系统阐述分析了苏联自然条件和自然资源的基本特点与地域组合类型，人口劳动力条件及其对经济社会发展的影响，国民经济发展阶段与现状特点，工业与农业和交通运输业的发展布局、存在问题及发展趋势。为避免以往区域地理著作中对部门研究存在的单纯描述倾向，该书一方面将重点放在工业尤其是重工业方面；另一方面，设有专门章节深入分析影响工业布局的因素，并加强对工业部门布局的自然、经济、技术的分析论证。该书出版后，受到国内外学者的高度重视。美国著名的苏联问题研究专家 T. 沙巴德评价该书"体例结构严谨，分析有深度，部门与区域结合较完美⋯⋯表明中国在苏联地理研究方面已进入国际先进行列"。在陈述彭院士的鼎力推荐下，《苏联经济地理总论》获 1985 年中国科学院科技进步二等奖。《苏联经济地理》下册（区域）突出区域分工和区域综合发展、地域生产综合体和工业枢纽建设、区域问题和区域发展前景预测。该书与 20 世纪 80 年代出版的《苏联钢铁工业地理》《苏联农业地理》《苏联石油地理》及其他苏联地理研究成果捆绑在一起，以"苏联地理研究"项目名称，获 1989 年中国科学院自然科学二等奖。

3. 日本地理研究

中国与日本是一衣带水的近邻，两国既有一千多年的友好交往历史，也有近代几十年日本军国主义侵略给中国人民带来的巨大灾难。自 1972 年中日两国邦交正常化以来，两国间经济贸易关系日益密切，人员交往日益频繁，但由于日本执政者长期追随美国，对历史问题反反复复，致使中日两国政治关系始终处于磕磕绊绊的脆弱状态。因此，无论从地缘政治、还是从地缘经济角度，日本都是中国必须研究的重要近邻国家之一。自 1970 年代中期起，世界地理室开展日本地理研究，其中丛淑媛、方文和谢观正三人为研究骨干。通过一段时间的研究积累，于 1984 年与东北师范大学合作出版了《日本经济地理》（由东北师大满颖之任主编）。全书分上、下两篇，其中上篇（总论）共 10 章，包括自然环境、历史基础、人口、经济发展一般特征、工业地理、农业地理、运输地理、旅游地理、对外贸易；下篇（区域）分别按北海道、东北、关东、中部、近畿、中国、四国、九州 8 个区域（地方）进行阐述。该书的特点是资料系统、翔实，内容重点突出（工业地理），分析全面、深入，既重视总结可供我国借鉴的发展与布局经验，又指出中日两国经济的互补、交流与合作潜力。因此，尽管该书出版已经 26 年，但迄今仍是我国研究日本地理最系统全面的著作。

4. 西非地理研究

西非地理研究主要结合热带非洲国家和地区矿产及森林的开发、生态环境与荒漠的治理而展开的。在实地调研、考察的基础上，撰写了一批国家地理和区域地理论著，代表性的著作有汶云潮撰写的《塞内加尔——资源、环境与发展》，蔡宗夏撰写的《喀麦隆的植被和人口》，赵璜撰写的《扎伊尔的热带雨林》，以及马里和尼日利亚等国区域地理著作。

在世界区域和国家地理综合研究的基础上，1989 年出版了由徐成龙主编、包括世界地理室 11 位同志参编的《世界经济地理》，该书作为大学经济丛书，阐述了世界经济各部门的发展条件、布局特点、地域组合类型及发展前景，对扩大世界地理的影响发挥了重要作用。

三、部门地理与专题研究

部门地理与专题研究是对世界地理研究的深化。改革开放以来，为适应中国"四个现代化"建设的需要，在中国地理学会和各有关单位的支持下，由中国地理学会世界地理专业委员会进行组织协调，于 1978 年着手编写《世界钢铁工业地理》《世界能源地理》和《世界农业地理》三大系列丛书，丛书的定位为：专业性的、中级偏高、带有专著性质的学术著作。经过 10 个单位 80 多位作者前后长达 20 年的努力，完成了 3 套丛书的编写与出版工作。地理研究所世界地理室作为 3 套丛书编写的主要依托单位，先后有 20 多位科研人员参与此项工作，成果不仅填补了国内世界地理研究的空白，并为国家和相关部委的计划、规划和设计部门提供了重要决策参考，在国内外产生了较大的影响力。

1. 世界农业地理研究

农业是大多数第三世界国家国民经济的基础。随着世界范围内人口的急剧增长和城市化进程的加快，对农产品的需求不断增加，尤其是粮食问题，正日益引起国际社会的高度关注。《世界农业地理丛书》包括《世界农业地理总论》以及东南亚、非洲、拉丁美洲、苏联、日本、印度、法国、英国、美国、澳大利亚和新西兰农业地理共 11 本，其中东南亚和苏联农业地理 2 本由中科院地理研究所吴关琦和毛汉英主编；《世界农业地理总论》、《非洲农业地理》和《日本农业地理》三本专著，中科院地理研究所均为主要合作编写单位。该丛书在分析各国、各地区农业生产的自然和社会经济条件的基础上，阐述了土地利用特点、农业部门（农作物）发展与布局特点，农业地域结构（农业类型与农业区划）；在保持系统性的基础上，又强调要考虑各国、各地区的地理特点，写出各自特色。例如，在《苏联农业地理》中，对 20 世纪 50 年代苏联大规模垦荒进行了客观的、实事求是的科学分析，摒弃了当时流行的全面否定的观点，既肯定了大规模垦荒的四大经济效益，同时也分析了垦荒带来的不良后果及其原因，并介绍了为此而采取的主要措施。又如，非洲农业地理则在农业地域分异方面下功夫，重点阐述不同地带的规律性问题，如沙漠化问题、萨赫勒带、苏丹带和热带森林带的农业生产特点、经验与问题等。

2. 世界能源地理研究

能源工业作为国民经济的基础产业，对世界各国（地区）经济的发展和人民生活水平的提高具有重要推动作用。自 1973 年爆发世界石油危机以来，石油作为亚、非、拉第三世界产油国家的重要武器，通过联合采取提价和禁运等措施，不仅对西方发达国家经济发展产生巨大的冲击，而且也成为影响世界政治、经济格局的重要因素，能源问题日益上升为国际上的重大问题。地理研究所在《世界能源地理丛书》中，先后主持完成了《世界能源地理》《世界煤炭地理》《苏联石油地理》，参与编写《非洲石油地理》。其中，由梁仁彩主编的《世界能源地理》，系统论述了世界能源资源的基本特点及地域分布规律、能源生产布局与消费地理特点，能源基地建设与综合发展、各种能源运输方式与货流地理、世界主要工业发达国家的能源供需特点,以及世界一次能源发展和供应前景等,是国内第一部综合研究世界能源地理的科学著作。裘新生与王国清编写的《苏联石油地理》除对苏联的油气资源、石油开采与加工、石油运输、石油消费与对外贸易进行了详细阐述外,还按 8 个经济区域对石油工业发展的条件、特点、问题和发展趋势作了深入的分析研究,受到了国内石油工业部门专家的重视与好评。

3. 世界钢铁工业地理

钢铁工业是衡量一个国家工业化水平的重要标志。改革开放初期,为了推动中国钢铁工业快速发展,使钢铁工业建设布局少走弯路,在陈汉欣等的积极建议与组织下,地理研究所世界地理室联合国内同行和冶金部门有关科研人员,开展世界钢铁工业地理研究。先后出版了《苏联钢铁工业地理》(陈汉欣主编)《日本钢铁工业地理》(张文奎、丛淑媛主编)和《世界钢铁工业地理》(陈汉欣主编)3 本著作。在全面分析钢铁工业发展的资源条件与生产现状的基础上,重点阐述钢铁工业的布局因素与特点、钢铁产品的产销平衡与国际贸易,以及发展钢铁工业的经验教训,并指出未来的发展趋势。例如,在《世界钢铁工业地理》一书中,将世界主要产钢大国发展钢铁工业的经验总结为:加强矿山建设与原料准备,以建设大型钢铁企业为主、积极发展专业化的中小企业,充分利用水运有利条件、建设临海(港)型钢铁厂,推动大型钢铁工业基地向综合性方向发展等,为中国钢铁工业的合理布局,特别是加快沿海地区钢铁工业的发展提供了有益的借鉴。

四、中外对比研究

中外对比研究是改革开放以来世界地理新兴的研究领域。通过总结国外某一国家或地区在资源开发、产业发展与布局、城镇建设、环境保护与生态建设方面的正面经验与反面教训,为中国同类开发建设工作提供有益借鉴,避免或减少失误。由于这类工作具有较强的应用性,因而自 20 世纪 80 年代起得到较快发展。地理研究所世界地理室进行的中外对比研究主要集中于以下三方面:

1. 国土开发与国土整治

国土开发与国土整治是 20 世纪 80～90 年代中期地理研究所本国地理新兴的研究领域,由于其涉及自然、经济、社会和生态环境等方面,具有战略性、前瞻性、综合性和地域性等特点,迫切要求了解国外既有经验,从总体上协调好国土资源的开发利用与保护和治理的关系。为此,地理研究所世界地理研究工作者开展了对日本、苏联、荷兰、新加坡等国的国土开发与整治研究,重点放在国土开发与整治的指导思想、原则、目标、内容、方法和措施,以及不同层次国土规划的协调、衔接与实施。系统介绍了日本第一次至第四次全国综合开发规划的目标和拟解决的主要问题,日本第五次全国综合开发规划的基本思路及对中国的借鉴作用;重点介绍了苏联东部地区国土开发的经验,荷兰海岸带的开发利用，巴基斯坦的东水西调工程与综合治理，以及新加坡的国土规划与城市建设等，对中国国土规划起到了重要的启示与参考作用。

2. 产业发展与产业布局

产业发展与产业布局也是20世纪80年代以来国内经济地理学界研究的重点领域之一。随着国家经济建设的快速发展，无论是国土开发，还是区域规划，都以产业发展和产业布局作为基础。地理研究所世界地理室对产业发展与产业布局研究主要集中于苏联和日本等经济大国，研究内容既包括宏观层面的综合研究，也包括中观和微观层面的深入研究。前者如对能源、钢铁等基础产业的发展与布局对比研究，代表性的论文有："国外能源基地建设与综合发展的经验和做法""世界钢铁工业布局的经验浅析""世界大型钢铁厂的基本特点与发展趋势""苏联能源基地的综合发展""日本的工业结构与布局"；后者如对地域生产综合体、工业地带、工业区、工业基地及工业枢纽的研究，代表论文有："苏联地域生产综合体的理论及对中国的借鉴意义""苏联工业综合体类型研究""苏联组建工业枢纽中的若干理论方法问题"等。

20世纪80年代中期，借鉴国外热带经济作物发展与布局经验，开展了"海南岛热带农业开发中外对比研究"，论证了海南岛发展热带经济作物多种经营的可行性与主要方向，提出了生产布局的具体设想，被通什农垦局采纳并付诸实施。

3. 城市化与城市地理研究

城市地理学是改革开放以来国内人文地理学发展最快的分支学科之一。与此相配合，地理研究所世界地理于20世纪80年代末～90年代中期开展了世界城市化问题的研究。申维丞等结合国家自然科学基金开展了中外大城市发展问题研究，探讨了大城市的形成因素、大城市的产业结构和地域结构演变特征，并对莫斯科、东京、巴黎、伦敦、加尔各答等大城市的经济社会发展、城市基础设施建设和空间拓展进行了较深入的分析。在此基础上，曹学坤进行了北京与莫斯科和巴黎的城市交通、日本港口城市横滨与天津的经济发展和地域结构、法国里昂与中国武汉的城市发展战略（产业与空间布局）的对比研究，成果受到当时的北京市计委、国土与城市规划部门的重视与好评。此外，还以非洲为例，研究了非洲城市化的进程、影响城市化发展的因素、城市空间布局特点，以及城市化带来的问题，为第三世界国家的城市化提供了有益的借鉴。

五、科普工作

科普工作作为世界地理研究的主要组成部分，是向公众普及世界地理知识的重要平台，也是进行爱国主义和国际主义教育、提高国民的整体文化素质的重要环节。自20世纪50年代以来，地理研究所世界地理研究工作者配合国家不同时期的政治、经济形势需要，通过报刊、广播电视、科普读物和辞书类工具书等多种形式，开展科普活动，为传播世界地理知识与地理科学思想作出了很大贡献。

1. 世界地理辞书编写

地理辞书类工具书是按照一定的检索规则，以条目形式将世界地理基本事实与数据及最新研究成果等内容加以综合概括和客观介绍，供读者查阅参考的书籍，主要包括百科全书、辞海、世界地理辞典及手册等。地理研究所世界地理科研人员自 20 世纪 60 年代起，就积极投入这项规模浩大的全民知识工程，先后作为主要单位参与了《中国大百科全书》第一版（1990 年 3 月出版）和第二版（2009 年 3 月出版）中 2000 多条世界地理条目的撰写和修编，《辞海》第一版（1979 年出版）、第二版（1987 年出版）和新二版（2009 年 10 月出版）世界地理部分的编撰与修编；作为主要作者单位参与了《世界地名词典》的编撰，该书收词目 1 万多条，内容十分丰富，由于紧跟国际形势，资料新颖，因而自 1981 年出版后受到大众的欢迎，1987 年再版，1996 年修订后又再版。此外，20 世纪 80 年代初～90 年代初由刘伉等主编的《世界自然地理手册》《世界人文地理手册》《世界地理之最词典》和《世界社会文化地理手册》，由于内容系统全面、信息量大，发行量都在 10 万册以上，其影响力超越地理、经济与社会人文学科，成为相关专业人员的重要参考工具书。为表彰地理研究所在《中国大百科全书》第二版和《辞海》新二版中作出的重要贡献，中共中央宣传部和国家新闻出版总署先后于 2009 年 8 月和 2009 年 12 月表彰了徐成龙、刘伉、毛汉英、吴关琦、裘新生等 5 位同志。

2. 科普作品

科普作品是以通俗易懂的方式和语言介绍世界地理知识的文章和书籍，由于它集时事性、知识性和趣味性于一体，因而颇受各界读者的欢迎与好评。世界地理的科普作品大多是面向中等文化程度的广大读者和听众，其中既有配合国内外政治、经济形势需要，为中央人民广播电台、《地理知识》和有关报刊撰写的大量介绍周边国家（地区）的自然与人文—经济地理文章，以及针对国际上一些热点问题（如能源、海洋等）发表的具有针对性的评论；也有一些专门介绍国家与海洋等的中、高级科普读物，其中具有代表性的有：《越南》（1962 年）、《老挝》（1962 年）、《柬埔寨》（1964 年）、《阿尔巴尼亚》（1975 年）、《日本的文化摇篮——京都》（1984 年）、《人类社会活动中心——享誉人类社会的 84 座名城》（1996 年）、《世界地理博览》（2009 年），以及《北冰洋》（1980 年）、《印度洋纵横谈》（1982 年）、《神秘的南极大陆》（1988 年）、《太平洋纵横谈》（1990 年）等，为普及世界地理知识做出了重要贡献。

3. 地名学与外国地名知识

地名作为某一地理实体的载体，承载着特定的地理、历史和文化信息。因此，研究外国地名同世界地理研究有着紧密的联系。刘伉作为国内著名的地名学专家，在地名学尤其是外国地名学研究方面有着深厚的学术造诣。自 20 世纪 80 年代以来，先后出版了《地名学论文集》（1985 年）、《地名学论稿》（1986 年）、《地名学研究文集》（1989 年）、《外国地名谈丛》（1987年）、《世界地名纵横谈》（1987年）、《世界地名与民俗漫谈》（1989年）、《外国地名探源》（1998年）、《环球地名初探》（2009年）等。其中《环球地名初探》总篇幅超过100万字，内容涉及外国地名的历史渊源与翻译通则，以及世界各大洲、各大洋、各国（地区）600条地理实体（含大陆与海洋地名）的由来、演变、历史和文化内涵，涉及的外国地名超过5000个，是迄今为止国内同类著作中内容最全面、释文最具权威的外国地名著作，对规范外国地名的译名和普及外国地名知识发挥了重要作用。

六、今后发展展望

从以上的简要回顾不难看出，地理研究所世界地理学科的发展壮大是同国家的外交斗争和经济建设方面的迫切需求密不可分的。尽管我们的研究工作取得了一定的成绩，但同国家的要求和国际先进水平相比，还存在研究工作超前性不够、研究的系统性不强、研究手段落后、资料来源单一、研究成果的深度有待进一步提高等问题。在当今世界多极化不可逆转、经济全球化深入发展的新形势下，求和平、谋发展、促合作已成为不可阻挡的历史潮流。但同时也必须看到，霸权主义和强权政治依然存在，世界仍很不安宁，局部冲突和热点问题此起彼伏。因此，今后世界地理学科的发展，应继续沿着为国家政治斗争和经济建设服务的正确轨道，以地缘政治和地缘经济研究为主线，进一步加强对周边国家和地区以及全球性的重大专题研究，拓展世界海洋地理和海洋权益的研究，认真总结借鉴国外在国土开发与区域发展、城市化、低碳经济、区域生态建设等方面的经验教训，加强研究队伍的建设与研究手段的革新，通过"请进来"和"走出去"，开展国际合作研究，力争用10年左右时间在以下4个方面取得新的、更大的进展。

1. 为国家制定新的地缘政治与地缘经济战略提供依据

20世纪80年代以来，中国所处的地缘政治和地缘经济形势总体上是有利的，确保了国家安全和经济的持续快速发展。21世纪，尽管国际形势继续朝着有利于维护世界和平与稳定的方向发展，但由于国际政治斗争的复杂性与长期性，中国各地区面临的地缘政治形势不尽相同。其中，西部和西南部地区毗邻的中亚和南亚地区是世界上民族宗教问题同恐怖主义和外来侵略势力等多种矛盾交错地区，被称为"地缘政治破碎带"，因此这一地区的地缘政治态势对中国安全稳定与发展影响较大，但同时也存在发展地缘经济的巨大机遇；东亚地区的地缘政治形势对中国东北和沿海地区的安全与发展总体较为有利，但由于存在朝鲜半岛、中日关系及海洋权益等敏感问题，又使得地缘政治形势存在某些不确定性；中国和东南亚各国虽然存在南海诸岛等问题，但总体上合作大于竞争。因此，亟需世界地理通过深入研究，在对周边国家和地区地缘政治与地缘经济态势作出正确判断的基础上，提出调整地缘政治战略的建议，充分利用有利地缘政治形势，并对可能出现的不利形势作出未雨绸缪的安排。

2. 加强对世界战略资源和粮食问题的研究

能源、水资源和粮食问题是关系到国际社会生存与发展和国计民生的头等大事。特别是由于全球范围的能源短缺日益凸现（2010年中国石油对外依存度超过55%），粮食及水资源供应形势严峻（当今世界上尚有1/3的人口处于饥饿和半饥饿状态）。因而，加强对这一问题的研究具有更大的现实意义。目前这类研究工作已有一定的基础，今后应结合国家战略需求，一方面要对研究内容加以深化与拓展（如对世界石油资源、开采、运输、加工、消费新格局的跟踪研究及新能源的开发利用潜力等）；另一方面，要为中国能源安全、跨国水资源的合理开发利用和稳定的粮食生产等提供决策建议。

3. 加强对海洋地理研究

长期以来，海洋地理是中国地理学研究中的薄弱环节。中国拥有1.8万公里大陆海岸线，沿海大陆架与专属经济区面积300万平方公里，相当于陆地国土总面积的31%；沿海岛屿5400多个，岛屿总面积约11万平方公里，岛屿岸线长约1.4万公里。海洋作为"蓝色宝库"，是21世纪及未来世界能源等多种矿产资源和生物资源的主要来源。据已有资料，世界海洋水产品的潜在年产量为2亿吨，而目前年捕捞量仅8000多万吨；世界海洋深海金属矿产储量达3万亿吨，仅太平洋就有1.7万亿吨；世界海洋潮汐能、波浪能、海水热能、海流等理论储量达1500多亿千瓦，其中可供利用的约70多亿千瓦，相当于现世界发电能力的几十倍。可以预料，今后围绕世界海洋资源的开发，各国的争夺将更加"白热化"。同时，随着经济全球化的快速发展，中国正日益融入开放的世界经济体系，工业原料与产品同国际市场的联系更为紧密。因此，无论是从捍卫中国海洋主权和发展海洋经济出发，还是为了保卫海上通道的安全、畅通，加强世界海洋地理研究已是刻不容缓。苏联科学院在长期研究积累的基础上，于20世纪70年代中～80年代初陆续出版了《世界海洋自然地理》《世界海洋经济地理》，以及大西洋、太平洋、印度洋和北冰洋的海洋地理与海洋图集，为实施其全球海洋战略发挥了重要作用。对此，我们必须及早谋划，抓住重点，合理布局必要的研究力量。

4. 加强世界地理研究队伍建设与研究手段的革新

建立一支适当规模和年龄与专业结构合理的研究队伍是振兴世界地理研究的重要保证。目前地理研究所只有本国地理、没有世界地理研究的组织架构是极不合理的，也是同中国作为负责任的世界大国和地理研究所作为国际上最大的地理研究机构的地位很不相称的。而欧美、日本、俄罗斯的地理研究机构、大学和著名咨询公司都拥有一批专业世界地理研究力量，长期从事国家、地区和专题的跟踪研究，并出版一些专门刊物（如美国出版的《苏联地理学》和日本出版的《世界地理》等），培养出了一批高水平的"国家通""地区通"和诸如世界能源问题等部门专家，这也是我们今后努力的方向。

长期以来，世界地理研究手段较落后，资料来源主要依赖公开出版的书刊、报纸等传统途径获取，近年虽增加了实地考察，但多数情况下还是遵循资料搜集—资料加工分析与综合归纳—形成初步看法和定性结论的思路进行，定量研究应用较少。20 世纪 90 年代，随着遥感（RS）、地理信息（GIS）等新技术在地理研究中的广泛应用，为革新世界地理研究手段提供了可能。例如，借助于地球资源卫星和小卫星，可获取海量的资源、环境数据；利用遥感（RS）、地理信息系统（GIS）、机助制图技术等现代手段，使世界地理研究从野外考察、资料搜集、数据库建设与数据处理、计算模拟、成果制图全过程实现信息化，不仅可大大节省时间，还可通过定性与定量相结合的综合集成方法（包括应用多种计量模型与仿真技术），提升研究成果的科学水平。

参考文献

1. 北京科学技术创作协会编：《国土整治实例（国外部分）》，海洋出版社，1985 年。
2. 蔡宗夏："喀麦隆的植被和人（法文）"，法国波尔多热带地理研究中心，1983 年。
3. 曹学坤：《世界若干大城市社会经济发展研究：兼与我国某些城市对比》，科学技术出版社，1993 年。
4. 曾尊固、文云朝、申维丞等：《非洲农业地理》，商务印书馆，1984 年。
5. 陈汉欣、毛汉英等：《世界钢铁工业地理》，冶金工业出版社，1989 年。
6. 陈汉欣、孙盘寿等：《苏联钢铁工业地理》，冶金工业出版社，1981 年。
7. 丛淑媛、胡欣：《太平洋纵横谈》，福建人民出版社，1990 年。
8. 丛淑媛：《日本文化的摇篮——京都》，商务印书馆，1984 年。
9. 崔功豪、申维丞：《中国城镇发展研究》，中国建筑工业出版社，1992 年。
10. 胡欣、丛淑媛：《印度洋纵横谈》，福建人民出版社，1982 年。
11. 李德美等：《阿尔巴尼亚》，商务印书馆，1974 年。
12. 梁仁彩、娄学萃、裘新生等：《世界能源地理》，科学出版社，1989 年。
13. 刘伉、毛汉英、王守春：《世界自然地理手册》，知识出版社，1981 年（初版），1984 年（增订版）。
14. 刘伉：《地名学论稿》，高等教育出版社，1986 年。
15. 刘伉：《地名学论文集》，测绘出版社，1985 年。
16. 刘伉：《地名学研究文集》，辽宁人民出版社，1989 年。
17. 刘伉：《环球地名初探》，百花文艺出版社，2009 年。
18. 刘伉：《世界地名与民俗漫谈·亚洲卷》，辽宁人民出版社，1989 年。
19. 刘伉：《世界地名纵横谈》，世界知识出版社，1987 年。
20. 刘伉：《外国地名谈丛》，北京旅游出版社，1987 年。
21. 刘伉：《外国地名探源》，星球地图出版社，1998 年。
22. 刘伉主编：《世界地理之最词典》，上海辞书出版社，1987 年。
23. 刘伉主编：《世界社会文化地理手册》，中国林业出版社，1993 年。
24. 陆大道等：《中国区域发展的理论与实践》，科学出版社，2003 年，第 551~561 页。
25. 满颖之主编：《日本经济地理》，科学出版社，1984 年。
26. 毛汉英、刘伉：《世界人文地理手册》，知识出版社，1981 年（初版），1984 年（增订版）。
27. 毛汉英、裘新生等：《苏联农业地理》，商务印书馆，1984 年。
28. 毛汉英："北冰洋的自然与资源"，《地理集刊》（第 21 号），科学出版社，1988 年。
29. 毛汉英："国外能源基地建设与综合发展的经验和做法"//毛汉英：《区域发展与区域规划——理论·方

法·实践》，商务印书馆，2008 年，第 534~552 页。

30. 毛汉英："日本第五次全国综合开发规划的基本思路及对我国的借鉴意义"，《世界地理集刊》，2000 年第 1 期。
31. 毛汉英："苏联东部地区国土开发的经验及对我国的借鉴意义"，《地理集刊》（第 20 号），科学出版社，1987 年。
32. 毛汉英："苏联组建工业枢纽中的若干理论与方法问题"，《地理集刊》（第 20 号），科学出版社，1987 年。
33. 毛汉英："咸海危机的起因与解决途径"，《地理研究》，1991 年第 2 期。
34. 毛汉英：《北冰洋》，天津人民出版社，1980 年。
35. 裘新生、王国清：《苏联石油地理》，科学出版社，1987 年。
36. 申维丞、李文华：《人类社会活动中心：享誉人类社会的 84 座名城》，中国青年出版社，1996 年。
37. 史棣祖："南海诸岛自古就是我国领土"，《光明时报》，1975 年 11 月 24 日。
38. 孙鸿烈主编：《资源百科全书》，中国大百科全书出版社，2000 年。
39. 王国清、朱德祥：《世界煤炭地理》，商务印书馆，1987 年。
40. 文云朝："地理研究所的世界地理研究"//左大康：《地理学研究进展：纪念中国科学院地理研究所成立五十周年》，科学出版社，1990 年。
41. 文云朝：《塞内加尔：资源、环境与发展》，商务印书馆，1986 年。
42. 文云朝：《中亚地缘政治与新疆开放开发》，科学出版社，2002 年。
43. 吴关琦、徐成龙等：《东南亚农业地理》，商务印书馆，1988 年。
44. 吴关琦等：《越南》，中国青年出版社，1962 年。
45. 熊忠英等：《柬埔寨》，中国青年出版社，1964 年。
46. 徐成龙：《马来亚地理》（内部交流稿），1964 年。
47. 徐成龙：《世界经济地理》，人民教育出版社，1989 年。
48. 徐成龙等："世界地理研究室的评议材料（1950~1982）"（内部资料），1982 年 9 月。
49. 徐成龙等：《老挝》，中国青年出版社，1962 年。
50. 张同铸、毛汉英：《世界农业地理总论》，商务印书馆，2000 年。
51. 张文奎、丛淑媛等：《日本钢铁工业地理》，冶金工业出版社，1981 年。
52. 张文奎、丛淑媛等：《日本农业地理》，商务印书馆，1987 年。
53. 赵松乔、吴关琦、王士鹤：《菲律宾地理》，科学出版社，1964 年。
54. 赵松乔：《缅甸地理》，科学出版社，1958 年。
55. 郑平、朱德祥、文云朝主编：《世界地理博览（美洲·非洲·大洋洲·南极洲）》，上海科学技术文献出版社，2009 年。
56. 郑平、朱德祥、文云朝主编：《世界地理博览（亚洲·欧洲）》，上海科学技术文献出版社，2009 年。
57. 郑平：《神秘的南极大陆》，海洋出版社，1988 年。
58. 中国科学院地理研究所、东北师范大学：《苏联经济地理（上册，总论）》（由毛汉英、陈才主编），科学出版社，1983 年。
59. 东北师范大学、中国科学院地理研究所：《苏联经济地理（下册，区域）》（由陈才、毛汉英主编），科学出版社，1987 年。
60. 中国科学院地理研究所：《边界历史地理研究论丛》，全国科技大会成果，1979 年。

61. 中国科学院地理研究所：《世界钢铁工业地理》，冶金工业出版社，1989年。
62. 中国科学院地理研究所：《援外成套设计基础资料汇编：自然地理篇》，外经贸部印刷，1975～1977年。
63. 中国科学院地理研究所编辑：《地理集刊（第20号）：国外国土整治与生产布局》，科学出版社，1987年。
64. 中国科学院地理研究所等：《世界地名词典》，上海辞书出版社，1981（初版），1987（再版），1996年（修订版）。
65. 中华人民共和国国家统计局：《中国统计年鉴》，中国统计出版社，2010年。
66. 朱德祥、黄文房等："伊犁河与阿克苏河流域国际分水问题研究"（研究报告），1992年。
67. 朱德祥："国际河流研究的意义与发展"，《地理研究》，1993年第4期。

（本文刊于《地理科学进展》2011年第4期）

中国周边的地缘政治与地缘经济的格局和对策

一、引言

国家的生存与发展同周边地缘安全环境有着极为密切的关系。一个和平安宁的周边环境有利于国家长治久安和持续健康发展；而一个矛盾重重、危机四伏的周边环境则会对国家的生存与发展构成严重威胁。如何为中国的和平崛起和中华民族的振兴营造一个有利的周边环境就显得格外重要。2013年10月，习近平总书记在研究中国未来10年周边国家外交工作座谈会上指出，"无论从地理方位、自然环境还是相互关系看，周边对中国都具有极为重要的战略意义""中国周边外交战略目标，就是要服从和服务于实现中华民族伟大复兴的中国梦，为中国改革发展稳定争取良好的外部条件"[①]。2018年6月23日，在中央外事工作讲话中他又强调，我国对外工作要坚持以新时代中国特色社会主义外交思想为指导，统筹国内国际两个大局，牢牢把握服务民族复兴、促进人类进步这条主线，推动构建人类命运共同体，坚定维护国家主权、安全、发展利益，积极参与引领全球治理体系改革，打造更加完善的全球伙伴关系网络，努力开创中国特色大国外交新局面，为全面建成小康社会、进而全面建设社会主义现代化强国创造有利条件、做出应有贡献。

中国国土面积960万平方公里，陆地边界线（含界河、界湖）总长22800多公里，陆上与中国接壤的国家有朝鲜、俄罗斯、蒙古、哈萨克斯坦、吉尔吉斯斯坦、塔吉克斯坦、阿富汗、巴基斯坦、印度、不丹、尼泊尔、缅甸、老挝、越南等14个；海岸线总长3.2万公里（其中大陆海岸线1.8万公里，岛屿海岸线1.4万公里），海洋专属经济区和大陆架面积约300万平方公里，有日本、韩国、菲律宾、马来西亚、印度尼西亚、文莱等6个国家与中国隔海相望。在世界大国中，除俄罗斯外，中国是周边邻国最多的国家，加上这些国家历史变迁、民族宗教、社会制度和发展水平差别较大，因此，中国面临的地缘政治与地缘经济环境也错综复杂，对国家安全与发展具有十分重要的影响。

---

① "习近平在周边外交工作座谈会上发表重要讲话，强调为我国发展争取良好周边环境，推动我国发展更多惠及周边国家"，《人民日报》，2013年10月26日。

二、地缘政治与地缘经济的内涵及产生背景

(一)地缘政治与地缘经济的定义

地缘政治又名地理政治学(Geopolitics),根据《辞海》第6版的定义,是关于国际政治现象制约于各种地理要素和人文要素共同作用结果的理论。通俗地讲,地缘政治是指国家间、地区间或民族间基于地理区位、地理空间和历史地理等因素而形成的政治军事联合、结盟(政治和军事集团化)或政治对立乃至遏制或者战争的相互关系态势及演变过程。地缘政治强调地理对政治的影响,将地理位置、自然和人文地理因素作为制定对外战略方针的理论依据。按照地缘政治的基本观点,在国家关系中,对抗和结盟一般是不可避免的,其目的是为了谋取领土、资源等生存条件和生存空间的支配权力与控制权力。

地缘经济是在地缘政治的影响和支配下,国家与区域之间围绕商品市场、资源供应、资金技术流向等形成的竞争、合作与联合关系。它是在冷战结束后的新形势下,以经济利益和经济关系取代政治军事对抗而出现的新型国际关系,目的在于使各自国家在复杂多变的国际关系中,在政治经济权利控制、支配与反控制、反支配的世界现实中,处于有利地位。按照地缘政治的观点,密切的地缘经济可以起到政治关系的"稳定器"作用。

(二)西方地缘政治的代表性观点及产生背景

西方地缘政治学产生于19世纪末到20世纪初,当时世界上一些老牌资本主义国家如西班牙、葡萄牙、英国、荷兰、法国日趋衰落,而美国、德国、日本等一些新兴的帝国主义国家,围绕着扩大势力范围、争夺殖民地和争霸世界展开了激烈的争夺,因此,形形色色的地缘政治理论也就应运而生。西方地缘政治学是在"国家有机体"学说的基础上,综合了海权论、陆权论、边缘地带论和"生存空间论"等逐步发展起来的,其理论依据是地理环境决定论,出发点是为大国的对外侵略扩张政策制造舆论。

1. "国家有机体"理论

德国地理学家弗里德里希·拉采尔(F. Ratzal, 1844~1904)是地缘政治理论的奠基人。其理论核心是用达尔文的优胜劣汰的生物竞争理论来解释社会关系和社会现象。1901年他在《国家空间增长的规律》一文中,将一个民族看作是一个生命有机体,认为一个寻求领土扩张的国家就好像是一个正在生长的生物有机体寻找生长空间一样。拉采尔罗列了国家扩张的7个规律,其中两个是:国家的空间随着文化的发展而增长;国家的成长通过合并及吞并小国来实现。1905年,瑞典政治地理学家鲁道夫·契伦(R. Kjellen, 1846~1922)首次将地缘政治学定义为"把国家作为地理有机体或一个空间现象来认识的科学",并提出"决定国家生命的因素是维持生存权的本能、扩充领土的意向和伸张权力的意志"。

2. 海权论

海权论的代表人物美国海军战略家艾尔弗雷德·塞耶·马汉（A. T. Mahan, 1840~1914）则强调控制海洋对国家和战争的重要性。1890 年，马汉在其代表作《海权对历史的影响》中指出，制海权是国家繁荣昌盛的重要标志和基本；谁能控制海洋，谁就能成为世界强国；而控制海洋的关键，是对世界主要海峡和海上通道的控制。

3. 陆权论

陆权论（即"大陆腹地说"）代表人物英国地理学家哈尔福特·麦金德（H. Mackinder, 1861~1947）认为，区位和自然环境是决定世界权力结构的重要因素（R. J. 约翰斯顿，2004）。1904 年他在《历史的地理枢纽》一文中，基于陆上霸权的中心思想，将世界划分为枢纽地区（即"心脏地带"）、内新月形地区、外新月形地区。其中，位于欧亚大陆中部和北部的俄国、东欧及中亚地区称为"心脏地带"；从德国、土耳其、印度到中国是"内新月形地区"；从南北美洲、撒哈拉以南的非洲到澳洲为"外新月形地区"。并提出，"谁统治东欧，谁就能主宰心脏地带；谁统治心脏地带，谁就能主宰世界岛[①]；谁统治了世界岛，谁就能主宰全世界"。

4. 边缘地带论

美国耶鲁大学的尼古拉斯·斯皮克曼（N. Spykman, 1893~1943）虽然接受了麦金德对世界地缘政治学划分的思想，但他从美国如何控制欧亚大陆的战略出发，强调位于欧亚大陆与海洋之间的边缘地带的重要性，并提出，"控制边缘地带者统治欧亚大陆；统治欧亚大陆者控制全世界命运"。

5. 生存空间论

第一次世界大战后，德国地缘政治学家卡尔·豪斯霍弗（K. Haushofer, 1869~1946）在全盘继承拉采尔的"国家有机体"学说以及海权论和陆权论的基础上提出，国家在永恒的生存中有很多需要，但是最基本的是生存空间的需要，国家有机体的生长和发展依赖于生存空间的获取。同时他还研究了第二次世界大战前全球、中欧、英国、印度、日本以及太平洋和印度洋的地缘政治地图，以此说明寻求生存空间的重要性（这些文章发表于德国著名的《地缘政治学刊》）。他还认为，传播民族文化是征服空间最有效的方法，并提出了德国为工厂、其他国家为"大日耳曼"的农业原料产地的"大空间经济论"。

（三）地缘政治与地缘经济重新受到重视

第二次世界大战后，世界上形成了两大对立的阵营：以美国为首的资本主义阵营和以苏联为首的社会主义阵营。20 世纪 50~60 年代，由美苏两个超级大国主导的"均势"外交战略是国际地缘政治的主要特点。因此，地缘政治研究曾一度处于低潮。尽管这一时期

---

① "世界岛"指欧亚大陆和非洲大陆。

也出现了一些地缘政治论著，但其影响力大不如前。

自20世纪70年代起，随着社会主义阵营出现分裂，"均势"被打破，逐步确立了美国在全球地缘政治中的支配地位。为了进一步实现其控制全球的地缘战略，地缘政治学在美国重新得到重视。从1973年美国地理学家索尔·科恩（S. Cohen）提出的将世界划分为不同地缘等级的"多极世界模型"，到1993年美国哈佛大学战略研究所所长塞缪尔·亨廷顿（S. Huntington）提出的由地缘文化冲突引发的"文明冲突论"，以及1997年美国前总统国家安全助理布热津斯基出版的《大棋局：美国的首要地位及其地缘战略》，标志着地缘政治学在复兴中不断发展。

20世纪90年代以来，随着世界政治经济形势的急剧变化，地缘政治和地缘经济在国际关系新格局的形成中发挥着日益重要和不可替代的作用，因此不仅重新受到美国、俄罗斯及欧盟的普遍重视，而且中国和广大发展中国家在制定对外政策时，也开始研究周边的地缘政治与地缘经济环境，目的是为国家安全和经济社会发展提供良好的外部条件。

1. 世界地缘政治的多极化进一步加强

冷战结束后，随着以中国为代表的第三世界新兴国家的崛起，欧洲从欧共体走向欧盟并不断东扩，以及始于20世纪90年代中期的经济全球化，彻底改变了美国独霸全球的单极世界和单边主义的政治经济格局。当前在世界范围内已形成美国、欧盟、东亚三足鼎立的政治经济格局。同时，"金砖五国"的中国、俄罗斯、印度、巴西和南非由于其经济的持续快速发展，在国际社会的话语权也不断提升；而美国、欧盟和日本等发达国家由于受2009年全球金融危机打击，经济持续低迷，在国际地缘政治中的影响力下降，由此导致世界地缘政治中的多极化倾向进一步加强。

2. 局部地区战争和冲突是世界地缘政治中的不稳定因素

自20世纪80年代以来，世界范围内局部地区的战争和冲突从未停止过，从苏联入侵阿富汗、两伊战争、美国和北约策划下的南斯拉夫解体和科索沃战争、旷日持久的阿以冲突、非洲的种族冲突与屠杀、阿富汗的"反恐"战争，到美国入侵伊拉克、朝核问题、北约入侵利比亚、叙利亚危机等，局部战争和冲突虽然没有扩大成为区域性量级，但对世界地缘政治格局产生了重要影响，成为世界地缘政治中持续不稳定的因素。

3. 亚洲和亚太地区成为全球大国关注的战略重点

基于亚太地区在地缘战略上的重要性，美国从2011年宣布其战略重点从欧洲、中东和海湾地区东移，提出"重返亚太地区"和实施"亚太再平衡战略"，并计划到2020年将其60%的战舰和海外空军力量部署在亚太地区，亚太地区成为美国的全球战略重点。

此外，欧盟从推动贸易出发，将战略重点从美洲转移到亚洲。日本出于地缘政治考虑，将投资和出口市场重点转向东亚、东南亚地区。俄罗斯也推行"亚洲新外交"，力图扩大在亚洲地区的影响。中国作为亚洲和亚太地区负责任的大国，亚太地区的地缘环境直接关系到中国的国家安全和中华民族的伟大复兴，理应成为中国关注的地缘战略重点。

4. 地缘经济取得了长足发展

竞争与合作互相渗透愈来愈成为当代国际政治中国家行为的基本准则和模式。在经济全球化深入发展的国际背景下，地缘政治更多地通过地缘经济施加影响。一些国家和国家集团为了自身发展和规避全球化的风险，促进商品、资本、人才和劳动力自由流动，加快了经济区域化和一体化的步伐。据英国《经济学人》杂志 2009 年公布的数字，目前世界上已建立了 109 个区域和次区域经济合作组织，其中最著名的有欧盟、亚太经合组织、北美自由贸易区、非洲自由贸易区、非洲联盟、东南亚国家联盟、海湾合作委员会等。近年来许多区域合作组织在不断扩大规模与影响力（如欧盟东扩至 28 国、东盟"10+3"等）的同时，正在推进市场、经济和社会一体化的进程。

地缘政治学是地理学和政治学的交叉学科。地理学家主要从空间视角出发，将世界作为一个整体，来研究国际和全球区域政治经济关系问题，并揭示其发展演变规律，属于政治地理学和世界地理学的重要研究范畴。对一个国家而言，如何营造有利的周边地缘政治环境，化解不利的地缘政治影响，并将地缘政治关系转化为地缘经济合作，是国家外交战略的重要组成部分。但 20 世纪 80 年代以前，在极左思潮影响下，中国学术界将具有科学内涵的地缘政治学等同于西方地缘政治学，认为它是"伪科学"和反动学说而加以批判与全盘否定，致使国内学者在很长一段时期内不敢问津，在这方面的研究大大落后于客观需要，成为亟待加强的薄弱环节。

2010 年美国国家科学院研究理事会出版的《理解正在变化的星球：地理科学的战略方向》一书中，列举出 11 个未来地理科学的战略方向，其中之一就有"地缘政治变化如何影响和平与稳定"。2014 年中国地理学会在成都召开的年会上，傅伯杰院士代表中国地理学会、国家自然科学基金会地学部所作的"走向世界的中国地理学"主题报告中，提出了未来中国地理科学发展的九大战略方向，其中之一即为"全球化时代的世界地理与地缘政治经济研究"。

三、中国地缘政治与地缘经济的历史和现状特点

（一）20 世纪 50~70 年代中国的地缘政治与地缘经济形势

1. "四面受敌"的地缘政治环境

新中国成立后，由于坚决倒向以苏联为首的社会主义阵营，周边被以美国为首的资本主义阵营包围。1950 年，美国利用联合国名义发动侵朝战争，并用武力阻止中国解放台湾，对中国沿海进行经济封锁，致使中国地缘政治处于空前紧张之中。20 世纪 60 年代初，美国入侵越南，中国坚决支持越南人民的抗美战争，加之 1962 年爆发的中印边境自卫反击战，致使中国南部边界安全形势十分严峻。

自 20 世纪 60 年代起，中苏关系从意识形态分歧发展到国家关系全面紧张，苏方还在中国东北和西北边境地区制造了一系列武装冲突事件（如 1969 年 3 月的珍宝岛事件），使得原本安全的北部和西北部边界受到严重的军事威胁。总体上看，20 世纪 50～70 年代，中国周边面临着十分严峻的地缘政治环境，相当长一段时期处于"四面受敌"的境地，国家安全受到严重的军事威胁。

2. 基于地缘政治的经济发展与布局

20 世纪 50～60 年代初，依托良好的地缘政治关系，全面加强与苏联的地缘经济合作。"一五"和"二五"期间，苏联援助中国的 156 个重点建设项目（以重工业为主），主要布局在当时地缘政治环境相对安全的东北、华北和西北等内陆地区，严格控制在沿海地区布局大的工业建设项目。

20 世纪 60 年代中期至 70 年代末，为应对当时"四面受敌"的地缘政治环境，中国在经济建设方面实行两大战略决策：一是实施"三线"建设，重点加强地缘政治环境相对安全的川、黔两省及豫西、鄂西、湘西等"三西"地区为主的"大三线"建设；沿海各省区各自建设位置相对偏向内陆的"小三线"；二是内地工业建设布局实行"大分散、小集中、不搞大城市"，工厂布点"靠山、分散、隐蔽"，有的要"钻洞"。

（二）20 世纪 80～90 年代中国地缘政治与地缘经济环境的变化

1. 影响地缘政治与地缘经济环境变化的重大因素

20 世纪 80～90 年代，影响中国地缘政治与地缘经济环境变化的重大因素有：

——1972 年 2 月，美国总统尼克松访华和《中美上海联合公报》签署，标志着两国对立了 20 多年后开始走向关系正常化，使中国周边的地缘政治环境开始出现缓和并逐步改善。

——1978 年 12 月，中共十一届三中全会召开，全面批判了十年"文革"的"左"倾错误，确立了以经济建设为纲和改革开放的正确路线。

——1991 年 11 月，苏联正式解体，标志着冷战时期的结束，国际关系从对抗转向对话，国际间的政治斗争和军事斗争逐步让位于经济竞争。

——20 世纪 90 年代中期以来，随着科技革命的深入发展，经济全球化和区域经济一体化的趋势不断加强，国际经济技术合作步入快速发展轨道。

2. 地缘经济出现的重大变化

自 20 世纪 70 年代末以来，随着中国周边地缘政治形势的缓和与不断改善，迎来了地缘经济的快速发展。

（1）沿海地区率先实现对外开放

充分发挥东南沿海毗邻港澳台地区的地缘、亲缘和文缘优势，通过建设深圳、珠海、厦门、汕头 4 个经济特区，将其建设为中国对外开放的"窗口"和吸引外资的前沿地带。

而后又迅速扩大到沿海 14 个开放城市、长三角和北方沿海地区。沿海地区对外开放不仅确立了这一地区作为中国经济增长极的地位，而且大大加快了中国工业化、现代化和国际化的进程。

（2）沿边地区对外开放

1992 年，国家为落实全方位的对外开放政策，加快了沿边地区的对外开放，先后开放了中俄边境的黑河、满洲里、绥芬河、东宁，中蒙边境的二连浩特，中哈边境的伊宁、霍尔果斯，中缅边境的瑞丽、畹町，中越边境的凭祥、东兴等 13 个口岸。作为沿边开放城市，其后又相继扩大到中巴（基斯坦）、中尼（泊尔）和中印（度）边境口岸。

沿边地区的对外开放，以及始于 1999 年的西部大开发，不仅增强了西部各省区（特别是边境少数民族省区）的综合经济实力，大大改善了中国的地缘政治环境，而且为加强与周边国家的地缘经济合作奠定了基础。

（三）对中国当前所处的地缘政治和地缘经济环境的基本判断

1. 地缘政治环境基本面是好的

改革开放以来，中国经济社会持续快速发展，综合国力大幅提升。2019 年中国 GDP 总量 99.09 万亿元，折合 14.34 万亿美元，占世界 GDP 总量（87.75 万亿美元）的 16.34% 左右；外贸进出口总额 4.58 万亿美元，占世界外贸进出口总额（38.12 万亿元）的 12%，为全球第二大经济体。总的来说，当前中国地缘政治环境基本面是好的，并持续向好的方向发展。历史上长期存在的"北方威胁"不复存在；大国在中国周边地区的激烈对抗基本结束；中国同周边国家的地缘政治关系不断加强，以经贸、基础设施、科技、文化合作作为主体的地缘经济合作不断深化。可以说，这是中国历史上近 100 多年来的最好时期。

2. 对地缘政治面临的形势不能过分乐观

必须清醒地认识到，中国目前面临的地缘政治环境仍不容过分乐观，主要问题有：美国和日本对中国实施的军事遏制和围堵战略仍未改变，并力图建立从东海、南海到东南亚、南亚及中亚的新月形对华包围圈；随着中亚、西亚地区的宗教极端势力和民族分裂势力的兴起，"东突""藏独"等国际恐怖势力对中国的渗透与破坏从未停止，反恐形势长期艰巨；日本非法侵占中国的钓鱼岛和中日东海大陆架争端，以及南海问题等海洋地缘政治形势复杂多变。上述问题都将对中国的地缘政治和国家安全产生极为重要的影响。

3. 地缘经济成为中国地缘战略的重点

随着经济全球化的深入发展，中国经济同世界经济体系之间的相互依存、相互融合和相互制约的程度越来越高，2019 年中国对外贸易依存度达 31.94%；重要能矿资源的对外依存度居高不下，其中，石油 70.8%、天然气 43.2%、铁矿石 80%、铜 60%、铝土矿 50% 等。高技术产业中的芯片、航空发动机等关键与核心技术和产品尚依赖进口。

从地缘政治角度考量，我国主要战略资源进口来源过于集中（如原油进口量的 2/3 来自中东、非洲,铁矿石进口量的80%来自澳大利亚和巴西的3家公司),品种结构单一(如能源进口中原油占80%以上),运输方式单一(如进口原油的80%依靠海运),安全可靠性存在风险(2018年中国进出口物资的60%以上和原油进口量的约70%要通过马六甲海峡等重要战略要地)。今后,随着我国经济社会的持续发展,一些重要的战略资源的对外依存度还将提高(如石油的对外依存度预测2030年将达80%)。因此,通过发展良好的地缘经济关系,确保战略资源的安全供应是中国地缘战略的重中之重。

四、中国周边地缘政治与地缘经济的基本格局及发展态势

从政治地理的视角,可将中国周边地区的地缘政治环境分为北部、西部、西南部、南部与东部五段,其地缘政治的基本格局及发展态势也各不相同。

(一)北部:地缘政治关系紧密,地缘经济发展较快

中国的北部边界分别与俄罗斯和蒙古接壤,边界线总长约9000公里,均为陆地边界。

1. 困扰中俄几个世纪的边界问题已全部解决

从1992年起,经过漫长的谈判,于1997年和1998年先后完成了中俄东段(长4195公里)和西段(长54.6公里)的边界勘界,并于1998年11月签署了《关于中俄边界问题的联合声明》。1996年和1997年,中国、俄罗斯、哈萨克斯坦、吉尔吉斯斯坦和塔吉克斯坦五国元首分别在上海和莫斯科签署了《关于在边境地区加强军事领域信任的协议》和《关于在边境地区裁减军事力量的协议》,解除了长期存在的来自北方的军事威胁和对抗。

2. 建立了睦邻友好的地缘关系

在顺利解决边界问题的基础上,2000年签署了《中俄睦邻友好合作协议》,建立了"平等信任面向21世纪的战略协作伙伴关系"(2011年又上升为"全面战略协作伙伴关系")。2001年,中、俄、哈、吉、塔在上海五国首脑会议的基础上宣告成立"上海合作组织"(乌兹别克斯坦随后加入),就各国在各个领域的广泛合作以及联合打击国际恐怖势力、民族分裂势力和宗教极端势力等"三股势力",以及维护地区的和平安全与稳定达成共识。当前中俄关系处于历史最好时期,主要体现在:建立了高水平的政治和战略互信,高层交往和各领域合作机制健全,积极对接各自发展战略,社会和民意基础牢固,在国际和地区事务中保持密切战略合作。

3. 地缘经济得到了快速发展

中俄、中蒙在经济、贸易、科技、文化、教育等领域建立了双边合作机制,开展了广泛有效的合作。2019年中俄进出口贸易总额1109.4亿美元,约为2000年的14倍。2019年中国从俄罗斯进口原油7050万吨,占中国原油进口量的15.3%,仅次于沙特。2014年中俄两国签订了为期30年的天然气供气协议,价值4000亿美元(年供气380亿立方米),于

2019年底投产。2017年12月,中俄能源合作项目北极圈内的亚马尔液化天然气项目投产,每年向中国出口的LNG超过400万吨。中蒙两国在能源(煤炭)、有色金属开采及基础设施建设方面的合作也取得了较大进展。

总的说来,进入21世纪以来,中俄关系已成为互信程度最高、协作水平最高、战略价值最高的大国关系,对促进两国发展振兴,维护世界和平、稳定、发展做出了重要贡献。今后随着地缘政治关系进一步向高水平提升,地缘经济合作领域与规模将不断扩大。从目前以能源原材料为主向核电、高技术、航空航天、交通基础设施和金融等领域拓展,两国贸易额计划提升至2030年的2000亿美元。

同时必须看到,俄罗斯领导人长期以来奉行的是务实外交政策。中俄两国在全球地缘战略方面既有共同利益(这在当前是主流),但也存在各自的利益;俄罗斯对中国的崛起和加强国防建设存有戒心,并力图通过印度、越南等国从军事上牵制中国,因此,两国关系不可能再回到20世纪50年代的结盟关系,而是保持"结伙不结盟"。

此外,在地理上处于中国与俄罗斯之间的蒙古国,目前虽与中国保持着良好的地缘政治与地缘经济关系,但近年美、日、印度等大国势力加紧对蒙古政治、经济和文化领域进行渗透,因此对其潜在的问题应有清醒的估计。

(二)西部:地缘政治关系持续推进,地缘经济合作前景广阔

中国西部边界分别与哈萨克斯坦、吉尔吉斯斯坦、塔吉克斯坦三国接壤,国界线总长约3300公里。此外,该地区还包括与中国地缘政治与地缘经济方面有着紧密联系的乌兹别克斯坦和土库曼斯坦两国。中亚地区作为连接亚欧两洲东西、南北的陆上交通枢纽,战略地位十分重要。1904年,英国地理学家麦金德将中亚称为"历史的地理枢纽",并指出:"谁能控制中亚就能控制欧亚大陆,谁能控制欧亚大陆就能控制全世界。"同时,中亚五国还拥有丰富的能源矿产资源,其中石油和天然气探明储量分别达到41.1亿吨及27.8万亿立方米。此外,煤、铁、铜、铅、锌、镍、金及铀等矿藏和水力资源蕴藏量也位居世界前列。

中亚五国自1991年底脱离苏联后,在20世纪90年代后期同中国解决了边界问题。2001年以来,在上海合作组织的框架下与中国建立起了睦邻友好的地缘政治关系,2011年又上升为全面战略合作伙伴关系。良好的地缘政治关系推动了经贸合作的快速发展,尤以能源合作成效显著。先后建成了由哈萨克斯坦的阿塔苏至中国新疆独山子的原油输油管(能力2000万吨/年),以及中亚—中国天然气输气管A、B、C三线(能力550亿立方米/年),2018年向中国出口石油336.9万吨,天然气475亿立方米,分别占中国进口量的0.9%和47.3%。中国—中亚天然气输气管D线(能力为300亿立方米/年),计划于2020年底建成。同时,中国与中亚五国在经贸、交通基础设施、农业、科技、教育等方面也开展了全方位的合作。2019年中国与中亚五国的外贸进出口总额达463.5亿美元,比2001年增长了约3倍,其中中哈贸易额为220亿美元。

总的来看，中国与中亚五国保持着持续稳定的地缘政治关系，特别是 2013 年 9 月习近平主席成功访问中亚三国，提出了建设"丝绸之路经济带"，秉持"五通"（政策沟通、道路联通、贸易畅通、货币流通、民心相通）原则，创新合作模式，加强政治、经贸、人文、科技、安全及国际事务六大领域合作，从目前以能源合作为主向交通基础设施、加工制造业、金融、服务业、农业等领域拓展。规划 2030 年中国与中亚五国的贸易额将达 1000 亿美元。

同时必须看到，中亚地区不仅是穆斯林聚居区，又是多种文明的交汇碰撞区域，民族和宗教问题错综复杂。中亚五国独立后，伊斯兰宗教极端势力抬头并与国际恐怖势力相勾结，对我国西部省区安全构成威胁。此外，西方大国控制的一些国际非政府组织还力图利用民族和宗教矛盾挑起冲突，发动"颜色革命"。为此，中国应联合俄罗斯，坚决反对外部势力介入进行分裂和颠覆活动，共同打击恐怖势力和跨国犯罪，确保这一地区的和平稳定。

（三）西南部：地缘政治破碎地带，地缘经济合作极具潜力

中国西南部边界与阿富汗、巴基斯坦、印度、尼泊尔和不丹五国接壤，陆地边界总长约 5200 公里。此外，该地区还应包括与中国地缘关系密切的孟加拉国等。英国地理学家詹姆斯·菲尔格里夫（J.Fairgrieve，1870～1953）在其《地理和世界权力》一书中，将这一地区称作地缘"破碎地带"，即处于海权和陆权之间的权力缺失地区。该地带以中东为中心，沿着欧亚大陆南缘延伸至巴基斯坦和印度，并由此向北延伸至中亚地区。这一地区国家地缘政治结构不稳定，突出表现在：国与国之间的对立和冲突不断（如印巴历史上发生过三次战争），以及国内尖锐的民族和宗教冲突、阶级冲突（如印度的种姓制度），同时该地区也是宗教极端势力、民族分裂势力和国际恐怖势力等"三股势力"的重要基地。西南部地缘关系中最重要的有中巴关系、中印关系和中阿关系。

1. 中国和巴基斯坦关系

中巴两国自 1951 年正式建交以来，建立了全天候的友好关系，开展了全方位的友好合作。中国与巴基斯坦有着相同的地缘政治利益，并坚决支持巴基斯坦独立自主的外交政策，以及发展经济和建设自己国家的努力。2005 年双方签署了《中巴睦邻友好合作条约》，建立了更加紧密的战略合作伙伴关系。根据 2013 年 9 月习近平总书记提出的"一带一路"倡议，将推动中巴经济走廊作为共建"一带一路"的六大国际经济走廊之一。该走廊北起中国新疆喀什，南至巴基斯坦瓜达尔港，全长约 3000 公里，不仅是贯通陆海丝绸之路的重要通道，也是一条包括铁路、公路、油气管道和光缆"四位一体"的贸易走廊，其重点是规划建设瓜达尔至喀什的输油管，以及瓜达尔港—红旗拉普山口—喀什—中亚的铁路。

近年来，中巴两国在经济、军事、矿业、农业、环保、信息等领域合作不断深化。巴基斯坦已成为中国在西南部边界地缘政治中的重要的战略支撑点，以及牵制印度反华扩张势力的重要平衡力量。今后，确保巴基斯坦的政治上的稳定和反恐是中国地缘战略的首要

任务。

2. 中国与阿富汗的关系

阿富汗地处连接中亚和南亚的十字路口，为欧亚大陆中部的地理枢纽。历史上，阿富汗是各种文化的交汇处，也是大国角逐的场所和国际恐怖势力最主要活动基地。

中国与阿富汗虽只有92.5公里边界线，但其间长约400公里、宽3~5公里、平均海拔4000米以上的瓦罕走廊（其中中国境内约100公里）为古丝绸之路的要道，以及华夏文明与印度文明、中亚文明、波斯文明和欧洲文明交流的重要通道。

阿富汗是最早与新中国建交（1950年1月）的国家之一。1950~1970年代中国与阿富汗关系良好。1979年12月，苏联武装入侵阿富汗，中国对此强烈谴责。1992年塔利班掌权后，各派发生冲突，内战加剧。2001年"9·11"事件后，美国、联合国和北约以反恐名义发动对阿富汗战争，导致阿国内局势长期混乱动荡，美国及其盟国还力图长期占领阿富汗，形成对华的围堵态势。基于中国国家安全考虑，两国应以2006年共同签署的《中阿睦邻友好合作条约》为基础，与国际社会一起，恢复阿富汗的政局稳定，建立符合阿国情和开放包容的新政府，促使阿富汗不再发生新的内战，不再成为恐怖主义滋生地和庇护所。并通过加强政治、经济、人文、安全以及国际事务领域的合作，力促阿富汗走上独立、统一、和平、发展之路。

3. 中国与印度的关系

印度作为世界上仅次于中国的发展中大国，与中国有着1000多年的良好交往，地缘文化相近。20世纪50年代中印两国共同倡导了"和平共处五项原则"，在国际事务中相互支持。中印关系中的症结是英国殖民主义者留下的边界问题。在中印近2000公里的边界上，西、中、东三段均存在较大争议。其中，西段双方争议区在新疆阿克赛钦地区，面积为3.35万平方公里，除巴里加斯一处为印占外（面积约450平方公里），其余均由中国控制。2019年以来，印度挑起的加勒万河谷及班公湖冲突即在此段。中段争议区面积2100平方公里，有4处，均由印度控制。双方争议最大的东段，印方根据非法的"麦克马洪线"，侵占了中国喜马拉雅山南麓约9万平方公里土地，并在此建立了阿鲁恰尔特邦。1962年爆发的大规模边境冲突就发生在东、西段，至今仍是两国交往的阴影所在。此外，印度还一直在暗中支持达赖集团的分裂活动，企图策划将西藏从中国分裂出去。

总的看来，印度一方面作为发展中的大国、金砖五国及上合组织成员，在发展本国经济，共建国际新秩序方面与中国有共同愿望；另一方面，又全盘继承英国殖民主义者的边界"遗产"，并以"中国威胁论"为借口，谋求地区霸权（如吞并锡金），加快发展核武器和军事力量，积极参与由美国主导的对中国的遏制与包围政策。从我国地缘政治大局以及新时期的大国外交战略出发，未来应通过加强两国高层领导接触协商，逐步建立相互信任的边境关系，并扩大经贸、文化、科技等领域的合作，逐步改善地缘政治关系。但同时，对印度的领土扩张行径和积极追随美日澳等国插手南海问题等，应予以针锋相对的斗争（如

2018年的洞朗事件和2020年的加勒万河谷冲突)。

4. 中国与尼泊尔的关系

位于中国与印度之间的尼泊尔(面积14.7万平方公里,人口约3000万)与中国边界线长1414公里。历史上中尼两国有上千年的友好交往史。1955年建交以来,两国传统友谊和友好合作持续发展,高层领导交往频繁,政治和经贸合作不断加深。2019年10月,习近平主席访尼期间,与尼总统共同宣布,建立中尼面向发展与繁荣的世代友好战略合作伙伴关系。近年来,两国通过共建中尼铁路,进一步加强地缘政治与地缘经济关系。该铁路将中国西藏境内的拉(萨)日(喀则)铁路向西延伸至中尼边境的吉隆口岸,并与尼泊尔首都加德满都等三大城市相连接,这对打破尼内陆封闭局面,振兴经济,减少对印度的过度依赖,以及提升中国西南部边疆的地缘政治安全,将发挥重要作用。

中国西南部边界由于受平均海拔6000米的喜马拉雅山脉的阻挡,在为中国地缘安全营造了一个巨大的天然屏障的同时,也对其经贸交往形成了阻隔。2019年中国与印、巴、阿、尼、孟5国的贸易额约1313亿美元,仅占中国外贸进出口总额的2.9%,与其巨大的人口规模(人口总量占世界的24%)、资源禀赋、市场潜力以及经济的快速增长很不相称。其中印度近年来经济增长较快,其经济结构同中国有一定的互补性(信息产业与服务业较发达),发展双边贸易前景良好。今后随着该地区地缘政治环境的不断改善,特别是21世纪海上丝绸之路、中缅印孟及中巴经济走廊的合作建设,地缘经济发展潜力较大。

(四)南部:地缘政治与地缘经济关系总体良好,但南海问题为不稳定因素

中国南部陆地边界分别与缅甸、老挝、越南三国接壤,陆地边界线约3900公里;东南部为面积350万平方公里的南海,海疆线与越南、马来西亚、文莱、印度尼西亚、菲律宾毗邻。此外,该地区还应包括与中国地缘关系密切的泰国、柬埔寨和新加坡3国。中国与东盟关系和南海问题是这一地区的热点问题。

1. 中国与东盟关系

东盟是中国的近邻,也是地缘政治上关系到中国国家安全的重要地区。东盟10国国土面积449万平方公里,2019年人口6.6亿,国内生产总值31733亿美元。东盟同中国在地缘、亲缘、文缘有着紧密的联系和长期友好历史交往。中国在海外约5000万华侨和华人中,70%居住在东南亚各国。总体上,中国与东盟有着良好的伙伴和合作关系,特别是1996年中国成为东盟的全面对话伙伴国以来,2002年11月中国与东盟正式签署《中国与东盟全面合作框架协议》("10+1"),而后又扩大到中、日、韩三国,形成"10+3"格局。中国与东盟在政治、经济、社会、文化等多个领域的合作不断深化拓展,在重大国际事务中相互支持、密切配合。2019年中国与东盟的贸易额达6379亿美元,占中国外贸进出口总额的13.9%,东盟已成为中国的第一大贸易伙伴。

东盟作为中国的重要战略伙伴,未来在政治、经济领域的合作关系还将得到进一步加强。一方面，中国坚定支持东盟在区域合作中的主导作用，积极支持东盟共同体推动区域一体化进程和深化区域合作，与东盟携手共同维护本地区的安全稳定；另一方面，以加强政治互信为基础，深化同东盟的务实合作，通过建设中国—东盟自由贸易区和"21世纪海上丝绸之路"，发挥"中国—东盟海上合作基金""亚洲基础设施投资银行"等的作用，推动基础设施建设和经贸关系再上新台阶，预计2025年中国与东盟贸易额将达到1万亿美元。

2. 南海问题

（1）南海的战略意义

南海海域面积350万平方公里，其中"九段线"以内面积约210万平方公里，平均水深1212米，最大水深5559米。南海作为沟通太平洋和印度洋，连接中国与东南亚、南亚、西亚、中东、非洲、欧洲之间的最主要海上通道，战略意义极为重要。在中国通往国外的36条航线中，有21条通过南海的南沙群岛海域，2018年中国石油进口总量的约70%经过这里。此外，南海石油、天然气资源十分丰富，现初步探明有24个含油气盆地，总面积约26万平方公里，预测石油储量270亿吨，天然气储量8万亿~10万亿立方米，其中尤以曾母、沙巴、万安、巴拉望和礼乐等油气盆地分布较集中，被誉为"第二个波斯湾"。南海北部的"可燃冰"（天然气水化合物）预测储量约140亿吨油当量（1立方米可燃冰可释放200立方米甲烷），2018年已拥有月产超20万立方米可燃冰气体的产能。因此，南海在中国周边的地缘政治和地缘经济中具有十分重要的战略地位。

（2）南海诸岛历来是中国领土

已有的考古发现和大量无可辩驳的史实表明，早在公元前206年至220年的东汉和西汉时代起，中国人民就在南海长期航行，相继发现了包括南沙、中沙、西沙和东沙诸群岛200多个岛礁、沙滩在内的南海诸岛，并持续不断地进行开发经营，由中国历代政府进行管辖和行使主权。

"二战"结束后，当时中国政府曾派海军舰艇赴南海宣示主权，并派军队进驻东沙和南沙群岛的一些主要岛屿。1947年，在民国政府内政部公布的《南海诸岛位置图》中，画出了"十一段线"作为南海海域疆界。后由于北部湾海域划界之需，将"十一段段续线"改为"九段线"。1948年商务印书馆出版的《中华民国行政区域图》中，首次公开用九段断续线标明南海海域的海疆线，一直沿用至今。此线以内的海域面积约210万平方公里，其中所有的岛、礁、沙洲均为中国领土。目前南海诸岛中，东沙、西沙群岛已在中国大陆和中国台湾省管辖之下，对中沙群岛唯一出露海面的黄岩岛也已实现了有效控制；目前问题最大的是岛屿数量最多、战略地位最重要的南沙群岛。南沙群岛海域面积88万平方公里，有230多个岛、礁、沙洲和暗礁。截至2019年，在南沙群岛53个较大的岛礁中，中国仅控制9个（含台湾驻军的太平岛和中洲礁），其他岛礁被周边国家非法侵占，其中越南侵占29个、菲律宾侵占8个、马来西亚侵占5个、印尼侵占2个、文莱侵占1个。导致海域被瓜分、资源被掠夺的局面。

（3）南海问题不断升级

2007年以前，南海海域除中越两国分别于1974年和1988年在西沙群岛和南沙群岛发生过两次武装冲突外，总体局势比较平静。1991年南海各方在印尼举行了"处理南海潜在冲突"的讨论会，提出了"搁置争议、共同开发"。2002年中国与东盟签署了《南海各方行为宣言》，规定了各方不得采取单方面行动。2009年以来，随着美、日等域外大国势力的介入，菲律宾、越南等国一方面大肆抢占岛礁，并修建军事设施，大搞军事演习，还力图通过立法使其非法占领"合法化"（2012年越国会通过的《越南海洋法》将西沙和南沙群岛列入其领土范围）；另一方面加快与英、美、荷等外国石油公司合作勘探开发油气资源，致使南海问题不断升级。近年，美、日、澳、印等国还妄图通过南海问题国际化，实现其加强对这一地区控制的地缘政治战略。

为加强对南海海域岛礁的管控，中国从2013年起开始通过吹填建造人工岛，至今已建成的有7个：美济岛（5.66平方公里）、渚碧岛（4.3平方公里）、永暑岛（2.8平方公里）、华阳岛（0.28平方公里）、南薰岛（0.18平方公里）、赤瓜岛（0.102平方公里）、东门岛（0.08平方公里）。目前，中国已在美济岛、渚碧岛和永暑岛建成了拥有3000米跑道的机场，并在永暑岛建立了医院和学校，在华阳岛修建了灯塔，在赤瓜岛及永暑岛建立了卫星通信4G基站，在南薰岛建立了雷达站。

（4）中国对南海问题的基本立场

中国对南海诸岛及其周边的海域拥有无可争辩的主权，这是中国政府长期的一贯立场，主要包括：

——"九段线"为中国传统的海疆线，南海"九段线"以内的全部岛礁、沙洲主权均属中国。中国在南海岛礁行使主权不会影响该海域的国际航行自由与自由飞越。

——中国坚决反对南海问题国际化，坚持由当事国在东盟范围内通过双方平等协商，和平解决领土争端。

——在主权属我的前提下，搁置争议、共同开发。

在中国和东盟国家的共同努力下，南海局势总体稳定，航行自由与安全有保障。但自2019年以来，美国为实现其印太战略，打着自由航行的幌子，并纠结日、澳、印等国，常态化派遣先进舰机来南海，进行抵近军事侦察和挑衅，不仅严重威胁该区域的安全稳定，也使得南海局势日益复杂化。南海问题已从原先的中国与东南亚一些国家的岛礁主权和海洋权益之争上升为中美之间的战略博弈竞争。对此，我们应有清醒的认识。

中国为维护南海的和平稳定，一方面积极推进与东盟国家共同制定"南海行为准则"，规范南海的开发等一切活动；另一方面，基于当前南海形势的严峻和复杂性，中国应保持必要的战略定力，做好斗争、谈判和合作的各方面准备，以积极的心态推动矛盾的缓解，力争实现一个相对可控、相对稳定的南海局面。

（五）东部：地缘政治热点问题敏感复杂，地缘经济结构相对稳定

中国的东部边界除东北部陆上与朝鲜相邻外，东隔黄海、东海分别与韩国、日本相望。由于黄海、东海为东亚大陆的边缘海，面积和水深较小，周边国家在岛屿归属、大陆架和海洋专属经济区划界存在争端，加上历史和现实问题错综复杂，使得这一地区热点问题敏感复杂，安全形势严峻。其中中日关系、朝鲜半岛局势与朝核问题、东海大陆架划界及领土问题为其"热点"。

1. 中日关系

中日关系"一衣带水"，历史上既有一千多年的友好交往，也有近代日本军国主义侵略者给中国人民带来的深重灾难与屈辱历史。自 1972 年中日邦交正常化以来，遵循"政经分离、搁置争议"的方针，两国在经贸、文化交流方面取得了很大的发展，中日两国互为最重要的经济合作伙伴之一，2019 年两国贸易总额 3150 亿美元，占中国外贸进出口总额的 6.9%，仅次于美国。但由于第二次世界大战后在美国的庇护下，对日本军国主义罪行及其政治、经济、社会基础未进行彻底清算，因此，日本领导人对待历史问题长期出现反复。近年来，日本右翼政府执政后，一方面积极追随美国，扩充军备，参与遏制和包围中国，并公然侵占中国领土钓鱼岛；另一方面，竭力美化日本军国主义侵略和殖民历史，妄图否定第二次世界大战成果，公然挑战战后国际秩序。日本政府的种种倒行逆施的行为，理所应当受到中国人民和政府的坚决反对。因此，中日关系在相当长一段时期内陷于停滞—改善的反复交替之中，两国间政治摩擦不断，国民间的对立情绪也有增无减。

未来，只要日本领导人在历史问题上不真正承认并改正错误，不放弃积极追随美国的侵略扩张政策，中日关系就难以取得重大进展。为此，应以 2019 年 6 月中日两国领导人大阪成功会晤为契机，恪守中日四个政治文件确立的各项原则，践行中日互为合作伙伴、互不构成威胁的政治共识，本着化竞争为协调的精神，建设性管控分歧矛盾，推动中日关系沿着正常轨道持续向前发展。

2. 朝鲜半岛局势和朝核问题

朝鲜半岛与中国东北毗邻，两国山水相连。第二次世界大战后，朝鲜半岛以"三八线"为界分裂为朝鲜和韩国两个国家。自 1950 年初美国以联合国的名义发动侵朝战争以来，朝鲜半岛成为几个大国在东北亚的利益交汇处，半岛南北方严重对立，局势长期动荡不定，对中国的地缘安全构成了巨大威胁。1950 年 10 月～1953 年 7 月中国出兵抗美援朝，以及后来长期对朝鲜的大力支持，均与中国的地缘政治和国家安全密切相关。自 2000 年以来，朝鲜加快核武器的研发步伐，并多次试验核武器，因此受到了包括中国在内的国际社会一致反对和联合国的制裁。中国对朝鲜半岛局势的基本立场为：一是坚持维护半岛和平稳定，二是坚持实现半岛无核化目标，三是坚持通过对话协商解决面临的问题。中国支持朝鲜弃核走和平发展之路；坚定支持南北双方改善关系、推进和解合作的努力。

3. 中韩关系

中国与韩国自 1992 年建交以来，依托两国地缘相近、文缘相通、人缘相亲的有利条件，通过发展互信互惠的战略合作伙伴关系，在政治外交、经贸金融、人文科技、军事安全等领域合作取得了较快发展，2019 年中韩两国双边贸易额达 2845 亿美元，占中国外贸进出口总额的 6.2%。未来中韩两国地缘政治与地缘经济合作关系仍将继续推进，但同时必须警惕美韩和美日韩军事同盟对东北亚局势的长期不利影响。

4. 东海大陆架划界及钓鱼岛问题

（1）东海大陆架划界之争

东海面积 77 万平方公里，东西宽 150～350 海里，平均水深近 170 米。中日两国在东海大陆架划界存在严重分歧：中国主张按照 1982 年签署的《联合国海洋法公约》提出的大陆架自然延伸的原则划界，将位于琉球群岛西侧的冲绳海槽作为东海大陆架划界的界限；而日本则主张按 1958 年缔结的《大陆架公约》的"中间线"原则划界。据此，日方认为中国在东海中方一侧开发的平湖和春晓天然气田已越界开采，并多次向中国政府提出交涉。但是，中日两国都不是《大陆架公约》缔约国，而且"中间线"划界原则只有在大陆架延伸无法确认的特殊情况下才可适用。按照国际法上后制定的条法管前一个条法的原则，日本的划界依据是完全站不住脚的。

（2）日本非法侵占中国领土钓鱼岛

钓鱼岛位于台湾东北洋面上，地处冲绳海槽西南端西侧（北纬 25°40′～26°，东经 123°～124°34′）。钓鱼岛自古以来就是中国的领土。早在明初，为防御东南沿海的倭寇，就将钓鱼岛、黄尾屿、赤尾屿列为防区。清朝沿袭明制，继续将钓鱼岛等岛屿列入其海防范围，并将其置于台湾宜兰县行政管辖之下。1895 年甲午战争后，清政府被迫与日本签订了不平等的《马关条约》，将台湾全岛及包括钓鱼岛、澎湖列岛在内的附属岛屿割让给日本。第二次世界大战后，根据《开罗宣言》和《波茨坦公告》规定，日本应将台湾岛及其附属的澎湖列岛和钓鱼列岛正式归还给中国。1951 年，美国在没有新中国的参与下，私自同日本签订《旧金山和约》，以联合国名义托管了琉球群岛和钓鱼列岛。1971 年 6 月，美国与日本达成归还冲绳协议，将钓鱼岛的行政管辖权私自移交日本，成为日本主张钓鱼岛及其附属岛屿的重要依据。

2012 年初以来，以东京都知事石原慎太郎为首的极右翼势力与日本政府相互勾结，上演了"购岛"和"国有化"的闹剧。安倍政府上台以来，变本加厉，与美国一唱一和，妄图长期占领钓鱼岛。为此，中国政府采取了一系列有针对性的反制措施，例如：规定并公布了钓鱼岛及附属岛屿的领海基点、基线、坐标和海图；公布了钓鱼岛及部分附属岛屿的地理坐标，以及钓鱼岛等岛屿及其周边海域部分地理实体的标准名称及位置示意图；向《联合国海洋法公约》设立的大陆架界限委员会提交东海部分海域 200 海里以外大陆架划界案；宣布设立东海防空识别区，对进入识别区内的空中目标进行常态化有效监控；常态化派遣海监船、舰艇和飞机在钓鱼岛周边海域巡航，以宣示主权和保护渔民正常作业。可以预料，中日两国在钓鱼岛和东海大陆架归属问题上的争端将是长时期和常态化的。一旦日本自卫队以武力进驻钓鱼岛或对中国巡航的舰船、飞机实施武力侵犯，那就打破了中国政府的底线，局部冲突将不可避免。

东海大陆架除钓鱼岛外，尚有韩国非法侵占苏岩礁问题，该礁地处东海北部，位于中国崇明岛以东约150海里，其最高点在海面以上74.6米，礁盘面积约200公顷，平均水深约为50米，在地质上属于长江三角洲在东海海底的延伸。自古以来，苏岩礁及周边海域为中国固有海区。是鲁、苏、浙、闽、台五省渔民的传统渔场。1949年后，我海军和交通部门曾多次对苏岩礁进行勘察测绘。1970年韩国国会非法将其列为韩"第四水下开发区"，2000年又在此建立综合海洋科学基地，并将其改名为"离於岛"，还派飞机和舰艇进行常态化巡航。中国政府曾多次对此提出抗议，并明确表态：苏岩礁不是岛而是水下暗礁，其所处的海域为中韩两周海洋专属经济区主张重叠区，其归属应通过谈判解决。中方希望采取"搁置争议、共同开发"的"南海模式"解决争端；而韩则主张沿用对独岛（日本称竹岛）"先占模式"。因而，围绕苏岩礁归属争端将持续较长时期。

尽管中国东部地缘政治关系较为严峻，但地缘经济结构仍相对稳定。2019年中国与日、韩两国的贸易额达5950亿美元，合占中国外贸进出口总额的13%，仅次于东盟。这一格局是在经济全球化和跨国公司主导的全球产业分工体系下长期形成的，并具有互补、互利特点。因此，未来虽随着这一地区地缘政治形势的变化可能会产生一些波动，但总体格局除出现不可控的特殊情况外，一般不会发生颠覆性的变化。

五、改善提升中国周边地缘政治关系与发展地缘经济对策

（一）制定新的地缘政治与地缘经济战略

基于上述中国周边地缘政治与地缘经济的现状及未来的发展态势分析，根据新时期中国周边外交战略的基本方针，即：坚持与邻为善、以邻为伴，坚持睦邻、安邦、富邦的理念，同时在涉及国家安全和领土主权等核心利益方面又必须坚持原则。据此，提出了未来应实施"北联、西进、南合、东拓"的地缘政治与地缘经济战略。

北联：依托俄罗斯、蒙古同中国之间在政治上的互信，经贸、科技、文化等领域的良好合作关系，将中国北部边界建成为地缘政治上的稳固地带。

西进：在维护和发展同西部周边国家良好的地缘政治和地缘经济合作的基础上，共同打击"三股势力"，并通过建设"丝绸之路经济带"，扩大同中亚五国、俄罗斯、西亚、东欧及欧盟的经贸合作与科技文化交流等，促进地缘经济的大发展，为中国营造良好的西部地缘环境。

南合：进一步加强同南亚、东南亚各国的传统友好合作关系，通过和平对话、双方平等协商，逐步解决中印边界问题和南海领土争端；以建设中国—东盟自由贸易区、中巴经济走廊、中缅印孟经济走廊和"21世纪海上丝绸之路"为契机，推动中国与东盟及南亚次大陆各国的区域合作，深化地缘战略合作关系。

东拓：突破美、日等国对中国设置的海上包围圈。在近年全面突破由堪察加半岛、千岛群岛、日本列岛、琉球群岛、台湾岛和菲律宾群岛组成的太平洋"第一岛链"的基础上，加快向由阿留申群岛、小笠原群岛、北马里亚纳群岛和关岛构成的"第二岛链"拓展，并于2025年确立在该海域的制海权。

（二）大力推进共建"一带一路"

"一带一路"指"丝绸之路经济带"和"21世纪海上丝绸之路"的总称。沿线共涉及65个国家、44亿人口。

1. 出台背景

"一带一路"是中国构建全方位对外开放新格局的重大战略。目前，中国对外开放总体呈现东快西慢、海强陆弱的格局。重海轻陆的不均衡的开放战略，使得中国政治经济缺乏战略纵深，国家安全具有明显的脆弱性。特别是过度依赖东部沿海地区出口导向型经济，使得中国在商品出口和能源资源进口方面都易受制于美国的地缘政治战略与政策。

2. 共建目标

目标一："一带一路"是中国特色大国外交战略的重要组成部分，也是推动完善国际经济治理体系，并进而构建人类命运共同体的重大战略决策。

目标二："一带一路"旨在促进经济要素有序自由流动、资金高效配置和市场深度融合，推动开展更大范围、更高水平、更深层次的区域合作，共同打造开放、包容、均衡、普惠的区域合作架构。

目标三：共建"一带一路"倡议，不是地缘政治工具，而是务实合作平台。将为各国实现合作共赢搭起新的平台，为落实联合国2030年可持续发展议程创造新的机遇。

3. 战略内涵

共建"一带一路"的战略内涵包括：一个核心理念（和平、合作、发展、共赢）；五个合作重点（政策沟通、设施联通、贸易畅通、资金融通、民心相通）；打造三大共同体（利益共同体、命运共同体、责任共同体）；并将"一带一路"建成为和平、繁荣、开放、创新、文明之路。

从地缘政治看，"一带一路"本质上是西进战略，是要打破美日等国对中国的U形包围圈，增加中国在国际政治经济和社会文化方面的话语权，探索更加合理的国际合作途径，构建全球治理的新模式。

4. 共建成效

共建"一带一路"倡议得到了全球积极响应与参与，截至 2018 年 6 月，已有 103 个国家和国际组织与中国签署 118 份合作协议。中国同"一带一路"国家的货物贸易累计超过 5 万亿美元，直接投资超过 750 亿美元，在沿线国家建立了 82 个境外经贸合作区，总投资 289 亿美元，为当地创造 24.4 万个就业岗位。此外，还与 39 个国家签署了产能合作文件。一批基础设施和产能合作重大项目（如中巴经济走廊，中老、中泰、匈塞铁路、雅万高铁等）进展顺利。与沿线国文化交流频繁。

（三）中俄共建"冰上丝绸之路"

"冰上丝绸之路"作为"一带一路"的重要补充，南起俄罗斯远东区太平洋日本海西北岸的符拉迪沃斯托克（海参崴）、纳霍德卡、东方港等港口，向北经鄂霍次克海、白令海；自白令海峡向西，沿北冰洋的楚科奇海、东西伯利亚海、拉普捷夫海、喀拉海、巴伦支海，以及北大西洋的挪威海、波罗的海、北海至俄罗斯及北欧和西欧各国港口，历史上称之为"西北航线"。

2017 年 7 月，习近平主席与俄罗斯总统普京共同倡导开展北极通航合作，共同打造"冰上丝绸之路"。2018 年 1 月，中国政府发布《中国的北极政策》白皮书正式提出，要参与北极航道开发和北极地区油气等矿产资源的开发利用，与各方共建"冰上丝绸之路"。2021 年 6 月，在《中俄睦邻友好合作条约》签署 20 周年联合声明中，再次提出要为中俄共建"冰上丝绸之路"提供有力的保障和支持。

1. 重大意义

"冰上丝绸之路"作为"一带一路"的重要补充，不仅对促进中俄两国和沿线国家的物资交流、经济和社会发展具有重要意义，而且对改善和提升我国的地缘政治安全也有着重要作用。

一是大大缩短运输距离，节省时间成本和运输费用。从上海及以北港口经"冰上丝绸之路"到欧洲西北部的北海、波罗的海港口，比现有的经南海—印度洋—苏伊士运河航线可缩短航程 25%～55%，节省运输时间 15～35 天，每年可节省运费 535 亿～1274 亿美元。

二是大大提高货物（尤其是能源）运输的安全性。运输船只不需经过受美国控制的马六甲海峡和曼德海峡等敏感地区，摆脱"马六甲海峡困局"。

三是为我国提供稳定的能源运输通道。俄罗斯北极地区（主要是北冰洋大陆架）蕴藏有丰富的油气资源（其探明储量分别占全球的 13%和 30%）。其中亚马尔半岛及周边大陆架天然气探明储量达 2 万亿立方米，现与中方合作开发，"冰上丝绸之路"为其液化天然气提供了运输捷径。

四是有利于促进我国东北、华北沿海港口城市（如大连、营口、天津、青岛等）的港口物流、外贸和外向型经济的发展。

2. 可行性与制约因素

随着全球气候变暖，北极地区冰雪融化加快。1984~2012 年期间，北冰洋夏季海冰覆盖面积比 1979 年缩减了 31%，冰盖体积减少了三分之二。北极航线通航期从 20 世纪 80 年代的 2.5~3 个月延长到 2020 年的近半年时间（6~11 月份）。预计到 2040~2050 年可实现全年通航。

中俄共建"冰上丝绸之路"的制约因素主要有：

一是航线通过的部分海峡通航条件受限。北冰洋是全球四大洋中大陆架占比最大（占总面积的约三分之一）、平均水深最浅（约 1225 米）的一个，而"冰上丝绸之路"所经海域，大陆架一般宽 400~500 公里，最宽处可达 1000~1200 公里，致使航线通过的部分海峡水深不足 15 米（如位于东西伯利亚海与拉普捷夫海之间的德米特里·拉普捷夫海峡水深仅 10~14 米），部分海峡内分布有碍航的浅滩（如喀拉海峡），如不进行整治，10 万吨级以上的大型和超大型货轮难以通过。

二是航线通过的俄罗斯境内港口设施远不能满足通航需要。北极航线的北冰洋区段，除西端的摩尔曼斯克和阿尔汉格尔斯克两港稍具规模外，其余绝大部分港口为第二次世界大战期间和 20 世纪 50~60 年代所建，规模小（年货物吞吐量不足百万吨），设施陈旧落后，缺少配套的集疏运交通体系。

3. 建设进程

2017 年 11 月，中俄两国就中远海运集团进行北极航线试航、航道沿线交通基础设施建设项目、开展北极地区油气资源勘探开发合作，以及不断完善北极合作开发的政治、法律基础达成共识。根据俄罗斯提议，两国政府商定，俄罗斯将位于太平洋日本海西北岸特洛伊察湾的扎鲁比诺港划给中国建设。该港位于中、俄、朝三国接壤的图们江口东北，距中国吉林省珲春口岸仅 60 公里，港区水深 8.5~20 米，因受对马暖流影响，为不冻港。此港原为俄远东区地方性小港，2014 年中国招商局集团参与建设后，拟扩建为年货物吞吐量 6000 万吨、以集装箱为主的东北亚—欧洲的国际货运港，将成为中国共建"冰上丝绸之路"的重要基地，以及中国长（春）吉（林）图（们江）经济和珲春市对外开放的主要出海口。港区扩建正持续推进，现已建成集装箱、油气、粮食专用泊位，并开通了通往青岛、大连、宁波、舟山及日、韩等国的航线。

（四）加快发展以周边国家为主体的地缘经济

地缘经济是地缘政治的延伸。加快发展地缘经济，包括扩大经贸规模和提升发展层次，一是有利于改善和提高与周边国家的地缘政治关系，这对确保国家安全，并为中国和平崛起创造良好外部环境是极为重要的；二是有利于促进资源、资本、技术和商品的跨国乃至跨区域自由流动和优化配置，以此促进中国和周边国家的经济持续发展；三是周边广大发展中国家可共享中国的发展成果，中国也从周边国家共同发展中获得裨益和助力。

目前，中国同周边国家的经贸合作潜力还很大。2019 年，中国同周边 20 个国家的贸易总额为 12100 亿美元，占中国外贸进出口总额的 26.4%，与其人口规模（占世界总人口的 36%）和市场消费潜力不相称。未来地缘经济尚有较大发展潜力。通过发展同周边国家的地缘经济，不仅可就近取得中国所需的能矿资源，推动我国产业结构的优化升级；同时也可与资源所在国家开展产能合作，促进周边国家经济振兴。

根据中国周边国家的经济发展水平和发展阶段、资源禀赋、政治制度和人文历史特点，发展地缘经济可采取以下 4 种模式：①对韩国、日本等经济发达国家，可采用资本、技术与商品互利发展模式；②对俄罗斯及哈萨克斯坦等资源丰富、经济中等发达国家，可采用资源、资本、技术双边深度合作的融合发展模式；③对印度和东盟一些国家，可采用资本、技术与商品贸易协调发展模式；④对多数资源丰富、经济欠发达国家，可通过吸引资本、技术，带动所在国资源开发与经济振兴的综合发展模式。今后，要通过创新合作模式和拓宽合作领域，使中国同周边国家的地缘经济到 2030 年取得突破性的进展，在中国外贸进出口中所占比重提高到 35%～40%。

（五）在国际法和《联合国海洋法公约》的框架内，坚决维护海洋权益

1. 坚持将冲绳海槽作为东海大陆架划界依据

冲绳海槽是一条北起日本北九州，紧贴琉球群岛西侧呈弧状向西南延伸至台湾岛附近，长约 1100 公里、宽 30～150 公里，大部分水深超过 1000 米（最深处 2717 米），面积约 10 万平方公里。冲绳海槽东侧为琉球岛屿，地壳运动活跃，地震频繁，沉积物与琉球群岛相同；以西为一稳定的大陆沉降盆地，是由长江、黄河入海泥沙长期淤积而成，为中国大陆的向东延伸部分。因此，按照国际上通行的大陆架自然延伸原则，将冲绳海槽作为东海大陆架划界符合《联合国海洋法公约》的规定。

2. 尽快和平进驻南沙群岛具有重要战略意义的岛礁

目前中国大陆及台湾在南沙群岛仅占 9 个岛礁，除中国台湾占据的南沙最大岛礁太平岛外，另有 8 个均为礁，且主要分布于南沙海域的中北部。2013 年我国通过吹填，陆续建成了美济岛、渚碧岛、永暑岛、华阳岛、南薰岛、赤瓜岛、东门岛等 7 个人工岛，但其中位置最靠南的华阳礁（北纬 8°52′）距中国海疆最南端的曾母暗沙尚有 540 公里，这一格局很不利于中国对南沙海域的管控。为此，必须尽快和平进驻位置更偏南、战略意义重要的一些岛礁。例如，位于北纬 4°49′、东经 112°31′的琼台礁，地处南康暗沙的南端，为中国南沙海域露出水面最南的岛礁，附近有多条国际航线经过，周边油气资源丰富现尚未被周围国家侵占，中国进驻并吹填为人工岛后（面积 2.21 平方公里），可将南沙海域的有效管控范围向南推进约 500 公里。

3. 充分发挥三沙市行政区的综合功能

2012 年 6 月 12 日，国务院批准设立地级三沙市，管辖西沙群岛、中沙群岛、南沙群

岛的岛礁及其周边海域，市政府驻地为西沙群岛永兴岛。设立三沙市有利于进一步加强对三个群岛各岛礁及其海域的行政管理与开发建设。与此相适应，2012年7月19日，中央军委批准组建"中国人民解放军海南省三沙警备区"，主要担负三沙市辖区警备任务，支援地方抢险救灾，指挥民兵预备役部队进行军事行动等。为充分发挥三沙市的行政、军事、经济功能，建议参照新疆生产建设兵团建构，实行军民结合、平战结合，在发展渔业生产与旅游业的同时，赋予其一定的安全和维权功能。

4. 加快开发南海海域的油气资源

2016年南海海域有石油、天然气钻井1800多口，年开采石油6835万吨，天然气约750亿立方米，其中中国仅在海南岛周边近海北部湾以及珠江口等地开采，占比仅为21.2%，绝大部分油气资源被马来西亚和越南等国侵占。为此，今后应以中海油为主体，加快南海海域油气资源的勘探开发。目前，中海油已拥有开发水深3000米、钻探1万米的海上深水钻井平台（"海洋石油981"），为大规模开发南沙和西沙海域的深海油气资源及中沙群岛的可燃冰资源创造了条件。

5. 建设一支强大的海军和海上执法力量

为保卫和开发中国300万平方公里的蓝色疆土，建设海洋强国，中国必须抓紧建设一支与国力相适应、与捍卫海洋权益和建设海洋强国相匹配的海军。未来中国海军舰队应由航母、核动力和常规潜艇、先进的水面舰艇和补给船舰组成，其中除已服役的"辽宁号"和"山东号"航母外，在建的还有1～2艘，到2030年将拥有5～6艘航母舰队。

海上执法是维护国家海洋权益的重要力量。为加强海洋执法力量的协调，2012年组建了由隶属于国家海洋局的中国海监总队、中国海监区（北海、东海和南海）总队、各沿海省（市、区）海监总队及其所属支队和大队组成的海上执法队伍，总人数约9000人，拥有海监飞机9架、各类执法船艇260余艘，并具有较强的海空协同执法能力。近年来，中国海上执法力量不断加强，已建成包括排水量1.2万吨的海警船和排水量3900吨的818型海警船在内的执法船360多艘，执法飞机6架。

（六）坚决打击"三股势力"，确保中国西部边疆地区长治久安

"三股势力"是源自阿富汗、巴基斯坦北部和中亚一些国家的宗教极端势力、民族分裂势力和国际恐怖势力，长期以来他们以宗教极端面目出现，以"民族独立"（分裂）为目的，进行有组织的恐怖分裂活动。近些年来，一小撮"东突""疆独"和"藏独"势力在国外反动势力的支持下，接连在新疆、西藏等边境省区制造了一系列暴力恐怖犯罪事件（如2009年7月5日乌鲁木齐的打砸抢烧严重暴力犯罪事件），严重影响国家安全、民族团结和社会稳定。

为确保中国西部边疆地区的长治久安，必须按照2001年6月上合组织签署的《打击恐怖主义、分裂主义和极端主义上海公约》要求，一方面与相关国家政府联合行动，铲除"三

股势力"的基地,坚决镇压一切暴力恐怖犯罪活动;另一方面,要加强对边疆少数民族地区的宣传教育,提高广大人民群众觉悟,并通过兴办各类职业技能教育培训中心,实现就业和脱贫致富,铲除"三股势力"生存的土壤。

（七）为确保战略资源安全,采取多元化进口战略

能源等重要战略资源的安全供应,直接影响到我国的国家安全和现代化进程,因而也是国家安全体系的重要组成部分。中国进口的战略资源不仅种类较多而且数量极大。例如2018年中国石油进口量达4.62亿吨,天然气1254亿立方米,铁矿石进口量10.38亿吨,对外依存度分别为70.9%、45.3%和88.7%。此外,主要矿产资源中,镍矿进口占比80%、铝土矿超过50%、铜矿59%、铅矿26.7%等。

重要战略资源的进口来源、品种结构、运输方式和路线直接关系到国家的安全大局,为此必须通过实施多元化进口战略,提高重要战略资源供应的安全保障程度。以能源为例,其"进口多元化"战略主要包括:

一是能源进口地区或国家多元化。应逐步减少对中东和非洲石油的过度依赖,增加地缘政治关系较好的俄罗斯及中亚三国的油气进口量,使其在全国油、气进口量中占比从2016年的18%提高到2020年的25%和2030年的30%。

二是能源进口品种结构多元化。应逐步提高天然气以及LNG（液化天然气）、LPG（液化石油气)等清洁能源进口量所占的比重,使其在全国油气资源进口品种结构中占比从2012年的12%提高到2020年的30%。

三是运输方式多元化。为减少对海运的依赖,必须加快发展相对安全的管道、铁路等陆上交通的运输方式,使其在全国油气资源进口运输方式的占比从2012年的12%提高到2020年的30%。未来,为保障战时海上航道的安全畅通,应及早启动在泰国南部马来半岛的克拉地峡修建连接印度洋的安达曼海与南海的第二通道"克拉运河"（长约48公里),不仅可减轻对马六甲海峡的过度依赖,而且还可以缩短航程1000多公里。

为确保上述战略资源运输线的安全通畅,近年来我国相继在缅甸的皎漂港、孟加拉的吉大港、斯里兰卡的汉班托塔港、巴基斯坦的瓜达尔港、希腊的比雷埃夫港和吉布提等建立了一批海上中转及补给支持基地,有力地保障了资源供应。今后还将配合新航线的开发,从印度洋扩展到太平洋、大西洋和北冰洋沿岸港口。总体上,补给支持基地数量将不断增加,规模相应扩大。

六、结束语

本文在对19世纪末和20世纪西方代表性地缘政治与地缘经济理论进行重点介绍的基础上,分析了中国周边的地缘政治与地缘经济的历史和现状特点,阐述了中国周边地缘政

治与地缘经济的基本格局和发展态势，提出了改善和提升中国周边地缘政治关系与发展地缘经济的战略及对策。

当今世界正经历百年未有之大变局，和平与发展仍是时代的主题，同时国际环境日趋复杂，不稳定性和不确定性明显增强。为应对美国等国利用地缘政治针对中国采取打压、遏制和脱钩政策，以习近平总书记为核心的党中央提出，我们要走一条更高水平的自强自立之路，实现更高水平的改革开放，加快构建以国内大循环为主体、国内国际双循环相互促进的新格局。立足于国内市场，充分发挥国内国际两个市场的互补与促进作用，利用"双循环"扩大区域合作，特别是加强对东南亚、东北亚、俄罗斯、中亚、西亚和中东欧的地缘经济合作；同时加快推进"一带一路"共商、共建、共享，发挥其多重地缘政治经济功能，改善我国周边地缘政治生态、维护地缘安全环境、开辟纵向地缘政治关系、重构世界地缘政治格局。

参考文献

1. 陈才："地缘关系与世界经济地理学科建设"，《世界地理研究》，2001 年第 3 期。
2. 丁力：《地缘大战略：中国的地缘政治环境及其战略选择》，山西人民出版社，2010 年。
3. 杜德斌、马亚华："中国崛起的地缘政治战略研究"，《世界地理研究》，2012 年第 1 期。
4. 哈·麦金德：《历史的地理枢纽》，林尔蔚、陈江译，商务印书馆，2010 年。
5. 杰弗里·帕克：《地缘政治学：过去、现在和未来》，刘从德译，新华出版社，2003 年。
6. 杰弗里·帕克：《二十世纪的西方地理政治思想》，李亦鸣、徐小杰、张荣忠译，解放军出版社，1992 年。
7. 孔小惠："地缘政治的涵义、主要理论及其影响国家安全战略的途径分析"，《世界地理研究》，2000 年第 2 期。
8. 刘妙龙、孔爱莉、涂建华："地缘政治学理论、方法与九十年代的地缘政治学"，《人文地理》，1995 年第 2 期。
9. 陆大道、杜德斌："关于加强地缘政治地缘经济研究的思考"，《地理学报》，2013 年第 6 期。
10. 陆大道：《中国区域发展的理论与实践》，科学出版社，2003 年。
11. 陆俊元："中亚地缘政治新格局及其对中国的战略影响"，《世界地理研究》，2011 年第 2 期。
12. 毛汉英："中国与俄罗斯及中亚五国能源合作前景展望"，《地理科学进展》，2013 年第 10 期。
13. 潘忠岐、黄仁伟："中国的地缘政治与安全战略"，《社会科学》，2011 年第 10 期。
14. 塞缪尔·亨廷顿：《文明的冲突与世界秩序的重建》，周琪、刘绯、张立平等译，新华出版社，2002 年。
15. 孙佳斌："中日东海问题实质及海域划界问题研究"，《世界地理研究》，2010 年第 3 期。
16. 王国梁："中国周边安全环境与地缘战略构想"，《世界地理研究》，2003 年第 2 期。
17. 夏征农、陈至立：《辞海》，上海辞书出版社，2009 年。
18. 张望平、侯代悦："中日东海大陆架划界中的关键问题论析"，《广西政法管理干部学院学报》，2010 年第 4 期。
19. 中华人民共和国国土资源部：《中国矿产资源报告》，地质出版社，2012 年。
20. 中华人民共和国国土资源部：《中国矿产资源报告》，地质出版社，2013 年。

21. R. J. 约翰斯顿：《人文地理学词典》，柴彦威等译，商务印书馆，2004 年。
22. Brzezinski Z. 1997. *The grand chessboard: American primacy and its geostrategic imperatives*. Basic Books. New York.
23. Cohen S B. 2009. *Geopolitics: the geography of international relations*. Rowman & Littlefield. Totowa, NJ.
24. Gottmann J. 1952. The political partitioning of our world: an attempt at analysis. *World Politics*. No.4, pp.512-519.
25. Hartshorne R. 1950. The functional approach in political geography. *Annals of the Association of American Geographers*. Vol.40, No.2, pp.95-130.
26. Mahan A T. 1890. *The influence of sea power upon history*. Sampson Low. London.
27. Stephen B J. 1955. Views of the political world. *Geographical Review*, Vol.45, No.4, pp.309-326.

（原文刊于《地理科学进展》2014 年第 3 期，作者根据 2020 年 10 月博士课程讲稿进行了补充修改和资料更新）

中国与俄罗斯及中亚五国能源合作前景展望

一、引言

能源作为人类生存和社会发展的公用性资源,始终是国家和地区经济社会发展的基本物质保障。能源既是经济资源,也是战略资源和政治资源,能源安全供应直接影响到中国的国家安全和现代化进程,因此,能源安全是国家安全体系的重要组成部分。

中国目前是世界上仅次于美国的第二大石油、天然气等清洁能源的消费国和进口大国,2011年中国石油对外依存度达56.5%,超过了国际上公认的50%的安全警戒线。如何确保中国能源长期、持续、安全、可靠供应,是中国能源安全的"重中之重"。而通过能源合作,不断扩大俄罗斯与中亚五国进口的石油与天然气来源,不仅由于地缘上邻近,运距较短,并可采用高效的管道运输,因此可大幅度地节省运费和时间;而且与传统的海运进口方式(占中国原油进口量的88%)相比,由于不需要通过别国控制的海上战略通道,可大大提高能源供应的安全可靠性,这也是中国能源进口"多元化"战略的重要组成部分。

本文从地缘政治角度,对中国与俄罗斯和中亚五国能源合作的背景、现状、潜力进行深入分析的基础上,预测未来能源合作的前景与分阶段规模,提出重点合作项目、合作模式及对策建议。

二、加深能源合作的战略背景

(一)加强中国与俄罗斯及中亚五国地缘政治合作的需要

俄罗斯及中亚五国[①]是中国的近邻。中国与俄罗斯、哈萨克斯坦、吉尔吉斯斯坦和塔吉克斯坦之间有7200多公里的边界线。20世纪90年代,中国与俄、哈、吉、塔四国顺利解决边界问题后,建立了睦邻友好的地缘政治关系。为了应对国际复杂、深刻、多变的政治

---

① 本文所指的中亚五国包括哈萨克斯坦、吉尔吉斯斯坦、塔吉克斯坦、乌兹别克斯坦及土库曼斯坦,国土总面积约400.35万平方公里,总人口6347万(2011年)。

经济形势,联合打击国际恐怖势力、民族分裂势力和宗教极端势力等"三股势力",共同维护地区的和平安全与稳定,2001年,中国与俄罗斯、哈萨克斯坦、吉尔吉斯斯坦、塔吉克斯坦和乌兹别克斯坦六国成立了"上海合作组织",国家关系也由"睦邻友好合作"向"全面战略伙伴关系"发展。

良好的地缘政治关系,推动了中国与俄罗斯及中亚五国地缘经济的蓬勃发展,特别是在经贸领域,通过广泛有效的合作,取得了十分显著的成效。例如,2012年,中俄进出口贸易额达到875亿美元,为2000年的10.9倍;中哈进出口贸易总额为250亿美元,较2000年增长了15.1倍。而能源贸易是中国与俄罗斯及中亚五国地缘经济不断发展壮大的基础和主要组成部分,分别占2012年中俄贸易总额的28%和中国与中亚五国贸易总额的60%。

由于地缘政治与地缘经济是相辅相成、相互促进的关系,未来凭借中国与俄罗斯和中亚五国更为紧密的地缘政治关系,建立在能源合作基础上的地缘经济必将得到进一步发展。

(二)基于中国能源安全及优化能源进口战略的需要

中国现有的化石能源资源结构中,以煤炭为主(保有储量10345亿吨,剩余探明可采储量约占世界的13%),已探明的石油、天然气储量相对不足。据BP(英国石油公司)2012年世界能源统计公布的数据,2011年中国石油探明可采储量约为20亿吨,天然气探明可采储量3.1万亿立方米,分别占世界石油探明可采储量的0.89%和天然气探明可采储量的1.5%,且储采比较低(2011年世界石油平均储采比为54.2年,中国仅为9.9年)。与世界其他能源资源丰富的国家相比,中国煤炭资源地质开采条件较差,石油、天然气资源总量和人均占有量小(中国人均石油天然气可采储量仅分别相当于世界平均水平的10%和5%),与中国人口和经济大国的地位很不相称,不足以支撑经济和社会持续发展的需要。

改革开放以来,随着中国经济社会的持续发展,对能源特别是石油和天然气等清洁能源的需求量呈高速增长态势。自1993年成为石油净进口国以来,石油进口量逐年增加,对外依存度不断攀升,从1995年的11.8%提高到2000年的31.7%和2010年54.6%[①]。据国家海关统计,2012年中国原油进口量达2.71亿吨,对外依存度创58%新高;天然气进口量440亿立方米,对外依存度为30%。

据专家预测,在未来较长时期内,为应对全球气候变暖和大幅度削减CO_2排放要求(中国政府在2010年哥本哈根全球气候变化大会上承诺,到2020年单位GDP CO_2排放削减40%),以及加大治理大气污染的需要,中国对石油和天然气在一次能源消费结构中所占比重将从2010年的23.4%(其中石油占19%,天然气占4.4%)上升到2015年的26%~28%和2030年的30%以上。石油、天然气的消费量也将分别从2010年的4.29亿吨、1076亿立

---

① 油气对外依存度计算公式为:净进口量/表观消费量。

方米增至 2015 年的 5.6 亿吨和 2300 亿立方米。据国际能源署及国内相关部门预测，2020 年和 2030 年中国石油进口量将达到 4.5 亿吨和 5.7 亿吨，对外依存度分别达 72%和 81%。

长期以来，中国油气资源进口面临着来源集中、品种和运输方式单一等问题。例如，2011 年中国石油进口的地区结构中，中东占 51.24%，非洲占 23.7%，俄罗斯及中亚占 12.3%，拉美占 9.35%，亚太地区占 3.4%；在进口的油气资源品种上，按油当量折算，石油占 91.3%，天然气及液化天然气仅占 7.9%；在进口的油气资源的运输方式上，海运占 87.7%，管道及铁路运输仅占 12.3%。由于占中国原油进口量 3/4 的中东、非洲地区的一些主要产油国（如伊朗、伊拉克、利比亚、南苏丹、阿曼等国）局势长期动荡不定，加之海运要穿越波斯湾的霍尔木兹海峡、红海与亚丁湾之间的曼德海峡、苏伊士运河及马六甲海峡等战略通道，战时易遭到封锁和攻击，对中国能源安全保障极为不利。

因此，从 2006 年起，中国就着手对能源进口战略进行调整，通过实施"多元化战略"，优化能源进口的地区、品种和运输方式结构，而加强中国与俄罗斯及中亚五国的能源合作，是实施能源进口"多元化战略"的重要组成部分，必将有力地提升中国能源供应的长期、安全、可靠性。

（三）俄罗斯及中亚五国拥有丰富的石油、天然气等能源资源

1. 俄罗斯的油气资源

俄罗斯是世界能源资源大国。据 BP 2012 世界能源统计，俄罗斯石油探明储量为 119 亿吨，天然气探明储量为 32.9 万亿立方米，分别占世界石油、天然气探明储量的 5.2%和 17.6%，其储采比分别为 22.4 年和 55.6 年。此外，俄罗斯煤炭探明储量为 1570 亿吨，占全球的 18.2%；水力资源经济可开发量达 8520 亿千瓦时/年。

俄罗斯现状探明的石油、天然气资源主要分布在以秋明州为主体的西西伯利亚油气区，石油探明储量约 65 亿吨，天然气探明储量 27 万亿立方米，2010 年该区原油开采量 3.07 亿吨，天然气开采量 5860 亿立方米，分别占全俄的 60%和 90%。其他主要原油产区还有俄欧洲部分的伏尔加河流域油气区（约占全国石油开采量的 20%），西北区科米共和国境内的季曼—伯朝拉油气区，以及远东区萨哈林岛（库页岛）等。

近 10 多年来，俄国相继在东西伯利亚、远东地区及北冰洋沿岸大陆架发现了一批有较大开发价值的油气区，其中在萨哈（雅库特）共和国境内的勒拿—维柳伊盆地和东西伯利亚的通古斯地区先后发现了 30 多个大型油气区，其预测石油储量达 115 亿吨，天然气 44 万亿立方米。此外，在远东区萨哈林岛大陆架探明石油储量达 19.2 亿吨。由于这些新发现的油气资源大部方位于距中国较近的东西伯利亚和远东地区，为今后中俄开展大规模的能源合作奠定了坚实的资源基础。

2. 中亚五国的油气资源

中亚五国的里海沿岸地区、咸海盆地、费尔干纳盆地以及卡拉库姆沙漠是世界著名的

油气沉积盆地。据 BP 和 IEA 统计，中亚五国 2011 年石油探明储量 41 亿吨，其中 95% 位于哈萨克斯坦；天然气探明储量 27.8 万亿立方米，其中 87.4% 分布于土库曼斯坦；哈萨克斯坦和乌兹别克斯坦仅分别占 6.8% 和 5.8%（表 1）。中亚五国不仅油气资源储量大，而且分布集中，其中里海沿岸及近海地区已探明的石油储量高达 27.4 亿吨、天然气储量 7.89 万亿立方米，分别占五国石油、天然气探明储量的 66.8% 和 28.4%。此外，中亚五国还拥有多种能源资源，如哈萨克斯坦煤炭探明可采储量达 313 亿吨，铀矿资源总储量（确定储量+预测储量）占全球总储量的 19%，塔吉克斯坦的水力资源蕴藏量居世界第 8 位。

表 1 中亚五国 2011 年油气资源储量及开采状况

国家	石油			天然气		
	探明储量/亿吨	产量/万吨	储采比/年	探明储量/万亿立方米	产量/万亿立方米	储采比/年
哈萨克斯坦	39.0	8240	44.7	1.9	193	97.6
土库曼斯坦	1.0	1070	7.6	24.3	593	408
乌兹别克斯坦	1.0	360	189	1.6	570	28.1
塔吉克斯坦	0.017	2	82	0.006	5.2	110
吉尔吉斯斯坦	0.055	5	110	0.006	2.5	225
合计	41.072	9677		27.812	1363.7	

资料来源：BP，2012；IEA，2012。

近年，随着油气勘探工作的进一步深入，又相继在里海近海及沿岸地区、咸海盆地、图尔盖盆地、阿姆河与锡尔河下游，以及土库曼斯坦东南部的马雷等地发现了一大批油气田，其中里海北岸 21 世纪新发现的卡沙甘油气田是近 50 年来发现的最大油气田，其石油总储量达 48 亿吨，天然气储量超过 1 万亿立方米。土库曼斯坦近期投产的"复兴"气田为世界第二大单个天然气田，现探明储量达 4 万亿～6 万亿立方米，为中土合作天然气项目的重要气源地。

（四）俄罗斯及中亚五国稳定扩大能源出口是发展本国经济的需要

俄罗斯是世界石油、天然气等能源生产和出口大国。2011 年，俄罗斯石油开采量 51850 万吨，居世界首位；石油消费量为 14800 万吨，出口量达 37050 万吨，仅次于沙特阿拉伯；天然气开采量为 6070 亿立方米，出口量为 1824 亿立方米，居世界首位。长期以来，石油、天然气出口是俄罗斯能源外交的基础，并在其外贸出口中占据十分重要地位。2010 年俄石油及天然气出口总额为 2524.2 亿美元，占全国出口总额的 63.6%，对平衡外贸逆差、确保本国经济的稳定增长发挥了重要作用。从长远来看，维持大规模的石油出口仍将是俄罗斯既定的对外政策，也是确保其经济社会持续增长的客观需要。

中亚五国油气资源勘探和大规模开发较晚，但开发速度较快，出口比重较高。2011 年，中亚五国石油开采量 9670 万吨，其中哈萨克斯坦占 85.2%，土库曼斯坦占 11.1%，乌兹别克斯坦占 3.7%；天然气开采量 1366 亿立方米，其中土库曼斯坦占 43.6%，乌兹别克斯坦占 41.7%，哈萨克斯坦占 14.1%；油气开采量分别比 2002 年增长了 51.4% 和 9.8%。中亚五国开采的石油、天然气本国消费量较低，出口比重较高，2011 年石油出口量 7720 万吨，天然气出口量 525 亿立方米，分别占当年石油产量的 79.8% 和天然气开采量的 38.4%。

中亚五国油气资源开发与出口规模同其经济发展关系十分密切。2011 年，中亚五国按人均 GDP 可分为以下 3 类：①较发达类型，油气资源丰富、开采量和出口量均较大，以哈萨克斯坦为代表，人均 GDP 为 11244 美元；②中等发达类型，天然气资源丰富、但开发较晚，目前油气出口量尚不大，以土库曼斯坦为代表，人均 GDP 为 3847 美元；③欠发达类型，有一定的石油、天然气储量，或油气资源储量不大、但其他能源（如水能、核能）储量较丰富，包括乌兹别克斯坦、吉尔吉斯斯坦和塔吉克斯坦，人均 GDP 为 940~1545 美元。今后，以石油、天然气为主的能矿资源的大规模开发与出口，是中亚其他四国摆脱贫困、步入中等发达国家的必由之路。

三、扩大能源合作的前景

（一）中国与俄罗斯及中亚五国能源合作现状

1. 中俄能源合作现状

中国与俄罗斯的能源合作起始于 20 世纪 90 年代，但在相当长的时期内，双方合作仅限于小规模的供油协议。进入新世纪以来，随着地缘政治关系的日益密切，能源合作规模不断扩大。2005 年 7 月，中石油与俄石油工业股份公司签署了长期合作协议，其后又于 2006 年 3 月签署了在俄罗斯境内开展石油勘探和开发合作，以及在中国境内开展加工和销售一体化的合作协议，还与俄管道运输公司就建设中俄石油管道达成协议。2006 年，中石油取得了俄石油工业公司全资子公司的部分股权，中石化还与俄石油工业公司联合收购乌德穆尔特石油公司，并持 51% 股份；中石油还与俄石油成立合资公司，主要从事俄境内石油、天然气资源的地质勘探、开采和销售，中方持有 49% 的股份。2007 年 11 月，中俄双方商定，在中国天津成立东方石化有限公司，中石油和俄石油分别持 51% 和 49% 的股份。

此后，由于俄罗斯欲强化其能源外交战略，加之两国在进口油气价格上的分歧，中俄两国能源合作曾一度出现停滞。直到 2008 年受金融危机冲击，国际油价下跌，俄罗斯为确保能源出口的相对平衡与稳定，对中俄能源合作采取积极姿态，双方签订了《石油领域合作谅解备忘录》的框架协议，中国向俄石油公司和管道公司分别提供 150 亿美元和 100 亿美元贷款，俄在 2011~2030 年期间以每年 1500 万吨规模向中国出口原油 3 亿吨。2010 年，中俄合建的中国（天津）东方石化厂 1500 万吨炼化一体化项目开始建设，俄罗斯东西伯利亚—太平洋原油管道中国支管（安加尔斯克—大庆）正式投入运营。2011 年俄罗斯向中国出口原油 1972.5 万吨，占中国原油进口量的 7.8%，仅次于沙特阿拉伯、安哥拉、伊朗，为中国第四大石油进口国；2012 年，俄出口至中国的原油达 2433 万吨，在中国进口原油总量中所占比重升至 9%，并超过伊朗，成为中国第三大原油进口国。

2. 中国与中亚五国的能源合作现状

中国与中亚国家能源合作始于 1997 年，中石油通过签订购买哈萨克斯坦阿克纠宾斯克（现名"阿克托别"）石油项目 60.3% 的股权，开始进入中亚地区里海沿岸油气区。接着，中石油在哈第二大油田新乌津油田私有化招标中中标。2004~2005 年，中石油又与乌兹别克斯坦石油天然气公司签署合作协议，成功收购拥有 11 个油田股份、6 个勘探区块以及 700 万吨/年炼油厂（希姆肯特）的 PK 公司。此外，中哈两国还在开发北布扎齐项目、里海达尔汗区块开发项目上进行了长期合作。在中哈两国的共同推动下，中哈石油输油管道于 2004 年 9 月动工修建，该管道西起里海北岸的石油城阿特劳，经该国的肯基亚克、库姆科尔、阿塔苏，至中国新疆的阿拉山口，全长 2800 公里，设计年输油能力 2000 万吨。经过 5 年建设，2009 年全线正式投入运营，2011 年哈萨克斯坦向中国出口原油 1121 万吨（占中国原油进口比重 4.4%）均经由此线。

中土能源合作起步稍晚，但合作步伐较快。2006 年，中土两国元首签署了开展天然气合作协议，规定自 2009 年起的 30 年间，土方每年向中国出口天然气 300 亿立方米，2008 年和 2011 年又相继追加 100 亿立方米/年和 250 亿立方米/年，即每年向中国出口天然气 650 亿立方米。为此，从 2008 年开始建设连接中国与哈萨克斯坦、乌兹别克斯坦和土库曼斯坦的中国—中亚天然气管道 A 线，于 2009 年底单线建成并通气。与此并行的 B 线也于 2010 年 10 月投入运营。至 2012 年 6 月，A、B 两线的年输气能力为 300 亿立方米，2012 年中亚地区向中国出口的天然气（250 亿立方米）均经由此线。2011 年开工建设的中国—中亚天然气管道 C 线，计划于 2013 年底竣工，设计年输气能力为 250 亿立方米。上述 3 条中国—中亚天然气管道与中国境内的"西气东输"二线和三线相接，其供气范围最远至长三角、珠三角和港澳地区。

（二）中国与俄罗斯及中亚五国能源合作的潜力与前景

1. 中俄能源合作的潜力与前景

根据俄罗斯国家经济部和能源部制定的《2010~2030 年俄罗斯石油、天然气工业经济发展长期规划》，按最佳和良好方案，其石油开采量将从 2010 年的 5.1 亿吨增至 2020 年的 5.8 亿~5.9 亿吨，2025 年达到峰值以后，2030 年稳定在 5.6 亿~5.9 亿吨水平上；天然气开采量从 2010 年的 6810 亿立方米增至 2020 年的 8900 亿立方米和 2030 年的 9100 亿立方米。随着俄罗斯能源出口战略的调整，能源出口将更多的关注亚太地区。根据上述长远规划，俄罗斯向亚太地区出口的石油将从 2010 年的 4400 万吨增加到 2020 年的 1.35 亿吨和

2030年的1.4亿吨，其中出口中国的分别从3200万吨增至8100万吨和9000万吨（表2）；向亚太地区出口的天然气从2010年的134亿立方米增加到2020年的1080亿立方米和2030年的1650亿立方米，其中出口中国的天然气从2010年的5亿立方米增至2020年的780亿立方米和2030年的1250亿立方米（表3）。

表2　2010～2030年俄罗斯各产气区向亚太地区出口石油计划

（单位：万吨）

产油区域	2010	2015	2020	2025	2030（年）
西西伯利亚	2000	3000	3500	3500	3000
东西伯利亚（含萨哈共和国）	600	2000	7500	7500	7500
萨哈林州	1800	2000	2500	2700	3500
合计	4400	7000	13500	13700	14000
其中向中国出口	3200	5000	8100	8500	9000

资料来源：王丹辉，2010；韩学强，2011a。

表3　2010～2030年俄罗斯各产气区向亚太地区出口天然气计划

（单位：亿立方米）

产天然气区域	2010	2015	2020	2025	2030（年）
西西伯利亚	0	150	300	400	600
东西伯利亚（含萨哈共和国）	0	300	600	820	820
萨哈林州	134	134	180	200	230
合计	134	584	1080	1420	1650
其中向中国出口	5	40	780	1020	1250

资料来源：王丹辉，2010；韩学强，2011a。

2013年习近平主席两次访俄，有力地推动了中俄能源向全方位、宽领域方向发展，俄将对华出口油气作为优先方向，并达成了建设"西伯利亚力量"东线的输气管（年供气380亿立方米）、新建输油管线及油港（远东区科兹米诺港），扩大油气资源勘探、开发及炼化一体化项目等。此外，还规划建设从东西伯利亚油气区通往中国新疆阿勒泰的西线输气管（年输气能力300亿立方米）。

2. 中国与中亚五国能源合作的潜力与前景

中亚的哈萨克斯坦、土库曼斯坦和乌兹别克斯坦三国油气资源探明储量大、储采比高、未来油气资源的开发潜力巨大。据国际能源署2010年预测，中亚五国的石油开采量将从2011年的9677万吨增至2020年的1.47亿吨和2030年的2亿吨，相应地，原油出口量也将从7720万吨增至1.2亿吨和1.5亿吨；天然气开采量将从2011年的1366亿立方米增至

2020 年 1600 亿～1800 亿立方米、2030 年的 2300 亿～2500 亿立方米,天然气出口量则相应地从 525 亿立方米增至 1000 亿立方米和 1500 亿～1600 亿立方米(表 4)。

表 4　中亚地区油气资源开发出口潜力

年份	石油/亿吨		天然气/亿立方米	
	产量	出口量	产量	出口量
2011	0.97	0.77	1366	525
2020	1.47	1.2	1600～1800	1000～1100
2030	2.0	1.5	2300～2500	1500～1600

资料来源:IEA,2010;寇忠,2010。

根据作者综合测算,中亚五国未来出口的石油、天然气中,向中国出口的原油将从 2011 年的 1200 万吨增至 2015 年的 2000 万吨、2020 年的 4000 万吨和 2030 年的 6000 万吨,天然气出口量将从 2012 年的 250 亿立方米提高到 2020 年的 700 亿～800 亿立方米和 2030 年的 1000 亿立方米。

3. 中国与俄罗斯及中亚五国能源合作的综合潜力测算

综上所述,在 2012～2030 年的近 20 年中,通过加强双边或多边能源合作,俄罗斯和中亚五国规划向中国提供的原油、天然气数量及其在中国油气资源进口中所占的比重如下:

——2015 年,俄罗斯及中亚五国规划可能向中国提供原油 7000 万吨、天然气 500 亿立方米,占届时中国石油与天然气进口量的比重将分别达 20%和 50%。

——2020 年,俄罗斯及中亚五国规划可能向中国提供原油 1.2 亿吨、天然气 1500 亿立方米,占届时中国石油与天然气进口量的比重将分别达 28%和 70%。

——2030 年,俄罗斯及中亚五国规划可能向中国提供原油 1.5 亿吨、天然气 2250 亿立方米,占届时中国石油与天然气进口量的比重将分别达 26%和 75%。

如按能值标准 1 亿立方米天然气相当于 8.16 万吨油当量折算,2015 年俄罗斯及中亚五国在中国油气综合进口量中所占比重为 26%,2020 年提升为 32%,2030 年将达到 40%。

(三)中国与俄罗斯及中亚五国能源合作的重点项目

通过筛选,2030 年前中国与俄罗斯及中亚五国能源合作项目主要有以下 10 项。

1. 东西伯利亚萨哈(雅库特)共和国勒拿—维柳伊油气区的勘探、开发与管道建设项目

该油气区位于萨哈共和国西部,主要油气田有:中维柳伊、乌斯季维柳伊、索博洛赫、中秋格、马斯塔赫等油气田。目前已进行部分油气资源开发,2015 年后着手大规模开发,到 2020 年进入开发高峰阶段,年开采石油达 7500 万吨、天然气 600 亿～800 亿立方米。需配套建设年输油能力 5000 万吨的大口径输油管及年输气能力 600 亿立方米的复线输气管。

2. 东西伯利亚通古斯盆地油气资源开发及管道建设项目

该油气区又名叶尼塞—阿纳巴尔油气区，主要位于克拉斯诺亚尔斯克边疆区和伊尔库茨克州的北部，部分分布于萨哈共和国西北部。包括叶尼塞—哈坦加及勒拿—阿纳巴尔两个油气区。主要油气田有：科维克金、北索列宁、彼利亚特金、杰梁宾油气田等，重点勘探、开发天然气。今后将以此为基础，并于2020年建成通往中国的输气管。

3. 萨哈林岛及沿岸大陆架油气资源的勘探、开发与炼化项目

该区油气资源主要分布于萨哈林岛（库页岛）周边的鄂霍次克海及鞑靼海峡大陆架。目前已投入开发，年开采石油约2000万吨（其中大陆架占60%）、天然气134亿立方米。原油及液化天然气主要出口至中、日、韩等国，到2020年原油开采能力将提高到2500万～3000万吨，天然气开采量达180亿～200亿立方米。可在沿海大陆架油气勘探、开发及炼油与石油化工方面开展合作。

4. 北冰洋大陆架油气资源勘探、开发与运输项目

俄罗斯北冰洋沿岸西起喀拉海，向东依次为拉普捷夫海、东西伯利亚海和楚科奇海，其大陆架宽度一般为400～500公里，水深50～150米，其中东西伯利亚海（面积98.6万平方公里）、楚科奇海（面积58.2万平方公里）平均水深分别为58米和88米。北冰洋油气资源十分丰富。据俄石油部门估计，2025年前后其油气资源总储量相当于90亿～100亿吨油当量，石油的远景开发潜力为每年8000万～9000万吨，天然气1500亿～2000亿立方米。目前俄罗斯已在喀拉海的亚马尔半岛周边大规模开发天然气，年开采量超过500亿立方米。随着全球气候变暖，北冰洋沿岸通航期已从原来的2个多月延长到目前的3～4个月。今后可在高纬度地区近海油气资源开发及运输方面进行合作。

5. 西西伯利亚老油田的二次开发项目

西西伯利亚油气田是1964年投产的超大油田，经过40多年的大规模开发，南部鄂毕河中游的老油田濒于枯竭。原油开采量从1990年高峰时的3.65亿吨下降至2010年的3.07亿吨，现主要靠开发新油气区维持产能。今后可在老油田挖潜及在周边油气田的拓展方面进行合作。

6. 里海沿岸及大陆架油气区勘探、开发加工及管道建设项目

里海沿岸及大陆架是世界上油气资源最富集的地区之一，被称为"第二个波斯湾"。里海西岸的巴库油田是苏联时期著名的油田，现已枯竭。现状探明的油气资源多分布于里海北岸、东北岸及大陆架，探明可采储量超过40亿吨，主要集中于哈萨克斯坦西部的阿特劳州、曼吉斯套州，向东北延伸至阿克托别州（原名阿克纠宾斯克州）。该油气区于20世纪60年代开发，80年代以来随着勘探进程加快，探明油气储量大幅增长（如2002年发现的卡沙甘油气田）。今后里海大陆架油气资源勘探前景良好，油田开发、原油加工、管道建设方面合作潜力巨大。

7. 咸海盆地及锡尔河下游油气资源的勘探开发项目

咸海油气盆地属于哈萨克斯坦和乌兹别克斯坦两国。咸海原为世界上仅次于里海的第二大咸水湖，20 世纪 50 年代初面积为 6.65 万平方公里，由于受全球气候变暖的影响，加之对流入咸海的锡尔河与阿姆河的水资源长期过度开发，导致湖面急剧萎缩（2004 年已缩小为 18000 平方公里），生态环境严重恶化。油气资源主要分布于咸海盆地西部以及哈萨克斯坦南部的克孜勒奥尔达州。目前总体探明程度不高，中方已加入该区域油气资源勘探，今后大规模开发必须考虑到资源环境承载力与水资源供应。

8. 土库曼斯坦及乌兹别克斯坦天然气勘探开发及管道建设项目

该油气区以天然气资源为主，集中分布区为：①土、乌两国接壤地区的阿姆河下游的卡拉库姆沙漠，包括乌兹别克斯坦南部的布哈拉州、卡什卡河州以及土库曼斯坦的莱巴普州；②土库曼斯坦马雷州的西南部；③土库曼斯坦西部里海沿岸的巴尔坎州，该区天然气于 20 世纪 60~70 年代开发，建有通往俄罗斯中央区的输气管。2000 年以来，随着外国资本的进入，特别是 2006 年起建设中国—中亚天然气管道 A、B 两线，土、乌两国天然气开采量从 1998 年的 672 亿立方米增至 2011 年的 1165 亿立方米。近期要加快"复兴"气田的二期开发，并抓紧建设中国—中亚天然气管道 D 线（年输气能力为 300 亿立方米，计划于 2016 年建成通气）。

9. 塔吉克斯坦阿姆河上游喷赤河干支流水电开发项目

塔吉克斯坦地处帕米尔高原西南部，河流落差大，谷深流急，水电资源十分丰富。全国可开发的水电资源蕴藏量 6017 万千瓦，年发电量 527.1 亿千瓦时，居世界第八位。水电资源分布集中，适于建高坝、大电站，其中喷赤河的支流瓦赫什河及巴德日河分别占全国水电资源的 47.7%和 23.3%。现开发程度不到 10%（约 435.5 万千瓦），主要有瓦赫什河上的努列克水电站（装机 300 万千瓦）和拜帕兹水电站（60 万千瓦），20 世纪 80 年代开始修建的罗贡水电站（装机 360 万千瓦）由于资金不足，尚未建成。今后中塔两国在水电建设方面合作潜力巨大。

10. 哈萨克斯坦、乌兹别克斯坦、吉尔吉斯斯坦核能开发项目

中亚地区的哈、乌、吉三国铀矿资源丰富，其中哈萨克斯坦为世界著名的富铀国，铀矿探明储量约占全球的 1/5，居世界第二位，其中 B+C 级储量 50 万吨，占全球的 25%。主要铀矿有托尔特库杜克、莫因库姆、因凯、布德诺夫斯克耶、哈拉桑、北阿克莫拉等。乌兹别克斯坦铀探明储量 18.6 万吨，居世界第 8 位，铀矿开采量占全球的 6%，主要分布于乌国中部的乌奇库杜克、扎法拉巴德、努拉巴德，在纳沃伊市建有年产 3000 吨天然铀能力加工企业。

当前，哈、乌两国主要与日、韩、美等国从事铀矿开采投资及加工技术合作。2009 年，中国中广核与哈国核电合作成立了第一个铀矿合资开发企业（舍米兹拜伊铀有限责任公司）。2007 年中国广东核电发展有限公司与乌兹别克斯坦共和国国家地质与矿产资源委员

会签订了开展铀矿商务合作合同，2009年又成立了中乌合资铀业有限公司。此外，吉尔吉斯斯坦的铀矿主要分布于北部天山北支的吉尔吉斯斯阿拉套山和昆格山，以及南部费尔干纳盆地南缘的巴特肯州。苏联时期建有卡拉巴尔塔铀加工厂，20世纪80年代该国铀矿停止开采后，加工从哈萨克斯坦进口的铀矿。

四、提升能源合作的对策建议

（一）选择互利共赢的合作模式

能源合作是巩固和加强中国与俄罗斯及中亚五国地缘政治与地缘经济关系的重要组成部分，也是新形势下不断深化"全面战略伙伴关系"的要求，按照"互利共赢"的原则，并借鉴国际上已有的油气资源开发合作模式，重点推荐以下四种合作模式。

1. 贷款换石油模式

该模式通过签订"贷款换石油"协议，为油（气）资源国提供资金扩大油气资源勘探及开发，实现油气产量的持续增长。这也是近年来中国与俄罗斯及中亚五国油气开发中广泛采用的和行之有效的合作模式。例如，2008年中俄两国签署的长达20年、供油总量达3亿吨，并包括管道建设在内的长期贸易协定就是采用贷款换石油的合作模式。根据《2010～2030年俄罗斯石油天然气工业经济发展长期规划》，预计到2030年，俄石油勘探开发投资总额将达3000亿美元，其中40%需靠吸引国外投资，因而未来中俄在这方面合作潜力巨大。中亚五国由于经济相对落后，对资金密集的石油天然气等能源勘探开发，更需要借助国外资金，中国公司可充分利用自身的资金优势提供贷款，以此换取一定比例的油气资源。

2. 产量分成模式

该模式也是国际上常用的能源合作模式。在资源国政府拥有油气资源所有权与专营权的前提下，外国油气公司为某一区块的油气资源开发承担勘探、开发和生产费用，并与资源国进行产量分成达成协议，其核心条款为成本回收和与产量分成相关的财税费用。目前该模式在中亚的哈萨克斯坦、土库曼斯坦和乌兹别克斯坦的油气资源开发中运用最多，通常是中国公司直接投资，与资源国油气公司联合成立财团，签订产量分成协议，参与一个或多个项目开发。

3. 联合经营模式

该模式是深化能源合作的需要，可分为合资经营和联合作业两种模式。

合资经营又称双向合作模式，是由资源国与合作国的国家油气公司按一定比例出资组建一个新公司，新公司作为独立法人从事油气勘探、开发、生产、运输和销售业务，组建双方共同承担经营风险和分担纳税责任，并按合作规定比例分享收益。如2009年中俄在北京成立了能源投资有限公司，并取得了东西伯利亚的天然气勘探权；又如2010年中俄双方合资组建中俄东方（天津）炼油化工厂，将能源合作从上游的勘探、开发向下游的炼化、销售发展。

联合作业模式是指双方通过协议，不需再重新组建合资公司，共同出资、共同作业、共同承担风险和分享收益。这类模式在中国与中亚哈、乌、土三国能源合作中应用较多，如中哈合作的阿克纠宾斯克（现名"阿克托别"）油气勘探合作项目、希姆肯特炼油厂的PK项目、里海达尔汗区块开发项目、中乌合作的乌斯秋尔特、布哈拉—希瓦和费尔干纳盆地为期5年的油气勘探项目等。

4. 技术服务模式

该模式作为服务模式的一种，是合作国以技术和知识为载体，解决资源国油气资源勘探、开发、加工、运输中的技术问题而开展的合作。中国在近海大陆架油气资源勘探、开发、老油田的二次开发具有一定的技术优势，可与俄罗斯开展合作；对中亚的哈、土、乌三国则可在油气资源的勘探、开发、炼油厂和油气输送管道建设提供全方位的先进技术支持。

在实际合作中，上述四种模式往往相互交叉，形成"混合合作模式"。

（二）妥善协调好能源合作中的矛盾与问题

中国与俄罗斯及中亚五国由于国情不同，政治和经济体制存在较大差异，因此，在能源合作中经常会出现一些矛盾和问题，主要集中于：油气价格、合作中的持股比例与股份转让、利益分成、结汇方式、油气管道的走向、经营管理、劳动工资、法律仲裁等方面。例如，目前影响中俄天然气大规模合作的关键在于天然气价格分歧。俄方提出以向欧洲供气的价格350美元/千立方米向中国供气，中方认为此价格已经大大超过中国的平均气价，希望能降至中国用户的要求水平250美元/千立方米。中国与中亚三国能源合作中也存在机制、利益分成、经营管理、劳动工资等方面的矛盾与问题。这些问题的解决，必须从战略高度、从长远利益以及深化全面战略伙伴关系的大局出发，以互信、互利、平等、协作为基础，遵循"互利共赢"的原则，通过相互尊重、平等协商，逐步缩小并最终解决彼此分歧。

（三）加强能源开发中的生态保护与环境治理

俄罗斯及中亚五国能矿资源富集的地区自然环境普遍比较恶劣，生态环境十分脆弱。其中俄罗斯当前及今后石油、天然气重点开发的西西伯利亚北部和东西伯利亚及远东油气区，地理位置十分偏僻，大多属于寒带和寒温带，冬季严寒，1月份平均气温-16℃～-48℃，极端最低温可达-60℃～-70℃，地表大多为永冻土和冻土，森林、沼泽广布，不仅油气田开发、管道和交通等基础设施建设难度大、成本较高，而且由于这些地区生态环境更新恢复能力较差，受破坏后难以修复，因而，俄罗斯将这些地区中的相当一部分列为自然保护区，提高了油气资源开发的生态环境门槛和要求。

中亚五国由于地处亚欧大陆中部，属于强烈的温带大陆性气候，气候干旱少雨，夏季炎热干燥，冬季寒冷，绝大部分地区年降水量为 150～250 毫米，不少地区不足 50 毫米。区内地表水资源严重不足，大部分为荒漠、半荒漠带，居民点及城镇主要分布于绿洲。20 世纪 50～60 年代以来，由于对地表水资源长时期、大规模、超强度的开发，加之受全球气候变暖等因素的影响，导致这一地区出现了严重的生态危机，如沙尘暴发生频繁、沙漠化范围扩大、湖泊与河流干涸、绿洲萎缩，农田盐碱化和环境污染加重等。

在上述恶劣的自然条件进行大规模的油气资源勘探、开发、运输和加工，必须十分重视生态保护和环境治理，油气资源开发建设的规模应与区域的资源环境承载力相适应，特别对水资源应本着节约、治污、综合利用的原则集约利用，重视生物多样性保护，推广清洁生产与循环经济，综合治理环境污染。

（四）重视改善能源合作开发区域的民生状况

中亚五国中，除哈萨克斯坦外，其他四国按人均 GDP 处于欠发达或发展中国家类型，大规模合作开发油气资源是发展当地经济和改善民生的重要途径。要吸取国内一些大型央企以往在非洲等地资源开发中走过的弯路与教训，牢固地树立：我们不仅需要资源，更需要在资源开发中收获友谊，并通过资源开发惠及所在地区的所有普通居民。

为此，要在资源开发的同时，将油气开发区域的道路、通讯、供水、供电、医疗卫生、教育等配套基础设施和民生工程放在十分重要地位；同时，要尽可能解决好劳动就业问题，特别是乌兹别克斯坦和塔吉克斯坦等人口分布较集中的国家和地区（其人口密度虽分别只有 65.5 人/平方公里和 48.5 人/平方公里，但按绿洲地区计可达 200～300 人/平方公里），更应重视吸收当地农牧民就业，并加强就业培训，使其尽快脱贫致富，走上小康和富裕之路。

参考文献

1. 东北师范大学、中国科学院地理研究所：《苏联经济地理（下册，区域）》（由陈才、毛汉英主编），科学出版社，1987 年。
2. 杜德斌、马亚华："中国崛起的国际地缘战略研究"，《世界地理研究》，2012 第 1 期。
3. 付庆云、兰月："俄罗斯油气资源开发在世界能源供应中的地位和作用"，《国土资源情报》，2008 第 5 期。
4. 韩学强："俄罗斯石油天然气工业现状及其长期规划与发展前景"，《当代石油化工》，2009 年第 3 期。
5. 韩学强："俄罗斯油气资源勘探开发战略"，《石油科技论坛》，2011 年第 6 期。
6. 韩学强："近 30 年来俄罗斯石油工业发展概述"，《石油科技论坛》，2011 年第 1 期。
7. 寇忠："中亚油气资源出口新格局"，《国际石油经济》，2010 年第 5 期。
8. 刘家磊："俄罗斯远东和东西伯利亚油气开发项目现状、问题及前景"，《西伯利亚研究》，2005 年第 4 期。
9. 陆俊元："中亚地缘政治新格局及其对中国的战略影响"，《世界地理研究》，2011 年第 2 期。

10. 中国科学院地理研究所、东北师范大学:《苏联经济地理（上册，总论）》（由毛汉英、陈才主编），科学出版社，1983年。
11. 裘新生、王国清:《苏联石油地理》，科学出版社，1987年。
12. 史春阳:"中国企业参与俄罗斯油气资源开发的机遇与挑战"，《中国经贸导刊》，2010年第15期。
13. 田春荣:"2011年中国石油和天然气进出口状况分析"，《国际石油经济》，2012年第3期。
14. 王丹辉:"俄罗斯油气资源开发及出口贸易进展评述"，《中外能源》，2010年第8期。
15. 王多云、张秀英:"中国油气资源国际合作：现实与路径"，《社会科学文献出版社》，2011年。
16. 王晓梅:"中亚石油合作与中国能源安全战略"，《国际经济合作》，2008年第6期。
17. 王越、王楠、张静:"对中亚三国油气合作现状及分析"，《中国矿业》，2009年第4期。
18. 王正立、张迎新、耿卫红等:《中亚五国矿业投资环境分析》，中国大地出版社，2005年。
19. 徐小杰、成键、王也琪:"俄罗斯能源战略调整与中俄油气战略合作"，《俄罗斯研究》，2007年第2期。
20. 闫鸿毅、李世群、徐行:"中亚三国石油合同模式研究"，《俄罗斯中亚东欧市场》，2010年第5期。
21. 杨宇、刘毅:"世界能源地理研究进展及学科发展展望"，《地理科学进展》，2013年第5期。
22. 余建华:《世界能源政治与中国国际能源合作》，长春出版社，2011年。
23. 中国工程院:《中国能源中长期发展战略（2030～2050）》，科学出版社，2010年。
24. 中国科学院能源领域战略研究组:《中国至2050年能源科技发展路线图》，科学出版社，2009年。
25. 中国科学院油气资源领域战略研究组:《中国至2050年油气资源科技发展路线图》，科学出版社，2010年。
26. 中国能源中长期发展战略研究项目组:《中国能源中长期（2020～2050）发展战略研究（综合卷）》，科学出版社，2011年。
27. 中国社会科学院工业经济研究所:《中国工业发展报告："十二五"开局之年的中国工业》，经济管理出版社，2012年。
28. British Petroleum (BP) 2012. *Statistical review of world energy 2012[EB/OL]*.
29. IEA 2010. *World energy outlook 2010*. Organisation for Economic Co-operation and Development International Energy. Paris.
30. IEA 2012. *World energy outlook 2012*. Organisation for Economic Co-operation and Development International Energy. Paris.
31. Под Ред, Морозовой Т Г. 2010. *Экономическая география*. ЮНИТИ-ДАНА. России.
32. *Российский статистический ежегодник 2011*. 2012. Москва Официальное издание.
33. Федеральная служба государственной статистики 2011.

（本文刊于《地理科学进展》2013年第10期）

全球化背景下中国地理研究亟待加强的薄弱领域
——世界地理研究

一、全球化是当代资源环境与发展的主旋律

1. 经济全球化是当今世界不可阻挡的历史潮流

20 世纪 80 年代中期以来,随着科技革命浪潮席卷全球,特别是随着跨国公司的快速发展,经济全球化已成为世界范围内不可阻挡的历史潮流。

根据国际货币基金组织 1997 年发表报告,全球化是通过贸易、资金流动、技术创新、信息网络和文化交流,使各国经济在世界范围高度融合。各国经济通过不断增长的各类商品和劳务额广泛输送,通过国际资金的流动,通过技术更广泛的传播,形成相互依赖关系。经济全球化有力地促进了生产要素在全球范围内的自由流动和产业转移。

进入 21 世纪,随着经济全球化的深入发展,新的国际分工格局打破了传统的原材料与初级产品在发展中国家、工业制成品生产在发达国家的产业链垂直分工体系,而让位于技术的垂直分工与生产的水平分工体系。在跨国公司主导下,当前新一轮的国际分工既包括将高端产品和关键生产环节向发展中国家转移,也包括从生产领域分工向服务领域分工转移。

2. 资源与生态环境问题已成为全球性的共同问题

20 世纪 70~80 年代以来,全球生态环境问题日益突出,特别是全球气候变暖、臭氧层耗竭全球、酸雨、水资源状况恶化、土壤资源退化、全球森林危机、生物多样性减少、毒害物质污染与越境迁移等八大问题,正威胁着人类的生存。

(1)"温室气体"排放引起的全球气候变暖问题

1880 年以来,全球大气中的 CO_2 浓度从 160~180ppm 增至 1990 年的 350ppm,增长了将近一倍,导致北半球地面温度平均升高了 0.3℃~0.6℃。根据世界政府间气候变化委员会专家预测,到 2030 年,若 CO_2 浓度加倍,其温室效应可使全球平均温度上升 1℃~2℃。由于气候的区域性差异,陆地较海洋增温快,南欧和北美比全球平均增温幅度大;由于夏季降水减少和土壤湿度变干,亚洲季风将加强;海平面将上升 20cm 左右。由此将给全球

生态系统和人类社会经济活动带来巨大影响。

（2）森林锐减和生物物种灭绝

在人类活动的干扰下，世界森林和林地面积从 1954 年的 100 亿公顷减至 1987 年的 60 亿公顷。近 30 年来，世界森林特别是热带雨林的减少速度明显加快，平均每年减少约 80 万公顷。森林锐减导致物种灭绝。据估计，地球上曾经有 5 亿个物种，而目前尚存 500 万～1000 万个。权威专家预测，在今后 20～30 年内，地球上 1/4 的物种将处于严重的灭绝危险之中。

（3）土地荒漠化

据联合国环境规划署 1990 年统计，世界范围的荒漠化威胁着 4800 万平方公里土地，约占世界陆地面积的 1/3，至少影响着 8.5 亿人的生活。20 世纪 80 年代初期，在全世界 32.57 亿公顷旱作土地中有 61%（约 19.86 亿公顷）遭受荒漠化和严重荒漠化的影响。

（4）淡水资源短缺

据联合国环境与发展研究所和世界资源研究所提供的数据，在全球约 140 亿亿立方米的水量中，淡水仅有 4.2 亿亿立方米，约占全球水量的 3%，其中 77.2%为南北极和高山冰盖与冰川水，22.4%为地下水和土壤水，只有 0.4%的为湖泊、沼泽及河流水。

20 世纪以来，世界用水量大幅增长，年用水量从 1900 年的 4000 亿立方米增至 1975 年的约 3 万亿立方米和 2000 年的 6 万亿立方米。目前世界上有 43 个国家和地区缺水，占全球陆地面积的 60%；约有 29 亿人口用水紧张，10 亿人得不到良好用水。

此外，还有能矿资源由于长期大规模开采而导致的部分能源与关键矿种资源的枯竭；由于大规模的滥捕，导致鱼类和动物资源的大幅度减少甚至灭绝。

二、全球化背景下中国地理研究的"短板"

1. 表现形式

由于片面强调研究技术与国际接轨（这无疑是很重要的！）而忽视了对国外经济社会、资源与生态环境作全面系统的深入研究，导致当前绝大多数中青年地理科技人员只了解国内、而对国外地理问题知之甚少或一知半解，致使一些课题的研究内容的不完整（如中国西北部干旱区受中亚地区环境变化影响深刻），研究成果很难被国际组织采纳并在相邻国家和地区应用。

2. 产生原因分析

一是中学和大学地理系教育中世界地理教育严重缺失。对世界地理不重视，成为可有可无的"软学科"。

二是世界地理研究队伍不断萎缩。1990 年代以来，随着市场经济的快速发展，中国科研工作中暴露出来的缺乏长远战略眼光、急功近利、浮躁之风盛行，在研究经费没有保证以及 SCI 指挥棒的操纵下，致使一些原本应得到加强的学科领域，尤其是一些社会公益性学科（如世界地理），研究人员大量流失，由此逐渐衰落，甚至消亡。例如，原来世界地理研究力量很强的中科院地理科学与资源研究所（其前身为中科院地理研究所），随着研究人员的退休和流失，1995 年撤销研究室建制，2003 年连研究组也被取消，目前已无专业世界地理研究队伍。

三是国内研究项目任务繁重，主管领导不重视国外地理研究。

四是随着网络技术的发展，许多一般的国外地理资料可以通过网络下载，不用再看外文原文和作深入研究便可应付。

三、全球化背景下亟待加强的薄弱研究领域

1. 地缘政治与地缘经济

地缘政治是研究地理环境与政治之间的关系，揭示地理要素与人类社会政治现象、政治行为之间关系的科学。通常指国家间、民族间因区位和历史地理因素而形成结盟、对抗以及扩张、争夺战略要地的战略思想和行为，其目的是为了谋取领土、资源，以及政治经济的支配权与控制权。

地缘政治学最早由瑞典政治学家道夫·契伦于 20 世纪初提出，并同拉采尔所创立的"政治地理学"中的"国际空间""国际秩序"和"国际权力"等学说，以及豪斯霍弗的"国家有机体"和"生存空间学说"、麦金德的"陆权论"、马汉的"海权论"一起，成为英、美、德等国实施对外侵略扩张政策的理论基础。

地缘经济是在地缘政治的影响和支配下，国家之间和地区之间围绕着商品市场、原料供应、资金流向等形成的竞争，合作与联合关系。地缘政治状况的变化，往往通过地缘经济和国家安全影响到国家高层决策。按照地缘政治的观点，密切的地缘经济是政治上的"稳定器"。

（1）良好的地缘政治是中国经济社会持续较快发展和实现和平崛起的前提条件

历史的经验表明，许多大国的兴衰，都受到地缘政治法则的支配。第二次世界大战结束后，冷战时代的地缘政治思想支配了当时世界上一系列重大的政治和军事斗争。进入 20 世纪 90 年代，冷战结束，世界各国及国家集团间的政治、军事关系有所淡化，但地缘政治与国家发展关系仍非常密切，国家最高决策标准由政治法则逐步过渡到政治原则与经济原则的结合。

1949 年 10 月 1 日新中国成立后，中国面临的地缘政治和国家安全态势的基本特点为：从 1950 年代的两大阵营到 1960~1970 年代后的"四面受敌"，面临十分严峻的地缘政治环境和严重的军事威胁。为此，国家最高决策立足于"早打、大打"，并相应地提出"加快以重工业为中心的社会主义工业化建设""三线"建设、"分散、靠山、隐蔽"等经济建设与布

局方针。

20世纪80年代以来,由于国际形势的变化,中国面临的周边地缘政治环境发生了重大变化,特别是1980年代末到1990年代初,随着"冷战"的结束,国际间的政治斗争和军事斗争逐步让位于经济斗争,经济全球化与区域经济集团化趋势不断加强,良好的地缘政治环境为中国的改革开放和经济的持续快速发展奠定了基础,并逐步发展成为"世界工厂"(如"珠三角"和"长三角"),以及全球产业链分工中的重要环节(从低端装配、加工制造环节向研发、自主创新、营销、服务外包等高端方向发展)。

(2)未来10~20年甚至更长一段时期内,中国地缘政治环境仍充满了复杂性与不确定性。遏制与反遏制、包围与反包围是地缘政治的基本特点。

(3)随着经济全球化的进一步发展,中国经济将逐渐与世界经济体系相融合,地缘经济态势总体上合作大于竞争。

2. 世界战略资源和粮食问题研究

能源、水资源和粮食问题是关系到国际社会生存与发展和国计民生的头等大事。特别是由于全球范围的能源和淡水资源短缺日益凸现(2010年中国石油对外依存度高达54.6%),粮食及水资源供应形势严峻。因而,加强对这一问题的研究具有更大的现实意义。今后应结合国家战略需求,一方面要对研究内容加以深化与拓展。例如,对世界石油资源、开采、运输、加工、消费新格局的跟踪研究及新能源的开发利用潜力;对世界粮食(含大豆)的产销平衡与格局的研究等。另一方面,要为中国能源安全、跨国水资源的合理开发利用和稳定粮食产供销等提供决策建议。

3. 全球性生态环境问题研究

全球性生态环境问题对中国的生态建设与环境保护具有十分重要的现实意义。如全球气候变暖导致海平面升高,以及对农业和水资源的影响,都直接关系到人类的生存环境,以及经济社会的可持续发展。例如,被称为"20世纪最大环境灾难"的咸海干涸,不仅湖底堆积的100亿吨盐形成了盐尘暴,随春季大风直接吹到我国新疆和甘肃等西北地区,导致冰川融化速度加快和雪线上升,并加重了绿洲地区耕地荒漠化和盐碱化进程。而且咸海生态灾难的动因是过度绿洲化,大规模发展高耗水的棉花等经济作物所致,这对新疆绿洲农业也有一定的警示作用(2010年新疆棉花种植面积已快速发展到146.1万公顷,棉花总产量达247.9万吨,分别占全国的30.5%和41.6%,而且这一趋势仍在继续)。此外,巴西亚马逊河流域、非洲及东南亚国家热带雨林大量砍伐引发的干旱、水土流失、生物多样性丧失等生态环境问题对中国海南岛及云南西双版纳地区的热带雨林保护也有借鉴作用。

4. 国外区域发展与国土规划研究

国土空间规划(简称国土规划),是对国家管辖范围内的国土空间(领土、领海、领空)进行开发、利用、整治和保护的全面规划。因此,国土空间规划是国家空间发展的指南、可持续发展的空间蓝图,是各类开发保护建设活动的基本依据。国外发达国家十分重视编制国土空间开发规划。例如,日本于 1950 年颁布《国土综合开发规划法》,从 1962 年起至 2010 年先后编制实施六次全国国土综合开发规划,每次规划的目标、内容、重点地区、空间结构、开发模式及规划实施都不相同。其中 1998 年颁布的第 5 次全国国土开发规划被称为"面向 21 世纪的国土宏伟蓝图——促进地域的自立和建设美丽的国土";2010 年 5 月颁布的第 6 次全国国土开发规划的主题为促进可持续发展,提出通过建立"新公众"的概念,加强参与与协作,实现"广域地方圈"的目标。2007 年出台的《欧盟空间规划》提出,各国空间发展规划应遵循的原则及政策选择包括:①发展多中心与均衡的城市体系,建立新型城乡关系;②平等地获得基础设施和知识,提高交通、通讯基础设施可达性及知识可获性机会;③以明智管理手段开发和保护自然与文化遗产。在此基础上提出了空间政策和保障体系,主要有:建立欧洲区域发展基金、欧洲社会基金和结构基金,建立项目监管评估指标体系,建立欧洲空间规划观测网络。此外,苏联提出的经济区划和建立地域生产综合体理论与方法对中国国土空间开发与保护也具有借鉴作用。

5. 海洋地理研究

长期以来,海洋地理是中国地理学研究中的薄弱环节。我国有 1.8 万公里大陆海岸线,沿海大陆架与专属经济区面积 300 万平方公里,相当于陆地国土总面积的 31%。海洋作为"蓝色宝库",是 21 世纪及未来世界能源等多种矿产资源和生物资源的主要来源。据《油气杂志》统计,截至 2006 年 1 月,世界海底石油探明储量 380 亿吨,天然气探明储量 40 万亿立方米,分别占世界石油探明储量的 21.6%和天然气探明储量的 23.1%;2005 年海洋年产油气达 12.5 亿吨。世界海洋深海金属矿产储量达 3 万亿吨,仅太平洋就有 1.7 万亿吨。世界海洋水产品的潜在年产量为 2 亿吨,而目前年捕捞量仅 8000 多万吨。世界海洋潮汐能、波浪能、海水热能、海流等理论储量达 1500 多亿千瓦,其中可供利用的约 70 多亿千瓦,相当于现世界发电能力的几十倍。

可以预料,今后围绕世界海洋资源的开发,各国的争夺将更加"白热化"。同时,随着经济全球化的快速发展,我国正日益融入开放的世界经济体系,工业原料与产品同国际市场的联系更为紧密。因此,无论从捍卫我国海洋主权和发展海洋经济出发,还是为了保卫海上通道的安全、畅通,加强世界海洋地理研究已是刻不容缓。未来,中国要实现从海洋大国向海洋强国的转型,除需比较系统全面地掌握近海大陆架和专属经济区的海洋地理情况外,还必须对外海和世界大洋的自然地理和经济地理进行长期持续的深入研究,包括世界主要通航海峡、主要海洋航线、海港、海洋资源的开发利用,以及海陆关系等海洋地缘政治与地缘经济,并争取在 2030 年左右分批出版太平洋、印度洋、大西洋、北冰洋四大洋的海洋地图集和《世界海洋自然地理》及《世界海洋经济地理》两部专著,才能真正实现跻身于世界海洋强国之列。

(本文系 2010 年 11 月 25 日在北京师范大学召开的世界地理学术研究会上的讲稿)

丝绸之路经济带：中国与中亚铀矿合作开发的前景与对策

铀是一种极为稀有的放射性元素，不仅是清洁能源核能发电的燃料来源，而且高浓缩铀及其后处理得到的钚是制造核武器的原料。因此，铀作为当今世界重要的战略资源，对于维护国家安全、减少温室气体排放和全球气候变化具有特殊重要的地位。自第二次世界大战以来，铀矿资源一直是美、苏（俄）、欧盟、日本等大国和地区争夺的主要对象。2015年，世界各国和地区对天然铀的需求量为 6.34 万吨；其中，美国占 28.6%，欧盟占 29.5%，俄罗斯占 9.9%，中国占 8.4%，韩国占 7.9%。此外，在冷战时期，苏、美两国均囤积了大量的铀矿（U_3O_8）及浓缩铀等产品，以满足其扩军备战的需要。

铀在地壳中的平均含量仅为百万分之一，分布极不平衡。根据国际原子能机构（IAEA）和经合组织（OECD）2016 年发布的铀资源红皮书提供的数字，截至 2015 年 1 月，全球具有较高商业开采价值、回收成本<130 美元/千克铀的确定储量（探明储量+推断储量）为 571.84 万吨；其中，澳大利亚占 29.1%，哈萨克斯坦占 13.0%，加拿大占 8.9%，俄罗斯占 8.9%，南非占 5.6%，尼日尔占 5.1%，以上 6 国合计占 70.6%。

世界铀矿开采亦呈高度集中态势。2016 年，全球铀矿开采量为 62027 吨铀（折合 U_3O_8 73148 吨），其中，哈萨克斯坦占 39.6%，加拿大占 22.6%，澳大利亚占 10.2%。上述三国合计占 72.4%。

一、中亚地区铀矿资源分布与开发利用现状

中亚地区包括哈萨克斯坦、吉尔吉斯斯坦、塔吉克斯坦、乌兹别克斯坦和土库曼斯坦 5 国。在 20 世纪 90 年代以前，中亚地区除土库曼斯坦外，其他 4 国均发现并开采铀矿。其后，吉尔吉斯斯坦和塔吉克斯坦由于资源枯竭而先后废弃，因而目前铀矿资源及开采主要分布于哈萨克斯坦和乌兹别克斯坦两国。

（一）中亚地区铀矿资源及分布特点

1. 矿资源储量大

据国际原子能机构 2016 年公布的世界各国铀矿资源数据，中亚地区铀矿资源中，回收成本<40 美元/千克铀、<80 美元/千克铀、<130 美元/千克铀和<260 美元/千克铀的确定储量分别为 15.57 万吨、72.54 万吨、87.54 万吨和 101.7 万吨铀，分别占世界同类回收成本铀矿确定储量的 24.1%、34.1%、15.3%和 14%。

中亚地区铀矿品位一般为 0.05%~0.10%。以哈萨克斯坦为例，现已开采的 18 个铀矿中，最低品位为 0.03%，最高品位达 0.204%（北哈拉桑 1 号矿）。

2. 铀矿资源分布集中

哈萨克斯坦不仅是中亚也是世界著名的铀矿资源富集区之一，其资源总储量（确定储量+预测储量）为 152 万吨铀，占世界铀矿总储量的 19%，其中回收成本<130 美元/千克铀的确定储量为 74.53 万吨铀，占世界该回收成本铀矿确定储量的 13%。已探明的铀矿有 50 多个，主要分布于哈萨克斯坦的中南部和南部，现已开采的有 3 个矿区。

（1）楚河—萨雷苏河铀矿区。位于哈萨克斯坦中南部的两条内陆河流——楚河上游与萨雷斯河下游地区，地处莫因库姆沙漠的西部。铀矿资源储量为 89 万吨，约占该国总储量的 58.5%。其中，北矿区包括东、中、西莫库杜克矿（Mynkuduk）以及因凯矿（Inkai）、布德诺夫斯科耶（Budenovskoe）矿等，铀矿资源储量 75 万吨铀，约占该矿区的 84.3%；东矿区包括托尔特库杜克（Toutkuduk）、莫因库姆（Moinkum）和坎楚干矿（Kanzhugan）等，铀矿资源储量 14 万吨铀。

（2）锡尔河铀矿区。位于哈萨克斯坦南部中亚第一大河锡尔河下游沿岸地区，铀矿资源储量 25 万吨，占全国的 16.4%。其中，西矿区包括哈拉桑 1 矿与 2 矿（Kharasan 1 和 2）、南、北卡拉木隆矿（Karamurun）及伊尔科尔矿（Irkel），资源储量共 18 万吨铀；南矿区主要有扎列奇诺耶矿（Zarechnoye）和南扎列奇诺耶矿，资源储量 7 万吨铀。

（3）北哈萨克斯坦铀矿区。位于首都阿斯塔纳东北 150 公里处，现已探明有舍米兹拜矿（Semizbai）及"东部之星"铀矿（Vostok Zvezdnoye），资源储量 25.6 万吨铀，占该国总储量的 16.8%。

（4）其他铀矿区。主要有：哈萨克斯坦东南部的伊犁河及巴尔喀什铀矿区，铀矿资源储量为 10.2 万吨铀，占该国储量的 6.7%；哈萨克斯坦西部里海沿岸曼吉斯套铀矿（Mangghystau），资源储量为 2.4 万吨，占该国储量的 1.6%。上述两个矿区现未开采。

乌兹别克斯坦铀矿主要分布于其中北部克孜勒库姆沙漠的南缘。据该国国家地矿资源委员会提供的数据，全国已探明和评估的铀矿储量为 18.58 万吨铀；此外，还有远景预测储量 24.27 万吨铀。铀矿资源集中分布于中北部的纳沃伊州，即从西北部的乌奇库杜克（Uchkuduk）到东南部的努拉巴德（Nurabad）长约 400 公里的狭长区域，分北、中、南三片，主要矿区有乌奇库杜克、布坎套（Bukantausky）、扎拉夫尚（Zarafshan）、扎法拉巴德（Zafarabad）和努拉巴德等。

3. 以砂岩型铀矿为主

砂岩型铀矿是产于砂岩、砂砾岩等碎屑岩中的外生后成铀矿床，通常赋存于沉积盆地。在哈萨克斯坦回收成本<130 美元/千克铀的确定储量中，砂页岩型铀矿占比为 93.3%，其余为磷酸盐型矿和交代岩型矿。乌兹别克斯坦回收成本<130 美元/千克铀的确定储量中，砂页岩型铀矿占 74.7%，黑色页岩型铀矿占 25.3%。砂岩型铀矿一般矿床规模较大，适宜于大规模开采。

（二）中亚地区铀矿资源开发利用现状

1. 铀矿开采规模大，产量居世界首位

中亚地区铀矿资源大规模开采始于 20 世纪 70 年代。在苏联时期，乌兹别克斯坦铀矿年产量最高曾达 3800 吨铀。20 世纪 90 年代，随着哈萨克斯坦一批新铀矿山的相继建设与投产，铀矿产量从 2000 年以前不到 3000 吨铀激增至 2005 年的 6837 吨铀，2009 年更达到 16449 吨铀，占世界铀产量的 32.4%，此后产量一直稳居世界首位。2016 年，中亚地区铀矿开采量为 26979 吨铀，占世界总产量的 43.5%；其中哈萨克斯坦年产 24575 吨，占世界总产量的 39.6% 和中亚地区总产的 91.1%。

2. 铀矿以地浸法开采为主，生产成本较低

中亚地区铀矿资源储量中，砂岩型铀矿占比超过 70%。由于这类铀矿采用开采成本较低的原地浸出工艺开采，较通常的井下或露天开采法具有生产成本低、建设周期短、环境友好（不破坏地表覆被和土层结构）等特点。2014 年，哈萨克斯坦开采的铀矿中，约有 50% 开采成本低于 78 美元/千克铀，28% 开采成本为 78~104 美元/千克铀，只有 22% 开采成本高于 104 美元/千克铀；而同期国际市场铀的现货平均价格为 94 美元/千克铀，因而中亚铀矿产品在国际市场上具有较强的竞争力。

3. 铀矿山分布较集中，规模较大

哈萨克斯坦现开采的铀矿山有 18 个，其中年开采量大于 1000 吨铀的大型铀矿山有 9 个，主要分布于哈萨克斯坦中南部的楚河—萨雷苏河地区，分东、北两个矿区，包括 11 座铀矿山，2015 年铀矿开采量为 18313 吨铀，占该国铀矿总产量的 76.9%。其次，为哈萨克斯坦南部的锡尔河矿区，共有 5 座大型铀矿山，2015 年铀矿开采量 5034 吨铀，占全国产量的 21.2%。此外，哈萨克斯坦北部的阿克莫拉铀矿区因开发较晚，目前仅有舍米兹拜和扎尔帕克（"东部之星"）两座铀矿投产。

乌兹别克斯坦现有铀矿山 13 座，其中，北矿区的乌奇库杜克铀矿于 1964 年投产，年产能 800 吨；南矿区的努拉巴德铀矿于 1966 年投产，年产能 800 吨；中部矿区的扎法拉巴德铀矿于 1968 年投产，年产能 2100 吨。所开采的铀矿全部运至纳沃伊矿冶联合公司进行加工，设计能力为年产 3000 吨铀（U_3O_8）。

4. 开采的铀矿全部出口，中、俄两国合占其出口量的 70% 以上

由于哈萨克斯坦和乌兹别克斯坦迄今都没有核电站，因而中亚所开采的铀全部用于出口。2010 年以前，铀矿出口国家相对分散，包括俄罗斯、欧盟（主要为法国）、美国、中国、日本及韩国等。自 2010 年以来，随着中国与哈、乌两国铀矿合作开发步伐的加快，中国成为中亚地区天然铀的最大进口国。据联合国商品贸易数据库（UN Comtrade）统计，2015 年哈萨克斯坦出口的 2.87 万吨天然铀中，中国占 49.5%，俄罗斯占 21.8%，法国占 11.3%，加拿大占 8.2%，美国占 4.8%，吉尔吉斯斯坦占 3%；其中，中、俄两国合占 71.3%。乌兹别克斯坦开采的天然铀主要出口中国、法国、美国及俄罗斯，其中中国占比约 60%。

5. 铀矿开采由国家控股，外国公司占 40%

哈萨克斯坦独立以后，铀矿开采由国有哈萨克斯坦原子能工业公司（以下称"哈原工"）控制。2014 年，哈原工占全国铀矿开采量的 60%（13601 吨铀），而外国合资企业占 40%（9180 吨铀）。主要外国公司有：加拿大第一铀业公司、加拿大卡梅科铀业公司、法国阿海珐公司、俄罗斯国家铀矿控股公司、日本亚洲能源集团、日本住友集团和关西电力集团、中国核工业集团（以下称"中核"集团）和中国广东核工业集团（以下称"中广核"集团）。乌兹别克斯坦铀矿开采的主管部门为国家地质矿产资源委员会，由国有公司垄断铀矿的勘探、开发与出口，参与合作开发的外国公司有：韩国电力技术公司、韩国水电与核电有限公司、中广核集团等。

二、中国与中亚铀矿合作开发的背景及模式

中国与中亚地区合作开发铀矿作为一项互利、共赢的战略合作，既是提高中国核电发展的资源保障程度的需要，同时也是促进哈萨克斯坦和乌兹别克斯坦经济社会持续发展的需要，具有重大的战略意义。

（一）合作开发的必要性

1. 中国铀矿资源远不能满足本国需要

中国是铀矿资源不甚丰富的国家。尽管 2005 年以来，中国在铀矿勘探方面投入了大量的资金、技术，也相继在新疆伊犁及吐哈盆地、内蒙古东胜及二连盆地、东北的松辽盆地等相继发现了一批新铀矿，但迄今铀矿资源储量及在世界占比仍较小。根据国际原子能机构 2016 年发布的铀资源红皮书，截至 2015 年 1 月，中国铀矿资源储量中，回收成本<130 美元/千克铀的确定储量为 27.25 万吨，仅占世界总储量的 4.8%，位居世界第 9 位；其中探

明储量 12.83 万吨，推断储量 14.42 万吨，分别占世界铀矿探明和推断储量的 3.7%和 6.4%[①]。

中国除铀矿储量不甚丰富外，还存在以下一些不利条件：①铀矿成矿条件及类型复杂。中国铀矿按矿床类型可分为花岗岩型、火山岩型、砂岩型和碳硅泥岩型 4 种，其储量分别占全国储量的 38%、22%、19.5%和 16%。②铀矿品位偏低。矿石以中低品位为主，其中含铀品位低于 0.1%的贫矿占总储量的一半以上，且与硫、磷及有色和稀有金属共生。③矿产规模普遍较小。现已探明提交的 300 多个铀矿床中，中小型矿占总储量的 60%以上，其中花岗岩型铀矿床平均储量不到 500 吨铀。④矿床赋存条件较差。如普遍埋藏较深，围岩岩性多变。全国已探明的铀矿储量中可采用地浸法开采的占比仅 24%（而 2014 年世界平均为 46%），绝大部分需井下开采。以上不利因素是导致铀矿建设条件差、单位投资较大、开采成本较高的主要原因。

根据国际原子能机构发布的数据，1998～2000 年中国铀矿年均产量为 500 吨铀。2007 年 10 月，随着《国家核电发展中长期规划（2005～2020 年）》出台，明确将核电作为我国新能源发展的重点，推动了铀矿资源的勘探与开发。根据世界核能协会（WNA）统计，中国铀矿开采量从 2007 年的 712 吨铀增长到 2015 年的 1616 吨铀，增长了 127%（1.27 倍）。与此同时，随着新核电机组的大量投产，对铀的需求量呈快速增长态势，从 2007 年的 1454 吨铀增至 2015 年的 8160 吨铀，增长了 4.61 倍，相应地，铀矿资源的对外依存度也从 2007 年的 51%上升至 2015 年的 80.2%，铀矿的产需缺口越来越大。

2. 中国未来 20～30 年对核燃料的需求将持续快速增长

核能作为清洁能源，是全球未来新能源发展的主要方向。中国作为一个负责任的大国，自 20 世纪 90 年代初开始，与国际社会一起积极参与《联合国气候变化框架公约》《京都议定书》《哥本哈根议定书》及《巴黎协定》缔约谈判。2009 年 12 月，中国政府在哥本哈根召开的《联合国气候变化框架公约》第 15 次缔约方会议上承诺：在 1990～2005 年单位国内生产总值 CO_2 排放强度下降 46%的基础上，到 2020 年单位国内生产总值 CO_2 排放量比 2005 年下降 40%～45%。2015 年在《巴黎协定》缔约谈判中，中国政府承诺：到 2030 年非化石能源占一次能源消费总量的比重达 20%，CO_2 排放于 2030 年左右达到峰值并争取早日实现。

基于上述目标，2011 年 3 月十一届全国人大四次会议通过的《中华人民共和国国民经济和社会发展第十二个五年规划纲要》提出，要以沿海核电带为重点，稳步推进中部省份核电建设，开工建设核电装机 4000 万千瓦。2016 年 3 月通过的《中华人民共和国国民经济和社会发展第十三个五年规划纲要》，要求到 2020 年核电运行装机容量达到 5800 万千瓦，在建装机容量 3000 万千瓦以上，核电发电量占比达 4%。截至 2016 年年底，中国大陆地区核电站运行的核反应堆 35 座，总装机容量 3363.2 万千瓦，核能发电量 2132 亿千瓦时，占

[①] 唐文忠："我国核电发展的铀资源保障"，《核电站新技术交流研讨会》，2014 年。

全国电力装机容量的 2.04%和发电量的 3.56%；另有在建核反应堆 21 座，总装机容量 2344 万千瓦。根据国家能源局编制的核电"十三五"发展规划，预计到 2030 年核电装机规模将达 1.2 亿～1.5 亿千瓦，核电发电量占比提升至 8%～10%。按照我国新投产的和在运营的每百万千瓦核电机组年所需的初装料和换料等技术经济指标测算，2020 年天然铀需求量为 11000～11500 吨铀，2030 年为 24000～25000 吨铀[①]。届时天然铀的对外依存度将分别达 65%和 77%。

（二）合作的可行性分析

1. 良好的地缘政治与区位交通优势

中亚五国是中国的近邻，与中国有 3300 多公里的边界线；自 1991 年相继脱离苏联独立后，在 20 世纪 90 年代后期先后与中国签订了边界协定。2001 年，中、俄、哈、吉、塔、乌六国宣布成立上海合作组织，建立了睦邻友好的地缘政治关系，2011 年又上升为全面战略合作伙伴关系。2013 年 9 月，中国国家主席习近平在访问哈萨克斯坦和乌兹别克斯坦期间，提出了共建"丝绸之路经济带"的倡议，得到了包括中亚五国在内的沿线 40 多个国家的广泛响应，不仅有利于推动建立国际政治、经济、安全新格局，而且也为中国与哈、乌两国开展包括铀矿在内的能源合作奠定了坚实的基础。

中亚铀矿富集区位于"丝绸之路经济带"的中通道（新亚欧大陆桥）及中通道南支（规划建设的中国喀什—吉尔吉斯斯坦—费尔干纳—塔什干—里海铁路）沿线，近年相继与中国沿海及中西部主要城市开通了中欧直达班列，运输联系便捷。

2. 推进丝绸之路经济带产能合作的需要

在推进"丝绸之路经济带"共建过程中，产能合作是其中的重要组成部分，不仅可为促进沿线国家经济社会发展、增加就业岗位、改善民生带来了实实在在的好处，同时也可推动中国的钢铁、装备制造、有色冶金、建材、化工、轻纺等优势产业走出去，实行优势互补，形成国际产能合作与国内产业转移升级的良性互动。

中国在铀矿资源勘探开发、核燃料组件加工生产以及核电站建设等方面均拥有成熟的先进技术与产能。如中国自主研发的三代核电技术华龙一号已于 2016 年投入运行。通过与中亚主要产铀国的产能合作，不仅有利于这些国家提高铀矿勘探开发技术，延伸铀矿产业链，提高铀矿开发的综合经济效益，从而提升其产品在国际市场的竞争力，同时也可满足中国对天然铀的需求，实现互利共赢。

3. 具有良好的合作开发与投资环境

良好稳定的政治与投资环境是开展铀矿合作开发的前提条件。

（1）建立了中亚无核化地区。在苏联时期，哈萨克斯坦不仅是核武器的试验基地，而

---

① 唐文忠："我国核电发展的铀资源保障"，《核电站新技术交流研讨会》，2014 年。

且还储存大规模核武器。哈萨克斯坦独立后，1992年5月纳扎尔巴耶夫总统公开声明，哈萨克斯坦不做核国家，并于1993年12月正式签署《核不扩散条约》，拆除全部核试验设施。2002年9月，中亚五国就建立"中亚无核区"达成一致认识；2006年9月，在哈萨克斯坦的塞米巴拉金斯克共同签署《中亚无核区条约》，但该条约并不禁止和平利用核能。

（2）政治环境较稳定。哈萨克斯坦和乌兹别克斯坦自1991年独立后，政局一直比较稳定。两国均奉行独立自主、与中亚邻国及中国睦邻友好、抵制西方势力渗透的外交政策。良好的政治环境，促进了经济社会的持续较快发展，同时也为吸引外商投资和开展铀矿合作开发奠定了可靠的基础。

（3）投资软环境总体良好。哈、乌两国独立后，实行对外开放政策，将吸引国外资金、技术和人才作为发展本国经济的长期任务和优先目标，并制定了一系列政策法规。例如，哈萨克斯坦于1994年12月出台了《外国投资法》；1997年2月又通过了《国家支持直接投资法》；2003年1月又在上述两法的基础上，颁布了《哈萨克斯坦共和国投资法》。乌兹别克斯坦也相继推出《外国投资法》和《外国投资及保障外国投资法》，2012年又颁布《关于促进外国直接投资补充措施》等；规定了对外商提供土地使用权和减免税收等优惠政策，为加快铀矿资源的合作开发提供了政策保障。

（4）投资硬环境明显改善。2010年以来，哈、乌两国在包括交通、通讯、能源、供水等基础设施在内的投资硬环境也得到了较大改善。例如，哈萨克斯坦修建了由塔拉兹通往楚河—萨雷斯铀矿区和由突厥斯坦通往锡尔河铀矿区的铁路、电力、通讯及输水管；乌兹别克斯坦也建成了由纳沃伊通往乌奇库杜克铀矿区的铁路、电力、通讯与输水管等，具备了进行大规模合作开发的基础设施条件。

（三）合作开发的主要模式

中国与中亚铀矿合作开发始于2005年，虽起步较西方国家晚了近10年，但合作开发的步伐较快，并取得了互利共赢的效果，即：哈萨克斯坦和乌兹别克斯坦通过合作，加快了铀矿开发和所在地区经济社会发展；中国则通过增加进口中亚铀矿，提高了核电发展的铀资源保障程度。合作开发主要模式有5类。

1. 贷款换铀矿合作模式

为确保铀矿长期持续的稳定供应,中核与中广核集团分别同哈原工和乌地矿委签订"贷款换铀矿"协议，在为哈、乌两国扩大铀矿开发提供所需资金的同时，两国则以所开发的铀矿通过外贸偿还。一般协议为8~10年甚至更长。

2. 产量分成合作模式

在哈、乌两国拥有铀矿资源的所有权和专营权的前提下，中核和中广核集团通过签订协议，承担铀矿勘探开发所需的资金和技术投入，并从铀矿开发的效益中进行成本回收和产量分成。

3. 联合经营合作模式

在新铀矿建设前,"中核"和"中广核"集团与"哈原工"分别按一定比例出资组建新合资公司（通常哈原工持股 51%,中资公司持股 49%）。合资公司作为独立法人从事铀矿资源勘探、开发、生产、运输和销售业务,合资双方共同承担经营风险和分担纳税责任。如北哈萨克斯坦的舍米兹拜及扎尔帕克两家铀业合资公司均为此合作模式。

4. 技术服务合作模式

中核与中广核集团发挥其技术、知识和管理优势,与哈原工及乌地矿委合作,为铀矿资源的勘探、开发、加工、运输提供先进的技术装备、管理经验,以此提升其铀矿开发利用整体水平。

5. 全产业链合作开发模式

为提高铀矿资源开发的综合经济效益和提升其国际影响力,2009 年哈萨克斯坦总统纳扎尔巴耶夫提出,要将该国从核资源开采大国转变为"国际燃料库"。因此,要求积极推进集铀矿开发、核燃料组件加工到核电站建设的全产业链合作模式。在此背景下,"中核"及"中广核"与"哈原工"签署了全产业链合作协议,并提出"三步走"战略,即从铀矿贸易起步,到合作开发铀矿,再扩展到核燃料组件生产和核反应堆建设。2015 年 12 月成立了核燃料组件合资公司,并于次年着手建设,为下一步合作建设核电站做准备。

三、铀矿合作开发对中国核电发展的资源保障程度

（一）中亚地区铀矿开发前景预测

中亚铀矿合作开发规模主要取决于该区铀矿资源剩余可采储量的储采比,即剩余储量除以当年开采量得出的比值。这是预测开采规模的基础和依据。此外,也应考虑铀矿合作开发的投资规模,以及由于铀矿生产能力过剩而导致国际市场铀价长期低迷等因素。但总体来看,后两个因素具有不确定性,因而只能作为预测的参考。

中亚未来铀矿合作开发规模预测,由于主要依据铀矿可采储量等级不同而形成两个方案:①基于哈、乌两国 2015 年统计的回收成本<130 美元/千克铀的确定储量（合计 87.54 万吨）。按一般矿山储采比 30 年计算,考虑到铀资源开采中的折损率（按 20%计算）,未来 30 年年均开采量为 2.42 万吨铀,可供开采至 2045 年;如按储采比 35 年测算,则未来 35 年年均开采量为 2.08 万吨铀,可供开采至 2050 年。②国际原子能机构基于哈、乌两国 2015 年回收成本<130 美元/千克铀的探明储量（合计 33.04 万吨铀）,并考虑国际市场天然铀价变化及产能过剩等因素。预测得出:2016~2020 年中亚铀矿产量仍将保持缓慢增长态势,从 2015 年的 2.62 万吨铀增至 2020 年的 2.77 万吨铀,2020 年以后产量持续下降,2025 年为 2.2 万~2.3 万吨铀,2030 年为 1.7 万~1.8 万吨铀,2035 年将降为 1.1 万~1.2 万吨铀。

其中减产的因素均来自哈萨克斯坦，而乌兹别克斯坦则维持3000吨/年规模。

基于上述分析，我们倾向以回收成本<130美元/千克铀的剩余确定储量作为预测主要依据，并参考国际市场铀价变化等因素，预测2020年中亚铀矿产量为2.8万吨铀，2025年为2.5万吨铀，2030年为2.2万~2.4万吨铀，2035年降至2万吨铀以下。

（二）中亚铀矿对中国核电发展的资源保障程度

有关未来中国核电发展对铀矿的需求预测，中核集团专家根据新投产百万千瓦级核电机组的首炉初装料（折合天然铀约400吨），以及在运行的核反应堆每年需换料（折合天然铀约175吨）测算：2020年中国核电对天然铀的需求量为11000吨，其中国内铀矿企业产能4000吨铀，中核及中广核集团海外开发8400吨铀，缺口为2600吨铀；2025年和2030年天然铀需求量分别为18500吨铀和24000吨铀，其中国内铀矿企业产量分别为5000吨铀和5500吨铀，海外开发分别为11600吨铀和13100吨铀，缺口相应地为6900吨铀和10900吨铀（图1）。

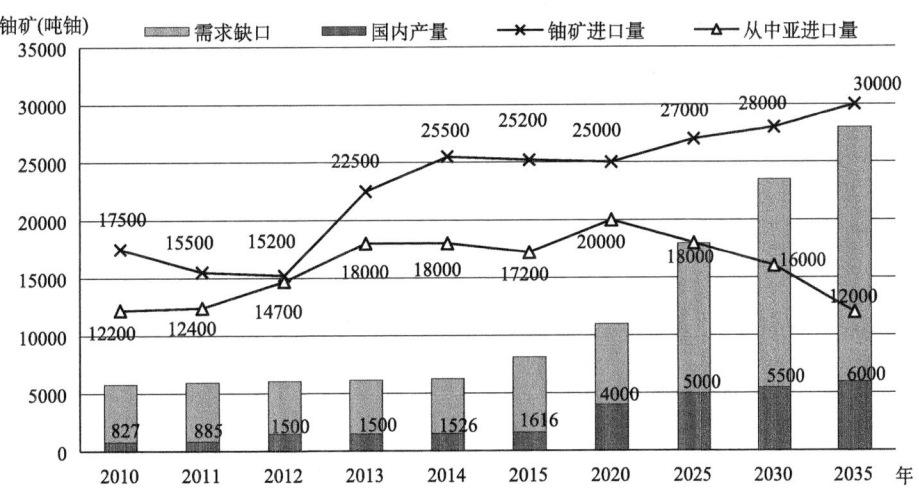

图1 2010~2035年中国铀矿产量、需求量和进口量

注：需求缺口=总需求量—国内产量。

数据来源：参考文献（International Atomic Energy Agency，2016；国土资源部信息中心，2016）；《中国核工业报》，2015年4月17日；中国铀资源安全，https://www.sohu.com/a/148586680_799830 2017-06-13

2007年以前，中国核工业所需的铀矿进口来源较分散，包括加拿大、澳大利亚、哈萨克斯坦、纳米比亚、尼日尔、乌兹别克斯坦等国。2010年以来，随着中国与哈、乌两国铀矿合作开发快速推进，中国已成为中亚铀矿的主要出口对象国。2010~2015年，中国从中亚地区进口天然铀合计为92476吨铀，占同期中亚铀矿总出口量的51.3%（UN Comtrade，2016；Global legal insight，2017）。据联合国商品贸易数据库（UN Comtrade）数据，2010~

2016 年期间，在中国全部进口的 14 万吨天然铀中，约 67%来自哈萨克斯坦，约 10%来自乌兹别克斯坦，合计占比达 77%（UN Comtrade，2016；Global legal insight，2017）。未来，通过进一步深化铀矿合作开发，在保持目前进口规模（2010~2015 年平均进口量 1.71 万吨铀）的基础上，2030 年前哈、乌两国每年完全有可能为中国提供 1.6 万~1.8 万吨天然铀，届时中亚铀矿对中国核电发展的资源进口保障程度将达到 70%~75%。2030 年以后，由于哈萨克斯坦 70%的现有探明储量被开采，因此天然铀产量会呈明显下降趋势；加之中国核电发展规模不断扩大，2035 年其进口保障程度将降至 40%~50%。为此，必须及早寻找新的铀矿资源替代国家。

四、加强中国与中亚铀矿合作开发的对策建议

1. 以"五通"新理念统领中国与中亚铀矿资源合作开发

2017 年 5 月 14 日，习近平主席在"一带一路"国际合作高峰论坛的主旨演讲中指出，推进"一带一路"国际合作，必须秉持共商、共建、共享合作理念，加强政策沟通、设施联通、贸易相通、资金融通、民心相通，将"一带一路"建成和平之路、繁荣之路、开放之路、创新之路、文明之路。中国与中亚铀矿合作开发作为共建"一带一路"的重大合作内容，必须以"五通"新理念统领合作开发。其中，"政策沟通"是合作开发成败的关键，其重点建立与哈、乌两国政府间（含政府控制的国有企业）合作政策沟通交流机制，促进政治互信，深化利益融合，共同推动制定合作政策、规划和措施，协商解决合作中的问题。"设施联通"的重点是加强交通、能源、通信、供水、环保基础设施的联通与升级改造，改变哈、乌两国绝大部分基础设施落后局面。"贸易畅通"重点是推动铀矿开发全产业链合作，特别是加强铀矿资源加工、研发与贸易领域的全方位合作。"资金融通"针对铀矿勘探周期长、投资大、投资回报慢的特点，通过亚投行、丝路基金，以及中哈、中乌金融机构开展多边合作，多渠道筹集资金。"民心相通"要将改善民生福祉作为抓手，加强对合作区域及周边地区教育、文化、科技、卫生、防灾和减贫等方面的合作，增加就业岗位，改善人居环境，真正造福当地人民。

2. 尽快编制《中国与中亚地区铀矿合作开发规划纲要》

在"一带一路"国际合作中，加强与沿线国家发展战略对接是落实开放合作、互利共赢、合作共享等共建原则的重要环节。2016 年 8 月 17 日，习近平主席在推进"一带一路"建设工作座谈会上发表的重要讲话强调，"要切实推进规划落实，周密组织，精准发力"。为此，要加强中国"十三五"核电发展规划同哈萨克斯坦和乌兹别克斯坦铀矿开发中长期规划的对接，尽快编制《中国与中亚地区铀矿合作开发规划纲要》，内容包括：合作的指导思想与原则，合作目标，合作的重点（重点领域、重点地区与重点项目），合作的方式与机制，近中期重点合作项目的规划论证，以及合作的保障措施等，作为深化中国与中亚铀矿

资源合作开发的科学依据。

3. 明确未来合作开发的重点

在铀矿资源勘探方面,首先应将重点放在哈萨克斯坦南部楚河—萨雷苏河铀矿区的北矿区,加强地质勘探,提高资源的探明程度,特别是回收成本<130美元/千克铀的可采资源储量;其次,为目前与中国合作开发的阿克莫拉铀矿区,通过向周边地区拓展,增加可采资源储量;最后,对乌兹别克斯坦的克孜勒库姆沙漠铀矿区,重点勘探开采成本较低砂岩型铀矿。

在铀矿开发方面,重点瞄准资源储量与开发潜力大的矿区。如位于楚河—萨雷苏河北矿区的因凯铀矿区(包括现已开发的因凯1、2、3矿及南因凯矿),现已探明的铀矿可采储量达31.93万吨,平均品位0.052%~0.056%,2015年实际产能为4280吨铀;按储采比,未来该矿区年生产能力有望达到1万~1.2万吨铀。因此,其可作为今后合作开发的重点矿区。

在天然铀加工方面,将合作建设核燃料组件企业置于优先地位,以实现哈萨克斯坦一直以来谋求的从核原料大国向附加值更高的核燃料供应商跃升目标,同时也可为提高中国核原料保障程度带来实实在在的好处。

4. 不断提升中资企业在中亚铀矿合作开发中的地位与作用

中核与中广核集团作为中国参与中亚铀矿合作开发的主体,目前的合作领域主要围绕铀矿进口贸易,合作层次有待提升。如2015年哈萨克斯坦18家铀矿和11家铀业合资公司中,中资企业仅各占2家,其所控制的铀资源可采储量仅5.39万吨铀,产能合计约2200吨铀/年,仅占哈萨克斯坦全国铀矿总产能的不到10%,这对未来中国天然铀的长期稳定供应极为不利。

今后,应依托中国与哈、乌两国良好的地缘政治和地缘经济关系,通过推进"一带一路"国际产能合作,特别要抓紧当前哈萨克斯坦亟待扩大引进外资推进铀矿体制改革的机遇(如2018年5月哈政府计划年内出让哈原工25%的股份),中资企业可充分发挥资金、技术和管理等优势,通过合资、参股、股权并购与收购等方式,力争到2030年,中资公司控股的铀矿产能占哈萨克斯坦的20%~25%、全部外资公司总产能的40%~50%。

5. 大力充实天然铀产品储备

由于核电站安全运行需要有一定的铀储备(库存)作保障,国际上通常认为核电站需有5~8年的铀资源(U_3O_8及浓缩铀等)储备,以提高应对由于天然铀供应中断或价格大幅上涨对核电站安全运行的影响。这对天然铀对外依存度较高的中国更具现实意义。加之,由于铀的能量密度大,所需储备空间小,进行铀储备远比其他常规化石能源安全可靠的多。为此,美、俄、欧盟和日本等国在20世纪60年代就建立了铀储备体系,并拥有大量的铀库存。据国际原子能机构披露,俄罗斯在苏联时期,从东欧、中亚和西伯利亚开采了大量铀矿,其天然铀及铀产品总库存达61.5万吨铀。2013年以来,俄罗斯每年向国际铀市场抛售 3000 万～4000 万磅 U_3O_8，并向国际市场供应大量核武器转化的高浓缩铀（2015 年达 2400 万磅 U_3O_8）。2013 年美国国家储存的铀浓缩物、天然 UF_6 和浓缩 UF_6 为主的铀产品总量达 4.6 万～5.6 万吨铀当量；此外，美国核电企业还有大量商业库存，并存有 11.4 万吨丰度高于 0.34% 的 U_{235} 贫铀尾料。欧盟及日本核电企业铀库存量也分别达 5.3 万吨和 4.5 万吨铀当量。

2010 年以来，国际铀市场价格持续下滑。特别是 2011 年日本福岛核泄漏事件后，国际铀价长期保持在 20～40 美元/磅的低价位，中国利用此机会扩充了天然铀储备。据联合国商品贸易数据库数据显示，2010～2016 年，中国天然铀的总进口量达 14 万吨铀，平均每年为 2 万吨铀，减去这一时期核电对铀矿的消费量，2016 年中国天然铀的实际库存已超过 10 万吨铀。

从长远发展看，由于铀资源的稀缺性，随着全球核电的持续发展，未来铀价格将呈波动式上涨，并有可能达到甚至超过 100 美元/磅（2007 年最高为 136 美元/磅）。因此，中国应抓紧国际铀价低迷的机遇，继续从国际市场大量购进天然铀、铀浓缩物等多种铀产品，充实国家战略铀储备和企业商业铀储备（库存）。争取 2020 年达 15 万～20 万吨，可为未来中国核电发展提供 8～10 年的铀资源储备。

6. 重视防控和化解合作开发中的风险因素

中国与中亚铀矿合作开发存在的主要风险有：①政治风险。中亚地区不仅是穆斯林聚居区，而且也是多种文化交汇碰撞区域。该地区民族宗教问题错综复杂，并存在宗教极端势力和国际恐怖势力，如"乌兹别克斯坦伊斯兰运动"和"伊扎布特"等恐怖组织活动猖獗，这对铀矿合作开发构成一定威胁。②经济风险。由于铀矿合作开发具有建设周期长、投资规模大、资金回收时间长等特点。一般情况下，铀矿地质勘探从普查、详查到最后提交储量需 10 年左右，此后铀矿山建设还需 4 年左右时间。期间，受国际金融和投资所在国经济波动的影响，加之外商投资及优惠政策多变等因素，均会加大投资经济风险。③生态风险。中亚铀矿区大多地处沙漠区边缘，气候干旱，降水量稀少，生态环境十分脆弱，采用大规模地浸法开采铀矿，极有可能污染地表水及地下水，并波及周边城镇居民点。

因此，在中亚铀矿合作开发中必须重视防控和化解风险因素。在政府层面，要通过建立领导人会晤、政府间定期交流磋商和政策对接等措施，积极防范与化解安全、政治和生态等非经营性风险，引导企业防范宏观市场与金融风险，完善应对机制。在项目投资决策层面，应加强对铀矿成矿地质背景、成矿条件和成矿规律的前期综合研究，对其开发的可行性与开发潜力作出准确判断；同时要加强对投资软、硬环境的综合研究，掌握并熟悉投资所在国的矿业政策、法律法规、防范法律制度和执行风险。在企业层面，应重点防范经营、技术风险，并兼顾其他社会、文化、安全方面风险。

参考文献

1. 陈关聚:"中国与中亚国家资源合作模式研究",《技术经济与管理研究》,2015 年第 6 期。
2. 陈民玺、陈超:"哈萨克斯坦共和国矿业投资分析",《地质与勘探》,2013 年第 4 期。
3. 陈正、蒋峥:"中亚五国优势矿产资源分布及开发现状",《中国国土资源经济》,2012 年第 5 期。
4. 戴军、涂海丽:"我国铀矿业可持续发展存在的问题及对策",《科技广场》,2016 年第 8 期。
5. 郭志锋:"哈萨克斯坦铀资源开发近况",《国外核新闻》,2012 年第 8 期。
6. 国土资源部信息中心:《世界矿产资源年评(2016)》,地质出版社,2016 年。
7. 黄文斌:"世界核电形势及铀矿资源",《中国矿业报》,2017 年 6 月 19 日。
8. 姜巍、高卫东:"低碳压力下中国核电发展及铀资源保障",《长江流域资源与环境》,2011 年第 8 期。
9. 厉芳:"乌兹别克斯坦的核能及多元国际合作",《黑龙江省对外经贸》,2011 年第 3 期。
10. 刘廷、刘巧峰:"全球铀矿资源现状及核能发展趋势",《现代矿业》,2017 年第 4 期。
11. 刘增浩:"哈萨克斯坦铀资源、生产及供需形势",《矿产与矿业》,2012 年第 4 期。
12. 唐超、邵龙义、陈万里:"中国铀矿资源安全分析",《中国矿业》,2017 年第 5 期。
13. 王世虎、欧阳平:"全球铀矿业动态及中国应对策略",《中国国土经济》,2016 年第 5 期。
14. 徐晓彤、龙涛、吴珊等:"乌兹别克斯坦矿业投资前景分析",《中国矿业》,2017 年第 3 期。
15. 闫强、王建安、王高尚:"中国铀矿资源概况与 2030 年需求预测",《中国矿业》,2011 年第 2 期。
16. 原渊、李建东、史红霞等:"哈萨克斯坦地浸采铀生产现状与进展",《中国矿业》,2014 年第 11 期。
17. 曾毅君:"创新铀矿冶炼技术支撑大基地建设",《中国核工业》,2015 年第 11 期。
18. 张新伟、吴巧生、黎江峰等:"中国铀资源供给安全及影响因素分析",《中国国土经济》,2017 年第 10 期。
19. Global legal insights. 2016. *Energy 2017, 5th Edition*. Uzbekistan. https://www.globallegalinsights.com/practice-areas/energy/global-legal-insights-energy-5th-ed./uzbekistan#chaptercontent1.
20. International Atomic Energy Agency. 2016. *Uranium 2016: Resources, Production and Demand*. IAEA. Vienna.
21. International Atomic Energy Agency. 2018. *Uranium and Nuclear Power in Kazakhstan*. http://world-nuclear.org/information-library/country-profiles/countries-%20g-n/kazakhstan.aspx.
22. UN Comtrade. Extract Data. 2016. https://comtrade.un.org/data.

(本文刊于《中国科学院院刊》2018 年第 6 期;由作者执笔。合作者:曲建升、李耀明、包少勇)

西天山地区金矿分布及其成矿的地质环境与开采现状

天山为亚洲中部近于东西走向的巨大山系，东西长约 2500 公里，南北宽约 250～350 公里。通常以位于中苏（现为吉尔吉斯斯坦）边境的汗腾格里峰（海拔 6995 米）为界分为东、西两部分。东段位于中国新疆，称东天山；而西天山地区则是位于苏联境内的天山西段[①]，东起汗腾格里峰，经吉尔吉斯加盟共和国中北部、哈萨克加盟共和国东南部、乌兹别克加盟共和国的东部和中部，西迄于卡拉库姆沙漠中的布坎套山，东西长约 1500 公里，其中主体部分约 1200 公里。

天山在地形上主要是由多条近于东西向或东北—西南走向的山脉构成（局部地区也有一些西北—东南走向的山脉）。其特点是山势雄伟，平均高度为 3000～5000 米。各山脉之间为山间河谷盆地所分隔。通常，山体有古生界和前寒武系的沉积岩、变质岩及火成岩组成（页岩、砂岩、石灰岩、大理岩、片麻岩、花岗岩、正长岩、喷出岩），山间河谷盆地充填新生界疏松的陆源沉积物。

天山是在古生代地槽褶皱的基础上，经历了复杂的地质演变过程而形成的。其北部广泛发育了元古界和下古生界地层——陆源及碳酸盐地槽沉积，以加里东褶皱带为主；中、南部分布有上泥盆世和石炭系的海相沉积，属海西褶皱带，具有明显的线性构造。

在地质史上，天山经历了频繁的地壳升降运动和岩浆喷发，新构造发育。因此，在天山山地既有大体沿纬向分布的深大断裂、地垒和地堑；也有众多次一级的横向和纵向小断裂、岩层破碎带。金矿成因一方面与这些区域性的构造密切相关，特别是在区域性构造的交汇处有利于成矿作用；另一方面，又主要与海西期、中生代花岗岩类岩浆的侵入有关，有的则与加里东期构造岩浆的旋回有关。含金地层多为砂岩或片岩—变质岩、碳酸盐—陆源岩、花岗岩、陆源和陆源—变质岩等。金矿的成矿类型有：浸染状石英脉型，含金硫化物和含金矽卡岩型。

关于苏联境内西天山地区的黄金储量，根据苏联书刊透露的零星资料以及西方国家提

---

① 本文撰写时苏联尚未解体，现中亚五国（哈萨克斯坦、吉尔吉斯斯坦、乌兹别克斯坦、塔吉克斯坦、土库曼斯坦）1988 年时对应为苏联的五个加盟共和国，西天山位于苏联的吉尔吉斯、哈萨克和乌兹别克加盟共和国境内，特此说明。

供的有关材料分析，1980年代初这一地区的探明和半探明（推测）储量估计为1500~1600吨（金属量，下同），约占全苏黄金储量的1/4。其中穆伦陶金矿又占苏联天山地区黄金推测储量的80%。

西天山地区黄金大规模的工业开采始于1960年代中期，1970年代以来随着穆伦陶金矿的投产，黄金产量增长较快，1970~1980年期间，黄金产量年平均增长2.5吨，1980年达44吨，占全苏同年黄金总产量的12.8%。据不完全统计，截至1980年代中期，该地区共有约10个已投产的黄金采、选、冶联合企业。1980年代该地区黄金产量年均增长约4.5吨，1990年计划黄金产量将达94吨，在全苏黄金总产量中所占比重也将相应地提高到20.5%，其中穆伦陶金矿将达年产80吨规模（见表1）。

表1 苏联境内西天山地区历年黄金产量（吨）

黄金矿或公司	1968	1969	1970	1971	1972	1973	1974	1975	1980	1990（计划）
泽拉夫尚—穆伦陶	—	4	13	18	23	28	28	31	38	80
阿尔滕坎—恰达克	—	—	1	1	1	1	1	1	1	1
安格连矿	—	—	—	—	—	3	3	3	3	3
阿尔马雷克矿	1	1	1	1	1	1	1	1	1	1
吉尔吉斯斯坦	—	—	—	—	—	—	—	—	—	5
塔吉克斯坦	1	1	1	1	1	1	1	1	1	4
合计	2	6	16	21	26	34	34	37	44	94

一、西天山北翼金矿成矿带

该带位于西天山山系北部。主要包括伊塞克湖南、北两侧的泰尔斯凯和昆格山脉、吉尔吉斯山脉、苏萨梅尔山脉、塔拉斯和卡拉陶山脉等。行政区划上包括吉尔吉斯加盟共和国的中、北部和西北部、哈萨克加盟共和国的东南部。本带在地质上属于加里东褶皱带同海西和基米里—阿尔卑斯凹陷的结构—构造区。在整个天山山系中，西天山北翼金矿的地质普查和勘探工作基础较差，金矿的探明程度也较差。根据该地区的区域地质成矿特征，可划分为以下三个含金构造—建造带：

1. 昆格伊—吉尔吉斯金矿构造—建造带

截至1970年代初，该建造带已发现10个以上金矿及成矿现象。主要金矿有：塔尔德—布拉克左岸矿区（Левобережный Талды-Булак）以及多尔普兰（Долпран）、卡拉马科（Карамакоо）、别尔库特（Беркут）、库兰贾伊利亚乌（Куранджайляу）和图尤克（Туюк）等金矿。上述金矿联合成为北吉尔吉斯斯坦的克明（Кеминский）金矿带，其长度超过500公里，宽20~30公里。在此矿带的中部，可划分出博尔金（Боордин）金与多金属矿结；

在其东翼分布有塔萨—克明山脉（在琼—克明河谷），这里已发现多尔普兰金矿；其西翼，沿吉尔吉斯山脉的北坡，到伊塞克—阿塔河（Иссык-Ата）流域，已发现图尤克金矿。该带内的金矿床可分为三个矿物—形态类型，即：金—多金属矿脉，具有细脉浸染状硫化成矿作用地带；石英—铜—黄铁矿脉地带。

昆格伊—吉尔吉斯地带的主要含金建造类型有：

（1）元古代（？）[①]的结晶片岩与片麻岩建造，如塔尔德—布拉克左岸矿区及多尔普兰金矿。

（2）寒武纪喷出—沉积岩建造，有卡拉马科和别库特两个金矿。

（3）下石炭世火山—沉积建造，有库兰贾伊利亚乌和图尤克金矿。

（4）下石炭世陆源沉积建造。

（5）中生界—新生代山间和山中凹地（盆地）粗砾碎屑沉积建造。

根据苏联学者的看法，该带金矿普查和勘探中，应特别重视元古代（？）[①]的变质建造以及与之有共生联系的古生代喷出—沉积建造；古地层的硫化物成矿作用地带以及古生界建造的基底层（角砾岩、砾岩和砂岩）；新生代的山间和山前构造凹地和 X 陷沉积层中有工业意义的砂金矿（坡积或冲积而成）。研究侵入和与之相关的岩浆期后的形成，可作为在含金堆积物及沉积建造中寻找金矿化的标志。

2. 泰尔斯凯—科尔宾（苏萨梅尔）金矿构造—建造带

该带已探明的金矿化地区主要分布于苏萨梅尔山脉以东的普利松库利—拜杜林斯基区（Присонкульско-Байдулинский）。主要的远景金矿建造类型有：

（1）寒武纪卡普卡塔斯系（Капктсская Серия）火山—沉积建造（喷出—碳酸盐—陆源建造）。

（2）奥陶纪—泥盆纪砾岩建造。

（3）晚（新）第三纪—第四纪陆源建造，这类沉积物在区内的一些构造凹地及河谷区分布较广。

3. 塔拉斯—卡拉套金矿构造—建造带

该带最有前景的含金建造是上震旦纪铜—页岩含矿建造。其次是志留纪多金属—碳酸盐（泥质灰岩）建造和寒武纪—奥陶纪多金属—碳酸盐（白云石）建造。

塔拉斯州的杰鲁（Джеру）金矿是北天山金矿带正在兴建的第一个金矿山。该脉金矿于 1981～1985 年期间开始建设，预计到 1990 年可达年产金约 2 吨。

在西天山北翼，含金的区域地球化学的主要特点之一是金矿化生成于硫化的岩石中，这也为在一系列前古生代和下古生代含矿或远景含矿的建造中，对有黄铁矿化现象地区勘探金矿提供了依据。其主要类型和地区有：

---

① 本文中某些金矿的成矿地质年代后的（？），表示当时对其勘探和研究尚不充分，研究结论存在一定的不确定性——下同。

(1) 下元古代含硫黄铁矿—煤（或石墨）—页岩建造，分布于吉尔吉斯山脉西部的阿奇克塔什（Ачикташ）等地，昆格山脉的琼（Чон）和奥尔托拜索伦（Ортбайсорун），泰尔斯凯山脉的杰特—奥古兹（Джеты-Огуз）等地。

(2) 上震旦纪多金属—碳酸盐（泥质灰岩）建造，如塔拉斯山。

(3) 寒武纪多金属—煤（或石墨）—页岩—碳酸盐建造，分布于泰尔斯凯山脉的巴尔斯卡温（Барскаун）地区等。

(4) 寒武纪—奥陶纪多金属—碳酸盐（白云石）建造，分布于塔拉斯山。

(5) 奥陶纪多金属—碳酸盐—陆源建造，分布于吉尔吉斯山脉等。

此外，西天山北部海西期凹陷的下石炭世多金属—陆源建造、杂色含铜砂砾岩以及多金属—喷出—碳酸盐—陆源建造中也可能含金。北天山含金地质建造的简要评述见表2。

表2　西天山北部含金地质建造的简要评述

地质建造	可能的或已知的金矿富集成矿分组	地带或地区
元古代（？）结晶片岩建造	沉积和变质组	昆格山—吉尔吉斯山脉
寒武纪喷出—沉积建造	火山—沉积和变质组	（同上）
奥陶纪砾岩建造	沉积—变质组	（同上）
下石炭世火山—沉积建造	沉积—火成组（矽卡岩、矿脉）	（同上）
下石炭世陆源建造	沉积组	（同上）
中生界—新生代粗粒碎屑（砾质）建造	砂矿组	（同上）
元古代碳酸盐—陆源建造	沉积、变质及火成组（矽卡岩）	中吉尔吉斯山脉
奥陶纪多金属—碳酸盐建造	（同上）	（同上）
元古代含硫黄铁矿—石墨—页岩建造	沉积及变质组	西吉尔吉斯山脉
奥陶纪砾岩（基底层）建造	沉积及变质组	吉尔吉斯山脉、泰尔斯凯山脉
寒武纪含硫黄铁矿—含煤页岩建造	（同上）	（同上）
下石炭世（可能为泥盆纪）砾岩建造	（同上）	（同上）
晚第三纪—第四纪陆源建造	砂矿组	苏萨梅尔山脉
前寒武纪含铜页岩建造	沉积组	塔拉斯山脉
志留纪多金属—碳酸盐（泥质石灰石）建造	沉积、变质组	（同上）
寒武纪—奥陶纪多金属—碳酸盐（白云石）建造	（同上）	（同上）
寒武纪火山—沉积建造（喷出—碳酸盐—陆源建造）	沉积、变质及火成组（矽卡岩）	普利松库利—拜杜林斯基区
奥陶纪、泥盆纪砾岩建造	沉积组	（同上）
晚第三纪—第四纪陆源建造	砂矿组	（同上）

二、西天山轴部金矿成矿带

该成矿带包括东起萨雷贾兹山（Сары-Джаз）、西至卡拉套山的构建—建造带（过去称恰特卡尔—纳伦构造—建造带），以及库拉马亚带。行政区划上包括吉尔吉斯加盟共和国的中部、乌兹别克加盟共和国的东北部以及哈萨克加盟共和国的南部一角。包括一系列东北—西南向和近于东西走向的山脉。在西起卡拉套山脉东南坡的博罗尔代（Боролдай，又称博拉尔代）山、东至克基伊里姆山（Кекийрим）的数百公里地段内，发现了一系列金矿及金矿化地区。目前仅对其西段进行了较详细的金矿成矿地质特征及区域地球化学条件研究，其他地区研究尚较少。

根据西天山轴部金矿成矿带金矿化的空间位及地质构造状况，可划分为 8 个现有的和远景的金矿带：

1. 中恰特卡尔金矿构造—建造带（Центрально-Чаткальная зона）

该带位于恰特卡尔山脉的东南部，并同著名的卡桑地堑（Кассанский грабен）空间分布相一致。地堑内充填二叠纪—三叠纪喷出—沉积岩，在深切的河谷中覆盖有新（早）第三纪—第四纪坡积—冲积陆源沉积物，环绕地堑周围的沉积—变质和沉积层被大量与金矿化有联系的花岗岩侵入体所侵入。该带又可分为以下 4 个金矿或远景含金建造：

（1）第三纪（？）黄铁矿—陆源含金建造及远景含金变质建造，是该带金矿化的区域地球化学基础，并在很大程度上决定了该带金—锑的成矿方向。其中可分为两个亚建造，即：碳酸盐—陆源金—锑亚建造，它是产于大理岩中厚度达 50 米的碳酸盐和石英—碳酸盐—砂岩层；黄铁矿—页（片）岩含金亚建造，常同含金的硫化物（黄铁矿、磁黄铁矿、毒砂等）。

（2）下泥盆世陆源—碳酸盐远景含金建造。

（3）上古生代喷出—沉积远景含金建造，主要分布与卡桑地堑内。

（4）早第三纪—晚第三纪—第四纪陆源砾岩建造，主要由现代河谷的冲击物和山前、山间拗陷的坡积—冲击物组成，多分布于卡桑赛河谷（Кассан-Сай）冲积阶地的上部。这里砂金资源丰富，品位高。自中世纪至 19 世纪初至今，手工法采金和冶炼已有上百年历史。

2. 普斯克姆—桑达拉什金矿构造—建造带（Пскем-Сандлашская зона）

该带位于中恰特卡尔带东北的同名山地。下古生代陆源—变质远景含金建造是其成矿的基础，但对此建造的岩石—地球化学特点尚研究很少，很有可能类似于黄铁矿—陆源含金建造。此外，尚有中—上泥盆世陆源—碳酸盐建造和上古生代花岗岩侵入体建造。恰特卡尔河谷在第三纪—第四纪陆源含金建造系砂金矿，其中以扬吉—巴扎尔（Янги-Базар）和奥尔托捷列克（Ортотерек）地区砂金矿资源最有前景。

3. 乌加姆—迈丹塔尔金矿构造—建造带（Угам-Майдантальская зона）

该带位于乌加姆山脉，在普斯科姆—桑达拉什带的东北，其金矿化可能与以下四个地质建造有关：

（1）寒武纪—下古生代碳酸盐—陆源建造。

（2）中—上泥盆世陆源地层（超覆于上一建造之上）。

(3) 上古生代花岗岩侵入建造。

(4) 晚第三纪—第四纪陆源建造，系砂金矿。

上述建造主要分布于迈丹塔尔、普斯克姆及赛姆河（Сайрам）河流域，特别是各河集水流域的上部。

4. 东博罗尔代金矿构造—建造带（Восточно-Боролдайская зона）

该带的特点是有细小的金与汞—多金属矿化现象。远景的含金建造有：

(1) 寒武纪陆源—碳酸盐—变质建造。在卡拉陶山的西北部，与金共生的许多亲铜元素（汞、铜、铁等）富集程度较高。

(2) 泥盆纪碳酸盐—陆源（砾岩）建造。铁矿（菱铁矿—褐铁矿）的矿化沉积—后生现象对寻找金矿有重要意义。

(3) 晚第三纪—第四纪陆源沉积，分布于博罗尔代山脉的东南坡。

5. 克基里姆陶金矿构造—建造带（Кекийрим-Тауская зона）

该带位于费尔干纳山脉以东的山地，已知仅有细小的金矿化现象，据地球化学背景推测，可能有以下三个含金建造：

(1) 寒武纪—奥陶纪陆源—碳酸盐变质建造。

(2) 中—上泥盆世陆源建造（基底层）。

(3) 晚第三纪—第四纪陆源建造，分布于纳伦盆地的西北部（纳伦河大拐弯处），以及卡因达（Каинда）和卡姆佩尔—阿塔赛（Кампыр-Ама-Сай）河谷。

6. 萨雷贾兹金矿构造—建造带（Сары-Джазская зона）

该带位于西天山轴部的萨雷贾兹山脉及萨雷贾兹河，可分为以下五个含金或远景含金建造：

(1) 下元古界碳酸盐—陆源变质建造。

(2) 上奥陶世硅质—陆源建造，超覆于前一建造之上（特别是基底砾岩层）。

(3) 泥盆纪陆源沉积（基底层）。

(4) 所有年代（但最有前景为石炭纪）花岗岩旋回建造。

(5) 第三纪—第四纪冰川沉积物—冲积物建造，分布于萨雷贾兹河，已发现有砂金矿富集。

7. 库拉马（Курама）金矿构造—建造带

该带分布于西天山轴部的库拉马山脉，可分为以下两个金矿成矿带：

(1) 阿尔马雷克带（Алмалыкская зона），位于库拉马山脉西北部。主要成矿建造有：泥盆地喷出—沉积建造（最有可能是基底层）；中—上古生代花岗岩侵入建造；安格廉河谷为第三纪—第四纪陆源建造。

(2) 恰达克带（Чадакская зона），该带位于库拉马山脉的东南坡，费尔干纳盆地的西北边缘。其特点是有大量的金成矿现象。上古生代喷出—沉积建造（基底层）是该矿带的成矿基础,它主要产于较早期的花岗岩中。由于上述矿物质的陆源剥蚀迁移,一些碎屑物质经河流搬运到费尔干纳盆地北部的山前地带沉积,使这里有可能成为砂金矿的富集地区。

8. 加瓦—苏姆萨尔金矿构造—建造带（Гава-Сумсарская зоня）

该带位于中恰特卡尔山脉的西南部、恰特卡尔山脉与库拉马山脉的交接处。主要含金建造有:

(1) 下泥盆世喷出—陆源建造,现对此研究甚少。

(2) 中—上泥盆世陆源—碳酸盐建造,在苏姆萨尔河流域,金矿化见于剖面的碳酸盐部分,并在其石灰岩—白云石岩层接触交代变质时才显示出来。金带与硫化物（黄铜矿、黄铁矿及暗色矿等）共生,叠置于矽卡岩之上。

(3) 上古生代花岗岩侵入建造,在泥盆纪的远景碳酸盐含矿建造中,伴随有金—矽卡岩—硫化物矿化现象。

(4) 第三纪—第四纪陆源海相—陆相沉积（坡积—冲积）建造,分布于山间盆地及河谷。

西天山轴部可能含金的地质建造的简要述评见表3。

表3 西天山轴部可能含金的地质构造的简要述评

地质建造	可能的或已知的金矿富集成矿分组	地带或地区
第三纪(?)黄铁矿—陆源建造（含金、锑）a.碳酸盐—陆源建造 b.黄铁矿—页岩建造（含金）	沉积—变质组	中恰特卡尔山脉
泥盆纪陆源—碳酸盐建造（秋利库巴什岩系及与之相似的）	沉积—变质组及火成组（矽卡岩、矿脉）	(同上)
上古生代喷出—沉积建造（特别是基底层）	(同上)	(同上)
早第三纪—晚第三纪—第四纪陆源建造	砂矿	(同上)
下古生代陆源—变质建造（含硫化物）	沉积—变质组	普斯克姆—桑达拉什地区
泥盆纪陆源—碳酸盐建造	沉积—变质组及火成组（矽卡岩、矿脉）	(同上)
上古生代花岗岩建造	(同上)	(同上)
晚第三纪—第四纪陆源建造	砂矿	恰特科尔河流域
寒武纪—下古生代碳酸盐—陆源建造	沉积—变质组及火成组	乌加姆—迈丹塔尔地区
泥盆纪陆源建造	(同上)	(同上)
上古生代花岗岩建造	(同上)	(同上)
晚第三纪—第四纪陆源建造	砂矿	(同上)
寒武纪陆源—碳酸盐—变质建造	沉积—变质组	东博罗尔代地区
泥盆纪碳酸盐—陆源（砾岩）建造	沉积组	(同上)
晚第三纪—第四纪陆源建造	砂矿	(同上)

续表

地质建造	可能的或已知的金矿富集成矿分组	地带或地区
寒武纪—奥陶纪陆源—碳酸盐变质建造	沉积—变质组	克基里姆陶山
晚第三纪—第四纪陆源建造（主要是冲积物）	砂矿	（同上）
泥盆纪陆源建造	沉积组	（同上）
下元古代碳酸盐—陆源变质建造	沉积—变质组	萨雷贾兹山*
寒武纪—奥陶纪硅质—陆源—页岩建造（基底层为下元古代）	沉积—变质组	（同上）
泥盆纪陆源（基底层）建造	沉积组	（同上）
石炭纪花岗岩建造等	火成组	（同上）
早第三纪—晚第三纪—第四纪陆源建造	砂矿	萨雷贾兹河流域
下泥盆世喷出—陆源建造	沉积组、火成组（矽卡岩）	加瓦—苏姆萨尔区
中—上泥盆世陆源—碳酸盐建造	沉积组、火成组（矽卡岩）	（同上）
上古生代花岗岩建造	火成组（矽卡岩）	（同上）
早第三纪—第四纪陆源建造	砂矿	（同上）
泥盆纪喷出—陆源建造	沉积组、火成组（矽卡岩）	阿尔马雷克地区
中—上古生代花岗岩建造	火成组（矽卡岩、矿脉）	（同上）
早第三纪—第四纪陆源建造	砂矿	安格廉河谷
上古生代喷出—沉积建造（基底层为花岗岩）	沉积和变质组	恰达克河谷

*与中国新疆伊犁地区昭苏县和阿克苏地区的温宿县毗邻。——编者注

西天山轴部金矿开采历史较早，目前开采的金矿主要分布于西部的库拉马山脉的南、北坡，其次是恰特卡尔山及中部的克基里姆套山，均为浸染型金矿。1985年估计年产金约7~8吨。主要金矿有：库拉马山北坡的科奇布拉克（Кочбулак）、克泽拉尔马赛（Кызылалмасай）、考利德（Каульды），南坡的阿尔滕坎—恰达克（Алтынкан-Цадак）。科奇布拉克及克泽拉尔马赛两矿的精矿在附近的安格廉加工（1973年炼金厂投产，1985年估计年产金3~4吨）；考利德和阿尔滕坎—恰达克两矿分别在阿尔马雷克及当地炼金厂加工，1985年估计产金1~2吨。

此外，在吉尔吉斯加盟共和国西部克基里姆套山脉的东南部，1970年代末投产了新的金矿，位于纳伦河流向从南北向转向东西的托古斯托罗（Тогуз-Торо）河谷盆地及周边地区，开采中心为卡扎尔曼（Казарман）工人镇。现已建成一个露天矿和一个地下矿及炼金厂，1985年估计产金2吨。

除外，在库拉马山脉西端的卡利马克尔斑岩铜矿还伴生金，在阿尔马雷克炼铜厂冶炼时进行回收。

三、西天山南翼金矿成矿带

西天山南翼金矿成矿带位于费尔干纳盆地以南、帕米尔—阿赖山脉以北地区。包括吉尔吉斯加盟共和国南部、塔吉克加盟共和国北部、乌兹别克加盟共和国的中、东部。该带呈东西向延伸，西端向北西方向，呈扇形散开并淹没于克孜勒库姆沙漠中，东部延伸至中国新疆境内。东西长约 1500 公里，宽 40～60 公里，面积 15 万平方公里。

西天山南翼为一复杂的古老地槽区。其基底为早古生代准地台，在海西期构造—岩浆岩旋回过程中发育为地槽。在构造形式上具有明显的线性构造，整体上是一个巨大的复背斜。北部以陆源沉积为主，广泛发育玄武岩类火山岩，早期（C3—P1）岩石多为花岗岩类。因此，不少学者认为，以泽拉夫尚河谷地为界，北部是洋壳型的优地槽，南部是冒地槽。

该成矿带岩性主要由前古生界和古生界岩层构成，以山间盆地为主，并由新生界沉积所填充。

根据 1970 年代资料，西天山南翼金矿主要分布在布坎山、努拉套山、土尔克斯坦山、泽拉夫尚山及吉萨尔山脉。含金地层多为页岩—变质岩、碳酸盐—陆源岩、花岗岩、陆源和陆源—变质岩。金矿成因类型分热液型和矽卡岩型。根据 С.Д.舍尔对该带金矿化作用与区域发育的晚期造山运动（C3—P1）阶段特点，将西天山南翼的金矿建造分为以下三类：

（1）浸染状含石英脉型，占该带金矿床的 80%。其特点是：石英或含稀有金属的石英组合为较早期生成的，并含有少量黄铁矿及毒砂，在许多矿床中伴生有锡、铋、自然金、银及锑化物；成矿中期在矿石中硫化物的主要成分为黄铁矿及砷黄铁矿（毒砂），并由少量的钨矿化。在不同地段发育有多金属硫化物组合及碲—硫酸盐组合，统属多硫化矿物组合；成矿晚期为石英—碳酸盐细脉，有少量辉碲矿、黄铁矿、石英—电气石细脉。

（2）含金硫化物型。包括在含碳质的黑色片岩及不含碳质的岩石中，均发育有细粒状含金硫化物浸染，矿石中金品位不高或中等。其矿物组合主要为微粒的含金黄铁矿—毒砂共生体。含金规模通常取决于原生硫化物矿化作用的范围。本类的标型元素为砷，常与金成正比关系。95%以上的金赋存于硫化物中，金在毒砂中的含量高于黄铁矿（南天山东段），金与砷、锑、银具有明显的共生关系。

（3）含金矽卡岩建造。该类型具有独特的矿物组合，如金与砷、铜、银及钴、铋、碲、硒等。金品位通常不高。特点是硫化物多呈块状，浸染及细脉结构约占 5%～10%。可分为黄铁矿—毒砂及黄铁矿—金两类。

根据区域地质成矿特征及其地球化学规律，可将西天山南翼金矿成矿带划分为以下六个含金构造—建造带：

1. 克孜勒库姆金矿构造—建造带（Кызыл-Кумская зоня）

该带包括 1956 年发现的穆伦陶金矿区和其西北 100 公里艾特姆山（Аатымтау）的科克帕塔斯（Кокпатас）金矿，以及周围的矿化区。成矿时代主要为下古生代，有的为前寒武纪（？）。金矿属变质片（页）岩及陆源碳酸盐建造。含矿建造特点为含金的硫化物作用，以及成矿过程中有不同时期的海西期花岗岩类的侵入，有的则与加里东期构造岩浆旋回有关，并可划分为三个主要含金硫化物矿化阶段，即：早期高温石英—毒砂—黄铁矿—磁黄铁矿阶段；中温石英—金—黄铁矿阶段；晚期低温金矿化阶段，含有晚期硫化物及银硫酸盐的石英—碳酸盐—辉铜矿共生组合。其中早期的矿物共生组合为交代型蚀变围岩中的细脉状及浸染状石英脉类型，中低温组合中主要为脉状、网脉状及细脉状矿物析出物。由于受围岩成分及矿化作用阶段性的影响，交代岩可分为：石英—电气石、石英—白云母—绢云母、石英—钠长石、滑石菱镁片岩、石英碳酸盐等。

此外，本区具有前景的含金建造还有：上（晚）白垩世陆源建造基底层；发育在穆伦陶南坡的早（老）第三纪渐新世陆源建造；第四纪风成建造等。

2. 努拉陶金矿构造—建造带（Нуратинская зона）

金矿建造分布于努拉套山脉的西部，拥有一系列小型原生金矿和砂矿，后者与花岗岩类破碎物（角砾岩）的堆积有关。该带发现了以下五个含金的远景建造：

（1）奥陶纪（？）碳酸盐陆源建造，它类似于穆伦陶金矿。在努拉陶西北部发现了含金变质石英岩及片岩建造。

（2）下（早）志留世的陆源建造（尤其是基底层）。

（3）上古生代海西旋回的电气石—花岗岩建造。

（4）中石炭世陆源建造（基地为砾岩层）。

（5）晚第三纪—第四纪陆源建造，包括努拉陶（山）南坡的杨吉图穆什（Янгитурмуш）—朱什（Джуш）凹地沉积，以及推覆的老岩层及花岗岩碎屑的河流冲基层。

3. 土尔克斯坦金矿构造—建造带（Туркестанская зона）

该带在含金建造方面的研究程度较差，仅发现两个远景金矿建造，即：

（1）下、中（早、中）寒武世碳酸盐陆源建造，见于土尔克斯坦山脉脊部的沙赫里斯坦—奥斯坦（Шахристан-Аустан）背斜的近轴部位。

（2）志留纪碳酸盐—陆源建造，含有黄铁矿—页岩建造，分布于西布利亚朱马河（Запад. Бульджума）中游的河谷平原，以及流入其西部比尔克绥汞矿（Бирксуй）的利亚利亚克河（Ляйляк）左岸支流卡因吉尔加赛（Каинджилгасай）河谷。

此外，土尔克斯坦山脉北侧的索赫—坎带（Сох-Канская зона），金矿建造位于索赫河上游的坎村。这里发现有志留纪碳酸盐和花岗岩侵入体相接触的矽卡岩中，除叠加有硫化物金矿化外，还有黄铜矿、黄铁矿和辉铜矿等。

4. 土尔克斯坦—阿赖金矿构造—建造带（Туркестано-Алайская зона）

该带含金建造分布于寒武—志留系有强烈硫化物金矿化地层，特别是黑色片岩（页岩）和在矽卡岩化的碳酸盐的矽卡岩型—金—硫化物—钨矿化地区。

5. 西泽拉夫尚金矿构造—建造带（Западно-Зеравшанская зона）

本带已发现以下两个远景含金建造：

（1）下古生代（可能为寒武纪）的陆源建造，位于泽拉夫尚河（Зеравшан）下游左岸的马吉安—阿尔恰迈丹（Магиан-Арцамайдан）河的河间地区。

（2）中生代侏罗纪—白垩纪的陆源含煤建造，在其基底层具有一系列含金构造，主要分布于马吉安盆地、泽拉夫尚构造带、阿尔恰迈丹地堑，以及位于泽拉夫尚河左岸马吉安和下游的中生代—新生代陆源沉积建造。在上述各沉积拗陷地区，不仅在基底层，而且在侏罗纪含煤层中均可能有金和汞矿化的富集。

6. 东吉萨尔金矿构造—建造带（Восточно-Гиссарская зона）

该带金矿建造主要分布于吉萨尔山脉东缘，现已发现以下四个远景含金建造：

（1）寒武纪（？）变质陆源建造。

（2）海西期花岗岩和碱性正长岩建造。

（3）产于构造裂隙内的白垩纪陆源（基底层）建造（砂矿）。

（4）索尔伯格（Сорбог）、奥比—卡布特（Оби-Кабут）及苏尔霍布（Сурхоб）河谷中的第四纪陆源冲积物建造（砂矿）。

西天山南翼可能含金的地质建造的简要评述见表4。

表4　西天山南翼可能含金的地质建造的简要评述

地质建造	可能的或已知的金矿富集成矿分组	地带或地区
下古生代（前寒武纪？）页岩变质建造	沉积—变质组	穆伦陶金矿（克孜勒—库姆沙漠）
泥盆纪陆源—碳酸盐建造（基底层为下古生代—前寒武纪？）	沉积（或后生组）	（同上）
基底层为上白垩世陆源建造	沉积组，砂矿组	（同上）
早第三纪渐新世陆源建造	（同上）	（同上）
第四纪风蚀建造	砂矿（风成）组	（同上）
第四纪（？）碳酸盐—陆源建造	沉积—变质组	努拉套地区
下志留世陆源建造	（同上）	（同上）
上古生代花岗岩建造	火成组	（同上）
中石炭世陆源建造（基底层为奥陶纪、志留纪）	沉积组	（同上）
晚第三纪—第四纪陆源建造	砂矿组	（同上）
中、下寒武世碳酸盐—陆源建造（硫化的黑色片岩）	沉积—变质组	土尔克斯坦区
志留纪碳酸盐—陆源（黄铁矿—片岩部分）建造	沉积—变质组，火成组（矽卡岩）	（同上）
志留纪碳酸盐—陆源（有硫化物）建造	（同上）	索赫—坎地区
下古生代（寒武纪？）陆源建造	沉积—变质组	西泽拉夫尚地区

续表

地质建造	可能的或已知的金矿富集成矿分组	地带或地区
侏罗纪—白垩纪（或新生代）陆源建造	沉积（在含煤层中）砂矿组	（同上）
寒武纪（？）变质陆源建造	沉积—变质组	东吉萨尔区
上古生代花岗岩建造	火成组	（同上）
白垩纪陆源建造	砂矿组	（同上）
第四纪陆源冲积物建造	砂矿组	东吉萨尔区
前寒武纪（？）碳酸盐—陆源变质建造	沉积—变质组	阿特巴申地区
下元古代碳酸盐—陆源建造	沉积—变质组	西伊内利切克区
奥陶纪硅质—陆源—片岩建造	（同上）	（同上）
基底层为泥盆纪陆源建造	沉积组	（同上）
在第三纪—晚第三纪—第四纪陆源建造	砂矿组	（同上）

总的来看，西天山南翼金矿富集条件取决于矿床不同生成深度和岩浆、岩相条件，并往往出现于褶皱和断裂发生弯曲及汇合的部位，这里也是岩浆及岩浆期后溶液最多渗透的地段。其成矿因素，一方面从大地构造看，苏联不少学者认为，统一的乌拉尔—天山褶皱系在南天山地区发生弯曲，发育了近于东西向的两组褶皱，在区域性构造交汇处，有可能形成大型金矿床，这对寻找金矿有很大价值；另一方面，从岩浆因素分析，金矿主要同海西期、中生代的岩浆作用有关。因此，在西天山南翼冒地槽区预测金矿化的主要标志为构造及岩浆岩。这里金矿化分布于内地块挤压带和破碎带内（如克孜勒库姆），特别是在横向与纵向断裂交汇处有利于形成矿点。此外，成矿作用的还有各类分散状、链状的小侵入体、岩墙及大量的石英脉。从较大的区域范围考察，金矿普查的主要标志有：

（1）前寒武纪和志留纪砂页岩及火山岩。
（2）复背斜带内的隆起地段。
（3）早—晚石炭世—二叠纪花岗岩类侵入体和各种成分的岩墙。
（4）深断裂造成的近于东西向和北西向断裂带。

四、案例：穆伦陶金矿的矿区地质条件及开采现状

穆伦陶（Мурунтау）金矿是苏联 1950 年代以来发现的世界最大的原生金矿之一，也是 1970 年代以来重点开发、金产量增长最迅速的金矿床。矿区位于西天山南翼西端，地处克孜勒库姆沙漠的南部。行政区划上属于乌兹别克加盟共和国的纳沃伊州。根据苏联 1986 年出版的《苏联地图集》所附的 1∶250 万图量测，矿区中心的扎拉夫尚—穆伦陶位于北纬 41°32′~41°33′、东经 64°15′~64°21′。

穆伦陶金矿发现于1956～1957年。是在有针对性的地质构造和成矿规律研究相结合的基础上，并辅之以遥感方法而发现的。根据地质测量、物探和化探工作查明，金矿化产于一定的构造单元和构造的结合部位，并参照金矿化与毒砂（砷）的密切伴生关系，提出了依据砷的地球化学异常的找金方案。结果，在检查砷的次生分散晕时，发现了这一特大型金矿床。

1. 矿区地质构造概况

穆伦陶金矿位于西天山南翼海西地槽带，分布于其西端的克孜勒库姆—阿赖褶皱系的奥明扎—努拉套（Ауминза-Нуратау）构造—建造带的西北部。矿区及其周围地区褶皱和断裂构造十分发育，其中主要构造是近于东西向的穆伦陶背斜（又名努拉套背斜）和南部向斜。这两个褶皱构造实际是范围更大的塔斯卡兹甘背斜北翼的次级褶皱，其轴部通过矿区南部。在穆伦陶背斜的两翼形成了一些北东向的小褶皱。该金矿区主要断裂带有以下三条：

（1）南部断裂带，构成了矿区的南界。其走向由矿区东部的北东向，倾斜陡直或向南陡倾。有平行的羽状构造裂隙系统。从位移类型来看，此断裂属逆—平移断层。

（2）中部构造断裂带，穿过矿区中部，并延伸到矿区以外，亦属逆—平移断层型。在地表表现为一些彼此靠近的裂隙系统和破碎带。该断裂走向为北东东向，在西部向北倾斜，到中、南部向南倾。

（3）东北断裂带。此外，在金矿区还广泛发育有延伸长度不大的三类构造裂隙，即：剥离裂隙，主要产于薄层砂岩、粉砂岩和页岩互层岩石中，其中产有大量细脉；张性裂隙，广泛发育于矿区中部，裂隙呈雁状排列，组合成一些裂隙带。其走向为北东50°～55°，倾向东，倾角70°～80°，并往往伴有无定向的破碎带。裂隙中充填有石英，或石英—电气石角砾岩；剪切裂隙，其走向近于东西和南北向，向南、向东和北东陡倾。这类裂隙为构造泥和碳酸盐胶结的角砾岩充填。有时亦为粗粒石英充填。在一些小的、近于东西向的裂隙中，伴有黄铁矿—毒砂细脉和石英—黄铁矿—毒砂细脉。

2. 金矿床的成矿特征

按金矿的构造单元、容矿岩石及典型的矿床分类，穆伦陶金矿床属于古生代冒地槽、优地槽褶皱区，金赋存于弱变质砂岩、千枚状片岩的脉状和鞍状金矿。容矿岩石是一套沉积变质岩系，其年代苏联学者尚有争议，有些学者将它划为晚元古代的文德纪或里菲纪；另一些学者则主张归入早古生代的奥陶纪、志留纪。矿区分布于穆伦陶背斜的北翼，金矿产于薄层粉砂岩、砂岩和千枚状片岩互层组成的复理岩系中。矿床呈巨大的网脉状，有细脉—网脉型矿化和石英脉形矿化。金矿既产于平均厚1.5～2米、长250～400米的大石英脉中，也产于网状脉中。网状脉中的细脉是细小的、被石英填充的裂隙，其中含有硫化物和毒砂，包括呈雁状排列的石英脉和细脉、石英—硫化物细脉、石英—电气石细脉、碳酸盐细脉带以及一些方解石脉和石英—电气石角砾岩脉体等。其中大石英脉和细脉组合在一起，形成厚度很大的网状脉矿带，占地面积约4平方公里。矿石矿物主要是黄铁矿和毒砂，金见于粗粒与中粒石英和硫化物脉及细脉中，与黄铁矿、毒砂、黄铜矿、闪锌矿、辉铋矿和自然铋、银的硫岩共生。该地区的金几乎全部属于游离金粒，其中有平均成色为 900 和 750 两类。前者产于矿床上部，后者可代表原生成色 750 的表生富集产物。金粒大小有小于 0.001 毫米的微细粒至 1 毫米的粗金粒，赋存于单个石英颗粒之间，或与硫化物共生。在硫化物中，既有细小的（0.001～0.99 毫米）的浸染状金，也有 0.05～0.09 毫米的短小细脉金。金赋存于硫化物的破碎处或颗粒边界上，更多见于黄铁矿与毒砂的接触处。其中以交错脉中的硫化物含金较高。黄铁矿含金量可达 7.6 克/吨。毒砂（砷）、磁黄铁矿含金量也较高。尤其是早期交错石英脉与硫化物—石英细脉共轭地段含金量最高。

关于穆伦陶金矿的成因，目前主要有两种观点，即：热液成因说和同生—后生说（亦称沉积—变质说）。但该矿区的研究和勘探工作一直是从热液成因的角度进行的，其主要依据为：金矿化于成矿前的断裂交切部位和交错裂隙中；在矿区范围内，虽见不到金矿化与岩浆岩的直接关系，但与区域变质作用也无成因联系；容矿岩石广泛发育成分明显不同的热液—交代蚀变，它们属于不同时期，且与金矿化密切相关。近年来，随着对同生层控成矿理论的日益深入研究，穆伦陶金矿属同生—后同生成因的观点得到了日益广泛的支持，其主要理由：一是金矿化具有明显的层控特点，即赋存于里菲纪沉积内（艾明扎组及其相似层位）和别萨潘组的陆源岩层。二是岩层对矿化的控制明显，金矿主要赋存于含碳质的岩石中，即碳质千枚岩、碳质绿泥石绢云母石英片岩、含碳的碳质变质片岩、碳质微晶石英岩和石英岩。三是金矿化与岩浆侵入作用在空间上没有关系。四是深断裂和裂隙不是深处金矿物质的通道，只是使沉积成因的金经过变质而形成的网状矿分布。五是含金岩石中的热液活动发生于变质成矿作用以后（即里菲纪以后）。

按照同生—后生说的观点，沉积金很可能来自克孜勒库姆和天山西段的太古代—早元古代结晶岩层。在结晶岩石剥蚀过程中，金随同碎屑物进入沉积盆地，与泥质、硅质和其它沉积物同时沉积下来。通过多种多样的搬运方式（如机械搬运、胶体和粒子溶液的化学搬运等），沉积物中的碳质物质起着吸附剂作用，促使金、铁和其它金属沉淀。在后来的区域变质作用下，沉积岩（包括含金岩层）的再结晶作用未造成物质组分的显著迁移，仅使造岩矿物和其他矿物的粒度变大。在区域变质作用时，没有发生重大的选择性再结晶和再分配作用（指溶解、搬运和再沉积，亦即是变质成因网状脉的形成过程）。

3. 开采现状及发展前景

关于穆伦陶金矿的储量，根据对西方国家和日本发表的有关研究成果分析，以及作者 1987 年 7 月在苏联进修时对矿区的实地考察，1980 年代初，该金矿区的表内储量（包括已探明的和部分推测储量，即相当于 $A+B+C_1+C_2$ 级储量）估计为 1200～1500 吨，约占苏联金矿表内总储量（6220 吨——指金属含量）的 20%～24%。尽管其品位较低，但由于矿石储量大，分布集中，并可露天开采；从地理位置、交通条件、物资供应和劳动力条件等综合考量，这里比苏联远东和东西伯利亚传统产金区条件要优越得多。因而，自 1960 年代起，在加紧进行矿区地质勘探的同时，着手进行开采的前期准备工作。1960年代初，建成了从纳沃伊经矿区至乌奇库杜克（Учикудук）长约290公里的铁路线，其目的主要是为了开发穆伦陶西北100公里的艾特姆套山（Айтымтау）的科克帕塔斯（Кокпатас）金矿，该矿勘探较穆伦陶矿早几年。据西方报道，此矿的开发与铀矿有关，金矿的成因及容矿岩同穆伦陶大体相似，金矿石中含有一定数量的石英、黄铁矿和砷。开采中心为铁路终点站乌奇库杜克。

1960年代中期，着手在穆伦陶金矿区建设一个露天矿（开采深度为100米），并将附近的小居民点苏格拉利改建为泽拉夫尚工人镇。1969年上半年，建成了一条从阿姆河通至金矿区的管径为1220毫米的干线输水管。1969年7月，泽拉夫尚黄金公司所属的选矿厂第一期投产，当年产金4吨，1970年便增至13吨。1971～1975年期间，该矿被列为全苏重点建设项目，1975年选矿厂的第二期投产后，当年产量增至31吨。1970年代中期以来，穆伦陶金矿一直在进行大规模的扩建工程。据苏刊报道，1970年代末期，该地区在发展露天矿的同时，又加紧建设地下矿，其竖井的开采深度已延伸500米。1980年代中期，露天矿的开采深度已达到300米，地下矿开采深度亦增至2000米。同时，通过地质工作，又在矿区周围陆续发现了一些新的金矿区。矿区中心泽拉夫尚工人镇已于1972年升格为市，1974年该市人口达1.8万人，最终规划发展到4万人。此外，又于1976年建立了穆伦陶工人镇。矿区东北的塔姆德布拉克镇（Тамдыбулак）为金矿区重要的供应和商业、服务业中心。

关于穆伦陶金矿的金产量，近年西方学者普遍估计偏高，如英国联合黄金公司1978年报道，穆伦陶金矿年产金达80吨；又如英国克拉森等估计，1984年穆伦陶年产金达143吨，约占全苏产金量的一半。我们认为，英刊1987年《世界采矿年评》和英国牛津大学的苏联问题专家米哈伊尔·卡瑟（Michael Kaser）1983年在"苏联金矿开采工业"一文中的估计比较客观，即：1980年穆伦陶矿产金36～37吨，约占同年全苏黄金总产量（344吨）的10.7%。1990年计划达到80吨左右，将占全苏黄金总产量的1/5以上。

参考文献

1. 吴美德等：《世界金矿及典型矿床》，全国金矿地质工作领导小组办公室、地质矿床部情报研究所，1986年。
2. 中国科学院地理研究所："苏联贵金属工业生产布局概况"，冶金部情报标准研究所，1975年。
3. 中国科学院地理研究所、东北师范大学：《苏联经济地理（上册，总论）》，科学出版社，1983年；东北师范大学、中国科学院地理研究所《苏联经济地理（下册，区域）》，科学出版社，1987年。
4. Jan Krason, Muruntall 1984. The world largest gold producing mine complex. *Mining Engineering*, Vol.36, No.11.
5. Micheal Kaser 1983. The soviet Gold-mining industry. *Soviet natural resources in the World ecomomy,* Edited by Robert G. Jensen. Theodore Shalad, and Arthur W. Wright, the University of Chicago Press, Chicago and

London.

6. *Mining annual rewiew,* 1985, 1986, 1987.
7. *Soviet geography,* 1986, No.3; 1981, No.3.
8. В.Т. Сургай. 1973. *Регионально-Геохимические Условия Золотоносности Тянь-Шаня*, Изд-во «Илим», Фрунзе.
9. В.Г. Корьковец. Литологические и Геолого-структурные условия размещения золотого оруденения Кызыл-Кумского типа, *Доклады АН СССР*, т.23.
10. Н.А. Гвоздецкий, Н.И.Михайлов 1987. *Физическая География СССР, Азиатская часть,* Москва, *Высшая Школа.*
11. К.В. Захаребич. 1980. *К вопросу о генезисе золото-серебряного оруденения Центральных Кызылкумов, Вопросы Магматизма и Метаморфизма. том 6.*
12. Глав. Ред. Е.А. Козловский. 1983. *Геология СССР, т.23, Узбекская ССР, полезные ископаемые,* М,*Недра.*
13. Глав. Ред. А.В. Сидоренко. 1977. *Геология СССР, т.25, Кизкизская ССР, полезные ископаемые,* М,*Недра.*

（本文系作者于1988年4月应中国科学院遥感应用所课题组委托撰写的研究报告）

中亚地区工业化与城镇化的耦合关系及资源环境效应

一、引言

城镇化是一个国家和地区在经济社会发展过程中，农村人口不断向城镇转移，第二、三产业不断向城镇聚集，从而使得城镇数量不断增加、城镇人口规模和地域不断扩大的一种自然、社会历史过程。通常，城镇化包括人口城镇化、经济城镇化、空间城镇化和社会城镇化（即生活方式和社会服务城镇化）。在城镇化的发展进程中，工业化是其基础与主要驱动力。根据H.钱纳里和M.赛奎因的世界发展模型，初始城镇化是由工业化推动的。一方面，在工业化的过程中，工业生产企业因"集聚经济效益"而在地理上趋于集中，随之引起区域工业化水平的提高，带动非农产业就业比重相应提高，非农产业就业人员向城市迁移，导致城镇人口规模的扩大和比重的提高。同时，在工业化过程中，随着产业结构的演进，城市产业从资源和劳动密集型向资金技术密集型产业和现代服务业转型升级，推动着城镇化的稳定发展。另一方面，城市又是工业赖以生存和发展的前提、基础和载体，不仅为工业发展提供了不可缺少的能源、交通、通讯和市政基础设施等综合服务功能，而且还集中了不断增长的消费需求以及众多生产要素，为工业化向广度与深度发展和产业结构优化升级提供了重要保障条件。因此，工业化与城镇化之间存在紧密关联的互动与耦合关系，工业化有力地促进了初始城镇化的进程，而城镇化发展又反过来给工业化注入了强大活力，工业化与城镇化之间形成了一种螺旋式上升互相促进的机制（图1）。

工业化、城镇化与资源和生态环境之间客观上存在着极为复杂交互作用与胁迫关系。因此，如何协调工业化、城镇化与资源和生态环境关系是学术界和政府决策部门普遍关注的一大热点问题，尤其是对地处干旱区的中亚五国而言，传统工业化主导下的城镇化进程中出现的水资源短缺、环境污染与生态恶化等问题则是工业化城镇化与资源环境失调的集中体现。因此研究中亚地区工业化与城镇化的耦合关系及其资源环境效应，并提出协调发展对策建议，对推动中亚地区城镇化的持续健康发展具有重要的理论和实践意义。

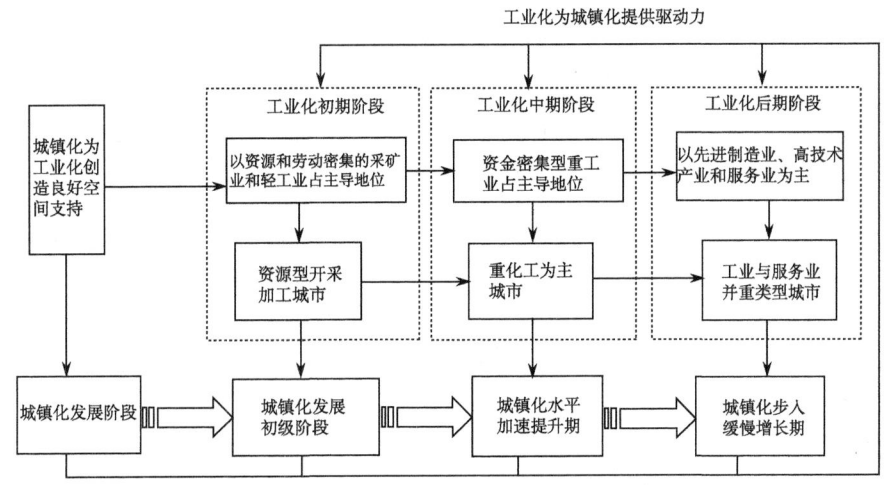

资料来源：方创琳、鲍超、乔标等，《城市化过程与生态环境效应》，科学出版社，2008。作者做了部分修改。

图 1 工业化与城镇化的互动关系示意图

二、中亚地区工业化与城镇化的交互影响机理及其发展阶段判断

工业化作为中亚地区城镇化的最主要的驱动力，主要通过能矿资源开发、绿洲经济、投资（含引进外资）、基础设施建设等推动城镇化的发展与布局；而城镇化又通过产业集聚、生产与生活服务需求，以及资金、人才、技术、信息等生产要素的集聚与优化组合，推动工业化规模、速度、结构、质量与效益的优化提升，形成了相互促进、互为制约的交互影响关系。

在对中亚地区工业化与城镇化交互关系分析的基础上，依据城镇化发展四个阶段的基本特征对比分析法和改进的 H.钱纳里工业化划分指标体系，对中亚五国工业化与城镇化的交互影响机理和发展阶段进行了总体的定性判断，其主要结论为：哈萨克斯坦、乌兹别克斯坦及土库曼斯坦三国工业化与城镇化均处于中期发展阶段，吉尔吉斯斯坦总体处于工业化和城镇化的中期初始阶段，塔吉克斯坦则处于工业化和城镇化的初期阶段。

（一）中亚地区工业化与城镇化的交互影响机理

1. 工业化是中亚地区城镇化的最主要驱动力

传统意义上的工业化是指一个国家和地区经济发展中，工业生产取得主导地位的发展过程。亦即是从落后的农业社会向现代化工业社会转变的过程。通常传统工业化是依靠资源、资本、劳动力等要素投入支撑经济快速增长和规模扩张的发展模式，因而从长远看是不可持续的。而新型工业化则是依靠创新与科技进步，通过加快转变经济发展方式、以信息化带动工业化并推进绿色发展，走出一条科技含量高、经济效益好、资源消耗低、环境

污染少、人力资源优势得到充分发挥的工业化新路子。

(1) 优势能矿资源的大规模开发为城镇化的初始动力

1917年苏联建国前，中亚地区是一个十分荒凉和落后的农牧业地区，城镇化率不到10%，且主要集中于少数绿洲。自20世纪30年代起，为加快工业化进程，相继对哈萨克斯坦的卡拉干达煤田、杰兹卡兹甘铜矿、东哈萨克斯坦和南哈萨克斯坦的铅锌等多种有色金属矿进行大规模开发，哈萨克斯坦的城市人口从1920年的38万人增至1933年的117.1万和1940年的183.3万人，城镇化率相应地从7.04%提高至17.23%和24.18%。第二次世界大战后至20世纪70~80年代，中亚地区又相继开发了一批大型能源及有色、黑色金属矿床，如北哈萨克斯坦的科斯塔奈铁矿和铝土矿、埃基巴斯图兹煤田，西哈萨克斯坦的里海沿岸油气田，以及土库曼斯坦及乌兹别克斯坦的阿姆河下游油气田等。上述能矿资源的大规模开发，均为所在地区城镇化提供了初始动力。

由此可见，中亚地区工业化是从优势能矿资源开发起步，进而引发产业及人口集聚，亦即是以传统的重工业为主导的工业化发展模式，这一过程从20世纪30年代初起至今仍未发生根本性的改变。所不同的是：20世纪30年代至60~70年代以开发煤炭、多种有色金属及铁矿为主，且由国家资本控制；其后，特别是1991年中亚五国相继独立后，随着外国资本的大量进入，石油、天然气、铀矿成为能矿资源开发的重点，并随着一些新油气资源的发现和大规模开发，其所在地区城镇人口迅速增长，工业化城镇化水平明显提高。

(2) 重化工业及人口集聚为城镇化快速发展提供持续动力

在能矿资源大规模开发的基础上，众多城市发展了相应的加工工业，如钢铁工业、铜、铅锌等有色金属冶炼业、石油加工（炼油）以及与此相关联的矿山机械（装备制造）、化工、建材等工业，成为中亚地区工业化初期和中期的主要支柱产业。随着上述产业集聚程度的不断提高，城市人口规模、就业结构与城镇化水平均有了明显提升。如哈萨克斯坦随着卡拉干达煤炭—冶金（钢铁、炼钢）基地、东哈萨克斯坦能源（火电、水电）—有色冶金基地、南哈萨克斯坦有色冶金—化工基地、西哈萨克斯坦里海沿岸石油天然气工业的快速发展，城镇化率从1940年的29.81%提高到1956年的40.23%、1960年的44.2%和1970年的50.24%。土库曼斯坦则随着天然气和石油资源的大规模开发，以及油气资源加工与运输、化工、轻纺产业的发展，1960年城镇化率就达46.4%，在当时中亚五国中居首位。

(3) 通过大量引进外资推动了城镇化质量的提高

中亚各国独立后，相继于20世纪90年代后期开始大量引进外国公司的资本和技术（截至2016年哈萨克斯坦累计引进外资3000亿美元），特别是油气资源丰富的哈萨克斯坦、土库曼斯坦和乌兹别克斯坦随着外国油气公司的进驻，一方面加快了新油气田的勘探开发速度与规模，以及油气对外输送管道和油气炼化企业的建设，并促进了油气田区中心城市阿特劳、阿克套（哈萨克斯坦）、土库曼纳巴德、土库曼巴希（土库曼斯坦）等城市和一批城镇的发展。因此，2000年中亚五国平均城镇化率上升到45.6%。另一方面，外资的大量进入对中亚地区中心城市塔什干、阿拉木图、阿什哈巴德、比什凯克、杜尚别的产业结构升级、人口增长和城市交通、通讯、供水等城市基础设施水平的整体提高,以及哈萨克斯坦新首都阿斯塔纳(现名"努尔苏丹",下同)的建设均发挥了重要促进作用,推动了中亚地区城镇化质量的提升。

2. 城镇化促进了中亚地区工业化水平的提升

中亚地区城镇化对工业化的促进作用主要体现在:一是城镇化促进了劳动力、土地、资本、技术、信息等生产要素的集聚,使得各生产要素从分散无序状态向规模型、集约型转变,由此形成了一批工业园或产业园区;同时,生产要素的自由流动与优化组合,又促进了产业分工与工业支柱产业的发展壮大。二是城镇化促进了工业化质量效益的提升。由于城镇具有较好的科技教育基础,并集聚了一大批科技与管理人员和熟练劳动力等高端生产要素,有利于促进传统产业从资源和劳动密集型向资本与技术密集型转型升级,以及高技术产业的成长与发展。三是城镇化带来的需求扩展与升级有利于推动产业结构的优化升级。随着城市人口的快速增长和产业间生产联系的进一步加强,带动并促进了生产性服务业和生活性服务业的快速发展。前者如金融、保险、现代物流、信息和商务服务业,后者包括商贸、文化、旅游、健康、养老、法律服务和房地产业等,促进城市产业结构的多元化、高度化,以及就业结构的变化。服务业在城市国内生产总值和就业结构中占比分别从2000年的30%~40%提升至2017年的50%~60%,城市产业服务化趋势日益增强,推动了中亚地区工业化的提质增效。

(二)中亚地区工业化与城镇化的发展阶段

基于工业化与城镇化的交互关系,中亚地区工业化与城镇化具有明显的对应关系,尽管其定量判断指标存在相互交叉重叠,但其主导指标又各有所侧重。如城镇化发展阶段以城镇化率为主导指标,参考经济城镇化、社会城镇化和空间城镇化的相关指标;而判断工业化水平则以经济发展水平(人均GDP)、第二、三产业增加值在GDP和就业结构中占比,以及制造业在工业中占比为主导指标。

1. 中亚五国工业化发展阶段判断

美国经济学家H.钱纳里利用第二次世界大战后发展中国家,特别是其中9个工业化国家1960~1980年的历史资料,建立了多国模型,主要根据人均国内生产总值,并参考非农产业增加值构成和第二、三产业就业结构及城镇化率,将国家和地区经济发展分为5个阶段,即:前工业化阶段、工业化初期阶段、工业化中期阶段、工业化后期阶段及后工业化社会(表1)。

表 1　工业化发展阶段基本特征及指标

指标	前工业化阶段	工业化阶段			后工业化社会
		初期	中期	后期	
人均 GDP（2017 年美元）	<1200	1200～3000	3000～8000	8000～15000	>15000
三次产业增加值结构（%）	S<20	P>20，S>T,T>P	P>20，S>T,S>P	P<10，S>T	T>P+S
农业就业人员占比（%）	>60	45～60	45～30	10～30	5～10
工业增加值占 GDP（%）	<20	20～40	40～50	50～30	T>50
工业结构特征	采掘和资源初加工	资源和劳动密集型产业	重化工业	高附加值、技术密集型产业	现代服务业高技术产业
制造业增加值占 GDP（%）	<5	5～20	20～40	<40	
城镇化率（%）	10	30～40	40～60	60～70	>70

注：P、S、T 分别代表第一、二、三产业增加值占 GDP 的百分比。
资料来源：陈明星，唐志朋，白永平，2013。

（1）人均 GDP

在 H.钱纳里构建的多国模型指标体系中，将人均国内生产总值作为衡量一个国家和地区工业化发展阶段的核心指标，由于其单位美元为 1970 年不变价，为便于比较，本文统一采用 2017 年美元不变价计算。按钱纳里模型指标体系中的人均 GDP 指标，2017 年中亚五国中，哈萨克斯坦人均 GDP 为 9030 美元，已进入工业化后期阶段，土库曼斯坦为 6587 美元，处于工业化中期阶段，乌兹别克斯坦和吉尔吉斯斯坦处于工业化初级阶段，塔吉克斯坦尚处于前工业化阶段（见图 2）。

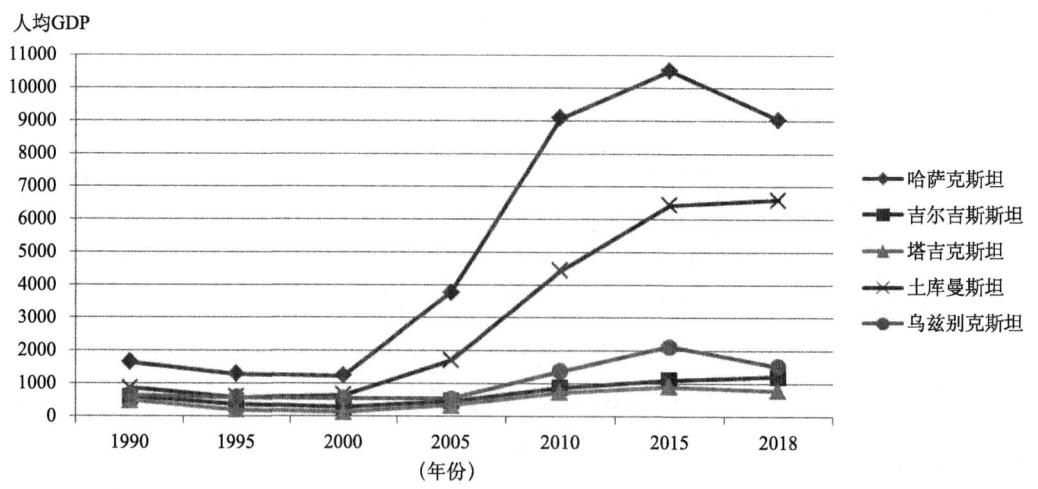

图 2　1990～2017 年中亚五国人均国内生产总值变化（单位：美元）
资料来源：世界银行数据库，2019；Казахстан в，2017；O'ZSTAT，2018。

（2）非农产业增加值占比及就业结构

1990年以来，中亚五国工业化进程相对较快，非农产业（第二、三产业）增加值在GDP中占比从1990年的65%~80%上升至2017年的80%~95%，其中工业化进程最快的哈萨克斯坦则从1993年的83.6%上升至2017年的95.6%；相应地，非农产业就业结构占比亦呈上升态势，不过总体上仍滞后于产业结构的变化，第二、三产业就业人员占比从1995年的40%~60%上升至2017年的48%~90%，详见图3、图4。

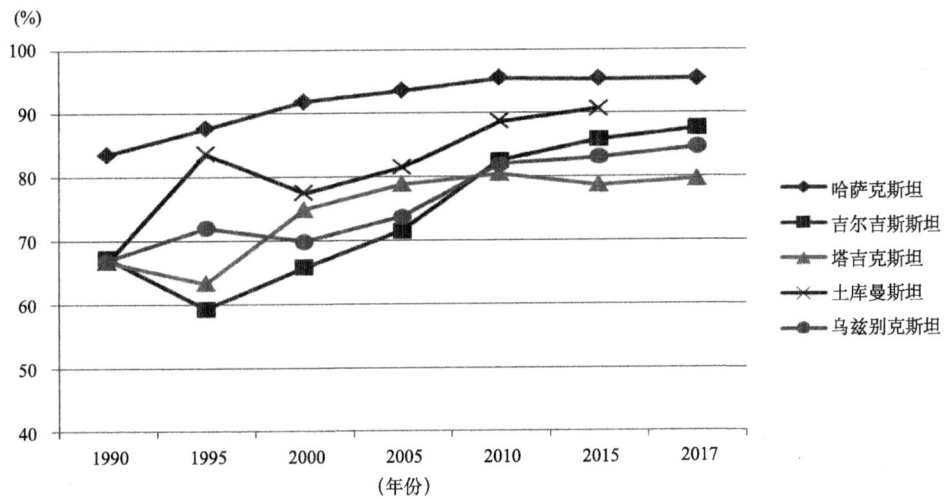

资料来源：世界银行数据库，2019；Казахстан в，2017；O'ZSTAT，2018。

图3　1990~2017年中亚五国第二、三产业增加值GDP占比变化　（单位：%）

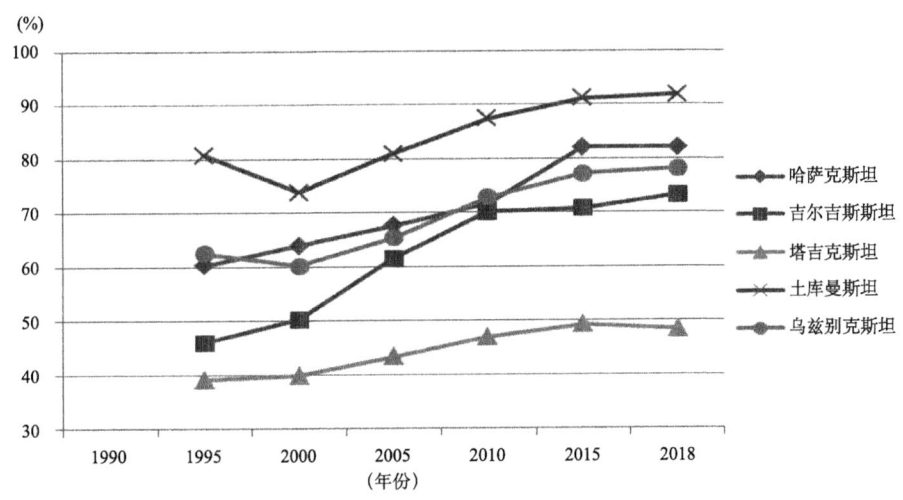

资料来源：世界银行数据库，2019；Казахстан в，2017；O'ZSTAT，2018。

图4　1990~2018年中亚五国第二、三产业就业占比变化　（单位：%）

2017年，中亚五国中除塔吉克斯坦外，其他四国工业化程度均较高，但工业化的总体质量不优。如作为工业化质量重要指标的制造业占GDP比重，即使是工业化程度居前两位的哈萨克斯坦和土库曼斯坦（工业增加值GDP占比分别为32.2%和57%），其制造业GDP占比也仅分别为11.2%和9.7%，表明工业化主要依赖对能矿资源的大规模开发和出口而实现的。

2. 中亚五国城镇化发展阶段判断

1975年美国地理学家诺瑟姆（Ray M.Northam）通过研究世界各国城镇化发展轨迹，将城镇化过程划分为以下三个阶段：城镇化起步阶段（城镇化率<30%）、城镇化的中期加速发展阶段（城镇化率为30%～70%）、城镇化后期成熟稳定阶段（城镇化率>70%），分别对相应于工业化初期、工业化中期和工业化后期阶段。中国学者方创琳根据中国城镇化的发展条件和特点，将城镇化发展过程细分为：城镇化初期阶段、城镇化中期阶段、城镇化后期阶段和终期阶段（表2）。

表2 城镇化发展四个阶段的基本特征及相应指标

发展阶段及指标	城镇化初期	城镇化中期	城镇化后期	城镇化终期
城镇化率（%）	1～30	30～60	60～80	>80
工业化水平（%）	1～30	30～70	70～30	<30
三次产业增加值占GDP%	50：25：25	25：45：30	15：40：45	10：30：60
三次产业就业结构（%）	80：15：5	50：30：20	20：40：40	10：30：60
城镇化率平均增速（%）	缓慢，<1.0	加速，>1.0	减缓，<1.0	极慢，≈0
城镇化动力	工业占绝对主导	工业主导，"三产"为辅	"三产"主导，工业为辅	"三产"绝对主导
主导经济类型	农业经济	工业经济	工商业经济	服务业经济
城市空间形态	点状结构	带状或面状结构	网络结构	均衡网络结构

资料来源：方创琳等，2014。

（1）城镇化率

1990年以来，中亚五国除吉尔吉斯斯坦城镇化率出现缓慢下降外，其他4国均处于缓慢上升。2017年，中亚五国平均城镇化率为48.1%，其中哈萨克斯坦、土库曼斯坦和乌兹别克斯坦城镇化率均已超过50%水平，分别为57.3%、51.2%和50.6%，总体处于城镇化中期向后期过渡阶段；吉尔吉斯斯坦城镇化率为36.1%，处于城镇化中期起始阶段；塔吉克斯坦城镇化率为26.9%，仍处于城镇化初期阶段。1960～2017年中亚五国城镇化率变动情况见表3和图5。

表3 中亚五国城镇化率变化

(单位：%)

国家	1960年	1970年	1980年	1990年	2000年	2010年	2018年
哈萨克斯坦	44.20	50.24	54.14	56.27	56.1	56.83	57.43
吉尔吉斯斯坦	34.18	37.47	38.63	37.78	35.3	35.31	36.35
塔吉克斯坦	33.17	36.88	34.29	31.66	26.5	26.52	27.13
土库曼斯坦	46.41	47.78	47.08	45.08	45.91	48.49	51.59
乌兹别克斯坦	33.98	36.71	40.78	41.37	46.13	50.96	50.48

资料来源：世界银行数据库，2019；Казахстан в，2017；O'ZSTAT，2018。

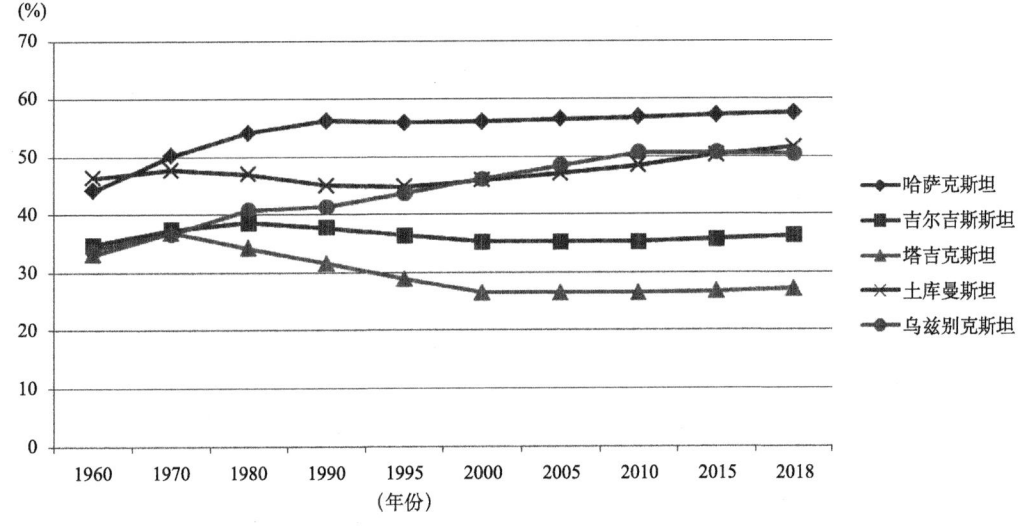

图5 1960～2018年中亚五国城镇化率进程

资料来源：世界银行数据库，2019；Казахстан в，2017；O'ZSTAT，2018。

(2) 三次产业增加值构成与就业结构

20世纪90年代以来，随着中亚地区城镇化工业化进程的加速，第一、二、三产业的增加值结构和就业结构也发生了显著的变化。在国内生产总值构成中，农业增加值占比从1990年的20%～33%降至2017年的5%～20%，非农产业(第二、三产业)均相应地从60%～80%上升到80%～95%，其中城镇化水平较高的哈萨克斯坦和土库曼斯坦尤为明显。如哈萨克斯坦国内生产总值中第一、二、三次产业增加值占比从1993年的16.4%∶37.0%∶46.4%提升至2010年的4.5%∶40.6%∶51.7%和2017年的4.4%∶32.2%∶63.4%。中亚五国三次产业增加值构成动态变化见表4。

在就业结构方面，自1990年以来，中亚五国三次产业的就业结构变化特点为：农业就业人员占比从1995年的30%～60%下降至2018年16%～45%，而非农产业（第二、三产业）就业人员占比则相应地从40%～70%上升至55%～85%，其动态变化见表5。

表4 1990～2017年中亚五国三次产业增加值构成变化

（单位：%）

国家	1990	2000	2010	2017
哈萨克斯坦	16.4:37.0:46.6①	8.1:37.8:48.4	4.5:40.6:51.7	4.4:32.2:57.4
吉尔吉斯斯坦	32.7:34.1:30.6	34.2:29.2:30	17.4:26.3:49.3	12.3:26.5:50.4
塔吉克斯坦	33.3:37.6:29.1	25.1:35.3:31.5	19.6:25.0:45.1	20.4:27.2:42.2②
土库曼斯坦	33.3:30:36.6	22.5:41.1:28.9	11.3:59.1:28.1	9.3:57.0:33.7③
乌兹别克斯坦	33.1:33.3:34.6	30.1:20.2:37.2	18.0:30.3:42.6	15.3:40.5:44.2

注：①1993年数据；②2016年数据；③2015年数据。
资料来源：世界银行数据库，2019；Казахстан，2017；O'ZSTAT，2018。

表5 1995～2018年中亚五国三次产业就业结构变化

（单位：%）

国家	1995	2000	2010	2017
哈萨克斯坦	39.7:15.6:44.7	36.1:16.1:47.8	28.3:18.7:53.0	16.3:20.4:63.3
吉尔吉斯斯坦	54.0:10.9:35.1	49.7:13.7:36.6	29.9:22.7:47.4	22.0:23.6:54.4
塔吉克斯坦	60.9:17.5:22.1	60.2:17.0:22.8	53.1:15.5:31.4	45.8:15.5:38.7
土库曼斯坦	31.0:37.2:31.7	30.3:36.0:33.7	24.8:39.2:36.0	20.3:42.2:37.5
乌兹别克斯坦	37.5:33.7:29.3	39.8:29.3:30.9	30.9:25.4:43.6	24.6:29.0:46.4

资料来源：世界银行数据库，2019；Казахстан，2017；O'ZSTAT，2018。

从以上对中亚五国的第一、二、三产业的增加值构成和就业结构分析可以得出，哈萨克斯坦与土库曼斯坦处于城镇化中后期过渡阶段，乌兹别克斯坦处于城镇化中期阶段，吉尔吉斯斯坦处于城镇化中期起始阶段，塔吉克斯坦尚处于城镇化初期阶段，这与人口城镇化率的分析结论大体一致。

必须指出，中亚五国中，以能矿资源开发为主的工业化主导下的城镇化进程中，尽管工业在GDP中占比达到了较高水平，但受制于城镇传统产业转型升级缓慢、产业结构不合理的影响，城镇化率长期停滞不前。例如，哈萨克斯坦1970年城镇化率就达50%，1980～2017年长期波动于55%～58%之间；又如，以天然气出口为主的土库曼斯坦，1959年以来，城镇化率长期波动于45%～51%之间，因此，城镇化率60%成为其长期难以逾越的"拐点"。

三、工业化与城镇化耦合关系分析

耦合原为物理学概念，是指两个（或两个以上）系统或运动形式通过各种相互作用而彼此影响的现象。系统由无序走向有序机理的关键在于系统内部序参量之间的协同作用，它左右着系统相变的特征与规律,耦合度正是反映这种协同作用的度量。由此,可以把工业化与城镇化两个系统通过各自的耦合元素产生相互彼此影响的程度定义为工业化与城镇化耦合度。工业化与城镇化的交互耦合关系,就是工业化与城镇化相互作用、相互影响非线性关系的总和。

(一)工业化与城镇化的交互耦合的数学模型

设变量 u_i ($i=1, 2, \cdots, m$) 是工业化—城镇化系统序参量,u_{ij} 为第 i 个序参量的第 j 个指标,其值为 X_{ij} ($j=1, 2, \cdots, n$)。α_{ij}, β_{ij} 是系统稳定临界点序参量的上、下限值。因此工业—城市系统对系统有序的功效系数 u_{ij} 可表示为:

$$u_{ij}=(X_{ij}-\beta_{ij})/(\alpha_{ij}-\beta_{ij}) \tag{1}$$

式中,u_{ij} 为变量 X_{ij} 对系统的功效贡献大小,数值取值范围在[0, 1]。

由于工业化与城镇化处于两个不同而又相互作用的子系统,对子系统内各个序参量的有序程度的贡献量可通过集成方法来实现:

$$u_i = \sum_{i=1}^{m}\lambda_{ij}u_{ij}, \quad \sum_{j=0}^{n}\lambda_{ij}=1 \tag{2}$$

式中,u_i 为子系统对总系统有序度的贡献,λ_{ij} 为各个序参量的权重,采用主成分分析法、熵值赋权法结合确定权重。

借鉴物理学中的容量耦合概念及容量耦合系数模型,推广得到多个系统(或要素)相互作用耦合度模型,即:

$$C_n = n\{(u_1 \cdot u_2 \cdots u_m)/[\Pi(u_i+u_j)]\}^{1/n} \tag{3}$$

式中,C_n 为耦合度,$C \in [0, 1]$,$u_1 \cdot u_2$ 分别为工业化和城镇化的综合发展指数。

工业化与城镇化的协调性模型由于每个地区的工业化与城镇化的发展具有其交错、动态和不平衡的特征。协调度模型可以更好地评判不同区域工业化与城镇化交互耦合的协调程度,其公式如下:

$$D=\sqrt{C \times T} \qquad T=\alpha u_1 + \beta u_2 \tag{4}$$

式中,D 为耦合协调度,C 为耦合度,T 为工业化与城镇化综合协调指数,它反映工业化与城镇化的整体协同效应或贡献,$\alpha=\beta=0.5$。在实际应用中,使 $T \in (0, 1)$,这样可保证 $D \in (0, 1)$。

(二)工业化与城镇化交互耦合的发展阶段与类型分析

协调是指系统演变过程内部各要素各种质的差异部分,在组成一个统一整体时的相互和谐一致的属性。工业化与城镇化的发展过程是由相互促进、相互联系、相互制约和相对独立的许多子过程构成的，因而只有各子过程相互配合，相互协调，并形成一种合力，经济社会发展进程才能顺利；反之，如果各子过程之间彼此不协调，相互冲突，那么势必导致经济发展因素的相互抵消，甚至有可能成为阻碍经济社会发展的力量。因此，协调度反映了工业化与城镇化的耦合系统中各子系统之间的一致程度。亦即是在保持工业化和城镇化过程内部协调的基础上，使工业化与城镇化过程两者之间在发展阶段、发展目标和发展政策上有机配合，形成良性互动的合力系统，从而取得较好经济社会发展绩效的过程。

工业化与城镇化综合发展指数的差反映工业化与城镇化发展的进程，当 $u_g>u_c$ 说明工业化发展超前城镇化，当 $u_g<u_c$ 则说明工业化滞后城镇化。$0<u_g-u_c<0.1$ 表明工业化与城镇化同处于较高、中等、较低或低水平。

根据耦合度 C 值可分为以下 5 种类型的耦合阶段：

（1）当 $C\in(0, 0.2)$ 时，工业化与城镇化的处于低水平耦合阶段；

（2）当 $C\in(0.2, 0.4)$ 时，工业化与城镇化处于较低水平耦合阶段；

（3）当 $C\in(0.4, 0.6)$ 时，处于耦合拮抗阶段，在工业化与城镇化的上升期，两者处于相互制约、相互促进的螺旋上升阶段；

（4）当 $C\in(0.6, 0.8)$ 时，耦合进入磨合阶段，工业化与城镇化相互促进、持续上升阶段，呈现出良性耦合特征，也是较高水平耦合阶段；

（5）当 $C\in(0.8, 1.0)$ 时，工业化与城镇化处于高水平耦合阶段，系统之间达到良性共振耦合且趋向新的有序结构。

耦合度是对系统关联程度的度量，只反映系统间相互作用程度的大小，不能反映系统的水平。而耦合协调度既可反映各系统是否具有良好的水平，又可反映系统间的相互作用关系。

D 作为工业化与城镇化的耦合协调度，也可划分为以下 5 种类型：

（1）$D\in(0, 0.2)$ 时，为低度协调的耦合；

（2）$D\in(0.2, 0.4)$ 时，为较低度协调的耦合；

（3）$D\in(0.4, 0.6)$ 时，为中度协调的耦合；

（4）$D\in(0.6, 0.8)$ 时，为较高度协调的耦合；

（5）$D\in(0.8, 1)$ 时，高度协调耦合。

（三）中亚地区工业化与城镇化的耦合关系

1. 中亚五国国家工业化与城镇化耦合协调度

根据目前收集到的中亚五国及其分州统计的工业化与城镇化的数据，在构建工业化与城镇化评价体系时，按照简明科学性原则、系统整体性原则、层次性原则，以及可比、可量、可行性原则，建立指标体系，并采用主成分分析法来确定权重的赋值。具体做法为：城镇化水平的指标体系选人口城镇化率、工业就业人口占总就业人口比、服务业就业人口占总就业人口比 3 个指标；工业化水平的指标体系由人均 GDP、工业增加值占 GDP 比重、制造业增加值占 GDP 比重、服务业增加值占 GDP 比、人均能源使用量和人均 CO_2 排放量 6 个指标组成（见表 6）。

表 6 中亚五国工业化与城镇化耦合协调度指标体系（2017 年）

国家	城镇化指标			工业化指标					
	城镇化率（%）	工业就业占比（%）	服务业就业占比（%）	人均GDP（美元）	工业增加值占GDP(%)	制造业增加值占GDP(%)	服务业增加值占GDP(%)	人均能源使用量（千克油当量）[①]	人均CO_2排放量（吨）[②]
哈萨克斯坦	57.3	21.3	63.6	9030	32.2	11.2	63.4	4435	14.3
吉尔吉斯斯坦	36.1	22.1	51.2	1243	27.3	15.0	60.2	650	1.6
塔吉克斯坦	27.0	16.6	32.1	806	27.0	10.0	51.8	340	0.6
土库曼斯坦	51.2	33.7	43.4	6587	57.0	9.8	33.7	4893	12.5
乌兹别克斯坦	50.6	30.2	36.2	1827	24.7	26.9	45.2	1419	3.4

数据来源：世界银行数据库，2019。其中①②为 2014 年数据。

根据上述指标，按公式（1）、（2）、（3）、（4）计算得到中亚五国工业化与城镇化的耦合阶段、耦合度和耦合协调度结果（如表 7）。

表 7 中亚五国工业化与城镇化耦合协调类型表（2017 年）

国家	U_g	U_c	C	D	耦合协调类型	耦合阶段	耦合协调度
哈萨克斯坦	0.64	0.78	0.82	0.75	工业化城镇化水平较高	较高水平耦合	较高度协调
吉尔吉斯斯坦	0.35	0.49	0.63	0.51	工业化滞后于城镇化水平	磨合阶段	中度协调
塔吉克斯坦	0.36	0.15	0.47	0.38	城镇化滞后于工业化	拮抗阶段	低度协调
土库曼斯坦	0.63	0.75	0.80	0.72	工业化城镇化水平较高	较高水平耦合	较高度协调
乌兹别克斯坦	0.31	0.62	0.63	0.54	工业化滞后于城镇化	磨合阶段	中度协调

中亚五国工业化与城镇化耦合协调的类型、阶段及耦合协调度各有差异。从耦合阶段来看，哈萨克斯坦和土库曼斯坦为较高水平耦合阶段，乌兹别克斯坦和吉尔吉斯斯坦为磨合阶段，塔吉克斯坦为拮抗阶段；从耦合协调度来看，哈萨克斯坦和土库曼斯坦工业化与城镇化为较高度协调耦合，乌兹别克斯坦和吉尔吉斯斯坦为中度协调耦合，只有塔吉克斯坦为较低度协调耦合。从耦合协调类型上看，哈萨克斯坦和土库曼斯坦工业化和城镇化水平较高类型，乌兹别克斯坦和吉尔吉斯斯坦为工业化滞后于城镇化类型，塔吉克斯坦为城镇化滞后于工业化类型。

2. 哈萨克斯坦与乌兹别克斯坦各州工业化与城镇化耦合协调度

在中亚五国中，根据各国的自然和社会经济特点，以及工业化与城镇化的交互影响机理与耦合关系大体可分为以下两类：一是以能矿资源开采为主要驱动力的城镇化发展类型，以哈萨克斯坦为代表；另一类是以绿洲经济为驱动力的城镇化发展类型，以乌兹别克斯坦为代表。以下分别对两国工业化与城镇化的耦合协调关系作深入剖析。

（1）哈萨克斯坦分州（市）工业化与城镇化耦合协调度

哈萨克斯坦在计算分州的工业化与城镇化耦合协调度时，城镇化水平选取人口城镇化率、工业就业人口占总从业人口比重、服务业就业人口占总就业人口比重 3 个指标；工业化水平选取人均 GDP、工业增加值占 GDP 比重、第三产业增加值占 GDP 比重和制造业增加值占 GDP 占比重 4 项指标（见表 8）。

表 8 哈萨克斯坦分州工业化与城镇化耦合协调度指标体系 （2017 年）

州 名	城镇化水平			工业化水平			
	城镇化率（%）	工业就业占比（%）	服务业就业占比（%）	人均 GDP（千坚戈）	工业占 GDP（%）	服务业占 GDP（%）	制造业占 GDP（%）
阿克莫拉州	47.2	17.2	47.9	2 0607	30.2	55.6	7.3
阿克托别州	63.6	26.3	59.7	2 6575	41.1	54.0	6.7
阿拉木图州	23.0	13.3	58.7	1 2042	32.3	53.1	5.3
阿特劳州	47.8	28.3	64.1	9 4462	54.2	44.9	3.7
西哈萨克斯坦州	51.5	15.5	58.0	3 5470	53.0	43.6	4.9
江布尔州	39.7	14.7	61.6	1 1831	24.3	65.6	4.8
卡拉干达州	79.6	30.7	59.9	3 0503	48.7	47.8	13.3
科斯塔奈州	54.0	15.8	49.5	2 0368	28.2	59.7	4.6
克孜勒奥尔达州	44.2	20.8	65.6	1 8255	41.0	55.2	3.5
曼吉斯套州	40.8	33.4	61.0	5 0256	64.1	35.4	5.8
南哈萨克斯坦州	45.8	13.8	65.5	1 0715	30.0	60.9	3.5
巴甫洛达尔州	70.7	28.7	49.8	3 0950	47.0	48.2	14.1
北哈萨克斯坦州	44.9	10.2	53.4	1 9359	18.2	57.4	4.5
东哈萨克斯坦州	61.1	20.1	60.4	2 2321	37.4	53.8	9.9
阿斯塔纳市	99.0	19.4	75.6	5 6081	14.6	85.3	4.4
阿拉木图市	99.0	14.3	80.1	6 5057	7.1	92.9	6.4
全国合计	57.4	18.9	61.6	2 9439	32.2	63.4	11.2

数据来源：①Казахстан в 2017. Регионы Казахстана в 2017. Казахстан в цифрах 2017. ②Промышленность Казахстана и его регионов 2017. ③Сельское, лесное и рыбное хозяйство в Республике Казахстан. ④Инвестиционная и строительная деятельность в Республике Казахстан. ⑤Охрана окружающей среды и устойчивое развитие Казахстана 2012～2016. ⑥Услуги в Республике Казахстан. ⑦Балансы ресурсов и использования важнейших видов сырья. ⑧продукции производственно-технического назначения и потребительских товаров по Республике Казахстан. ⑨Стастический ежегодник республики Таджикистан.

选取上述指标按公式（1）、（2）、（3）、（4）计算得出哈萨克斯坦分州工业化与城镇化的耦合协调类型、耦合阶段和耦合协调度（如表9）。

表9　哈萨克斯坦分州工业化与城镇化耦合协调关系（2017年）

州名	U_g	U_c	C	D	耦合协调类型	耦合阶段	耦合协调度
阿克莫拉州	0.30	0.24	0.51	0.37	工业化城镇化水平较低	拮抗阶段	较低度协调
阿克托别州	0.36	0.53	0.66	0.54	工业化滞后城镇化	磨合阶段	中度协调
阿拉木图州	0.23	0.12	0.40	0.27	工业化城镇化水平较低	拮抗阶段	较低度协调
阿特劳州	0.58	0.48	0.73	0.62	城镇化滞后于工业化	磨合阶段	较高度协调
西哈萨克斯坦州	0.39	0.32	0.59	0.46	工业化城镇化水平较低	拮抗阶段	中度协调
江布尔州	0.22	0.26	0.49	0.35	工业化城镇化水平较低	拮抗阶段	较低度协调
卡拉干达州	0.52	0.69	0.77	0.68	工业化滞后于城镇化	磨合阶段	较高度协调
科斯塔奈州	0.25	0.28	0.51	0.37	工业化城镇化水平较低	拮抗阶段	较低度协调
克孜勒奥尔达州	0.28	0.39	0.57	0.44	工业化滞后于城镇化	拮抗阶段	中度协调
曼吉斯套州	0.48	0.47	0.69	0.57	工业化城镇化水平中等	磨合阶段	中度协调
南哈萨克斯坦州	0.21	0.32	0.51	0.37	工业化城镇化水平较低	拮抗阶段	较低度协调
巴甫洛达尔州	0.53	0.53	0.73	0.62	工业化城镇化水平中等	磨合阶段	中度协调
北哈萨克斯坦州	0.18	0.19	0.43	0.28	工业化城镇化水平较低	拮抗阶段	较低度协调
东哈萨克斯坦州	0.39	0.46	0.65	0.52	工业化城镇化水平中等	磨合阶段	中度协调
阿斯塔纳市	0.39	0.81	0.73	0.66	工业化滞后于城镇化	磨合阶段	较高度协调
阿拉木图市	0.45	0.79	0.76	0.68	工业化滞后于城镇化	磨合阶段	较高度协调
全国合计	0.64	0.78	0.82	0.75	工业化城镇化水平较高	较高水平耦合	较高度协调

哈萨克斯坦行政区划分为14州、2个直辖市，根据表9的计算结果，哈萨克斯坦工业化与城镇化耦合关系的基本结论为：

在工业化与城镇化耦合协调类型方面，工业化与城镇化水平较高的仅有中部的卡拉干达州；处于中等水平的有：西部的阿特劳州、东北部的巴甫洛达尔州和东哈萨克斯坦州、西南部的曼吉斯套州。阿拉木图市、阿斯塔纳市和阿克托别州工业化明显滞后于城镇化进程。其他各州工业化与城镇化水平总体较低，主要分布于：北部的北哈萨克斯坦州、科斯塔奈州、阿克莫拉州，东南部的阿拉木图州和江布尔州。

从耦合阶段来看，处于磨合阶段高水平耦合的州有：卡拉干达州、阿特劳州、巴甫洛达尔州、东哈萨克斯坦州，以及阿拉木图市和阿斯塔纳市；其他各州均处于拮抗阶段。

从耦合协调度分析，属于较高度耦合协调的有：卡拉干达州、阿特劳州、巴甫洛达尔州，以及阿拉木图市和阿斯塔纳市；中度耦合协调的有：曼格斯套州、阿克托别州、东哈萨克斯坦州以及克孜勒奥尔达州；其他6州均属于较低级协调耦合，主要分布于北部和东南部地区。

哈萨克斯坦作为中亚地区典型的能矿资源开采驱动城镇化的国家，由于能矿资源种类、储量和不同时期开发重点不一（从20世纪30年代初的煤炭和有色金属开采转变为20世纪70~80年代以来以石油、天然气、核能为主），致使各州工业化与城镇化发展水平、耦合度和耦合程度差异较大。今后，矿产资源丰富的西部、中部和东北部各州，应加快工业结构的调整优化，大力发展加工制造业和生产性服务业，提升工业化与城镇化水平及耦合协调度；北部及东南部5州农牧业占比较大，未来应加快发展以农牧产品和矿产资源加工工业，努力提高工业化水平，并以此驱动城镇化的持续较快发展；阿拉木图市和阿斯塔纳市，以提高工业化水平和质量为目标，重点发展先进制造业、高技术产业和现代服务业，促进城镇化与工业化的协调发展。

（2）乌兹别克斯坦分州工业化与城镇化耦合协调度

乌兹别克斯坦在计算分州的工业化与城镇化耦合协调度时，其城镇化水平与工业化水平所选指标与哈萨克斯坦相同（见表10）。

表10 乌兹别克斯坦分州工业化与城镇化耦合协调度指标体系（2017年）

州名	城镇化水平			工业化水平			
	城镇化率（%）	工业就业占比（%）	服务业就业占比（%）	人均GDP（千苏姆）	工业占GDP(%)	服务业占GDP（%）	制造业占GDP（%）
卡拉卡尔帕克斯坦自治共和国	49.1	18.8	51.6	4500.2	40.5	36.1	44.2
安集延州	52.3	21.3	45.1	4865.9	26.4	25.4	40.3
布哈拉州	37.3	28.3	41.7	6622.6	29.4	25.5	39.6
吉扎克州	46.9	16.6	41.6	4388.3	22.4	20.5	42.4
卡什卡河州	43.1	22.3	49.6	5557.9	42.9	20.5	34.4
纳沃伊州	48.8	39.3	38	13004.9	58.5	39.8	23.1
纳曼干州	64.5	21.3	53.9	3982.2	21.4	20.1	48
撒马尔罕州	37.3	19.2	52.7	4919.9	24.7	23.7	42.8
苏尔汉河州	35.5	15.2	48.1	4273.3	15.9	14	43.8
锡尔河州	42.8	15.8	36.2	6176.6	29.9	19.1	32.7
塔什干州	49.3	29.6	44.2	8154.1	43.1	32.3	33.5
费尔干纳州	56.6	24.9	47.8	4637.5	31	29.4	45.4
花剌子模州	33.3	17.5	47	4554.2	24.7	22.9	44.6
塔什干市	51.2	30.5	68.6	16065.6	38.9	35.8	61.1
全国合计	50.6	22	50.8	7843.9	34.1	26.9	46.2

数据来源：①Стастический ежегодник регионов узбекистана. Социальное развитие и уровень жизни в узбекистане. ②Промысленность узбекистана. ③Демографический ежегодник узбекистана. ④Сельское хозяйство узбекистана.

以表 10 数据为基础，运用公式（1）、（2）、（3）、（4）计算得出乌兹别克斯坦分州工业化与城镇化的耦合阶段、耦合度和耦合协调度（表 11）。

表 11　乌兹别克斯坦工业化与城镇化耦合协调类型（2017 年）

州名	U_g	U_c	C	D	耦合协调类型	耦合阶段	耦合协调度
卡拉卡尔帕科斯坦自治共和国	0.47	0.41	0.66	0.54	工业化城镇化水平中等	磨合阶段	中度协调
安集延州	0.28	0.44	0.58	0.45	工业化滞后于城镇化	拮抗阶段	中度协调
布哈拉州	0.34	0.24	0.53	0.39	工业化城镇化水平较低	拮抗阶段	较低度协调
吉扎克州	0.21	0.27	0.49	0.34	工业化城镇化水平较低	拮抗阶段	较低度协调
卡什卡河州	0.34	0.33	0.58	0.44	工业化城镇化水平较低	拮抗阶段	中度协调
纳沃伊州	0.72	0.51	0.77	0.69	城镇化滞后于工业化	磨合阶段	较高度协调
纳曼干州	0.22	0.70	0.58	0.51	工业化滞后于城镇化	拮抗阶段	中度协调
撒马尔罕州	0.26	0.23	0.50	0.35	工业化城镇化水平较低	拮抗阶段	较低度协调
苏尔汉河州	0.12	0.13	0.35	0.21	工业化城镇化水平较低	低水平耦合	较低度协调
锡尔河州	0.24	0.16	0.44	0.30	工业化城镇化水平较低	拮抗阶段	较低度协调
塔什干州	0.49	0.47	0.69	0.58	工业化城镇化水平中等	磨合阶段	中度协调
费尔干纳州	0.36	0.56	0.66	0.55	工业化滞后于城镇化	磨合阶段	中度协调
花剌子模州	0.26	0.11	0.40	0.27	工业化城镇化水平较低	拮抗阶段	较低度协调
塔什干市	0.83	0.69	0.87	0.81	城镇化滞后于工业化	高水平磨合阶段	高度协调
全国合计	0.31	0.62	0.63	0.54	工业化滞后于城镇化	磨合阶段	中度协调

根据表 11 的计算结果，乌兹别克斯坦工业化与城镇化耦合关系的基本结论为：

在工业化与城镇化的耦合协调类型方面，工业化和城镇化水平较高的仅有首都塔什干市；工业化与城镇化处于中等水平、但城镇化滞后于工业化的有：中北部的纳沃伊州、东北部的塔什干州，以及西部的卡拉卡尔帕科斯坦自治共和国，该区工矿企业虽较发达，但人口集聚滞后；城镇化水平中等、但工业化明显滞后于城镇化的州有：费尔干纳州、纳曼干州及安集延州，这里是乌兹别克斯坦绿洲农业最发达地区，人口较密集，城镇化率可达 50%以上，但工业化水平较低；位于中东部的撒马尔罕州、吉扎克州，以及位于南部的布哈拉州、锡尔河州、苏尔汗州及花剌子模州均属工业化与城镇化较低类型。

从耦合阶段分析，除塔什干州工业化与城镇化处于高水平磨合阶段外，纳沃伊州、塔什干州、费尔干纳州和卡拉卡尔帕克斯坦共和国均处于磨合阶段；其余大部分州（包括安集延州、卡什卡河州、布哈拉州、撒马尔罕州、吉扎克州、锡尔河州和花剌子模州）均处于拮抗阶段。

从耦合协调度分析，乌兹别克斯坦作为绿洲经济带动城镇化发展的典型，工业化与城镇化耦合协调度总体呈现从东北部向中部和西南部逐渐递减态势。其中，该国首府塔什干州为高度耦合协调类型，纳沃伊州为较高度耦合协调类型，塔什干州、费尔干纳州、纳曼干州、安集延州、卡什卡河州等为中度耦合协调类型；南部的苏尔汉河州，中部的锡尔河州、吉扎克州、撒马尔罕州和布哈拉州及西南部花剌子模州均为较低度耦合协调类型；西部的卡拉卡尔帕克斯坦共和国原为锡尔河河口三角洲，绿洲经济基础较好，但20世纪90年代以来随着阿姆河入海流量减少，河口三角洲萎缩，工业化与城镇化受到较大影响，耦合协调度从较高度协调下降至中度协调类型。

四、中亚地区工业化与城镇化的资源环境效应

基于工业化与城镇化之间相互促进、互为制约的交互影响机理，在工业化与城镇化的不同发展阶段与发展模式，其资源与生态环境效应也很不相同。传统工业化主导下的城镇化是一种高资源消耗、高经济增长、高碳排放、高污染的不可持续的城镇化发展模式，导致日益严重的资源消耗及生态环境恶化；而近年来中亚一些国家推动的城市经济转型发展，则起到了资源的可持续利用、生态环境逐步向良性循环发展的效应。

（一）传统工业化主导下城镇化的资源和生态环境效应

传统工业化是基于自然资源与劳动力资源优势，以大量消耗能源、原材料等自然资源，或以大量投入廉价的劳动力，依靠投资和出口拉动经济增长并推动城镇化发展。前者以哈萨克斯坦和土库曼斯坦为代表，后者则以乌兹别克斯坦较为典型，总体上，传统工业化主导下的城镇化是以牺牲资源与生态环境为代价的粗放型发展模式。

1. 能矿资源大规模开发及资源型城镇发展引发的资源与生态环境问题

中亚地区自20世纪30年代起至50~80年代的工业化与城镇化发展主要通过大规模开发能矿资源而实现的。特别是能矿资源丰富的哈萨克斯坦和土库曼斯坦，依靠大规模开发煤炭、石油、天然气等能源资源，以及铁矿、铬矿和铝、铜、铅、锌等黑色与有色金属矿，并发展相应的钢铁及有色冶金等加工工业和配套的电力、化工、建材等重化工业，较早地步入了工业化与城镇化的快速发展轨道，1960~2018年，哈、土两国的城镇化率就分别从44.2%和46.4%提升到57.4%和51.6%，由此带来的资源与生态环境负效应也十分突出，主要可归结为以下四方面：

（1）温室气体（CO_2）排放量快速增长

随着中亚地区人口的快速增长（从1940年的1705.4万增至2017年的7130.6万人，增长了3.18倍，年均增长率为25‰~30‰）以及工业化和城镇化的快速发展，导致能源消费量大幅增长，温室气体（CO_2）的排放量也显著上升。尤其是工业化和城镇化水平较高的哈萨克斯坦和土库曼斯坦，2010年人均能源消费量分别为4235千克油当量和4459千克油

当量，超过国际平均水平 1.5～1.6 倍；人均 CO_2 排放量分别从 1995 年的 10.7 吨和 8.1 吨上升至 2010 年的 15.2 吨和 11.3 吨，超过国际平均水平 1.6～2.4 倍，由此对当地气候变暖和生态环境日益恶化产生重要影响（表 12，表 13）。

表 12 1990～2010 年中亚五国能源消费量及人均消费量

国家	能源消费量（万吨石油当量）					人均能源消费量（千克石油当量）				
	1990（年）	1995（年）	2000（年）	2005（年）	2010（年）	1990（年）	1995（年）	2000（年）	2005（年）	2010（年）
哈萨克斯坦	7344.9	5224.8	3567.9	5087.9	6912.1	4492.9	3303.3	2397.2	3359	4234.9
吉尔吉斯斯坦	764.4	283.4	236.2	257.4	275.3	1704.8	522.8	473.4	495.8	505.4
塔吉克斯坦	530.7	222.5	214.9	234	217.6	1004.5	386	345.7	341.4	284.8
土库曼斯坦	1751.8	1369.2	1487.9	1917.5	2268.4	4755.1	3253.8	3294.8	4033	4459.2
乌兹别克斯坦	4636.9	4274.5	5086.5	4708.5	4321	2260.8	1876	2063.6	1799.4	1512.8

资料来源：世界银行数据库，2019。

表 13 1995～2010 年中亚五国 CO_2 排放总量及人均排放量

国家	CO_2 排放量（万吨）				人均 CO_2 排放量（吨）			
	1995（年）	2000（年）	2005（年）	2010（年）	1995（年）	2000（年）	2005（年）	2010（年）
哈萨克斯坦	16916.4	11809.9	17732.9	24854.9	10.7	7.93	11.71	15.23
吉尔吉斯斯坦	452.9	463.5	559.2	638.4	0.99	0.95	1.08	1.17
塔吉克斯坦	245	223.7	244.2	254.4	0.42	0.36	0.36	0.33
土库曼斯坦	3400	3753.9	4833.8	5728.9	8.08	8.31	10.17	11.26
乌兹别克斯坦	10343.5	12182.8	11724.9	10416.7	4.54	4.94	4.48	3.56

资料来源：世界银行数据库，2019。

（2）环境污染严重

据估算，在中亚五国独立前的苏联时期，因片面强调发展重工业，重点发展煤炭、电力、冶金（钢铁及铝、铜、铅、锌、锑、汞等黑色和有色金属开采冶炼业）和化工、建材等行业，这些大多属于高耗能、重污染行业，由于生产设备和工艺落后，产生了大量有害、有毒物质，其中各类工业废弃物（含尾矿）估计多达 250 亿吨，严重污染空气、土壤和水源。例如，位于哈萨克斯坦中东部的卡拉干达州和东北部的巴甫洛达尔州是该国工业化和城镇化水平较高的两州（2017 年工业化水平分别为 52.4%和 69.4%[①]，城镇化率分别为 79.4%和 70.6%），环境污染十分严重。其中卡拉干达州是 20 世纪 30 年代初在大规模开发当地丰富的炼焦煤的基础上，于 1950～1960 年代建成了综合性的大型煤炭—冶金基地（包括大型

---

① 指工业总产值占地区总产值之比。

钢铁、电力、化工、建材等企业）；此外，还于20世纪30～40年代相继开发了该州西部的热兹卡兹甘铜矿，并建立了大型炼铜厂。巴甫洛达尔州则在20世纪50年代开发埃基巴斯图兹特大型褐煤田的基础上，建立了4座总装机容量为1600万千瓦的特大型坑口电厂，后又相继建成了大型炼油厂和铁合金厂等一批重化工企业，致使卡拉干达—铁米尔套（钢铁厂所在地）和埃基巴斯图兹长期以来为哈萨克斯坦环境污染最重、水资源严重短缺的城市。虽经过2000年以来的持续大规模治理，卡拉干达的大气污染物排放量从2003年的141.54万吨降至2017年的43.3万吨，但仍位居哈萨克斯坦各大城市前列；而巴甫洛达尔2003～2017年大气污染物排放量则长期保持在80万吨左右。

由于受矿山冶金企业及城市工业与生活排水的影响，致使哈萨克斯坦境内大部分水体污染严重。2004～2008年间，哈萨克斯坦工业企业与城市排入河流的污水量达1158万吨，年均排放量达232万吨，其中阿拉木图、卡拉干达、东哈萨克斯坦3州约占全国入河污水总量的90%（仅阿拉木图州就占全国入河污水总量的46%以上）。2004～2008年，哈萨克斯坦境内河流的水环境污染平均指数分别为：锡尔河2.08，楚河2.07，伊犁河2.13，巴尔喀什湖2.59，努拉河1.70；地表水污染也影响到作为居民生活用水的地下水质安全。据报道，哈萨克斯坦有700处地下水源受到污染，总体处于中等污染状态，主要为硫酸盐和氯化物超标、重金属污染、石油产品等有机物污染、苯酚污染等，其中有127处地下水属重污染达危害级别，48处为高度污染，3处为严重污染。

（3）水资源短缺

中亚地处欧亚大陆腹地，属于典型的大陆性气候，80%以上的国土为荒漠所覆盖，气候炎热干燥，年降水量仅100～200毫米，但年蒸发量高达2000毫米以上。据联合国粮农组织2004年统计，中亚五国淡水资源总量约10000亿立方米，但分布极不均匀，其中塔吉克斯坦和吉尔吉斯斯坦两国合计占55%，而土库曼斯坦和乌兹别克斯坦仅分别拥有14亿立方米和163亿立方米，人均水资源量仅分别243立方米和503立方米，属于严重缺水国家。即使是水资源总量较大的哈萨克斯坦，多年平均水资源量为754亿立方米，但45%为额尔齐斯河、伊希姆河及锡尔河等河流入境水量，且主要分布于东北部、北部及西南部；广大的中部和西部地区由于自产水量很少，仅有的少数内陆河流经，水量小且多为季节性河流，远不能满足工业及城镇发展用水。

为解决卡拉干达—铁米尔套和埃基巴斯图兹两市的严重缺水问题，哈萨克斯坦于1962年开始建设额尔齐斯—埃基巴斯图兹—卡拉干达运河调水工程，从巴甫洛达尔州额尔齐斯河及其支流别洛伊河会合处引水，渠首位于耶尔马克市南5公里处，运河全长458公里，引水能力为75立方米/秒，沿线建有22座提水泵站和11座调蓄水库，设计调水能力为20亿立方米/年，1972年全线通水试运行，1974年12月通过国家验收。但由于工程不配套，1975～1983年间实际引水量只有10亿立方米/年。1980年代中期开始建设运河第二期工程，计划最终抵达热兹卡兹甘铜矿区，从而解决该地区工业与城镇发展中的严重缺水问题，但迄今尚未见工程竣工及运营情况报道。

（4）生态恶化

中亚地区能矿资源的大规模开发、加工和运输，对生态影响十分严重。例如，露天矿开采不仅毁坏植被和破坏地表结构，引发水土流失、崩塌、滑坡、泥石流等自然灾害，而且采矿产生的大量剥离物（如煤矸石、低品位矿石等）、有色金属与黑色金属采选中产生的大量尾矿及赤泥，以及铀矿开采和残存的放射性元素等，都对生态产生巨大破坏，并导致荒漠化进程加快。

2. 绿洲经济主导下的城镇化引发的资源环境问题

绿洲是指干旱地区荒漠中有稳定的水源供给、利于植物繁茂生长或人类聚集繁衍的地区，多分布于河流沿岸以及有冰雪融水灌溉的山麓地带，具有人口密度大、人类活动较强等特点。如中亚地区 2017 年平均人口密度为 17.8 人/平方公里，但绿洲人口密度可高达 300～600 人/平方公里，土地开垦程度相应提升至 40%～60%。绿洲经济是建立在绿洲基础上、适应绿洲自然环境特征、经济发展特点和社会文化条件而形成的社会经济体系。中亚地区绿洲经济主要分布于乌兹别克斯坦和土库曼斯坦。此外，在哈萨克斯坦南部、塔吉克斯坦西南部和吉尔吉斯斯坦北部也有分布。绝大部分绿洲沿锡尔河（含上游纳伦河）、阿姆河干支流及众多人工运河（如费尔干纳运河及卡拉库姆运河）呈片状、岛状或串珠状分布。其中著名的有：乌兹别克斯坦的费尔干纳、泽拉夫尚、塔什干（奇尔奇克）、花剌子模、苏尔汉绿洲，土库曼斯坦的马雷、捷詹及科佩特山前绿洲等。其中费尔干纳盆地为中亚地区最大的绿洲，除包括乌兹别克斯坦的费尔干纳、安集延、纳曼干三州外，还包括周边吉尔吉斯斯坦的奥什、贾拉拉巴德，以及塔吉克斯坦的苦盏等州的部分地区，土地总面积约 2.2 万平方公里，总人口约 1100 万人，平均人口密度达 500 人/平方公里，土地平均垦殖率达 55%。

中亚地区绿洲经济是以绿洲农业为基础，通过集聚人口和产业而逐步发展起来的。早在 20 世纪 40～50 年代的苏联时期，就将棉花作为中亚地区农业专门化部门，逐年扩大种植面积（1977 年中亚五国棉花种植面积达 273.3 万公顷，占全苏 92.7%），其次是粮食作物、瓜果及蔬菜。1980 年，中亚地区生产了苏联 95%的棉花、40%的稻谷、25%的蔬菜、瓜果和 32%的葡萄。在绿洲农业的基础上，发展了以农副产品为原料的食品、纺织、皮革，以及为农业服务的农机、化肥、纺织机械等加工制造业，进一步推动了人口的集聚和绿洲经济工业化水平的提高。据统计，中亚绿洲人口从 1940 年的 1400 万人增加到 20 世纪 70 年代初的 3500 万人，城镇化率相应地从 25%～30%提高至 45%～50%。

由于中亚地区绿洲经济（尤其是绿洲农业）是以持续大规模开发水资源为代价而发展起来的，特别是片面追求扩大耗水量的棉花种植面积，消耗了大量的水资源，（例如1954～1988 年间建设的穿越卡拉库姆沙漠至里海全长约 1400 公里的调水工程，设计年调水量为 130 亿立方米，约占阿姆河年径流量的 30%）；加之快速增长的城镇生活和工业用水，使得中亚地区水资源供需矛盾日益突出，并导致中亚两大河流锡尔河与阿姆河入海流量减少85%以上，使得咸海面积和蓄水量分别从1960年的6.8万平方公里、1100立方千米萎缩至2004年的17160平方公里和193立方千米。2007年咸海水域缩减至9772平方公里，南咸海东部盆地已完全干涸，西咸海海水含盐度高达150克/升，并由此引发震惊世界的咸海生态危机。其严重后果为：绿洲荒漠化加快、农田盐碱化加重、环境污染凸显，区域气候恶化，受直接影响的人口约4000万人，占中亚地区总人口的57%。特别是由于咸海干涸在湖底堆积的100亿吨盐土，因春季狂风作用形成的盐尘暴，平均频率达36～84天/年，致使每年约有4000万吨～1.5亿吨有毒盐尘危及中亚广大的中南部地区，不仅导致农田牧场沙漠化和盐碱化（如乌兹别克斯坦阿姆河流域的荒漠化土地面积从1990年的7.45万平方公里扩大到2007年的10.48万平方公里），并直接危及人体健康，诱发多种呼吸道疾病，还对交通、电力、通讯等基础设施造成损害和破坏。同时由于湖面面积严重萎缩，改变了下垫面性质，影响水热交换和调节功能，致使周边区域气候的大陆性特征更加突出，沙尘暴频发（每年出现90多次），成为影响中亚地区重要的沙尘暴源。

自1990年以来，联合国环境规划署及国际生态保护组织召开了多次国际会议，发出了"拯救咸海"的号召。在联合国倡议下，中亚五国元首于1993年成立了咸海问题跨国委员会，并于1995年共同签署了"咸海宣言"，世界银行还建立了拯救咸海国际基金会；2014年10月，又在乌兹别克斯坦举行了"缓解咸海地区生态危机国际合作会议"，签署了近30个文件，援助资金达30亿美元。但鉴于咸海问题治理的复杂性，除2005年哈萨克斯坦耗资2.6亿美元，建成了将咸海分割为南、北两部分的人工堤坝外（北咸海面积从2003年的2250平方公里增至2008年3300平方公里，南咸海仍处于继续萎缩中），咸海从生态危机变成"生态灾难"的趋势并未得到根本遏制。

总的来看，绿洲人口的快速增长和对绿洲赖以生存的水资源长时期高强度开发而呈现的过度绿洲化，是导致中亚地区资源与生态恶化的主因，而绿洲工业化与城镇化作为绿洲经济—社会体系的重要组成部分，通过不断增长的对水资源的需求和水环境等污染的循环积累效应，对加剧周边生态环境的恶化起到了重要的推动作用。

（二）中亚地区工业化与城镇化转型发展下的资源环境效应

中亚地区传统工业化主导下的城镇化以及过度绿洲化引发的严重生态环境问题，不仅直接关系到该地区的可持续发展以及广大民众的福祉，而且也波及周边广大地区。但基于中亚五国自1991年相继脱离苏联独立后，首先面临经济体制从原来的计划经济向市场经济转变的繁重任务，加上受国内外诸多政治、军事、经济、社会等因素的制约，经济发展经历了停滞衰退阶段（1992～1995年）、复苏阶段（1996～2000年）、缓慢上升阶段（2001～2005年）。因此，中亚地区工业化与城镇化的转型发展从2006年才开始，其间由于经历了2009年的国际金融危机和受2014～2016年国际能源市场价格急剧波动影响，一度出现短时期停滞下降，但总体而言，工业化与城镇化的转型发展还是取得了一定的成绩，其资源与生态环境效应也取得了局部的改善。

1. 产业结构的调整优化

工业化与城镇化的互动机理表明：工业化是城镇化的重要驱动力，而城镇化则是推动工业化水平提升（包括结构优化与质量提高）的物质技术基础与重要载体。2001年以来，中亚各国为应对国内外市场需求的变化，以及传统工业化引发的优势矿产资源（如铝、铜、铅、锌、锑、汞等有色金属）日渐枯竭与生态环境恶化等问题，一是促进传统产业的转型升级。特别是哈萨克斯坦的众多资源型城市，为改变产业结构单一，经济结构畸重、高耗能、重污染的状况，加快引进先进工业行业与技术装备，淘汰落后产能，延伸产业链，着力发展初级产品的精深加工和资源的综合利用，以此减轻环境污染和对生态环境破坏。例如，哈萨克斯坦的卡拉干达、热兹卡兹甘和厄斯克门（原名为"乌斯季卡缅诺格尔斯克"）及巴尔喀什通过对传统采矿—冶金企业的技术工艺升级，"三废"污染物排放量较前减少了30%~50%。二是加快发展科技含量和附加值较高、污染排放较低的先进制造业和高技术产业，如汽车及零部件、矿山机械与工程机械等装备制造业、石油化工、生物医药产业等，促进了工业结构的优化与工业化整体水平的提升。三是大力发展商贸、金融、物流、信息服务、文化旅游等第三产业，不仅可扩大城市的劳动就业，而且还有利于增强城市的对外辐射与影响力。2010年以来，中亚地区绝大部分人口50万以上的大城市实现了从工业城市向服务业城市的转型发展，如塔什干、阿拉木图、阿斯塔纳、比什凯克、杜尚别、希姆肯特等城市第三产业在GDP中占比均已超过50%，开启了城市产业的"服务业化"趋势。城市产业结构的优化，大大减轻了工业"三废"污染和对周边地区生态系统的影响。

但是，总体来看，中亚五国城市产业结构优化仍处于渐进积累阶段，即使是工业化和城镇化水平相对较高的哈萨克斯坦，传统产业占主导地位的格局仍未得到根本的改善，先进制造业、高技术产业以及金融、信息、商务服务等现代服务业在城市经济中占比仍不高，这也是该国城镇化水平仍难以突破60%"拐点"的主要原因。

2. 城市基础设施的改善与提升

城市基础设施是城市生存和发展所必须具备的工程性基础设施和社会基础设施的总称，包括交通、能源、通讯、市政、环保等基础设施，以及文教、医疗卫生、商业与金融服务设施，它不仅是城市现代化的重要标志，也是衡量城镇化质量的主要指标。中亚地区大部分城市历史悠久，城市基础设施尚不能满足城市人口快速增长的需求。由于受财政资金不足的制约，投资建设的重点仅限于一些大中城市，如五国首都及重要交通枢纽等。其中尤以塔什干和阿斯塔纳两市成效较显著。塔什干作为中亚最大的城市和综合性交通枢纽。2017年人口246.5万人，该市国内生产总值占全国的15.5%，其中服务业和工业增加值分别占GDP的61.6%和38.9%。现今的塔什干是在1966年4月26日7.5级（一说为9级）大地震后重建的，经过半个世纪来的持续建设，现已建成较现代化的城市交通、能源、通讯、市政工程设施和商贸、文教、医疗卫生等服务设施。其中包括3条地铁线路，（运营里程36.2公里，2020年第4条地铁建成后总运营里程将达52.1公里），较完善的供水系统和污水处理设施（城市工业和生活污水处理率达90%以上），等，显著提升了基础设施对城市规模扩张和经济社公发展的保障能力。位于哈萨克斯坦中北部的阿斯塔纳，地处温带荒漠草原带，原名"切利诺格勒"（垦荒城）、和"阿克莫拉"，1998年哈萨克斯坦首都从阿拉木图迁此后改名为阿斯塔纳[①]，2017年人口97.3万。按阿斯塔纳城市总体规划，该市拟分两期投入120亿美元进行大规模城市基础设施建设，第一期已于2015年完成。为迎接2017年6~9月举办的世博会，先后建成了长22.4公里的城市轻轨、3号热电站，新建和改造城市道路400公里，以及一大批公共服务设施，未来将建成中亚地区现代化水平最高的城市和中亚地区最大的金融中心。

3. 优化城市空间布局

城市空间布局是城市经济社会发展的重要载体。一个良好的城市空间布局结构必然对城市经济社会发展以及协调城市发展与资源环境关系创造良好的内外部条件。在这方面，哈萨克斯坦和乌兹别克斯坦的一些大城市走在前列。例如，哈萨克斯坦提出，城市应遵循"有机分散、紧凑集中、分区平衡、多中心、多组团"的空间布局原则，进行阿斯塔纳的规划建设，在提升主城区功能的同时，倡导主城区与周边地区协同发展；并通过大力发展产业园（工业园区），作为吸引外资的主要载体，更好地发挥工业集聚效应，有利于集中治理环境污染。塔什干市则通过调整居住用地、商业用地和公共设施用地，为吸引汇聚人口、发展第三产业提供承载空间。

4. 新城新区建设

基于旧城工矿企业分布较集中，人口密集，城市基础设施落后，人居环境较差，城市改造难度较大，因此，从2006年开始，中亚各国首都以及人口在50万以上的城市，相继以工业园区、政府机构和科教机构为依托，建设了一批新城新区。如哈萨克斯坦的阿斯塔纳，2010年配合建设经济特区，在伊希姆河左岸（老城区之南）着手建设新城，其中第一期占地面积约30平方公里，总投资1470亿坚戈，现已基本建成，包括国家政府机构办公区、纳扎尔巴耶夫大学、世博会园区、金融中心（入驻企业超过200家），并具有较完善的基础设施和生活服务设施。又如，塔什干在地震后建设的以行政办公、商贸、金融等功能为主的中心城区的基础上，又于2019年公布了建设占地200平方公里，可容纳200万人口的新城总体规划方案。此外，在阿拉木图、比什凯克、杜尚别、阿什哈巴德、希姆肯特、撒马尔罕及布哈拉等城市，也都兴建了规模不等的新城和新区，这对提高中亚地区的社会城镇化和空间城镇化水平具有重要的促进作用。

总体来看，中亚地区多数中小城市及城镇，尤其是以能矿为主的资源型城镇，城市基

---

① 阿斯塔纳于2019年3月又更名为"努尔苏丹"，由于受资料来源所限，本文仍沿用"阿斯塔纳"旧名。

础设施仍大大滞后于人口增长与产业发展需求，近年其生态环境状况虽已得到不同程度的改善，但距离大气及水环境达标排放和受损生态系统恢复还有较大的差距。

五、中亚地区工业化城镇化与资源环境协调发展的对策

（一）根据各国发展水平和资源环境特点实行差异化的城镇化发展战略

城镇化发展战略是基于国家或地区总体发展战略，并根据其自然条件、资源环境承载力和社会经济特点，对城镇化的速度、规模与城镇空间布局进行战略性的部署。中亚五国自然条件、历史、民族和文化基础以及经济社会发展水平差异较大，其城镇化的路径与模式也很不相同，大体可分为以下三类：

1. 工业化与城镇化水平较低国家

这类国家包括塔吉克斯坦和吉尔吉斯斯坦。其主要特点：一是境内绝大部分为高原山地，资源环境承载力较低。例如，塔吉克斯坦国土面积中，以帕米尔高原为主体的山地占9/10，其中半数以上山地海拔3000米以上，仅在西南部和西北部分布有河谷盆地。吉尔吉斯斯坦山地约占国土总面积的80%，包括横贯中北部的天山山脉西段和西南部的帕米尔—阿赖山脉，其中海拔3000米以上地区占全境的1/3，河谷盆地主要分布于北部天山北坡和西南部。二是工业化和城镇化水平较低，城镇化率为27%～36%，人均GDP为800～1000美元，工业在GDP中占比25%～30%，以矿产资源开采与初加工和农副产品加工工业为主，处于工业化和城镇化的初级阶段。

今后，塔、吉两国今后应采取"择地、聚产、兴城"的城镇化发展战略，以共建"丝绸之路经济带"为契机，通过引进外资，加快工业化进程，推动人口及产业集聚，同时，要以资源环境承载能力相对较强的塔吉克斯坦西南部的杜尚别—瓦赫什河谷盆地、吉尔吉斯斯坦的楚河与塔拉斯河谷盆地，以及塔、吉两国同费尔干纳盆地毗邻区为重点，在适度扩大中心城市规模的同时，加快发展小城镇，促进城镇化的持续稳定发展。

2. 工业化水平滞后于城镇化的国家

这类国家以乌兹别克斯坦为典型。其特点是城镇化水平较高，工业化水平偏低。2017年乌兹别克斯坦城镇化率为50.6%，已处于城镇化中期阶段，但工业化水平总体仍较低，如人均GDP为1554美元，工业占GDP的29.5%、就业人口的37.75%。1960～2010年间，乌兹别克斯坦城镇化率稳步增长（从33.98%提升至50.96%），但自2010年以来处于停滞状态，其主要原因：一是工业化动力不足，具体体现在：城市的创新能力不强，目前仍以传统产业为主，先进制造业占比较低，高技术产业尚处于起步阶段，现代服务业发展滞后；二是对资本、技术、人才、信息等生产要素的集聚作用较弱；三是绿洲水资源承载力严重超载，农业用水挤占了工业和城市居民生活用水（2010年农业用水占全国总用水量的90%），

制约了工业化与城镇化的发展。2019年,乌兹别克斯坦为加快城镇化进程,国家最高参议院批准了一项新法令,规定该国土地私有化程序和私有化土地的法律地位,私有化所得的资金计划主要用于城市发展。①

除上述因素外,政策与制度因素也是阻碍乌兹别克斯坦城镇化水平提高的重要原因。据世界银行贫困与公平全球实践局专家威廉·塞兹（William Seitz）发表的题为《自由流动与经济适用房：乌兹别克斯坦改革的公众偏好》的报告指出,乌兹别克斯坦内部的流动性登记制度是制约其经济发展与人口城镇化的主要障碍,特别是在塔什干等大城市,不允许非城市居民自由迁徙的政策以及高昂的生活成本和住房短缺阻碍了城市化进程。

未来,乌兹别克斯坦应采取"强产优城"的城镇化发展战略。为此,一要加快绿洲经济的转型升级,适当压缩棉花种植面积,腾出部分水资源满足工业化和城镇化的用水需求；加快目前城镇化率较低的苏尔汉河州、撒马尔罕州、卡什卡河及布哈拉等绿洲的城镇化水平。二要积极推进传统产业的升级,特别是对部分以油气和有色金属开发为主的州（如布哈拉州、纳沃伊州和塔什干州）,传统产业的升级应与环境污染治理和生态建设同步进行。三是以塔什干为重点,进一步完善和提升城市基础设施,加快发展先进制造业、高技术产业与现代服务业,增强其对周边费尔干纳盆地和吉扎克、撒马尔罕、布哈拉等城市的辐射带动作用。四是逐步放宽和取消阻碍城市化发展的"居留登记"制度,为进城工作的非城市居民落户提供宽松的政策环境和经济适用房。

3. 工业化与城镇化水平较高的国家

这类国家包括哈萨克斯坦和土库曼斯坦两国,2017年两国城镇化率分别为57.3%和51.2%,人均GDP分别为9030美元和6587美元,总体上处于工业化中期或中后期阶段。但这两国突出的问题是工业化和城镇化的质量均不高,具体体现在：工业化与城镇化的主要驱动力为能矿资源开采与初加工,制造业占比较低（2017年哈萨克斯坦制造业GDP占比为11.2%,土库曼斯坦则小于10%）,其工业化与城镇化主要依靠油气资源（特别是天然气）开采和出口拉动；先进制造业和现代服务业发展明显滞后,对周边地区的辐射带动作用不强；除首都阿斯塔纳和阿拉木图等极少数大城市外,绝大部分城市的基础设施建设落后于人口城镇化,水资源短缺、环境污染及生态破坏较为严重。

针对上述问题,哈、土两国今后应实施"工业化与城镇化质量双提升"发展战略。为此,一要加快传统产业的转型升级,通过延伸产业链,将能矿资源开采业转型为能矿资源开采及加工业。例如,在油气资源开采集中区建设炼油及石油化工；将有色金属开采转型为有色金属开采+有色冶金及其制品+伴生矿物与尾矿的综合利用（化工、建材）；能源产业转变为电力（火电、水电）+高耗能产业（电解铝、镁等）。二要大力发展先进制造业,包括汽车及零部件、装备制造、石油化工、新材料等行业,有选择地发展电子信息、新能

---

① 引自：www.sohu.com/a/3117010,2019年5月4日。

源、生物医药等高技术产业，优化工业结构。三是加快发展现代服务业，如金融、保险、物流、信息服务、科技服务、商务服务等生产性服务业，增强城市对外的吸引力和辐射力。四是增加城市环境保护与生态建设的资金与技术投入，不仅要偿还苏联时期生态破坏与环境污染的欠账，更要实现城市生态环境向良性循环发展。

（二）建设资源节约型、环境友好型经济发展模式

针对中亚五国绝大部分国土位于干旱半干旱地区，气候干旱少雨，生态系统十分脆弱，加上长期以来人口快速增长和不合理的人类活动，如大规模开发土地和能矿资源，以及"过度绿洲化"，导致水资源短缺、大气及水环境和土壤环境污染严重，土壤次生盐碱化与荒漠化面积不断扩大、沙尘暴（盐尘暴）频发、生物多样性丧失等生态恶化等问题，其中尤以包括阿姆河、锡尔河中下游在内的咸海流域最为突出。针对上述严峻形势，中亚地区应大力倡导建设资源节约型、环境友好型社会经济发展模式。

1. 全面促进资源节约集约利用

节约资源是保护生态环境的根本之策。对中亚地区而言，重点是节约水资源、能源和矿产资源。要坚持资源的开发与节约并重、节约优先，按照减量化、再利用、资源化的原则，在资源开采、生产消耗、废物产生及消费等环节，逐步建立全社会的资源循环利用体系。一是在节约用水方面，2010年中亚五国农业消耗了总用水量的85%，因此应将农业节水列为重中之重，包括适当压减耗水量大的棉花种植面积，制定农田灌溉定额，大力推广节水灌溉技术，提高渠系水利用系数等（从目前的0.3～0.4提高至0.5～0.6）；制定单位工业增加值的耗水定额，重点推进火电、冶金、化工等高耗水行业的节水技术改造，大力推广节水技术设备，扩大水资源循环利用。二是在节约能源方面，通过优化产业结构，逐步降低钢铁、有色金属、煤炭、化工、建材等高耗能行业比重，实现结构节能；通过开发推广节能技术，实现技术节能；通过淘汰落后产能和加强能源生产、运输、消费环节的制度建设与监管，实现管理节能。三是加强资源的综合利用，重点抓好煤炭、黑色及有色金属共生伴生矿的综合利用；推进粉煤灰、工业废物的回收与综合利用。

2. 构建环境友好型经济发展模式

传统经济发展模式是以对自然资源过度索取和以牺牲环境为代价取得经济快速增长，表现出典型的高消耗、高污染排放、低效益的特征，是一种粗放型发展模式。而新型工业化和城镇化所对应的环境友好型经济发展模式是以实现低资源能源消耗、低污染排放和生态破坏、高经济效益为目标的集约型发展模式，其中，大力推进循环经济是实施的主要路径。

循环经济是以资源节约和循环利用为特征、与环境和谐的经济发展模式。强调把经济活动组织成一个"资源—产品—再生资源"的反馈流程，其特点是低消耗、高利用、低排放。所有的物质和能源在这一不断进行经济循环中得到合理和持久的利用，并将经济活动

对自然环境的影响降低到尽可能小的程度。如以中亚地区的哈萨克斯坦和乌兹别克斯坦等国分布较广、开采规模较大的有色金属矿（包括铝、铜、铅、锌、镍、金等）为例，通过推进循环生产方式，形成从源头和全过程控制污染物产生和排放、提高资源回收利用率的循环经济体系。亦即是：除开采原矿、选矿、冶炼加工生产有色金属及其制品外，还可利用选矿后的尾矿，生产建材，利用冶炼中回收的废气、废水和废渣生产多种化工产品（如利用铜、铅锌冶炼时回收的 SO_2 生产硫酸等），形成链接循环的产业体系，不仅显著提高了资源的产出率与综合利用水平和经济效益，也大大减轻了环境污染和对生态的破坏。

（三）推进生态城市建设

生态城市是 20 世纪 70 年代联合国教科文组织发起的"人与生物圈计划"研究中提出的一个重要概念。广义的生态城市是建立在人类对人与自然关系更为深刻认识的基础上的新文化观，是按照生态学原则建立起来的社会、经济、自然协调发展的新型社会关系，是最有效利用生态环境资源实现可持续发展的新的生产和生活方式。狭义的生态城市是指按照生态学原理进行城市设计，建立高效、和谐、健康、可持续发展的人类聚居环境。

生态城市是社会、经济、文化和自然高度协同和谐的复合生态系统，其内部的物质循环、能量流动和信息传递构成环环相扣、协同共生的网络，具有实现物质循环再生、能量充分利用、信息反馈调节、经济高效、社会和谐、人与自然协同共生的机能。因此，生态城市是一个经济高度发达、社会繁荣昌盛、人民安居乐业、生态良性循环四者保持高度和谐，城市环境及人居环境清洁、优美、舒适、安全，失业率低，社会保障体系完善，城市文明程度较高的人口复合生态系统。

生态城市建设的核心是构建人工复合系统，亦即是人类通过政策、法律法规和规划等手段而建立和进行动态调节的社会—经济—自然复合系统。其中，社会生态化表现为：人们拥有自觉的生态意识和环境价值观，人口素质、生活质量、健康水平与社会进步同经济发展相适应，有一个保障人人平等、自由、公平、正义的社会环境。经济的生态化表现为：采用可持续发展的生产、消费、交通和居住发展模式，实现清洁生产和文明消费，推广生态产业和生态工程技术，在确保经济持续中速增长的同时，不断降低单位 GDP 的资源能源消耗量和污染物的排放量。环境的生态化表现为：发展以保护自然为基础，与环境承载力相协调；自然环境及其演进过程得到最大限度保护，合理利用一切自然资源和保护生命支持系统；开发建设活动始终保持在环境承载能力之内。

中亚地区生态城市的创建标准，要从社会生态、自然生态和经济生态三个方面加以考量，具体可参考以下 8 项标准：

——广泛应用生态学原理规划建设城市，城市结构合理、功能协调、实现生产空间集约高效、生活空间宜居适度、生态空间绿水青山；

——保护并高效利用一切自然资源与能源，产业结构合理，实现清洁生产；

——采用可持续的消费发展模式，物质、能量循环利用率高；

——有完善的城市基础设施和社会设施，生活质量高；

——人工环境与自然环境有机结合和高度融合，环境质量高；

——保护和继承文化遗产、尊重居民的多元文化和生活方式；

——居民身心健康，有自觉的生态意识和环境伦理道德观念；

——建立完善的、动态的生态调控管理与决策系统。

中亚地区推进生态城市建设必须通过试点后逐步推广的做法。建议从哈萨克斯坦和乌兹别克斯坦各选3~4个城市，土库曼斯坦、吉尔吉斯斯坦和塔吉克斯坦三国各选1~2个城市进行试点，试点前应编制生态城市建设总体规划和制定实施的配套政策，在试点总结的基础上有计划、有步骤进行、分阶段推进。

参考文献

1. 阿里木江·卡斯木、唐兵等："近50年中亚五国城镇化发展的特征研究"，《干旱区资源与环境》，2013年第1期。
2. 陈明星、唐志朋、白永平："城镇化与经济发展的关系模式——对钱纳里模型的参数重估"，《地理学报》，2013年第6期。
3. 邓铭江、龙爱华："咸海流域水文资料演变与咸海生态危机出路研究"，《冰川冻土》，2011年第12期。
4. 邓铭江、龙爱华："中亚各国咸海流域水资源问题上的冲突与合作"，《冰川冻土》，2011年第6期。
5. 东北师范大学、中国科学院地理研究所：《苏联经济地理（下册，区域）》（由陈才、毛汉英主编），科学出版社，1987年。
6. 方创琳、鲍超、乔标等：《城市化过程与生态环境效应》，科学出版社，2008年。
7. 方创琳等：《中国新型城镇化发展报告》，科学出版社，2014年。
8. 吉力力·阿布都外力、马龙等：《中亚环境概论》，气象出版社，2015年。
9. 刘耀彬、李任东、宋学锋："中国城镇化与生态耦合度分析"，《自然科学学报》，2005年第1期。
10. 龙爱华、邓铭江等："哈萨克斯坦水资源及其开发利用"，《地球科学进展》，2010年第12期。
11. 蒲开夫、王雅静："中亚地区的生态环境及其出路"，《新疆大学学报》（哲学人文社会科学版），2008年第1期。
12. 世界银行数据库（WDI Database），2019年03月12日。
13. 吴玉鸣、张燕："中国区域增长与环境的耦合协调发展研究"，《资源科学》，2008年第1期。
14. 杨德刚、杜宏茹等：《中亚经济地理概论》，气象出版社，2013年。
15. 杨立信："哈萨克斯坦额尔齐斯-卡拉干达-运河调水工程"，《水利发展研究》，2002年第6期。
16. 杨恕、田宝："中亚地区生态环境述评"，《东欧中亚研究》，2004年第5期。
17. 叶尔肯·吾扎提、刘慧、刘卫东："哈萨克斯坦城镇化过程及其影响因素"，《地理科学进展》，2014年第2期。
18. 中国科学院地理研究所、东北师范大学：《苏联经济地理（上册，总论）》（由毛汉英、陈才主编），科学出版社，1983年。
19. "'居留登记'成为乌兹别克斯坦经济发展的阻碍"，引自《新丝路观察》，2020年01月17日。

20. "工业化与城镇化关系分析", www.sohu.com/a/1485019, 2017年06月13日。
21. "我国工业化与城镇化关系的经济学分析", http//wenku.baidu.com/view/1, 2018年07月01日。
22. AUZAR NURSHASH: "哈萨克斯坦资源型工业城市结构转型和规划策略", 《城市地理》, 2014年第16期。
23. Агенство по статистике при Президенте Республики Таджикистан 2017. *Стастический ежегодник-республики Таджикистан*. Душанбе.
24. *Народное хозяйство СССР* 1956. стастический сборник, Государственное статистическое издательство. Москва.
25. *Народное хозяйство СССР* 1989. стастический сборник, Государственное статистическое издательство. Москва.
26. Министерство национальной экономики Ресублики Казахстан Комитет по статистике 2018. *Балансы ресурсов и использования важнейших видов сырья, продукции производственно-технического назначения и потребительских товаров по Республике Казахстан*. Астана.
27. Министерство национальной экономики Ресублики Казахстан Комитет по статистике 2018. *Инвестиционная и строительная деятельность в Республике Казахстан*. Астана.
28. Министерство национальной экономики Ресублики Казахстан Комитет по статистике 2018. *Казахстан в 2017*. Астана.
29. Министерство национальной экономики Ресублики Казахстан Комитет по статистике 2018. *Казахстан в цифрах 2017*. Астана.
30. Министерство национальной экономики Ресублики Казахстан Комитет по статистике 2018. *Охрана окружающей среды и устойчивое развитие Казахстана 2012～2016*. Астана.
31. Министерство национальной экономики Ресублики Казахстан Комитет по статистике 2018. *Промышленность Казахстана и его регионов 2017*. Астана.
32. Министерство национальной экономики Ресублики Казахстан Комитет по статистике 2018. *Регионы Казахстана в 2017*. Астана.
33. Министерство национальной экономики Ресублики Казахстан Комитет по статистике 2018. *Сельское, лесное и рыбное хозяйство в Республике Казахстан*. Астана.
34. Министерство национальной экономики Ресублики Казахстан Комитет по статистике 2018. *Услуги в Республике Казахстан*. Астана.
35. O'ZSTAT 2018. *Стастический ежегодник регионов узбекистана*. Ташкент.
36. O'ZSTAT (государственный комитет республики узбекистан по статистике) 2018. *Узбекистан в цифрах*. Ташкент.
37. O'ZSTAT 2018. *Демографический ежегодник узбекистана*. Ташкент.
38. O'ZSTAT 2018. *Промысленность узбекистана*. Ташкент.
39. O'ZSTAT 2018. *Сельское хозяйство узбекистана*. Ташкент.
40. O'ZSTAT 2018. *Социальное развитие и уровень жизни в узбекистане*. Ташкент.

（本文为中科院战略先导科技专项子课题："中亚大湖区城镇化的资源环境影响与调整策略"(2018～2022年)的子课题研究总结；合作者：包少勇博士）

咨询报告：加强与中亚铀矿合作开发，提升中国核原料保障程度

铀作为一种重要的战略资源，不仅是生产清洁能源核电的燃料来源，而且高浓缩铀及其后处理得到的钚也是制造核武器的原料。因此，铀对维护国家安全、加快核电发展有着特殊重要的作用。中国铀矿资源远不能满足国内需求，2016年铀矿资源的对外依存度高达80%，而中亚作为中国天然铀资源的主要供应地，对保障中国未来核原料的持续稳定供应具有极为重要的战略意义。为此，中国科学院从国家战略需求出发，专门立项开展相关研究。中国科学院地理科学与资源研究所方创琳、毛汉英团队通过实地调研与深入研究后提出，加强与中亚地区铀矿合作开发，提升中国核原料保障程度。具体建议如下。

一、中亚是全球铀矿储量丰富和天然铀原料的最大产区

根据国际原子能机构2016年发布的世界铀资源《红皮书》，截至2015年1月，中亚地区铀矿资源总储量（确定储量+预测储量）为196万吨铀，占世界铀矿总储量的24.5%，其中开采经济的回收成本<130美元/千克铀的资源确定储量为87.54万吨铀（探明储量33.04万吨+推断储量54.5万吨铀），占世界铀矿确定总储量的15.3%，其中85%分布于哈萨克斯坦，其次是乌兹别克斯坦。哈萨克斯坦南部的楚河—萨雷苏河铀矿区和邻近的锡尔河铀矿区，以及乌兹别克斯坦中北部克孜勒库姆沙漠南缘是世界著名的铀矿资源富集区。中亚铀矿不仅分布集中，而且具有较高品位（一般为0.05%~0.2%）、以易开采的砂岩型铀矿为主（占93%）、开采成本较低等特点。

中亚铀矿开采始于20世纪40年代。90年代初中亚五国脱离苏联独立后，随着哈萨克斯坦一批新铀矿的建设投产，中亚地区铀矿产量从2000年以前约3000吨铀激增至2009年的16449吨铀，超过加拿大居世界首位。2016年中亚铀矿开采量为26979吨铀，占世界总产量的43.5%；其中哈萨克斯坦开采24575吨铀，分别占世界和中亚铀矿总产量的39.6%和91.1%。2015年全球十大铀矿山中，哈萨克斯坦占5个。由于中亚至今尚未建核电站并为无核区，因此所开采的天然铀全部供出口。

二、中国铀矿资源远不能满足国家安全和核电快速发展需求

中国是铀资源不甚丰富的国家。尽管自 2000 年以来国家在铀矿地质勘探方面投入了大量资金、技术，并相继在新疆伊犁及吐（鲁番）哈（密）盆地、内蒙古的东胜及二连、东北的松辽盆地等地相继发现了一批新铀矿，但迄今铀矿资源在世界占比仍较小。据国际原子能机构 2015 年 1 月统计，中国回收成本<130 美元/千克铀的确定储量为 27.25 万吨（其中探明储量 12.83 万吨，推断储量 14.42 万吨），仅占世界总储量的 4.8%。同时，中国铀矿资源还存在成矿条件及类型复杂、矿床规模较小、品位低、埋藏深、开采条件较差等不利条件。现绝大部分铀矿采用井下方式开采，建设周期长，单位投资较大，开采成本较高。

据世界核能协会（WNA）统计，1998～2000 年，中国铀矿年均产量为 500 吨铀，2016 年增至 1616 吨铀。根据 2007 年出台的《国家核电中长期发展规划（2005～2020 年）》，明确将核电作为中国未来新能源的发展重点，加快核电站建设步伐，因此对铀矿的需求量从 2007 年的 1454 吨铀增至 2016 年的 8160 吨铀，相应地，铀矿对外依存度也从 2007 年的 51%上升至 2016 年的 80.2%。根据国家能源局发布的《核电"十三五"发展规划》，2020 年全国核电装机容量将达 5800 万千瓦（2016 年为 3363 万千瓦），在建核电装机容量 3000 万千瓦以上，预测 2030 年全国核电装机总规模将达 1.2 亿～1.5 亿千瓦，核电发电占比将从 2016 年的 3.56%提升至 2030 年的 8%～10%。相应地对天然铀的需求量 2020 年将达 1.1 万～1.15 万吨铀，2030 年为 2.4 万～2.5 万吨铀，根据核电部门专家预测，届时铀矿资源的对外依存度将分别为 65%和 77%。

三、未来 20 年中亚对中国核原料保障度预测

自 2009 年以来，中亚已成为中国天然铀的主要供应地，对保障中国核原料安全具有举足轻重的地位。据联合国商品贸易数据库的统计，2010～2016 年间，中国共进口天然铀约 14 万吨铀，其中 67%来自哈萨克斯坦，10%来自乌兹别克斯坦，合计占比 77%。

未来，中亚对中国天然铀的保障程度主要取决于其铀矿资源的剩余可采储量及开采规模。根据国际上通行的预测方法，以中亚地区 2015 年回收成本<130 美元/千克铀的铀矿确定储量 87.54 万吨铀为基础，分别按储采比为 30 年和 35 年测算，并参考国际原子能机构基于中亚铀矿可采储量、国际天然铀价变化趋势及产能过剩等因素所做的产量预测方案，综合预测结果为：2020 年中亚天然铀产量为 2.8 万吨铀，2025 年为 2.5 万吨铀，2030 年为 2.2 万～2.4 万吨铀；2030 年以后由于哈萨克斯坦 70%的铀矿资源被开采，2035 年产量将下降至 1.8 万吨铀。按中亚铀矿产量的 50%～60%出口中国（2010～2015 年平均为 51.3%），并考虑到近中期天然铀及铀产品储备等因素，2020 年中亚对中国核电发展所需的天然铀的保障程度为 80%，2025 年为 70%，2030 年为 65%；2030 年以后，随着中亚铀矿产量下降

和中国核电规模不断扩大，保障程度将下降至 40%～50%。因此，中国必须及早谋划，一方面加强对中亚新铀矿的勘探和老铀矿区资源的挖潜，增加可采储量；另一方面积极参与铀矿资源丰富的非洲纳米比亚、尼日尔和南非三国的合作开发（如中广核集团 2012 年收购并负责建设运营的纳米比亚湖山矿，资源储量为 28.6 万吨 U_3O_8，年产能 U_3O_8 6500 吨，已于 2017 年投产，计划于 2020 年达产），作为未来中国核原料的重要接续国家和地区。

四、提升中亚对中国核原料保障程度的对策建议

1. 建立完善合作开发机制

将中国与中亚铀矿合作开发作为共建"丝绸之路经济带"的重大合作内容，秉持共商、共建、共享的合作理念，通过建立政府间和企业间的合作交流平台与机构，实现政策沟通、设施联通、贸易相通、资金融通、民心相通。例如，参照中俄能源合作模式，建立包括铀矿合作开发在内的中国—中亚战略能源合作副总理级协调委员会。通过政府间的磋商协调，确定合作的原则、方向、目标与模式，协调合作开发中的政治、经济、社会与生态问题，明确合作开发的重大项目等。企业间（如中核、中广核集团与哈萨克斯坦原子能工业公司）合作机制包括：项目的投资建设机制、运营管理机制、收益分配机制、股权出让与收购机制等。

2. 扩大合作开发规模

当前，中国与中亚铀矿合作以天然铀贸易为主，通过签订中长期供货合同获得天然铀的稳定供应，而铀矿合作开发领域明显滞后。2016 年，在哈萨克斯坦 18 家铀矿和 11 家外国铀业合资公司中，中资公司仅各占 2 家（中核及中广核集团），其所控制的铀矿可采储量为 5.39 万吨铀，产能合计为 2200 吨/年，仅占该国铀矿可采储量的 7.2%和总产能的 9%。相比之下，加拿大一号铀业公司则控制了该国 4 座矿山，约占全国铀矿可采储量的 25%和产能的 31.5%。今后，中资公司除加快现有合作开发的两矿（北哈萨克斯坦的舍米兹拜铀矿及锡尔河矿区的伊尔科尔铀矿）建设进度外，应将合作开发重点放在资源开发潜力大的楚河—萨雷苏河铀矿区（如因凯铀矿探明可采储量达 31.93 万吨，除已开采的 4 个矿外，尚可建设年产能为 3000～5000 吨铀的特大型矿山），力争 2030 年中资公司控股的铀矿产能占中亚地区的 25%～30%、全部外资公司总产能的一半。

3. 提升合作层次

为提高铀矿资源开发的综合经济效益和提升其国际影响力，2009 年哈萨克斯坦总统纳扎尔巴耶夫提出，要将该国从核资源开采大国转变为"国际燃料库"。为此，要求积极推进集铀矿开发、核燃料组件加工到核电站建设全产业链合作模式。2010 年，中核及中广核集团与哈萨克斯坦原子能工业公司签了全产业链合作协议，并提出"三步走"战略，即：从铀矿贸易起步，到合作开发铀矿，再拓展到核燃料组件生产和核反应堆建设。2015 年 12

月，中哈合资成立了核燃料组件公司，在为中广核反应堆提供核燃料的同时，也为下一步在哈国共建核电站做准备。

4. 抓紧建立核原料储备体系

无论是为打破超级大国的核垄断与核讹诈，还是为确保核电的快速发展对天然铀需求量的大幅增长，特别是由于核电站安全运行需要有5~8年的铀资源储备（U_3O_8及浓缩铀）作保障，加之为应对国际市场铀价的波动，中国都需要抓紧建立核原料战略储备体系。早在20世纪60年代，美、苏（俄）及欧盟等国就建立了核原料储备体系，并拥有大量的铀库存。据国际原子能机构披露，俄罗斯自苏联时期起至2015年储存的天然铀及浓缩铀等铀产品达61.5万吨铀当量。2013年以来，俄每年向国际市场抛售3000万磅~4000万磅U_3O_8。2013年美国国家储存的铀浓缩物、天然UF_6和浓缩UF_6等铀产品总量达4.6万~5.6万吨铀当量；此外，美国核电企业还有20万~30万吨铀原料及产品商业库存。

中国于2008年由国家能源局和财政部启动天然铀储备工作，并建立了储备基金，按照"国家所有、统一规划、委托管理、分步实施"原则，委托中核及中广核集团进行天然铀收储。根据2009~2016年中国天然铀的进口量与实际消费量测算，2016年储备的天然铀已超过10万吨铀。但迄今尚未建立完善规范的国家核原料储备体系，储备的主体分工缺位，储备的数量不足、品种单一，远不能满足中长期核电发展和国家安全的需要。建议应抓紧国际铀价持续低迷（从2007年的136美元/磅下降至2015年以来的20~40美元/磅）的机遇，从中亚和非洲的纳米比亚及尼日尔等国大量进口天然铀及浓缩铀等多种铀产品，充实国家战略储备和核电企业商业库存，争取2020年储备量达15万~20万吨铀，2030年达25万~30万吨铀当量。

（本文于2018年完成初稿，2019年3月修改后上报被采用）

第 三 篇

我的科研生涯回顾

我于1961年9月从南京大学地理系经济地理专业毕业分配到中国科学院地理研究所（2000年起改为"中国科学院地理科学与资源研究所"）工作，迄今已有60载。在60年的科研生涯中，人文—经济地理作为我的主要研究方向始终没有改变，但却经历了从经济地理研究室到世界地理研究室再到区域发展研究室三个发展阶段。2003年8月退休后又加入城市地理研究室团队工作。因此我的科研工作经历还是比较丰富多彩的。

本篇收录了我60年科研工作中各个时期有代表性的科研项目及科研活动共7篇，年代跨度从1960年代初至2020年，内容涵盖我所从事过的农业地理、苏联地理研究，以及持续30多年的区域发展与区域规划研究，其中还穿插在苏联进修访问一年多和在北京石景山区任科技副区长两年经历。在文中，我对应感谢的师长和同事的事迹也作了简要回顾，由于篇幅有限，挂一漏万在所难免，敬请批评指正。

秦岭淮河地带农业地理界线调查研究

　　1961年9月14日，按照国家统一分配政策，我从南京大学地理系经济地理专业毕业后来到中国科学院地理研究所报到。根据我的专业特长，被分配至经济地理研究室农业地理学科组。10月份与全所新来的大学生一起，参加在大兴农场的一个月劳动锻炼后，11月份正式上班。当时所里正在开展以提高科研能力为目标的"三基训练"（即：基本理论、专业基础知识和基本方法）。根据研究任务的需要，农业地理组的"三基训练"以农业区划为重点。在认真学习邓静中等先生著的《中国农业区划方法论研究》一书的基础上，我还系统学习了中国科学院新疆、宁蒙、黑龙江综合考察队有关农业地理与农业区划方面的论著，并广泛涉猎了苏联、东欧国家、英美等国有关农业区划的文献，并在此基础上撰写了《欧洲人民民主国家农业区划》一文，刊登于中国农业科学院情报所主办的《国外农业科学》杂志。

　　1962年，受农业部委托，我同全组同志一起，全力投入邓静中先生主持的《全国农业现状区划》工作，主要任务是收集与整理全国分县农业统计资料，编绘《全国农业生产特征与农作物分布图集》，作为开展全国农业区划的基础性工作。

　　1963年初，为因地制宜领导和布局农业生产提供科学依据，国家科委将农业资源调查和农业区划列为今后10年全国农业科技规划重点项目，农业区划和地理学为农业服务被列为全所科研工作的重点。根据当时全国农业区划工作需要，首先要对全国重要的一级农业区划界线进行实地调研，查明界线的实际走向和具体位置。为此，将中国农作物复种北界和秦岭淮河地带农业地理界线调查列为今明两年农业地理组的工作重点。前者为农作物从一年一熟变为两年三熟的界线，相当于"长城线"；后者则是我国地理和农业重要的南北分界线。1963年5~9月，在邓静中先生的亲自参与和指导下，组织全组14位同志，分辽宁、河北及北京、晋陕、甘宁段四段（即4个组），对沿线161个县（市）进行了为期两个多月的实地调查。我与曾尊固、裘新生、叶舜赞4人分在晋陕组，组长为曾尊固。通过调研，查明了中国农作物复种地理北界的具体位置、形成条件，探讨了界线向北推移的可能性和提高复种指数等问题，这对即将进行的秦岭淮河地带农业地理界线调查是一次业务上的练兵。

一、调研工作概况

　　《中国综合自然区划》将秦岭淮河线作为我国暖温带与亚热带的分界线。在1960年

4月第二届二次全国人大通过的《1956～1967年全国农业发展纲要》中，将秦岭、淮河、白龙江一线作为我国重要的农业界线，即1967年实现粮食亩产500斤和800斤、复种指数120%和160%的分界线。在农业生产上，秦岭淮河线也是我国南方以水田农业为主和北方以旱作农业为主的分界线；同时也是油桐、茶树、马尾松等亚热带经济林木分布的地理北界。无论从全国范围因地制宜指导和布局农业生产、还是在学术研究上均具有重大的理论和实践价值。

秦岭淮河地带农业地理界线调查从1964年5月中旬开始，至12月初完成野外调查。调查范围包括江苏、安徽、河南、湖北、陕西、四川、甘肃7省的165个县（市），东西长约2000公里，南北宽约150～300公里。由于当时农业地理组还承担作为全国农业区划试点任务的《邯郸专区农业区划》，因此，参与秦岭淮河地带农业地理调研工作的仅有6人，即：方文、蔡清泉、毛汉英、林其东、姜德华、王国清。根据该地带的自然、社会经济和农业生产特点，决定以河南省的南阳盆地为界，分为东、西两段。因为南阳盆地东南部的桐柏县是淮河的源头，而盆地北部的方城则为伏牛山的起点。东段大体沿淮河至江苏盐城，由方文、蔡清泉、姜德华、王国清四人承担（9月初姜德华和王国清奉调回所参加农村"四清"工作）；西段则由我和1962年北大毕业的林其东承担，并指定由我负责。由于西段属于伏牛山—秦岭山系，自然条件复杂，调研任务艰巨繁重，而我这个大学毕业才两年多的年轻人能否胜任，心里没有底，希望能调一位老同志来负责。但邓静中先生坚持不作变动，并在底下给我做了大量工作，深信两位年轻人一定能挑起这一重担。

为确保调研工作的顺利进行，以及最终成果能相互衔接，决定以河南省直部门和信阳作为试点。6月中旬，当河南省有关部门和信阳地区调研告一段落后，在专程赶来的邓静中先生指导下，于河南信阳召开了一天讨论会。邓先生在会上阐述了调研工作的目的意义、任务的艰巨性与复杂性，并提出本次调研的总体思路、总目标与阶段性目标、调研内容、工作程序、线路选择和时间安排等。并以信阳地区实地调研为例，对划界的依据、指标和方法统一认识，还对东西两段调研工作的具体范围、调查重点、资料收集分工和典型样带（垂直地带）的选择都作了明确规范。

1. 关于调研范围

原则上界线南北两侧各县均应列入调研范围。在西段伏牛山—秦岭地带，一般以南坡各县作为调研重点，但在北坡地区也应选择典型县作对比研究。如伏牛山北坡河南洛阳地区的卢氏、栾川县；秦岭北坡陕西关中地区的蓝田、户县、周至、眉县；西秦岭地区甘肃的两当、徽县、成县、康县等。

2. 省地县三级资料收集分工

省一级重点收集界线两侧县（市）的气象资料、农林水利资源开发与农业区划资料；地市主要收集农业社会经济、农作物布局与经济林木分布和农业科技资料；县级重点收集分区、分公社（相当于乡镇，下同）农林水利等统计和典型试验推广资料。

3. 典型样带的选择

秦岭淮河地带的农业，由于受自然和社会经济条件的交互影响，具有明显的地带性特点。在东段平原为主地区，以沿淮河—苏北灌溉总渠两侧的县（市）作为调研重点，通过以公社为统计单元的水田在耕地占比和稻谷在粮食总产量占比变化识别水田农业分布优势界线，并在此基础上进行界线两侧典型区域调研。而在西段伏牛山—秦岭山地地区，则随着海拔高度的变化呈现明显的垂直地带性。为此，必须选择典型样带研究其垂直地带变化规律。这些样带（剖面）主要分布于伏牛山—秦岭南坡，如河南省南阳地区的西峡—双龙—老君山，陕西安康地区的安康—镇安—柞水，陕西省汉中地区的城固—洋县—佛坪、汉中—留坝，甘肃武都地区（现为"陇南市"）的武都—宕昌。样带调研工作异常艰苦，除少部分可搭乘解放牌敞篷汽车外，大部分样带调查需要步行。一般请一个当地的向导兼挑行李，我们手持罗盘、高程气压计和地形图，边考察边记录，平均每天步行 50~60 华里山路，晚上住宿农村老乡家或生产队仓库，每天还要在煤油灯下整理当天的考察日志。这是我在地理所工作 60 年中，历时最长，也是最为艰苦的地理考察，但对我意志的锻炼和业务上的收获也很大。

秦岭—淮河地带农业地理界线实地调查结束后，邓静中先生指定由蔡清泉和我于 1965 年进行总结。根据统一提纲，由蔡清泉负责撰写河南省信阳市以东的东段，我负责西段部的调查报告，最后由我执笔将两部分内容糅合在一起，并于 1965 年 12 月在调查报告的基础上完成了"秦岭淮河地带农业地理界线的初步研究"，加上曾尊固执笔汇总的"中国农作物复种的地理北界初步研究"，以及我回所后奉黄秉维所长之命执笔撰写的"西秦岭地区的自然与农业地理界线研究"，共三篇，经邓先生审查修改后，决定在我所主编的、科学出版社出版的《地理集刊》1966 年第 16 期刊登，8 月初稿件清样已出，但由于当时正值"文革"初期，造反派执掌大权，《地理集刊》被勒令停刊，拟刊的三篇论文也被造反派称作修正主义路线下的产物、作者为"白专"而被查抄。1980 年代初《地理集刊》复刊后，因编辑部人员大变动，档案资料丢失，稿件石沉大海。2003 年秋地理所从 917 大楼搬迁新址时，我无意中从一大堆清理的旧资料中发现一份《秦岭淮河地带农业地理界线调查报告》的打印初稿，成为本文写作的基础。尽管调研工作迄今已过去了 56 年，文中所引用的资料也显得陈旧过时，但由于农业地理界线与自然地理环境条件具有较强的关联（尤其是伏牛山—秦岭山地地区），因此，当年的秦岭淮河地带农业地理界线的调研结论至今仍有参考价值。本文根据当时的调查报告整理而成，数据和行政区划及地名均为 1964 年调查时实际情况，未作改动。

二、界线划分的依据

1. 以水田农业优势北界作为划界的主要依据

水田与旱地是我国耕地的两大基本形态。在长期的农业生产实践中，我国形成了北方旱作农业区与南方水田农业区两大基本类型，它不仅表明其对水土资源利用方式和利用程度的显著不同，并由此引起农作物构成、轮作制度、耕作方式、存在的主要问题和增产措施等方面的巨大差异。因而，以水田农业连续分布的优势区域北界作为划界依据，能较全面地反映南北方农业的基本特征。

水田农业是指以水田种植的水稻及其轮作物（如小麦、油菜、绿肥等）相结合的农业生产。水田农业在我国粮食生产中历来占有重要的地位。据1957年资料，水田占全国总耕地面积的24.7%，但稻谷产量却占全国粮食总产量的47%。在秦岭一线以南各省区，集中了全国水田面积的93.3%和水稻产量的95%以上。这些省区水田在耕地中占比多在40%以上，稻谷产量在粮食总产中占比多在50%以上（表1）。

表1　秦岭淮河线以南各省区水田面积及稻谷产量占比（1957年）

	全国	江苏	安徽	浙江	江西	湖北	湖南	贵州	四川	福建	广东	广西	云南	左列小计
水田面积占耕地（%）	24.7	45.6	35.6	77.9	86.5	46.9	80.0	44.1	48.2	80.4	73.5	63.8	37.9	55.7
稻谷占粮食总产（%）	47.0	59.2	53.0	79.5	91.2	69.2	86.3	64.2	60.9	75.2	81.1	81.2	56.8	69.6

注：豫南包括信阳、南阳两专区；陕南包括汉中、安康、商洛三专区。

秦岭淮河一线以北和以西各省区，水田面积仅占全国的6.7%。各省区水田面积占耕地比重均低于10%。（如水稻种植较多的吉林占6.4%，宁夏占6.1%，辽宁占5.6%），稻谷占粮食总产量不超过25%（如宁夏占20.8%，吉林占15.1%，辽宁占10.9%）。这些地区农作物以小麦、玉米、高粱、谷子等为主，对水资源利用较集约（水浇地），实行旱地轮作制度，对土地的利用程度（复种指数）一般比南方水田地区要低得多。

水田农业优势北界是指水田在当地种植业中占主导地位，其核心指标为：水田占耕地面积1/3左右，稻谷产量占粮食总产量一半以上，在较大地域范围内水田呈连片或连续分布。在水田农业优势北界划界时还应考虑以下四点：

一是以1963年界线两侧各县分公社农业统计资料中水田面积和稻谷产量占比作为划界的主要依据。在具体划界时，首先考虑稻谷产量占比指标，因为该指标最能体现水田农业在当地农业中是否占主导地位。为此，可将部分水田面积耕地占比不到1/3、但稻谷产量稳定超过粮食总产一半的地区也作为水田农业优势分布区。

二是水田连片分布，耕作制度以水田为中心。水田农业占优势地区在较大地域范围内水田呈连片和连续分布，通常形成了以水稻为中心的轮作制度，且劳动力、畜力、肥料得到优先保障，并实行精耕细作。

三是划界时，在平原和丘陵地区尽可能保持公社界线的完整性。

四是受地形等非地带性因素影响时，主要参考河谷（盆地）的平川区，以公社为单元稻谷产量和水田面积耕地占比是否分别达到一半和1/3。其界线因受地形影响常具有不连续性特征。如位于界线南侧的陕南地区（包括汉中、安康、商洛三专区）因受地形影响，水田仅占总耕地的15.1%，稻谷占粮食总产的37%，但河谷盆地均以水田农业占主导地位。

2. 参考具有代表性的亚热带经济林木分布的地理界线

秦岭淮河地带西段大部分地区为秦岭和伏牛山地，地势起伏较大，一般相对高度为300～800米；河谷平原面积占比约8%，主要呈带状和串珠状分布于汉江及其支流沿岸，如陕南的汉中盆地、安康—石泉盆地，湖北的郧阳盆地等，这里也是水田农业的集中分布区。但如果仅按东段平原和丘陵区以水田农业优势北界作为划界唯一依据显然欠妥。考虑到该地区亚热带经济林木分布较广的特点，可选择在本地带具有代表性和经济价值较高的油桐、马尾松、茶树、油茶、柑橘作为划界的主要参考，其划界的具体要求为：

一是空间上具有地带性连续分布特点。上述五种亚热带经济林木中的每一种，其分布受地形、气候、土壤等自然和社会经济条件影响，虽具有集中与分散、成片与小块相互穿插等情况，但地带性连续分布特征明显。而同为亚热带经济林木的杉木、毛竹、枇杷等则不具备这一特征。

二是能正常生长，冬季不需人工包扎等防寒措施。上述五种亚热带经济林木分布受冬季低温的影响较大，通常在界线以北地区一些特殊的立地条件（如公园、庙宇）或通过人工包扎等保温措施才能越冬，但在实践中并无大规模推广价值。

三是人工栽培获得稳定成功。秦岭淮河地带亚热带经济林木集中分布的低山丘陵区，已极少有油桐、茶树、油茶、马尾松的天然林生长，绝大部分是采用人工栽培，并经历了长期驯化过程，其生产习性和耐寒性均有所提高。人工栽培成功包括能正常生长、开花、结籽、果实品质良好等，是大规模推广种植的前提条件。

3. 保持山地垂直带谱结构的完整性

秦岭—伏牛山是我国中西部地区东西向的重要山地屏障，东西长约1200多公里、宽度约150～200公里，山脊线海拔多为1500～2500米，最高峰太白峰海拔3767米，自然条件和农业的垂直地带分异明显。例如秦岭太白山南坡，海拔500～600米为河谷盆地，以种植水稻及柑橘等经济林为主；海拔600～1000米以旱作农业为主，也是油桐、茶树、油茶、马尾松的主要分布区；海拔1000～1300米为栓皮栎纯林；海拔1300～2300米为中山针阔叶混交林（以华山松、栎、油松为主）；海拔2300～2600米为亚高山桦木林（以红桦为主）；海拔2600～3400米为亚高山针叶林（冷杉与落叶松）；海拔超过3400米为高山灌木草甸带。其中海拔800米是亚热带经济林木分布的优势界线。按照中国综合自然区划在山地地区保持垂直自然带谱结构完整性原则，西段宜以秦岭和伏牛山的分水脊作为农业地理界线综合划界的依据。

三、界线的走向与分布特点

(一) 水田农业优势北界的位置与走向

1. 东段

秦岭淮河地带东段水田农业优势北界自东向西沿苏北灌溉总渠、洪泽湖南岸、淮河干流,直至河南省南阳盆地东南部的桐柏县淮河源头。该界线南北两侧,以县为行政单元的区域,水田农业在农业中的地位分异非常明显(表2)。

表2 东段水田农业优势北界两侧分县水田面积及稻谷产量占比变化(1963年)

位置	省别	县名	水田占耕地(%)	稻谷占粮食总产(%)	位置	省别	县名	水田占耕地(%)	稻谷占粮食总产(%)
界线南侧	江苏	射阳	29.5	63.1	界线北侧	江苏	涟水	0.4	0.6
	江苏	淮安	52.5	65.0		江苏	淮阴	3.3	3.6
	江苏	盱眙	42.0	67.4		江苏	泗洪*	11.0	23.4
	安徽	嘉山	35.6	67.3		安徽	五河	2.2	6.9
	安徽	凤阳	32.8	54.3		安徽	怀远	4.1	8.1
	安徽	寿县	55.9	74.3		安徽	凤台	4.5	6.9
位置	省别	县名	水田占耕地(%)	稻谷占粮食总产(%)	位置	省别	县名	水田占耕地(%)	稻谷占粮食总产(%)
界线南侧	安徽	霍邱	51.8	80.5	界线北侧	安徽	颍上	0.3	1.3
	河南	固始	58.2	73.6		河南	淮滨*	15.0	20.4
	河南	罗山	71.5	87.2		河南	正阳*	11.6	23.7
	河南	信阳	50.4	75.6		河南	确山	3.6	11.7
	河南	桐柏	32.0	56.2		河南	唐河	1.0	2.1
	湖北	宜城	50.2	67.3		湖北	光北	50.0	10.1

*注:泗洪、淮滨、正阳三县部分公社(乡镇)位于界线南侧。

(1) 江苏段

水田农业优势北界东起苏北灌溉总渠入海的扁担口,经射阳县北部的临海—滨海县南部的五汛、蔡桥、通榆—阜宁县西北部的三灶、郭墅、新沟、陈良、公兴、杨集—淮安县中部的博里、车桥、朱桥、城东、范集—淮阴县南部的和平—洪泽县中部的岔河、万集、双沟、三河—盱眙县北部的高桥、渔沟,迄于泗洪县南部的管镇、兴隆、铁佛。

(2) 安徽段

水田农业优势北界东起嘉山县(现"明光市")北部的紫阳—五河县南部的石巷、小溪—凤阳县北部的江山、古城、城北、门台—蚌埠市南部的李楼、雪华、燕山、秦集—凤阳县西部的严桥、陈圩—定远县西北部的姜兴、永康—寿县北部的孔店、黄山、三和、小孤滩、梨树、三十铺、大店，迄于霍邱县北部的陈埠、高唐、范桥、冯井、团山。

（3）河南段

水田农业优势北界东起固始县北部的陈集、蒋集、李店、往流—淮滨县南部的期思、张庄—潢川县北部的来龙、隆古—息县南部的曹黄林、八里岔、孙庙—正阳县南部的同中、陡沟—信阳县北部的肖店、明港、邢集—桐柏县北部的迥龙、黄冈、朱庄、大河、程湾。

2. 西段

秦岭淮河地带南阳盆地以西的西段，由于受地形抬升的影响，山地约占土地总面积的 9/10，因而水田农业主要分布于汉江干流及其主要支流河谷地区，具有不连续分布及过渡性特点。往往在同一县域范围内，河谷盆地与周边的丘陵山地地区水田农业在农业中的地位差别悬殊，因而在划界时，采用以公社（乡镇）的水田占耕地 1/3 和稻谷占粮食总产一半作为划界依据。

（1）湖北段

水田农业优势北界东起枣阳县北部的新寺、鹿头，中部的环城、梁集、琚湾—襄阳县东南部的东津、峪山—宜城县北部的板桥、南营、官堰、小河—襄阳县西南部的欧庙、泥嘴、朱坡—谷城县北部的庙滩、北河—均县中南部的青山港、草店、六里坪—郧阳县南部的十堰、黄龙、叶大—房县西北部的大木—竹山县中西部的文丰、田家、溢水、宝丰，迄于竹溪县北部的水坪、龙坝、中峰。

（2）陕西段

水田农业优势北界东起汉江支流坝河沿岸平利县中北部的长安、双阳、普济、胜利、老县、锦屏、凤凰—安康县西北部的河西、花园、建设、新民、铁路、大河、沙坝—汉阴县中部的安良、田禾、清明、双河、天星、三河—石泉县中部的大坝、新田、石梯、古堰、银龙、饶峰、两河—西乡县北部的子午—洋县中北部的新铺、酉水、槐树关、茅坪、华阳、八里关、城关、谢村—城固县北部的橘园、文川—汉中县北部的铺镇、武乡、褒河—勉县中部的褒联、高潮、新铺——宁强县中部的胡家坝、平溪、城关、罗村坝、金家坪，迄于四川省广元县中西部。

（二）主要亚热带经济林木分布的地理界线

1. 油桐分布地理界线

油桐为主要木本油料树种之一，属大戟科落叶小乔木，阳性树种。喜温暖气候，一般要求年平均气温 15℃以上，最冷月均温不低于 0℃，年平均绝对最低温大于-8℃～-10℃，开花期无霜冻，年降水量 750 毫米以上。油桐要求土层深厚、肥沃的砂质壤土，以中性和微酸性土壤（pH 值 5.5～7.0）最好，强酸性或强碱性及盐碱土均不宜生长。地形上最适宜种于浅山丘陵区排水良好的阳坡。

秦岭淮河地带油桐品种通常可分为：三年桐（又名"周岁桐"）、五年桐（又名"千年桐"）、七年桐（又名"万年桐"）三种。其中三年桐结籽早、收益快、寿命短，一般种植三年后结籽，9~10年后渐呈衰老。七年桐结籽较晚、收益慢，但产量高、寿命长，种植后5~6年结籽，生产期一般可连续20~30年。五年桐介于三年桐和七年桐之间，种植后4~5年结籽，25年后衰老。以上三种油桐分布随各地自然和社会经济条件不同而有所差异。

（1）东段

秦岭淮河地带东段油桐分布的地理界线，东起苏北东台县的富东，经兴化、盱眙县向西，进入安徽省来安县的半塔集、屯仓—定远县东南部—滁县的曲亭—全椒县的周家岗—巢县的夏阁—肥东—合肥市郊—寿县的隐贤集—霍邱的姚李集、叶集—河南省固始县的分水、胡族—潢川县的黄冈、卜集—光山县的文殊寺—罗山县的五里店—信阳市南郊—确山县的薄山水库西—泌阳县的羊册—方城县的大寺庄，并与西段相接。

界线南侧，油桐主要分布于江南的宜溧山区，其中高淳县约4万亩，占全省油桐面积的一半。长江以北，油桐分布很少，且主要为新中国成立后栽种的。界线通过的东台县东南部富东公社的100多亩油桐纯林，是在新中国成立前小规模种植七年桐的基础上，于1959年逐步发展而成的；1960~1961年兴化县在圩堤上试种油桐数十亩，长势尚好，并已陆续结籽；盱眙县城郊照面山阳坡保存有新中国成立前种植的油桐林，约400~500株，1952年以来又在县城东的十大山、园艺场和南部的山谷林场引种，生长良好。安徽省油桐以徽州、芜湖、安庆、六安四专区为主产区，尤以黄山、大别山山地丘陵最集中。界线通过的江淮丘陵区北部，油桐主要分布于东部的来安县和滁县，以及全椒县的半塔集、屯仓、珠龙桥及周家岗一带，为老油桐产区，大多种植耐寒的七年桐，其中周家岗一带年产桐籽约2万斤。中西部的夏阁、合肥市郊、隐贤集一带亦有油桐分布，其中夏阁种植面积1500亩；其余各地零星小片分布，面积仅20~30亩至100~200亩。河南信阳地区以商城、固始两县为豫南油桐主产区，但界线通过地区，绝大部分油桐是近几年新栽的。如固始县的汪棚和胡族、潢川县的伞坡寺和卜集、确山县的薄山林场、泌阳县的羊册等地，油桐林种植面积自500~600亩至数千亩不等，已先后结籽。

界线北侧地区，除局部孤立的山地丘陵（如苏北的云台山和马陵山、淮南市八公山凤台林场等）有极少量油桐生长外，无连片分布。新中国成立后，各地曾多次广泛试种油桐，如安徽省凤阳县的石门山和卸甲店、定远县的三十里店、嘉山县的管点和老嘉山、蚌埠市的雪华山，以及河南省的新蔡、正阳、确山、遂平、西平等县的丘陵低山区等，但试种绝大部分未获成功，仅在个别向阳避风山坡有少量成活，但桐籽结籽率低，收益较差。

（2）西段

秦岭淮河地带西段油桐分布的地理界线，东起河南省方城县的大寺庄—鲁山县的下汤、二郎庙—宝丰县的大营—南召县的西北部—嵩县的白河—内乡县的北部—西峡县的太平镇、黑烟镇—卢氏县的双槐树—陕西省商南县的曹营—丹凤县的铁峪铺—商县的夜村—山阳县的小河口—镇安县的凤镇、余师铺—宁陕县的太山庙、老城—佛坪县的袁家庄—洋县的华铁河—城固县的马家河—留坝县的八里关—略阳县的白水江—甘肃康县的阳坝—武都县东南部—文县南郡，迄于四川省青川县西部的大石。

西段油桐主要分布于秦岭、伏牛山南坡海拔 800 米和大巴山北坡海拔 1000 米以下的丘陵低山区，局部地区可达海拔 1000～1200 米（如西峡），垂直地带分异较明显，整条界线沿河谷弯曲延伸，大体以海拔 800 米作为优势分布界线。据实地调查，海拔 800 米以下油桐成片分布，生长快，桐籽产量和出油率较高；而海拔 800～1000 米的油桐，长势较差，桐籽产量和出油率较低，且易受晚霜冻害；海拔 1000～1200 米处，油桐已十分少见，结籽少甚至不结籽。例如，河南省西峡县蛇尾一带海拔 300～400 米处生长的五年桐（当地称"五爪桐"），树高平均 3.3 米，冠幅 3.4 米，结果 116 个，出油率平均为 30%；而在海拔 700～800 米的二郎坪一带，五年桐树高平均 2～3 米，冠幅 2.6 米，结果 10 个，出油率为 27%。又如陕西省旬阳县海拔 500～600 米处，三年桐（当地称矮脚桐）平均每株产桐籽约 6 斤，出油率 28%～33%；而在海拔 700～800 米处，平均单株产桐籽仅 2～3 斤，出油率 20%～25%。1963 年陕西商洛专区各县海拔 800～900 米以上油桐普遍遭晚霜冻，造成严重减产。在整个西段地区，以陕西省安康地区各县油桐分布较集中，约占西段各县（市）油桐籽总产量的 60% 以上（1963 年），其中安康县桐籽产量达 370.5 万斤，旬阳县及紫阳县也均在 250 万斤以上。

界线以北的秦岭—伏牛山北坡地区，虽曾发现有油桐零星分布，如河南省嵩县的木植街、黄庄、只房公社，栾川县的庙子、合峪、庙湾公社，禹县和郏县的个别公社，以及新安县的曹村公社，甚至黄河以北的辉县、济源等地亦有零星分布，但主要生长于局部河谷及山间盆地阳坡，桐籽产量低，冬季易受冻害。前几年在界线以北的卢氏、洛宁、商县、留坝等县及甘肃的徽成盆地试种，均未获成功。

2. 马尾松分布地理界线

马尾松是我国南方分布较广的用材林之一，也是荒山造林的先锋树种。属松科乔木、阳性深根性树种。马尾松生长环境的基本要求为：年平均温度 13℃～20℃，年降水量 800 毫米以上，绝对最低温 -10℃ 左右，-15℃ 时易发生冻害；对土壤适应性较强，耐瘠薄，但不耐雨涝和盐碱，多生长于酸性及中性土壤，pH 值 4.5～6.5 为最适宜，要求土壤深度超过 60 厘米，且常年雨水淋洗作用较强。马尾松以 10～30 年生长最快，适宜地区 20～25 年即可成材，50～60 年以后渐呈衰老。

（1）东段

秦岭淮河地带东段地区，马尾松在江苏省分布的地理界线为：东以长江为界，由扬中—邗江县的甘泉—仪征县的大仪山—天长县南部—盱眙县南部—安徽省嘉山县的管店—凤阳县的石门山、刘府—定远县西部—寿县南部—霍邱县中部—河南省固始县的分水、胡族—潢川县的留胜岗—光山县的孙铺、罗山—信阳县的肖王店—确山县的黄山坡—遂平县的嵖岈山—舞阳县南部，迄于方城县的大寺庄。

上述界线以南，江苏省的马尾松主要分布在宁镇扬与太湖各岛的山地丘陵，以宜（兴）溧（阳）山区面积最大。界线通过的长江南岸江阴的黄山和定山、常熟的虞山等低山有马尾松生长；苏北的仪征、六合、江浦县的山地丘陵，以及盱眙的桂五、山茆林场马尾松分布亦较多，生长良好，一般平均年增高80～90厘米。位于安徽省中部的江淮丘陵（海拔100～300米）马尾松分布较广，其中凤阳县石门山林场马尾松林达3万多亩，长势良好，10年生树高达4米以上，年平均增粗0.6～0.7厘米。河南省90%的马尾松林面积集中于大别山区，其中以新县面积最大，达163万亩，木材蓄积量20万立方米；光山县次之，为97万亩；马尾松普遍生长良好，仅在个别年份（如1963年）因冬季低温曾发生过冻梢现象。

界线北侧的马尾松种植很少，大部分地区试种亦未成功。苏北平原马尾松几乎绝迹，仅在南通市郊的狼山有零星分布，但生长较差。阜宁县政府大院和一些县（市）公园亦有零星种植，但仅供观赏，无推广价值。安徽淮南市八公山林场、蚌埠市南巢山和淮北宿县林场栽种有少量马尾松，但生长不良。河南省的淮北平原基本上无马尾松分布。

（2）西段

秦岭淮河地带西段地区，马尾松分布的地理界线为：方城县的大寺庄—鲁山县的下汤、瓦房—南召县北部—嵩县的上庙街—内乡县的夏馆—西峡县的太平镇、黑烟镇—卢氏县的双槐树、里曼坪—商南县的曹营—丹凤县北部—商县的夜村—山阴县北部—镇安县的凤镇、云盖—宁陕县的泰山庙、老城—佛坪县的袁家庄—洋县的秋田坝、华阳—城固县的小河—留坝县的八里关—勉县的张家河—略阳县的琵琶寺—徽县的大河店—略阳县西部—康县南部—武都县东南部—文县的碧口，迄于青川县西部的大石。

秦岭—伏牛山南坡的马尾松分布相对分散，其中以河南境内的伏牛山区分布较多（占全省马尾松总面积的9%）。在垂直地带分布上，伏牛山南坡最高可达海拔1000米（如卢氏县瓦窑沟）；秦岭南坡马尾松最高可分布至海拔1200米（如汉中县武乡北部的玉皇山），但以海拔800～1000米以下地区分布较普遍。界线南侧，马尾松长势良好，成材快。如陕西省城固县五堵公社海拔700米的三合林场，八年生的马尾松树高4.5米，胸径9.5厘米。又如河南省方城县大寺庄林场新造5000亩马尾松林，生长良好。

界线以北地区，马尾松除零星分布于局部背风向阳山坡外，一般生长不良，主要表现为：个体矮小、树干细、根部大、生长缓慢。在界线以北地区，陕西省的商县与凤县以及甘肃省的徽成盆地等试种马尾松均未成功。

3. 茶树分布地理界线

茶树属山茶科常绿阔叶灌木丛，喜温暖湿润气候，以年平均温15℃～23℃的地区最宜栽种。中国茶树品种较耐寒，可耐-12℃～-14℃的低温，但晚霜冻对春茶产量影响较大。茶树适宜生长于年降水量1000毫米以上、4～9月采茶期月降水80～100毫米以上、相对湿度不低于70%的地区。茶树要求种植于酸性土壤（pH值4.5～6.6），尤以土层深厚、土质疏松、排水良好的砂质壤土生长最好；中性土壤虽可种，但生长不好；碱性和石灰质土壤不宜种植。茶树寿命很长，可生长100～200年。秦岭淮河地带茶树品种按叶形可分为大、中、小叶三种。

（1）东段

秦岭淮河地带的东段江苏境内，茶树分布的地理界线大体以长江为界：扬州—仪征县的谢集—六合县的竹镇—安徽省来安县中部—滁县的施家集—全椒县的周家岗—含山县西部—巢县的银屏山—无为县的开城—庐江县的汤池—舒城县的南港—六安县的金桥—霍邱县的叶集—河南省固始县南部的段集—潢川县的双柳、仁和—光山县的文殊寺南—罗山县的栏杆铺—信阳县的五里店、东双河、董家河—湖北省随县的车云山—枣阳县的随阳店，迄于襄阳县南部。

上述界线南侧，江苏省茶树主要分布于江南地区的宜溧和宁镇山区及太湖中的岛屿，以宜兴县最集中，1962年茶叶产量占全省的53.8%。界线通过地区，茶树均为新中国成立后，特别是1958年以来新发展的，如江阴的黄山、定山，常熟的虞山，扬州市郊的谢集林场、青山茶果场、竹镇林场和平山林场等，茶园面积自数十亩至近千亩不等，调研时尚未进入盛产期。安徽省是我国主要产茶省区之一，分黄山与大别山两茶区，分别占全省茶叶产量的50%和30%；其中大别山茶区以金寨、霍山、岳西、舒城等县为主产区。界线通过的江淮丘陵区茶园面积较小，但茶树生长良好，产量较稳定。如滁县施家集林场现已发展成为有200多亩茶园的国营茶场；巢县（现巢湖市）银屏山有茶园640亩，占全县的60%，1964年产茶536担；舒城县南岗区的舒茶和沙硬两公社，共有茶园2560亩，年产茶叶约5000担。河南省茶树主要分布于大别山和桐柏山区，以豫南的信阳、商城、固始三县山区为主产区。界线通过地区，茶树虽种植面积不大，但生长良好。如罗山县栏杆铺区的五家坡公社有茶园250亩，信阳县董家河茶叶试验场有茶园160亩。湖北省襄樊以东地区，除随县车云山为老茶区外，其他地区在近年试种的基础上发展了一些新茶园（如随县的阳店公社等）。

上述界线北侧，仅在苏北连云港云台山保存有20～30亩茶树，主要是由于临海环境，以及背风向阳微地貌的影响。苏、皖、豫三省的淮北平原广大地区（如江苏省的阜宁、盐城、盱眙，安徽省的凤台、涡阳、阜阳，河南省的确山等县）新中国成立后曾多次试种茶树，但绝大部分未获成功，仅在盱眙县的旧铺、固始县的城郊和胡族以及方城县大寺庄的丘陵低山区尚保存少量新茶园。

（2）西段

秦岭淮河地带西段茶树分布的地理界线为：东起湖北省谷城县的茨河、盛家康—均县浪河的黄龙山—郧阳县的黄龙滩—郧西县的城关、甲河关—陕西省山阳县的漫川关—旬阳县的双河口—镇安县的达仁、象元—安康县的茨沟、大河—汉阴县的双河—石泉县的城关北、两河口—洋县的新铺、黄安—城固县的南乐—勉县的阜川—宁强县的铁锁、黄驿—广元县的中子、朝天—宁强县的广坪—康县的阳坝—武都县的五马—文县的玉垒，迄于四川北部青川县的乔庄、黄楼。

上述界线南侧，茶树主要分于大巴山和武当山北坡海拔500~800米的低山丘陵区，最高可达海拔1200米（如白河县的歌风）。汉水以北的秦岭南坡地区，以紫阳县茶园分布较集中（1963年茶园面积24765亩，茶叶产量14980担），其他各县面积较小。鄂西北的竹山、竹溪和川北的广元、青川等县，茶树呈连续的点状和小片分布，茶叶产量也不大。如竹山和竹溪两县合计茶叶产量约2000担；郧阳县的鲍峡、叶大两区的910亩茶园分散于25个大队；陕西省石泉县的青石和农光公社以及西乡县的私渡公社新中国成立后试种茶树成功，并于1961~1962年开始采茶，但种植面积尚较小。

界线北侧地区，茶树分布十分零星，1964年在陕西省留坝县褒河支流武关河上游、宁陕县老城以北的寨沟、勉县的高潮和老道一带试种茶树，情况不详。但绝大部分地区（如留坝、商县、徽县等）试种均未成功。

4. 油茶分布地理界线

油茶为主要木本油料之一，是重要的食用油和工业用油。属山茶科常绿阔叶小乔木，生长于温暖湿润气候。油茶对气候、土壤条件要求基本上与茶树相同。但油茶喜光且对坡向要求较严，适宜于阳坡和半阳坡种植；阴坡因光照不足，易受低温影响而导致冻害和减产。油茶生长寿命很长，通常可达100~200年，生长较缓慢，一般栽植后5~6年开始结果，盛果期在成林阶段。油茶品种各地不一样，通常以果实成熟期划分为寒露种和霜降种。

（1）东段

秦岭淮河地带东段地区，油茶分布的地理界线在江苏省以长江为界，经江浦县的老加山—安徽和县北部—含山县的小苍山—无为县北部—庐江县的冶父山—舒城县河棚—六安县的太平桥与石婆店—霍邱县的大顾店—金寨县北部—河南省固始县的方集—商城县的双铺寺—光山县的砖桥和南向店—罗山县的周党—信阳县的东双河与董家河—湖北省随县的安居—枣阳县的罗店与李楼，迄于襄阳县的清河店。

上述界线南侧，江苏省油茶面积仅4000~5000亩，集中分布于宜溧和宁镇山区的宜兴县林场（约2000亩）、溧阳县社清林场（约1000亩），以及句容县的宝华山林场和东进林场（合计约1000亩）。界线通过的江阴县黄山、江浦县老加山林场仅有少量种植。安徽省油茶主产区为徽州专区，以祁门县种植面积和产量最大；六安专区次之，主要分布于舒城县。界线通过地区大多为老油茶产区，经新中国成立后的扩种，油茶林种植规模不断扩大。如含山县苍山林场有油茶林100多亩，庐江县砖桥公社和舒城县河棚公社分别扩至400~500亩和800多亩。河南省油茶集中分布于大别山区，其中新县是全国著名的油茶产区之一，现有油茶面积4万多亩；商城、光山两县油茶纯林500~600亩；信阳县中山铺有近千亩，谭家河有300亩等。油茶普遍生长良好。湖北省的随县、枣阳一带，油茶大多数为新中国成立后栽种，面积不大。如枣阳县的罗庙公社1956年试种2亩，已结籽，1960年又扩种 10 亩；李楼公社清风林场试种 100 多亩，生长尚好。

界线北侧地区，除苏北连云港云台山保存有小片油茶林（其原因与茶树相同）外，新中国成立后先后在南通市的芦泾港、阜宁县苗圃、灌云县伊山，安徽的凤台、涡阳、阜阳、正阳等淮北各县，以及河南的确山、南阳盆地与湖北的襄北岗地进行油茶试种，但均未成功。例如淮南的滁县、六安两专区的北部丘陵地区，先后引进油茶种子 60 万～70 万斤进行了近 10 年试种，目前仅在局部地区残存有少量油茶，但长势很差，且不结籽。此外，1958～1959 年期间，在霍邱县的叶集和姚李集公社、潢川县的仁和公社、桐柏县的洪仪河与同庙两公社进行过油茶试种，但因生长差和不结籽而放弃。

（2）西段

秦岭淮河地带西段地区，油茶分布的地理界线为：湖北省谷城县的茨河与盛家塝—均县的六里坪—郧阳县的草店—郧西县的城关和羊尾—陕西省旬阳县北部丘陵区—镇安县的庙沟和玉泉—安康县的安乐和双乳—汉阴县的双河—石泉县的熨斗—西乡县的高川和堰口—城固县的五堵门—南郑县的汉山和新集—勉县的阜川—宁强县的城关和黄驿—广元县的中子与河西—宁强县的广坪—甘肃省康县南部—文县的肖家，迄于四川省北部青川县的白水。

上述界线南侧，油茶主要分布于大巴山和武当山北坡海拔 400～800 米地区，最高可达 1000 米。油茶除局部地区较集中成片外，大部分零星、小片分布，且新栽种较多，油茶籽产量尚不大。鄂西北的谷城、竹山、竹溪、郧阳、郧西等县均有油茶种植，面积自数百亩至千余亩。如谷城县茨河公社庙儿岗近年扩种油茶 1000 多亩；郧阳县鲍峡区山花果园新栽种油茶 1850 亩，部分已开始结籽；郧西县六官坪林场有油茶林 500 多亩。陕南地区油茶种植面积约 6300 亩，常年产量约 2000 担，其中以位于大巴山北坡的南郑县分布较集中，占全省油茶面积的 63.5%、油茶籽产量的约一半。该县的唐口公社有油茶林 2080 亩，其中成林 1170 亩，年产油茶籽 700～1300 担。此外，西乡县的罗贯沟与乔家河一带有油茶林 100 多亩。四川省广元县的中子公社也有小片天然油茶林分布。甘肃省文县的碧口公社也有 20 多亩天然油茶林。近年在康县的阳坝、文县的肖家、青川县白水等地栽植的油茶，生长都很好。

界线以北地区，除在个别的避风向阳山坡地有保存或少量试种成功油茶外（如陕南洋县茅坪碾子湾），其余广大地区试种均未获成功。1964 年在汉中县的武乡、勉县的高潮及城固、洋县等地进行广泛试种，但情况尚不明。

5. 柑橘分布地理界线

柑橘系橘、柑、橙等之总称，属芸香科常绿阔叶小乔木。柑橘是秦岭淮河地区亚热带经济林木中对温度条件要求较严格的树种。其耐寒能力视品种不同而有所差别，一般绝对最低温低于 -5℃时，叶片受冻害；-8℃时，大枝和主干受冻害。柑橘要求栽种于年降水量 1000 毫米、年平均相对湿度 75%、土壤深厚肥沃、微酸性（pH 值 5.5～6.5）和排水良好的砂质壤土。地形以浅山丘陵区的阳坡较适宜。柑橘从种植到结果时间较长：一般实生繁育苗木 7~8 年后才结果，但结果年限较长，往往可达百年以上；嫁接繁殖的果苗较少，定值后 2~3 年始果，10 年后进入盛果期，但其经济寿命一般为 40~80 年。

(1) 东段

在秦岭淮河地带东段的淮河流域基本上没有柑橘生长，仅在局部地区冬季采取防寒措施才有少量栽种。例如，位于长江口北侧江苏南通地区的启东县，金橘栽种面积达 488 亩，但冬季需包扎御寒才能安全越冬。调查区内，仅在豫南固始县的胡族公社迎河集大队有柑橘 200 多株，内有结果树 78 株。在江苏盱眙、安徽霍邱等县的个别寺院内保存有少量柑橘，但冬季均需包扎保温防冻。近年在沿淮河南北不少县（市）曾广泛试种柑橘（如 1958 年河南省罗山县栏杆铺公社试种 400~500 亩），但均未成功。

(2) 西段

在秦岭淮河地带西段地区，柑橘分布的地理界线为：东起湖北省谷城县的茨河与石花街—河南省淅川县的上集、岩屋与荆紫关—陕西省商南县的梳洗楼—丹凤县的竹林关—山阳县的漫川关—旬阳县的西岔河—镇安县的青铜与紫坪—安康县的茨沟与大河—汉阴县的公僧寺—石泉县的迎峰与两河口—洋县的金水河与槐树关—城固县的双溪—汉中县的河东店—略阳县的城关—四川省广元县西北部—甘肃省武都县的城关—文县的石坊，迄于四川省北部青川县的板桥、乔庄与曲河。

上述界线南侧，柑橘主要分布于秦岭南坡海拔 650 米以下的丘陵区与河谷阶地，种植较普遍，既有成片的柑橘园，也有零星分布的橘树。其中，鄂西北地区有柑橘 2200 多亩，以郧阳分布较集中（有橘园 1300 亩，1963 年产量 4052 担），次为郧西县（有橘园 200 多亩，柑橘产量 3287 担）。河南淅川县荆紫关一带村落的房前屋后有种植柑橘习惯，长势良好。陕西省汉阴县城关 1954 年栽种的 70 多亩柑橘，1960 年开始结果，1963 年产柑橘 5000 斤。洋县倪家村有柑橘园 400 亩，其中四川红橘占 80% 以上，柑占 10%~15%，橙占 5%，一般 20~30 年生的橘树株产量达 140~150 斤。城固县是陕南地区柑橘栽种面积和产量最大的县，共有柑橘园 3430 亩，常年柑橘总产 2.5 万~3 万担，占陕南地区的约 70%，其中尤以升仙村和恒山公社为集中产区（分别有柑橘园 1476 亩和 1055 亩）。四川省广元县常年柑橘产量 500~600 担，其中红橘占 40%，广柑占 35%，柚占 25%。甘肃省武都县城关一带，柑橘生长稳定，成年树无冻害现象，但幼树冬季需包扎防寒，1963 年产柑橘 323 担（其中橘占 75%，柑占 25%）；文县 1962 年产柑橘 225 担。

界线北侧，仅在豫西山区西峡县的黄狮公社二百丈沟 1958 年从湖北引进柑 500~600 株，1964 年开始结果。其他地区无柑橘分布。陕南的商南及丹凤城关一带，虽分布有零星橘树，也能结果，但味酸苦，不能吃。略阳县水江公社小河大队有橘树 40 多株，但冬季需包扎防冻，1962 年栽的橘苗因未包扎全部冻死。甘肃省武都县距城关北 20 公里的石门徐家堡种植的柑橘，长势差、品质差，且易受冻害。此外，陕南的留坝县、宁陕县的关口、山阳县城关、商县和甘肃的徽城盆地等试种柑橘均未成功。

（三）综合农业地理界线的位置与走向

根据本文第二部分对界线划分依据的论述，秦岭淮河地带综合农业地理界线以河南省南阳盆地为界，东段以水田农业优势北界作为划界的主要依据，界线具体走向为：东起苏北平原苏北灌溉总渠沿线射阳县的沿海，经滨海县南部、阜宁县西部、淮安县中部、淮阴县南部、洪泽县中部、盱眙县北部、泗洪县南部；安徽省嘉山县北部、五河县南部、凤阳县北部、蚌埠市南部、寿县北部、霍邱县北部；河南东南部大别山区固始县北部、淮滨县南部、潢川县北部、息县南部、正阳县南部、信阳县北部，河南省桐柏山区的桐柏县北部；从湖北枣阳县北部沿汉水河谷，经襄阳县南部、谷城县北部至均县东部（现丹江口市）。

西段划界时，考虑到油桐、茶树、马尾松等亚热带经济林木分布界线以及为保持山地垂直地带谱结构的完整性，界线的具体走向为：东起南阳盆地西缘伏牛山的内乡、南召，向西沿伏牛山主脊老界岭、陕西境内秦岭主脊（蟒岭—终南山—太白山—玉皇山）至凤县，经甘肃省东南部两当县及徽（县）成（县）盆地南缘、康县南部，迄于至白龙江沿岸武都（现"陇南市"）北部的角弓（图1）。

上述界线与中国综合自然区划中的秦岭—淮河线主要不同之处有两：一是根据水田农业分布状况和种植制度将南阳盆地中部和襄北岗地划为北方旱作农业类型。主要是由于该地区水田在耕地中占比较小（南阳盆地平原地区各县仅占1%，襄北岗地各县约占5%）；种植制度以小麦、玉米、红薯、豆类、棉花、芝麻等作物为主，实行一年两熟或两年三熟制；亚热带经济林木极少分布。二是甘肃徽成盆地。由于秦岭在此分南、北两支，中国综合自然区划界线从徽成盆地北缘的北秦岭通过。通过我们实地调查，基于徽成盆地水田在耕地中占比很低（徽县为1.7%，成县为0.7%，两当县为0.2%），以旱作农业占绝对优势，加之亚热带经济林木大面积试种未获成功，现仅在徽县南部嘉陵江河谷有马尾松零星分布。据此，秦岭西段综合农业地理界线大体以南秦岭主脊划分。

三、界线形成的条件和因素分析

秦岭淮河地带农业地理界线是在自然、历史和社会经济条件的综合影响下形成的，各种条件和因素既有紧密的联系，又相互制约。而在东、西两段，对水田农业优势北界与主要亚热带经济林木分布地理界线，形成的主导影响因素又各有侧重。例如，自然条件中的热量条件对亚热带经济林木分布地理界线起决定性的作用，而历史与水利灌溉条件则对东段水田农业优势北界起主导作用，地形条件对西段水田农业优势北界和亚热带经济林木分布地理界线的形成均具重要影响。以下分别加以阐述。

（一）自然条件

在中国综合自然区划中，秦岭淮河线的自然地理内涵为：

——亚热带季风气候和暖温带季风气候的分界线；

——湿润气候和半湿润气候区的分界线（以干燥度1.0为界）；

——1月份平均气温0℃的界限；

——全年≥10℃活动积温4500℃的界限；

——年降水量800毫米的界线；

——南方黄棕壤、黄褐土、水稻土和北方棕壤、褐土、潮土区的分界线；

——亚热带常绿阔叶林与暖温带落叶阔叶林的分界线。

综合分析得出，秦岭淮河线是中国暖温带与北亚热带的分界线。

1. 气候条件

气候条件中的热量条件，尤其是冬季绝对最低温是影响秦岭淮河地带亚热带经济林木分布地理界线的前提条件。因为绝对最低温值及出现频率直接影响到亚热带经济林木能否安全越冬和正常生长。一般亚热带经济林木要在平均绝对最低温–12℃～–10℃、极端最低温不低于–15℃条件下才能安全越冬，其中低温对尚未木质化的幼林影响最大。在本文所列的五种亚热带经济林木中，抗低温稍强的为马尾松和油桐，次为茶树和油茶，而以柑橘耐低温能力较差。冬季绝对最低温–10℃时，就会发生严重冻害，甚至枯亡。在东段地区，位于界线以北苏北的阜宁、淮阴、盱眙，皖北的蚌埠、阜阳及河南的息县与正阳，1月份平均绝对最低温均低于–12℃（为–13℃～–12℃）、绝对最低温达–19℃～–16℃。直到长江沿岸的南通、扬州及江淮丘陵区1月份平均最低温才达到–10℃～–8℃（表3）。因而，主要亚热带经济林木分布北界一般在水田农业优势北界以南，两者相距数十到一百多公里。而在西段秦岭—伏牛山地区，由于受山地的屏障作用，冬季最低温较同纬度地区要高很多。如陕南的秦岭南坡海拔800～1000米的低山丘陵地区，1月份平均绝对最低温为–10℃～

表3　秦岭淮河线东段冬季低温的南北变化（1952～1963年）

方向 项目	站名	平均绝对最低温（℃）	绝对最低温（℃）	站名	平均绝对最低温（℃）	绝对最低温（℃）	站名	平均绝对最低温（℃）	绝对最低温（℃）
北	阜宁	–12.4	–15.7	淮阴	–12.6	–20.2	盱眙	–12.4	–17.0
↓	东台	–8.5	–11.8	兴化	(–7.6)	(–11.2)	天长	(–9.7)	(–12.1)
南	南通	–7.8	–10.7	泰州	–10.5	–19.2	扬州	–11.1	–17.7
北	蚌埠	–12.3	–19.3	阜阳	–13.0	–19.3	确山	–12.2	–16.6
↓	嘉山	–11.9	–15.6	固始	–11.9	–20.9	信阳	–11.5	–20.0
南	滁县	–11.1	–23.8	商城	(–7.5)	(–8.3)	新县	(–10.2)	(–15.1)

注：表中带括号数据，缺1956年及以前纪录。

–9℃，极端最低温为–12℃～–10℃，适宜于马尾松、油桐、油茶等亚热带经济林木生长；而位于汉水河谷盆地的郧阳、城固和安康等地，海拔300～500米，1月份平均最低温–7℃～–6℃，绝对最低温–10℃～–8℃，柑橘生长良好，且成片分布（表4）。

表4 秦岭淮河西段冬季低温的南北变化（1952～1963年）

方向 项目	站名	海拔高程（米）	平均绝对最低温（℃）	绝对最低温（℃）	站名	海拔高程（米）	平均绝对最低温（℃）	绝对最低温（℃）
北	商县	800.0	–10.9	–13.2	柞水	1750.0	–17.7	–21.6
↓	商南	850.0	–9.1	–11.8	镇安	985.6	–9.1	–10.2
南	淅川	153.2	–8.8	–10.2	安康	328.8	–6.3	–8.2
北	凤县	970.0	–13.4	–15.5	徽县	932.7	–11.3	–14.0
↓	留坝	810.0	–11.3	–12.2	略阳	664.5	–8.1	–10.7
南	汉中	508.3	–7.1	–10.1	广元	487.0	–6.1	–8.1

此外，降水量、湿度和光照条件对主要亚热带经济林木的生长及产品的品质（如茶叶、桐籽和油茶籽的出油率等）均有一定的影响。一般亚热带经济林木为阳性深根性树种，喜温暖湿润气候，适宜种植于年降水量800～1000毫米、年平均相对湿度70%、光照充足的阳坡。苏皖两省接壤的江淮丘陵、皖豫两省接壤的大别山区、豫鄂两省接壤的桐柏山区以及伏牛山—秦岭南坡海拔800米以下的低山丘陵区均能基本满足这一要求。而界线北侧的关中盆地和徽成盆地1月份平均最低温为–13℃～–12℃，绝对最低温达–20℃～–15℃，年降水量一般为600～700毫米，相对湿度也较小，因此，亚热带经济林木难以生长。

2. 地形条件

地形是影响水田农业优势分布的最主要原因之一。东段水田农业优势地区分属苏北平原（包括滨海平原和里下游低洼平原）和淮阳丘陵山地（包括江淮丘陵、大别山和桐柏山地的总称）。前者地势低平，地处苏北灌溉总渠南侧；后者多为紧邻淮河且坡度平缓的丘陵岗地，不仅有利于发展农田灌溉，而且也免受历史上的黄泛区危害。西段的伏牛山—秦岭，一般海拔都在1500～2000米以上，相对高度多为300～500米。由于新构造运动和断层发育的影响，山势陡峭，坡度大多在30°～40°以上，因而水田农业主要集中于汉江及其支流的河谷盆地，如陕南的汉中、城固、洋县、汉阴、安康，鄂西北的均县及郧阳等。

此外，地形对主要亚热带经济林木分布地理界线的影响主要体现在热量条件的垂直地带变化，即海拔平均每升高100米，无霜期减少6～7天，≥10℃的活动积温较少100℃～200℃，冬季绝对最低温也随之出现不同程度的下降。另外，还有坡度、坡向的影响。秦岭淮河地带西段亚热带经济林木的垂直地带分布情况见表5。

表5　秦岭淮河地带西段亚热带经济林木的垂直分布高程

项目 种类	最适合分布高程（米）		界线通过地点海拔高度（米）	最高分布的海拔高度（米）
	绝对高程	相对高度		
柑橘	<600	<50	650	700
油茶	300～800	100～200	800	1000
茶树	300～800	100～500	1000	1200
油桐	300～800	100～300	800	1000～1100
马尾松	500～800	100～500	1000	1200～1300

3. 土壤条件

土壤作为水稻和亚热带经济林木的主要载体，对界线形成的影响主要体现在土壤质地、酸碱度及土层厚度等。在东段水田农业优势分布区，除苏北平原滨海地区外，绝大部分地区为水稻土，江淮丘陵和大别山与桐柏山区则以黄褐土为主，次为黄棕壤和水稻土，质地较黏，保水性能较好。而界线以北的淮北平原，以透水性较强的潮土类土壤为主（包括青黑潮土、青花潮土和黄淤潮土等），其成因为第四纪黄土状亚黏土和砂土沉积物，土壤保水保肥性能较差，漏水严重，不宜发展水田农业。

油桐、马尾松、茶树、油茶和柑橘等亚热带经济林木通常要求种植于土层深厚、肥沃、排水良好的砂质壤土，并对土壤的酸碱度（pH值）要求较高。例如，茶树和马尾松要求种植于酸性土壤（pH值4.5～6.5），中性土壤虽能种植，但生长不好；油桐要求种植于酸性和中性土壤（pH值5.5～7.0）；强酸性、石灰性土壤和盐碱土均不适宜栽种。能满足此条件的地区在东段为：江苏长江以南的低山丘陵区，以及江淮丘陵、大别山和桐柏山区；在西段则为伏牛山—秦岭海拔800米以下的低山丘陵及河谷地区。

（二）历史条件

淮河流域在古代就有发达的农田水利灌溉业，早在公元前2世纪到公元5世纪，建有灌溉万顷农田的大型水利工程。据《水经注》记载，淮河南岸修建的许多闸、坝、塘、堰等水利工程，至今仍留有遗址。如安徽寿县的安丰塘，相传为公元前六世纪春秋时修建；苏皖交界处的洪泽湖和霍邱县的城西湖都是在塘堰的基础上扩大而成的，至今仍担负着灌溉、防洪和蓄水功能。淮河北岸史载的陂塘很多且分布广，如在汝水之右有城陂、黄陂23处，汝水之左有鲁陂、龙陂等14处，历史上曾对发展水田农业曾起到重要的保障作用。但随着1194年黄河在阳武决口第四次大改道夺淮入海，至1855年黄河因铜瓦厢决口改道从黄河东营入海的660年间，黄河曾多次改道，直接导致淮河入海故道被黄河淤废，原有的水系遭到破坏，特别是1938年6月为阻拦日军南下而炸毁黄河花园口大堤，致使洪水肆虐豫东、皖北和苏北的44个县，受灾面积达29000平方公里，淹没耕地近2000万亩，受害人口1000多万人，形成了著名的"黄泛区"，不仅原有的水利工程被毁，而且地表沉积了厚层透水性很强的砂土层，使得淮河以北广大的淮北平原变成以旱作农业区为主地区。而淮河以南，特别是江淮丘陵区，受黄泛区影响较小，水利灌溉工程也较完备，因而基本上保持了以水田农业为主的特点。

位于秦岭淮河地带东段和西段交界处的南阳盆地，地处中国地形上第二台阶与第三台阶的连接处，四周为伏牛山、秦岭、大别山和桐柏山地环绕，中部为唐河、白河、丹江流经而形成的冲积平原。历史上农田灌溉较发达，且耕作土多为质地黏重、渗水力弱的黄棕壤和黄褐土，因此，汉代这里水田分布较广，水稻种植占有十分重要地位。1958年当地发掘出的元代石碑记载有"春风禾稻，万里飘香……"。其后由于盆地是历代封建王朝兵家必争之地，长年战乱，河堤屡遭破坏，导致水灾频发，加之丘陵山区过度毁林开荒，引发严重的水土流失，不仅冲毁农田水利设施，而且在盆地中部覆盖了厚层由近代河流冲积—洪积物形成的沙质土层，水田农业因此衰落，逐渐演变成为以旱作农业为主地区。

此外，历史种植习惯也是影响西段亚热带经济林木分布的重要因素。据实地调查，西段秦岭伏牛山区的油桐大面积栽种已有三、四百年历史，陕西城固县升仙村柑橘种植已有两百多年历史，茶树及马尾松的种植历史更久。在长期的生产实践中积累了一套丰富的抚育管理经验，因而能获得较高的收益。

（三）社会经济条件

水利灌溉条件、劳动力、农业生产资料投入和经济效益也是影响水田农业优势北界和亚热带经济林木地理北界的重要条件和因素之一。

农田灌溉是发展水田农业的前提条件。在东段，苏北灌溉总渠为苏北平原发展水田农业提供了灌溉用水保障。在安徽省水田农业优势北界南侧的江淮丘陵，以及河南省南部的大别山—桐柏山的低山丘陵区，通过1958年大力兴修水利工程，中小型水库和塘、堰、坝等灌溉设施不仅数量多，而且分布广，使得该地区水田面积明显增长，灌溉保障率也得到了较大提升。又如汉中盆地发展水田农业主要依靠汉惠、褒惠、湑惠和灙惠4条灌渠，这些灌渠首均位于汉水及其支流褒、湑、灙河的出山口附近，海拔高程为550～600米，因而只能自流灌溉此高程以下、大体相当于汉水沿岸三级阶地的农田；此高程以上地区，水田面积和稻谷产量占比明显下降。此外，在洪泽湖以西的苏北与皖北交界的江淮丘陵区、安徽及河南两省的淮北平原部分地区（如河南的息县、正阳等县）以及湖北省的襄北岗地丘陵区，灌溉条件均是制约水田农业发展的重要因素。今后随着水利条件的不断改善，发展水田农业仍具较大潜力。

水田农业与旱地农业相比，单位面积耕地对劳力、畜力以及化肥等农业生产资料的投入和经济产出差别较大。据安徽调查，界线南侧水田农业占优势地区，平均每亩水田年用工13～15个；而界线北侧地区，由于灌溉用工较多等因素，每亩水田年用工20～30个，因此在一定程度上影响"旱改水"的速度和规模。又如在陕南的河谷盆地，水田农业为主地区实行稻麦两熟，每亩水田用工比旱作农业多40%～60%、亩均化肥施用量多50%～60%。此外，在水田农业占优势地区，耕牛中以牛皮厚、汗腺很不发达、夏季需浸水散热的水牛为主，水牛在耕牛中占比：苏北灌溉总渠以南各县高达80%～90%以上，界线以北各县占比仅5%～10%；在河南省界线以南各县，水牛占比达55%～75%，以北各县多在5%～6%以下。由于受自然和社会经济条件的综合影响，界线南北以公社为统计单元的稻谷单产可相差达30%至一倍以上。此外，劳动力条件和经济收益对西段主要亚热带经济林木中的茶树、油茶和柑橘等用工多、始果时间长的种植规模也有一定的影响。

四、结束语

我于1961年9月分配来所工作后，头五年是在邓静中先生的直接指导下走上科研工作之路的，邓先生不仅是我从事科研工作的启蒙老师，也是我人生道路上的领路人。他不仅工作上对我严格要求、培养独立科研工作能力，而且十分关心我个人的成长、生活和家庭。1964年8月，在河南省南阳地区调研后期，邓先生放心不下我们两位年轻人，专程从他主持的《邯郸农业区划》现场来宛看望我们，并一起入住南阳宾馆。他认真听取了我的调研工作汇报后，并进行了一一点评，指出存在的不足和问题，特别是他对如何协调处理好伏牛山—秦岭南坡水田农业与亚热带经济作物分布界线的关系论述，对我们后期的调研和总结工作具有重要的指导作用。接着，他又为我们示范地主持了有南阳地区计委、农、林、水利等部门参加的调研工作汇报会。邓先生在宛期间，连续三天晚饭后都邀我陪他一起去附近的白河边散步，我们谈得最多的是农业地理和农业区划工作；有时也谈家庭、出身，并关心我的恋爱问题。其中有一天是星期日，我与同事林其东一起陪他去参观了卧龙岗和武侯寺。他说他已是第三次来此参观游览，但每次感受都不一样。游览途中，他兴致勃勃地讲解了许多有关三国，特别是蜀汉的历史和诸葛亮的典故，还当场边背诵边解释诸葛亮的前、后出师表，令我们十分赞叹！通过这四天和不久前的信阳工作汇报会的密切接触，加深了对邓先生的了解，拉近了师生之间的距离，并为今后的深交奠定了基础。他对地理科学事业的热爱、高度责任感与执着、治学严谨和博学多才给我留下了深刻印象，也成为我终生学习的楷模。

邓先生对我的信任和培养我永志不忘。1962年他招收研究生未招到合适人选，希望我1963年作为定向报名优先录取。当时我目光短浅，加上妹妹来北京上大学，家庭经济负担较重，一直犹豫不决而错过了绝好的机会，但他在1965年亲自为研究生上第二外语德语课时，不忘要我一同参加学习，每周两个半天，历时半年，由此为我打下德语基础。1963年10月，我在参加"中国农作物复种地理北界"晋陕组调研基础上，撰写了"晋北南部地区农业垂直地带分异研究"一文，得到了邓先生的高度评价，并主动推荐到当年12月在上海召开的经济地理学术年会做报告，后被收录于科学出版社出版的会议论文集中。1980年，在邓先生主编的《中国农业地理总论》第一章"中国农业发展的自然条件评价"中还专门引用了该文的结论。

"文革"期间，邓先生被造反派打成"特务""反动学术权威"，受到残酷的迫害。我虽未写过一张有关"揭发"他的大字报，也未在所、室召开的批判大会上作过针对他的批判发言；但基于当时的形势，更多的是明哲保身，所以也不敢为他说一句公道话，甚至在造反派高呼打倒他的口号时我也附和地举手……直到"文革"动乱结束后的1979年春节我去他家拜年时，向他表示真诚的道歉。他十分大度地说，你又不是造反派，在当时那种特殊情况下，谁也很难扛得住。1986年8月，我去苏联进修前与他道别，他嘱咐我，有机会一定要去拜访苏联著名农业地理学家拉基特尼科夫教授，并设法搞到他的著作《农业地理学》。回国后，我将会见拉基特尼科夫教授情况向他做了详细汇报，并将他赠送的《农业地理学》一书以及我翻译的其中两章译稿（有关农业地域类型划分理论方法）转交时，邓先生十分高兴，并力邀我同他一起编写中国版的《农业地理学》。

1988年初，我从世界地理教研室重回经济地理部时，因"文革"中的人事积怨没有回农业地理室而选择新成立的区域发展理论研究室，他得知后开始有点不悦，经我解释后表示理解和支持。1989~1990年，我的研究团队与中科院系统所合作，在山东省莱州市尝试应用系统力学模型研究区域经济社会与人口、资源、环境协调发展取得初步成效后，他对此表示赞赏，认为我闯出了一条研究区域可持续发展的新路子，并希望在今后的实践中不断完善和提升。1990年我申报研究员和1992年申报博士生导师均一次成功，与邓先生的推荐和全力支持分不开的。

1994年春节前我在山东出差期间，惊悉邓静中先生于1月18日不幸逝世，我十分悲痛，次日就赶回北京。回京后我立即给吴传钧先生打电话，他要我明天上午来所，有一项紧急任务。次日一早到所后，吴先生要我为邓先生写一篇生平的悼文。此前农业地理室的同志已准备了一个初稿，但邓先生夫人熊忠英先生看后不满意，需重写，并要求明天上午务必交稿，因为两天后的追悼会上要用。我郑重地答应一定按时完成。接着就开始准备材料。晚上，我饱含着对邓先生的深情，开夜车含泪完成了"沉痛悼念我国著名的地理学家邓静中先生"。文中追忆了邓静中先生作为国内外著名的地理学家，中国农业地理学与农业区划的主要奠基人，一生坚持地理学为农业服务的正确方向所做出的重大贡献；以及他浓浓的家国情怀，强烈的事业责任感与使命感，坚持长期深入实地调研，严谨的学风与刻苦钻研精神，为人正派、生活俭朴，对年轻同志严格要求、热情帮助、放手使用等崇高品质。我将此稿交熊先生审查，她看后十分满意，认为写出了邓先生的特点。该文也是我对邓静中先生的最好纪念，后刊于《地理研究》1994年第2期。

本文的另一位作者是我的学长蔡清泉先生，我们都毕业于南京大学地理系，他高我四届。我刚分配来时，由于他平时比较严肃，不苟言笑，所以接触不多。1964年参加"秦岭淮河地带农业地理界线调查",开始有所接触,1965 年又在一起进行了一年的课题总结报告编写,彼此有了更深入的了解。蔡清泉为人正直、正派,主持公道、正义,对待工作认真负责,治学态度严谨。通过一年的总结工作,我从他身上学到了很多东西。1966 年 2 月,我们又一起去甘肃省武威县参加农村"四清"工作,同时分在中坝公社下畦大队,我所在的孙家生产队与他所在的大队林场相距很近,经常在一起交流,"四清"后期两人为外调常一起骑自行车去县城,并顺便改善一下生活。"文革"初期,我们俩都是保守派,共同语言很多。特别是 1967 年 5 月我大女儿出生后,地理研究所最初给我分的住房为宣武门外上斜街宿舍,刚巧与蔡清泉同住一个院子,且为邻居。上下班同乘一辆班车,他和夫人刘文惠大姐对我们生活上给予了很多帮助,尽管三个月后我又搬至地安门东大街中科院第一宿舍,但我们之间关系并未因此淡化。"文革"期间,由于他秉性耿直,敢于直言,对造反派及其控制的革委会在运动中违反政策的"极左"做法提出批评,所以一度成为造反派打压的主要对象,大小会受批判,但他却坚持拒不认错,终于扛到 1976 年 10 月打倒"四人帮"后才恢复正常生活。1972 年农业地理室恢复后,他先后参加《中国农业地理(总论)》编写,并与吴传钧先生一起主持国家"六五""七五"科技攻关项目"全国海岸带和滩涂资源综合调查"中的"中国海岸带土地利用调查"课题,并主要由他执笔撰写出版了专著《中国海岸带土地利用》(科学出版社,1990 年),作为 1995 年获国家科技进步一等奖成果的重要组成部分。1990 年代中期,他又积极参加厦门、泉州等沿海开放城市的发展规划论证和湄洲湾综合开发研究。1996 年他不幸查出得了胃癌,我几乎每个月都去医院看他一次,他表现得十分坚强。1997 年 8 月,我正在青海参加"柴达木盆地水资源合理开发与生态环境保护研究"课题,回所后才得知蔡清泉因病不幸去世,十分遗憾没有赶上他的追悼会,后来我去他家慰问了嫂夫人和两个孩子。蔡清泉先生作为我的良师益友,永远值得我怀念!

(本文初稿完成于 1965 年 12 月,本书出版前,作者对原稿进行了归纳与提炼。

合作者:蔡清泉)

苏联地理研究十八年

1969年3月15日，中苏两国军队在东段边界的乌苏里江珍宝岛爆发了较大规模的武装冲突，即珍宝岛自卫反击战，中苏关系顿时处于紧张对峙状态。同年8月，苏军又在中苏边界西段新疆裕民县的铁列克提挑起边境流血冲突事件，致使两国关系处于剑拔弩张、一触即发的空前紧张局面。为应对苏联大举向中苏边境地区增兵和入侵的军事威胁，中国全国上下掀起了全民备战运动，各行各业都将备战置于一切工作的优先地位。当时正值"文革"期间，科研工作中断，大批科研人员下放"五七干校"接受再教育。为响应中央提出的"要准备打仗"的号召，中国科学院革委会和军代表要求地理研究所组织精干队伍开展苏联地理研究。为此，所革委会临时紧急抽调龚国元、李德美、丘宝剑、凌美华、张成宣、叶舜赞6位留苏生于1969年3月下旬成立了"3·15任务组"。初期任务重点收集整理中苏边境地区苏方的气候、地貌、水文等自然地理资料。其后，根据战备形势需要，又提出要加强经济地理研究，特别是工业、交通、城市等方面的研究，并要求迅速扩充研究队伍。我与孙盘寿、裘新生、王国清、朱德祥、娄学萃等都是在1969年8月那批加入的。1970年，随着战备形势进一步吃紧，所里按军事化要求，将全所科研人员按任务分为世界地理、地图、边疆地理和自然地理四个方向，相应地成立四个连。"3·15任务组"编为一连三班，并作为全所的重点研究方向，研究力量又进一步加强。1970年底又新加入了从湖北潜江"五七干校"和天津解放军农场劳动锻炼回所的黄秉维、陈汉欣、陆大道、胡序威、刘伉、梁仁彩、卢金发和张青松等同志，以及由自然资源综合考察委员会与地理所合并时转来的冯华德和李俊德，1971年苏联地理组的研究人员最多时一度达20多人。1972年8月起，地理研究所科研工作开始逐步回归正轨，决定恢复气候、地貌、水文、自然地理、经济地理、地图6个研究室。同时，世界地理由学科组升格为研究室，设东南亚、苏联、非洲、日本四个研究组。苏联地理研究组由于来自不同专业的人员纷纷先后归队，直到1973年仅留下我与孙盘寿、陈汉欣、张成宣、裘新生、叶舜赞、王国清、朱德祥、娄学萃及王凤仙等10位同志。1975年，孙盘寿、陈汉欣、叶舜赞也相继回归经济地理室。我当时之所以坚持留下并积极参与此项工作，一方面是基于爱国热情，希望能为战备贡献一份力量；另一方面是由于"文革"前后一段时期，经济地理室尤其是我所在的农业地理组深受极"左"思潮影响，踏踏实实工作的人挨批判，感情上严重对立，所以决定还是留下来继续干。没想到，这一决定竟成为持续18年的苏联地理研究生涯。按时间顺序，这18年大致可分为以下三个阶段：

一、苏联基础地理资料系统收集阶段（1969～1973 年）

尽管新中国成立初我国将苏联称作"老大哥"，并提倡全面向苏联学习。同时，苏联也曾相继派出一批自然和经济地理专家来华讲学访问，直接参与《中华地理志》和"中国综合自然区划"的指导及人才培养工作，但当时中国对苏联地理的了解十分肤浅，主要靠少数几本 20 世纪 50～60 年代翻译出版的教科书，如 1956 年财政经济出版社翻译出版的《苏联经济地理》（作者：巴朗斯基，何宁译），1961 年商务印书馆翻译出版的《苏联经济地理总论》（作者：安德烈耶夫等），1962 年商务印书馆翻译出版的《苏联远东区（经济地理总论）》（作者：乌多文科），1963 年科学出版社翻译出版的《苏联经济区划的理论和方法》（作者：萨乌什金，杨郁华等译），以及 1966 年商务印书馆翻译出版的《苏联经济地理》（作者：米尔科夫、格沃兹杰茨基，秦士勉译）等。上述著作内容以描述全国尺度的自然条件和社会经济发展与布局的基本格局为主，远不能满足战备和"准备打仗"的基本需求。为此，我们决定从系统收集苏联的基础地理资料开始，快速积累与军事战略和军事行动有关的区域基础自然和社会经济地理数据资料。基于当时苏联地跨欧亚两洲，幅员辽阔（国土面积 2240 万平方公里），地广人稀（1970 年全国人口 24172 万人，平均人口密度 10.8 人/平方公里），因此，首先将与我国接壤的乌拉尔山以东的东部地区（亚洲部分）作为研究重点，包括远东军区、后贝加尔军区、西伯利亚军区和中亚军区；并将滨海边疆区、哈巴罗夫斯克边疆区、阿穆尔州、萨哈林州、赤塔州、布里亚特自治共和国、伊尔库茨克州、克拉斯诺亚尔斯克边疆区以及中亚地区的哈萨克斯坦、吉尔吉斯斯坦、塔吉克斯坦、乌兹别克斯坦和土库曼斯坦 5 个加盟共和国作为"重中之重"。当时我们收集的基础地理资料主要包括：气候、地质地貌、陆地水文（河流、湖泊）、重要能源资源（煤炭、石油、天然气）、黑色与有色金属矿产资源（如铁、铜、铝、铅、锌、镍、锡、金矿）等自然条件和自然资源，以及工业（尤其是重化工和机械工业）、农业、交通（含铁路、公路、航空、海运）及城市（重点为 10 万人口以上的城市）等经济地理资料。上述基础地理资料均来自公开出版的俄文、英文、德文和日文书刊。除地理专业外，更重视收集西方出版的专业类刊物，如《世界油气杂志》《世界采矿年评》《世界金属统计》《世界钢铁厂》，以及英文期刊《苏联地理学》（由美国学者 T.沙巴德主编）等。在具体资料收集中，采用"条条块块"相结合的方法，即：一方面按上述主要研究内容（或地理要素）进行资料的系统收集与汇总；另一方面，按重点区域开展自然与社会经济地理资料的收集和整理。与以往传统的世界国别或区域地理研究相比，研究内容要深入得多。如工业部门不仅包括主要行业，还需掌握该行业重点企业（如钢铁及有色冶金厂）的设备、主要产品与产能；城市除人口和产业外，还深入研究城市功能分区，工业区与工业枢纽的规模、结构特点、空间分工和协作联系。又如铁路除掌握各区段的机车牵引与客货流特点外,还需深入研究沿线的主要桥梁和站场的设施现状、运输通过能力及最大运能等。

由于当时缺乏先进的研究技术手段,因而,苏联基础地理资料的收集工作进行得异常艰苦,需要投入大量的人力,按一定的专业和语种分工,进行有针对性的和"大海捞针"式的查阅,有时甚至还需翻阅专业报纸。我们以北京图书馆和位于王府井北口的中国科学院图书馆(社科部分)作为基地,同时还需集中时间分别去石油工业部情报所、冶金工业部情报所、钢铁研究院情报所、第一至第八机械工业部情报所、铁道科学院情报所、交通部情报所等科研院所进行资料收集。所收集的基础地理资料内容采用卡片摘录,并分门别类放置于卡片柜中。此项工作我持续进行了两年多(不含1971年2~9月去河南确山中科院"五七干校"接受再教育),直到1972年底才基本完成,累计积累各类卡片约4万张。为充分发挥这些资料的作用,更好地服务于战备,必须抓紧时间进行汇总整理,这也是一项既艰巨又富有挑战性的工作。早在1970年底,当时的"3·15"任务组的两位组长就找我谈,希望我发挥经济地理专业知识全面和文笔的特长,承担经济地理专题资料的汇总与编写任务。但由于我在"文革"中被作为"白专"挨批,因此一度有所犹豫:接还是不接?这时,经常与我一起外出收集资料的孙盘寿先生开导我:"你思路敏捷,笔头快,政治上无历史和家庭问题,是组内承担此项工作的最佳人选"。毕竟自己受党和国家的长期教育和培养,在国家面临外敌侵略的关键时刻,理应挺身而出为国分忧,因此我决定承担此项任务。为集中精力全力以赴投入苏联地理研究工作,我还将不满三岁的大女儿和出生仅6个多月的小女儿分别送到姥姥和奶奶家抚养。

在对收集到的资料进行初步汇总整理工作过程中,要把数百张、甚至上千张内容分散的卡片汇总写成一篇专题报告,难度确实很大。首先,要阅读大量有关区域和相关专业的背景资料,特别是对工业和交通部门,否则难以下笔;其次,要对所收集的资料进行对比分析,去伪存真;第三,还必须临时收集补充一些必要的基础统计资料。为了按时完成任务,我付出了大量艰辛劳动,几乎每天都加班到晚上12点。有些同志以极为狭隘的心理,对组长分工由我负责汇总不满意,认为我这么干是为今后写文章、出书做准备。说实话,在当时文化大革命的形势下,知识分子最担心的是未来国家的前途和命运,哪里还有写文章出书的心思和"抱负"?就收集资料而言,我也是当时组内做得最多和最认真的一个,所收集的各类卡片约占全组总量的1/4以上。除在北京市内有关单位收集外,我还先后与丛淑媛一起去密云溪翁庄(当时机械工业部研究院在此)、与胡序威一起去上海、与裘新生一起去长沙和广州、与朱德祥一起去哈尔滨和长春收集有关苏联地理资料。在此基础上,于1972年至1973年先后执笔完成了"苏联远东及东西伯利亚的资源开发与工业布局研究""苏联远东及东西伯利亚的城市地理研究""苏联西伯利亚大铁道的运输能力研究""苏联远东区太平洋沿岸的港口地理研究""苏联远东区石油及油品的产供销平衡研究"等专题报告,并在此基础上将部分专题报告提炼为咨询报告,以地理所名义刊登于新华社和人民日报内参,扩大研究成果的社会影响。

二、苏联地理研究调整阶段(1973~1977年)

自 1973 年 6 月开始,苏联地理组根据研究所的定位要求,以及研究人员的专业结构特点,进行了以下重大调整:一是研究方向以经济地理为主,适当兼顾自然地理;二是研究范围从苏联东部地区扩展到包括其欧洲部分在内的整个苏联。由于当时苏联人口的 75%、经济总量的 80%以上分布在乌拉尔山以西的欧洲部分,因此许多资料都要重新收集。好在前几年的工作已打下了较好的基础,不需再进行"大海捞针"式的普查。三是为深化研究内容、提高工作效率,对全组人员进行了适当专业分工。如裘新生、王国清和娄学萃负责能源工业(煤炭、石油、天然气)及能源运输,陈汉欣和我分别负责钢铁及有色金属工业,毛汉英、孙盘寿共同负责机械工业和化学工业,张成宣、朱德祥等负责交通运输业,孙盘寿和叶舜赞多关注城市地理等;并强调分工与合作相结合,特别是各工业部门之间、工业与城市、工业与运输业的联系和衔接。

由于受"文革"后期"批林批孔"等政治运动的影响,加之几位得力的干将相继回归经济地理室,因此,这项任务直到打倒"四人帮"后的 1977 年才由留下的同志完成,主要包括:"苏联钢铁工业发展与布局研究""苏联石油天然气资源开发与石油加工工业布局""苏联舰船制造业布局""乌拉尔区工业与城镇布局""中亚地区能矿资源的开发与布局"等专题报告,在此基础上经适当压缩改写,"苏联石油资源开发与石油工业布局""苏联钢铁工业布局""苏联舰船制造业布局"等被新华社及人民日报内参采用,产生了良好的社会影响。例如,由我执笔撰写的"苏联舰船制造业的布局"一文,涉及乌克兰黑海沿岸的尼古拉耶夫、北冰洋沿岸的北德文斯克、远东区黑龙江沿岸的共青城及伏尔加河沿岸的高尔基(现名"下诺夫哥罗德")等主要造船厂的位置、制造舰船类型、主要设备及生产能力等,研究成果受到中船重工等部门的重视,专门派人来我所了解详细情况。上述研究也为后来的专著出版奠定了良好基础。

在苏联地理研究期间,我同孙盘寿先生建立了亦师亦友的珍贵友谊。孙先生是江苏宜兴官林镇人,出生于 1916 年 10 月,比我大 22 岁,论辈分是我的父辈。1954 年以前宜兴隶属于常州专区,我们之间语言、习俗相通。自 1969 年 8 月同时进入苏联地理研究组后,在一起共事了 6 年多。特别是 1973 年以前,我们在同一个办公室,且每周经常一起去北京市内有关单位收集资料,因此彼此有了更深入的了解,并发展成为当时可深交的挚友。孙先生为人忠厚、诚实、低调,治学严谨,淡泊名利,但胆子小,处处谨小慎微。他一生为创建我国人口地理学和城市地理学做出了重要贡献。孙先生在工作上一丝不苟,严格要求,生活上无微不至关心,并常对我的火爆脾气和骄傲自满提出善意批评。1975 年他回经济地理室后,一度联系有所减少,但每年春节我都去他家拜年。1984 年我家搬至大屯生活区后,又可经常见面和联系,直到1985年6月他去世前我去医院探望,那天他心情不错,因为两天前在郭来喜等的努力下,经所领导报院,特批他为研究员。在弥留之际紧紧握住我的手说,他能活69岁,比他父亲多活了9年,而且最后的心愿也已实现,死而无憾……不料,那次见面竟成诀别。孙先生的人品、勤奋敬业的精神和严谨的学风永远是我学习的榜样。

三、苏联地理研究的总结提升阶段（1978～1987年）

1978年3月,全国科学大会召开,中国科技界迎来了"科学的春天"。1978年12月,党的十一届三中全会吹响了改革开放的号角。当时国内百废待兴,为满足国民经济建设的需要,外国经济地理学界开展了声势浩大的中外对比研究,即通过总结国际上先进发达国家在国土规划、资源开发、产业发展与布局、城镇建设、环境保护与生态建设方面的正面经验与反面教训,为中国国土开发建设提供有益借鉴,避免减少失误和少走弯路。当时苏联与中国经济体制相近,中外对比研究也就成为重点。同时,我们也正好借此机会,对原有的苏联经济地理研究进行系统总结。1981年,由陈汉欣牵头,联合了孙盘寿和我等编写出版了《苏联钢铁工业地理》（冶金出版社,1981）。同年,在中国地理学会世界地理专业委员会的组织协调下,决定由中国科学院地理研究所和东北师范大学合作编写《苏联经济地理》,具体工作由我和东北师大地理系主任陈才共同负责,拟分上册（总论）和下册（区域）两本。通过一年多的合作编写,于1981年10月完成上册（总论）初稿,我与陈才教授在北京西郊杏石口的北京军区招待所用了半个多月时间对本单位承担的有关章节进行修改。在此基础上,我又花一个多月完成了全书的统稿定稿,于1981年12月交科学出版社。由于该书是1960年代初中苏关系恶化以来,由我国学者编写的第一本《苏联经济地理》专著,较为敏感,书稿和图件审查较严,直到1983年5月才正式出版。在该书的编写中,我们坚持实事求是的学风,不上纲上线,不乱扣帽子。这对刚经历十年"文革"和中苏关系长期对立、尚未完全正常化的大背景下,要做到这一点实属很不容易,而且还要冒一点风险。《苏联经济地理（上册,总论）》系统阐述分析了苏联自然条件和自然资源的基本特点与地域组合类型,人口与劳动力条件及其对经济社会发展的影响,国民经济发展阶段与现状特点,工业、农业和交通业的发展布局,以及对外贸易地理。为避免以往国家和区域地理著作中对部门地理研究存在的单纯描述倾向,该书一方面将重点放在工业,尤其是重工业方面,并分设能源工业、冶金工业、机械工业、化学工业地理及其他工业部门地理（包括建材、森工、轻纺、食品工业和水产业）等独立章节,每个行业布局具体到重点工业企业（如钢铁厂、炼油厂、水火电站等）；另一方面,设有专门章节深入分析影响苏联工业布局的因素,并加强对工业布局的自然、经济、技术因素的综合分析论证。最后,根据苏联著名经济地理学家H.H.科洛索夫斯基提出的"动力生产循环"理论,将苏联工业综合体（指布局在相邻地段并实行生产协作化和联合化的工业地域组合）分为以下8类,即：煤炭—

钢铁—机械—化工—建材类型，有色金属开采—有色冶金—化工类型，石油与天然气开采—石油化工类型，矿山—化工类型，电力—电冶金—电化工类型，加工工业（包括机械、化工、轻纺工业）类型，森林采伐—木材加工—制浆造纸类型，农工结合类型（农业+食品工业、农业+轻纺工业、农业+农机工业、农业+化肥工业）。该书出版后，受到了国内外学者的高度重视和好评。美国著名苏联地理研究专家T.沙巴德撰文指出，"该书体例结构严谨，分析论述有深度，部门与区域结合较紧密……表明中国学者在苏联地理研究方面已进入国际先进行列。"在吴传钧和邓静中等老一辈科学家推荐下，《苏联经济地理（上册，总论）》获1985年中国科学院科技进步二等奖。尽管我在该书编写过程中倾注了大量心血和精力，全书十三章中，我执笔完成5章，约占全书总篇幅的35%，但考虑到苏联地理前期研究中的集体贡献，我在该书扉页署名为：中国科学院地理研究所（包括1987年出版的《苏联经济地理（下册，区域）》亦是如此），这对某些同志散布我积极参与"苏联地理研究"是为了今后出书写文章出名得利也是最好的回答。

1983年，我还与裘新生合作完成了《世界农业地理丛书》中的《苏联农业地理》的编写工作。由于我们前期的苏联地理资料收集工作中对农业关注较少，因而该书基本上是从头开始，花费了将近一年时间，于1984年由商务印书馆出版。全书对苏联农业自然条件和社会经济条件进行综合分析的基础上，阐述了土地利用特点、农业部门（种植业与畜牧业）发展和布局特点，最后归结为农业地域类型与农业区划。书中对苏联20世纪50年代后期至60年代初的大规模垦荒运动进行了较为客观和公正的全面分析，摒弃了当时国内农学界流行的全盘否定的观点，即：既肯定了大规模垦荒对苏联粮食稳定增产、优化粮食生产布局和促进畜牧业发展的重大作用，也指出了大规模垦荒对生态环境的负面影响（如因风蚀引发的"黑风暴"），以及后来采取一系列对策措施所取得的成效。这种实事求是的学风，在当时的政治环境条件下还是要有一定的勇气的。

1985年以后，与苏联地理有关的著作相继出版。如由裘新生、王国清编写的《苏联石油地理》（科学出版社，1987年），王国清、朱德祥编写的《苏联煤炭地理》（科学出版社，1987年）。此外，在苏联地理学研究的基础上，拓展研究范围，还相继出版了《世界煤炭地理》（王国清主编，商务印书馆，1987年），《世界钢铁工业地理》（陈汉欣主编，冶金工业出版社，1989年），《世界能源地理》（梁仁彩、娄学萃、裘新生等，科学出版社，1989年）。

1981年4月，中共中央书记处作出"关于搞好我国国土整治工作的决定"。1981年10月，国务院批准国家建委上报的"关于开展国土整治工作的报告"。此后，在国内地理界开展了轰轰烈烈的国土规划与国土整治研究工作。世界地理研究也积极响应。在商务印书馆地理编辑室主任周舜武的主持下，由海洋出版社于1985年出版《国外国土整治实例》一书，每篇文章不超过3000字，内容均为经浓缩后的"干货"，其中有我所7位同志撰写的18篇论文，内容涉及苏联国土开发与整治、资源环境、工业布局与城镇建设、农业开发与布局等。我和王国清各有 5 篇文章入选，裘新生和娄学萃分别有 3 篇文章入选。该书在当时产生了一定的社会影响，为此，国家建委国土局还专门邀请我参加全国国土整治工作座谈会。1987 年由中国科学院地理研究所编辑的《地理集刊》第 20 号为"国外国土整治与生产布局"专集，内容涉及苏联的论文有 6 篇。其中由我撰写的"苏联东部地区国土开发的经验及其对我国的借鉴意义"列为专集首篇，另一篇"苏联组建工业枢纽中的若干理论方法问题"列为专集第三篇。这是我在长期研究苏联经济地理的基础上尝试进行的实证研究与理论方法总结。

自 1985 年起，由于国家实行科研体制改革，苏联地理研究和其他外国地理研究一样，从所外获得经费支持较为困难，因而大部分科研人员纷纷转向国内地理研究。自 1985 年 6 月起，我与张成宣、王国清、朱德祥等一起，参加由当时中科院自然资源综合考察委员会主持的"新疆资源开发综合考察队"。该考察队规模庞大，历时 4 年（1985～1988 年），共有 50 多个单位的 350 人参加，由时任综考会常务副主任石玉林任队长，重点进行新疆资源开发与生产布局研究，为编制新疆长远发展规划提供科学依据。考察队下设 10 个课题组，我们分在综合组，承担的专题为新疆与苏联资源开发和生产布局对比研究，如苏联境内天山和阿尔泰山的有色金属与金矿资源分布：成矿地质环境及开发与新疆的对比研究，中苏间的国际河流额尔齐斯河与伊犁河的分水研究，中亚植棉业的发展对新疆绿洲开发的借鉴作用等。1985 年 10 月，所里决定派我去苏联进修一年，并要求在 1986 年初去语言学院脱产学习俄语半年。当时《苏联经济地理（下册，区域）》正处于定稿阶段，因此，我只能上午在语言学院学习，下午回所修改书稿，直到 5 月 19 日国家教委统一举行出国人员外语水平考试（WSK）前一周才完成全书的修改定稿，并交付科学出版社。考试成绩出来后，我因考分 134 分（满分 160 分）超出了出国人员要求的 110 分水平线，因此 6 月初又应召回新疆库车继续参加实地考察，并完成了库车水土资源开发和经济与社会发展规划，直到 7 月下旬才返京。

1987 年 11 月科学出版社出版的《苏联经济地理（下册，区域）》作为上册（总论）的姊妹篇，比较系统介绍和阐述了苏联 10 大经济区（为叙述方便，将全苏 19 个基本经济区发展条件与特点相近的合并为 10 大经济区）的经济发展条件与发展过程，国民经济结构与布局特点，区域差异与地域生产综合体（或工业枢纽），区域发展中存在的主要问题和发展前景等。为克服以往区域经济地理著作中，对区域的研究侧重于描述，并深受传统巴朗斯基体系的影响，因而该书在遵循基本体例结构的前提下，更多地强调各大经济区域的特点，彰显区域特色。例如，对西伯利亚和远东经济区强调优势资源的开发与地域生产综合体建设；对欧洲部分经济较发达的中部区、伏尔加河流域、乌拉尔及南部区，更多地强调区域经济的协作、联合以及经济中心的辐射带动作用。

在《苏联经济地理（下册，区域）》编写过程中，东北师大的陈才教授做出了很大贡献。他撰写的第一章"苏联的经济区与经济区划"，利用其 1950 年代末至 1960 年代初留苏期间的丰富积累，对苏联经济区划的理论方法进行了系统全面的总结，堪称当时该领域研究的最高水平；同时他还承担了另外两章的主要编写。我所共有5位同志参与下册编写工作，共承担了全书十一章中的六章。其中由我执笔撰写一章（乌拉尔区），并对另外两章（西北区与东部区）进行了改写。该书出版后得到了国内外学者的好评。1989年，在陈述彭院士的鼎力推荐下，《苏联经济地理（下册，区域）》与先前出版的《苏联钢铁工业地理》《苏联农业地理》《苏联石油地理》一起，以"苏联地理研究"项目申报成果奖，最后被授予中国科学院自然科学二等奖。苏联地理研究成果两次获奖，特别是后一项为含金量较高的自然科学二等奖，这在世界地理研究史上还是首次，因为此前仅有赵松乔先生撰写的《缅甸地理》（科学出版社，1958年）于1962年获中国科学院优秀成果奖。与此同时，也确立了中国学者在这一领域研究中的领先地位。

1986~1987年10月，我受国家教委公派赴苏联列宁格勒大学（现名"国立圣彼得堡大学"）进修访问，根据当时国家需要，确定的进修重点为"苏联区域发展与区域规划的理论方法研究"。同时，也希望借此机会弥补以往实地考察的不足，并检验苏联地理研究成果与实际情况的差异。有关研究论文已收录于2008年商务印书馆出版的《区域发展与区域规划——理论·方法·实践》一书。

1987年10月从苏联进修回所后，看到当时世界地理室由于缺乏科研经费支持而处于散伙状态，加之人事关系等因素，在胡序威、赵令勋等同志的力邀下，最后决定重回经济地理部。1988年1月正式加入新成立的"区域开发理论研究室"，标志着我十八年的苏联地理研究生涯告一段落。

祖国在我心中

——回忆我在苏联进修访问的十四个月

1985年10月，我参加中国科学院组织的"新疆资源开发综合考察队"第一年考察任务结束后回京，所人事处通知我，经所领导讨论决定派我去苏联进修访问一年，并让我一周后去语言学院进行俄文水平测试。当时我心情既激动兴奋，又有些担心。兴奋的是我从1969年开始从事苏联地理研究已有16年之久，而且从1983年起，先后共同主持编写出版了《苏联经济地理（上册，总论）》（1983年）和《苏联农业地理》（1984年）两本专著，并主要参与了陈汉欣主编的《苏联钢铁工业地理》（1985年）等著作。但上述著作均根据已有的国外文献资料（包括俄文、英文、日文、德文等）和统计资料，以及国内学者有关成果综合分析而撰写的，未进行实地考察是一大遗憾。另外，我从中学时代起就有浓厚的苏联情结，《喀秋莎》《莫斯科郊外的晚上》《红莓花儿开》是我们这一代人最爱唱的歌曲，尽管错过了20世纪50年代中期的留苏机会，其后又经历了20多年中苏关系恶化的困难时期，但这一情结始终没有放弃；担心的是虽然我从中学就开始学俄语，参加工作后还翻译过一些俄文著作，但我们当时学的是"哑巴俄语"，虽能阅读和翻译专业书刊，但听说写是明显的短板。果然经过一周的匆匆准备，摸底考试仅得了102分（满分160分），未达到直接出国要求的110分。所以，从1986年2月就进入北京语言学院出国培训部进行语言强化训练。由于当时忙于修改《苏联经济地理（下册，区域）》初稿，科学出版社要求上半年交稿，所以只能上午在语言学院上课，下午回所后又投入紧张的修改定稿工作（其中有两章需改写）。5月19日参加国家教委统一组织的公派出国人员外语"WSK"考试。还好，这次我取得了134分，远远超过了110分的出国分数线，而且也没有耽误《苏联经济地理（下册，区域）》的交稿期限。6月初，获国家教委正式通知，准备8月份启程。

6月20日，又突然接到新疆综合考察队通知，要我赴疆参加"库车县水土资源综合开发利用规划"课题调研，直到7月底完成任务后才返京，这时距我出国仅有三周准备时间。随着出国日期一天天地临近，我内心时时都涌动着一股暖流：已是48岁的我不再年轻了，能搭上最后一班车出国深造，是党和国家对我的信任与培养，我一定要珍惜这一难得的机会，多看多学，努力提升学术水平，决不辜负党和人民的期望。

一、列宁格勒和列宁格勒大学印象

我和国内来自不同单位的 80 多名赴苏进修访问学者一起,于 1986 年 8 月 20 日乘北京—莫斯科直达列车离京赴苏。经二连浩特口岸出境后,途经一望无际的蒙古荒漠和草原,于次日下午路经乌兰巴托,当时蒙古经济尚较落后,乌兰巴托远不及呼和浩特现代化。第二天早晨一觉醒来,火车已行驶在贝加尔湖南岸,远远眺望贝加尔湖一望无垠湛蓝的湖水,饱含诗情画意,令人浮想联翩。接着,火车继续沿西伯利亚大铁道穿越广袤的中西伯利亚高原和西西伯利亚大平原,经过我在俄文地理文献中耳熟能详的伊尔库茨克、克拉斯诺亚尔斯克、新西伯利亚、鄂木斯克、斯维尔德洛夫斯克(现名"叶卡捷琳堡")、喀山、高尔基(现名"下诺夫哥罗德"),于 8 月 26 日下午抵达莫斯科,使馆教育处将我们接到"大学宾馆"入住。由于当时中苏关系正常化不久,两国关系尚处于微妙恢复阶段。因此,第二天上午所有赴苏进修人员都到大使馆礼堂开会,使馆和教育处领导向大家介绍了中苏关系现状、苏联国内形势以及今后交往中需要注意的问题。因为大部分进修访问学者都分配在莫斯科各高校,所以我们分在列宁格勒的 20 多人休整两天后,于 28 日晚继续北上,8 月 29 日上午 8 点抵达盼望已久的列宁格勒。刚下火车,一眼就看到火车站对面的高楼顶耸立着"列宁格勒——英雄之城"的标牌,更增添了我对即将在此生活一年的城市无比崇敬之情。

列宁格勒是苏联仅次于莫斯科的第二大城市。位于俄罗斯西北部波罗的海芬兰湾沿岸。1703 年建城堡,称"圣彼得堡"或"彼得堡"。1712 年彼得一世(即"彼得大帝")迁都于此,称"彼得格勒"(俄语中"格勒"为城市之意),此后的二百多年间一直是俄罗斯的首都。1917 年随着阿芙乐尔号巡洋舰一声炮响,列宁领导的十月革命获得成功,由此开创了一个全新的苏联时代。1918 年俄罗斯苏维埃共和国重新将首都迁回莫斯科,1924 年为纪念已故的列宁将其改名为"列宁格勒"。1991 年苏联解体后又恢复原名"圣彼得堡"。本文为尊重历史,仍沿用作者进修访问时的名称"列宁格勒"。

列宁格勒城市位于涅瓦河及其支流小涅瓦河与大涅夫卡河形成的河口三角洲,南北长 44 公里,东西宽 25 公里,总面积 1439 平方公里,其中市区面积 606 平方公里,人口 472 万人(1985 年)。涅瓦河及其支流和纵横交错的人工运河将全市分割为 42 个大小岛屿,其中位于大、小涅瓦河之间的瓦西里岛,以及被涅瓦河、小涅瓦河及大涅夫卡河包围的彼得格勒岛面积最大。各岛屿之间通过 423 座桥梁相连接。秀丽的自然风光,与市内众多宫殿式建筑、纪念性雕塑和金碧辉煌的教堂交相辉映,使得列宁格勒不仅是苏联、而且也是欧洲最美的城市之一。

列宁格勒荣获"英雄之城"称号,是缘于第二次世界大战期间,这里曾谱写了一段可歌可泣的悲壮史诗。自 1941 年 9 月 8 日起,德国法西斯军队发动闪电战,将这座城市围困了 872 天,苏联军民在此进行了艰苦卓绝、气壮山河的列宁格勒保卫战。德国飞机的狂轰滥炸,加上冬季严寒和极度缺粮,使全市处于十分危险境地。但英雄的苏联军民不屈不挠，同仇敌忾，为确保军用物资和粮食供应，冬季修建了从拉多加湖经涅瓦河到列宁格勒的"冰上生命之路"钢铁运输线；为保护城内众多的文物古迹，军民在极短时间内用大量沙袋将其严严实实围挡；为克服粮食供养极度匮乏，每天人均口粮仅为150克由烧焦的面粉和锯末制成的面包；最困难时，城内所有的鸟雀、老鼠和宠物均被吃光；为抵御冬季的严寒，许多木质结构的房屋被拆除用于取暖……。经过两年又五个多月的浴血奋战，终于在1944年1月27日彻底粉碎了德军的包围，取得了列宁格勒保卫战的最终胜利，但同时也付出了极为惨痛的代价。据统计，全市共有150万人死于饥饿和战火，数以万计幢建筑被毁，城市满目疮痍，残垣断壁，许多街道成为瓦砾堆。战后经过10多年的恢复与重建，城市才重获新生。

初到列宁格勒，市内密布的河网与我的家乡江南水乡有几分相似，城市浓厚的文化氛围，以及苏联普通市民热情、友好、文明、礼貌、良好教养给我留下了深刻的印象。例如，由于物资供应相对紧缺，买东西常要排队，而且有时队伍很长，但他们毫无怨言、默默无声、秩序井然地排着，慢慢地向前移动，极少有人插队；又如在地铁上，苏联人上车后都是拿出报纸和杂志，安静地阅读，没有人大声交谈；在地铁和公交上很多年轻人习惯地站着，有座位都不坐，更不会有抢占座位等现象；在大街上，当你问路时，他们都会不厌其烦地给你指点，一些上年纪的老人还不放心地一直将你带到路口才离开。另外，城市安全状况良好，除有时会遇到酗酒的醉汉外，很少听到偷盗抢劫事件。

列宁格勒大学是世界上最著名的综合大学之一，创建于1724年，原名为圣彼得堡皇家大学（1821～1914年），十月革命胜利后改名为国立列宁格勒大学，1991年11月苏联解体后又更名为"国立圣彼得堡大学"。该校曾先后涌现出一批世界杰出的科学家和著名文学艺术与社会活动家，其中有9人荣获诺贝尔奖，包括被恩格斯誉为"科学一大贡献"的化学元素周期表的发现者门捷列夫、著名生理学家巴甫洛夫、无线电通讯的发明者波波夫、数学家谢苗诺夫、物理学家朗道和普罗霍罗夫、经济学家列昂季耶夫，以及著名的文学家屠格涅夫和绥拉菲莫维奇等。俄罗斯总统普京和前总理梅德韦杰夫也毕业于该校法律系。当时全校设有16个系，分别为：数学—力学系、物理系、化学系、生物—土壤系、地理与地生态系、地质系、应用数学—程序控制系、社会学系、经济系、历史系、哲学系、法律系、心理学系、东方系、语言系、新闻系。在校学生约2.5万人，其中外国留学生约1000多人，主要来自非洲国家。

列宁格勒大学校本部位于列宁格勒市中心城区大涅瓦河北岸的滨河路，河对岸是沙皇时期的海军部大厦和著名的伊萨基耶夫斯基教堂，距冬宫广场约500多米，临近列宁格勒最繁华的涅瓦大街。据说列大本部曾为沙皇时期六大部的办公处，现仅有大学办事机构和图书馆、博物馆以及法律、哲学、历史等少数文科系在此，大部分系都分散在瓦西里岛和彼得格勒岛；数学—力学系、物理系和化学系则位于芬兰湾南岸夏宫附近的新校址。我要去进修的地理与地生态学系就位于瓦西里岛的"七条"。我居住的舍甫琴科大街列大宿舍区是一幢建于"二战"后的老旧式筒子楼,共五层,居住人员中苏联研究生约占2/3,其余为中国和东欧国家的进修访问学者和研究生,一般与苏联同学两人合住,房间面积约15平方米,设施比较陈旧和简陋,厨房与厕所公用,洗澡间在一层。由于我当时的身份是为数不多的副研级高访学者,因此,分到三楼的单人间,房内除放一张单人床铺、一张书桌、一把椅子和一个小书架外,没有其他家具,唯一能了解外部信息的是一个安装在门框上部的广播小喇叭,打开后可收听固定的新闻报道、广告和音乐等。

二、最难熬的头四个月

早在出国前,我就将这次赴苏联进修访问的目标定为两个:一是系统学习苏联在经济区划与区域规划的理论、方法和实践;二是对我撰写的《苏联经济地理(上册总论,下册区域)》和《苏联农业地理》等著作的内容进行有重点的实地考察,发现存在问题,分析产生的原因。为此,我将围绕这两个目标制订进修计划。

根据学校和系里的统一安排,我的合作导师为谢尔盖•鲍里索维奇•拉夫罗夫(Сергей Борисович Лавров)[①],他是当时苏联最知名的社会经济地理学家(即中国的人文—经济地理学家)之一,苏联科学院通讯院士、苏联地理学会副主席,主要从事社会经济地理学的理论方法研究,为苏联经济地理学两大学派中列宁格勒学派的代表人物。能得到这样一位大师级导师的指导,对我也是一件幸事。9月1日是学校开学的第一天,我去系里报到,顺便熟悉一下环境。年轻的教研室秘书叶莲娜接待了我,对我作为来自中国的访问学者表示欢迎,办好相关手续后,约定于9月3日上午11点与合作导师见面。我自知俄语表达能力较差,所以回宿舍后足足准备了一天多,把见面时要做的自我简介和工作单位情况介绍、进修学习的初步设想都写下来,以防临时"卡顿";同时,准备好见面的礼物。

9月3日上午11时,我在拉夫罗夫教授的办公室准时与他见面,当时他大约60岁,但鬓角已经泛白,表情严肃,不苟言笑。我们见面寒暄以后,我就将准备好的内容近乎背了一遍,只见他眉尖微蹙,显然是对我语言表达能力不够满意。听完汇报后,他表示,十分高兴接待我作为中苏地理科学交流中断20多年后系里的首名访问学者,他对中国改革开放以来社会经济地理学的发展十分关注,并同我所的吴传钧教授(时任主管我所外事工作的副所长)在国际地理大会上为推动人文地理学发展有过良好的工作交流,希望今后不断加强合作关系。他对我未来一年的进修访问提出三点希望:一是强化俄语听说能力,力争通过3~4个月的语言培训后能顺利进行学术和工作交流。二是制订一个详细的进修及考察计划,提出分阶段的目标和任务。三是希望能在教研室做一次学术报告,介绍中国经济地理学的发展。进修期间学习和生活上遇到问题可直接找教研室秘书叶莲娜,他每两个月会

---

① 通常,俄罗斯人的姓名由"名字+父称+姓"三部分组成。女性婚后会改为丈夫姓氏。中文译名一般为姓。

同我交流一次感兴趣的话题。当我将本人主编的、中国科学出版社 1983 年出版的《苏联经济地理（上册，总论）》送给他时，看到该书的扉页题有："Уважаемому Профессру Сергею Борисовичу С Пожеланием Успехов! Китайский стажёр Мао Ханин 03-09/1986"（译文为：赠给尊敬的谢尔盖·鲍里索维奇教授，请指教。祝愿顺利！中国访问学者毛汉英），十分高兴，并对我赠送的礼品杭州丝织头巾、围巾和绣有杭州西湖的织锦赞不绝口。希望我用一周时间将进修计划交叶琳娜转给他，并预祝我在列宁格勒生活愉快。

此后的四个月是我参加工作 25 年来最难熬的一段日子，当时我面临着四个"不"，即：语言不过关，直接影响学术和生活交流；生活不习惯，一日三餐都要靠自己解决，尤其是不习惯天天喝牛奶、吃面包；没有朋友，与我同住列大舍甫琴柯宿舍区的 12 位中国进修生和留学生来自国内不同的单位和专业，其中大多有俄语专业背景，年龄和经历差距较大，平时没有交流和倾诉对象；内心不安定，惦记家里爱人身体和两个上学的女儿，担心万一家里有事，我鞭长莫及。另外，由于我在国内有从事苏联地理研究背景，出国前几年曾在国内发表过一些批判苏联扩张主义和霸权主义的文章，因此，有可能成为克格勃的"关注"对象。为此，我暗暗地要求自己：一定要时刻注意自律，不要留下任何把柄。

我十分清醒地意识到，为了未来一年的进修和访问能取得预期的效果，不辜负党和人民的期望，必须尽快地采取有效措施解决上述四"不"问题，其中主要是语言关、生活关和朋友关。为尽快提高俄语听说能力，采取多管齐下措施，一方面学校外办为我派了一名俄语辅导老师斯维特兰娜每周辅导两个半天；另一方面，每周去系里同本科生一起听课，提高专业听力水平。斯维特兰娜是一位典型的俄罗斯中老年知识型妇女，极富亲和力和爱心，她采用课堂内外相结合的"一对一"的教学方式。开头的 6 周，列宁格勒天气还不太冷，因此她每次带我去参观一个景点，其中既有冬宫和冬宫广场、斯莫尔尼宫、彼得堡要塞、叶卡捷琳娜一世纪念馆等名胜古迹，也有像阿芙乐尔号巡洋舰和安葬列宁格勒保卫战中牺牲的 49 万名军民的皮斯卡廖夫公墓等革命遗址；但更多的是著名教堂，如圣伊萨基耶夫教堂、喀山大教堂、圣彼得堡罗教堂、基督复活教堂等。我们来回都乘坐地铁和公交，每到一处，她都用俄语给我进行详细讲解，有时我听不懂，她用最浅显的语言给我解释，并为我索取俄语的景区简介。一般上午 9 点出发，12 点左右结束，各自乘车回家。最后一次参观距市中心 24 公里的普希金村（皇村），结束时已经下午一点，我想顺便请她吃顿中饭，但她坚决不肯。第一阶段结束后，因列宁格勒已进入严寒的冬季，上课改为教室，每次由她提议围绕一个主题，先让我即席讲，并不断启发我，尽可能多开口，而后不厌其烦地为我纠正，讲解正确的表述方法，并书写在黑板上，让我抄录和背诵。我们谈论的主题既有列宁格勒地理概况、涅瓦河、十月革命、列宁格勒保卫战、列宁格勒的教堂、涅瓦大街等，也有中国地理概况、长江与黄河、青藏高原、北京的旅游名胜、中国的春节、我的家庭等；同时也有模拟讨论会的发言。这样的俄语辅导学习一直坚持到 12 月底。

与此同时，我每周还利用三个半天同社会经济地理专业四年级学生一起听"生产力布局理论与实践""经济区划与区域规划"两门课程。这个班的学生约 25 人，其中女生占 2/3。上课时老师讲课比较卖力，但学生是否认真听讲他一概不管，经常可以看到一些女生公然在上课时描眉涂唇，无人过问和制止。听完课后，我都按老师要求，去系图书馆查阅相关的参考文献。系图书馆藏书刊有 10 多万册，阅览室可容纳 70~80 人，但多数时间读者不超过 10 人。由于我经常去，一待至少半天，有时甚至一整天，久而久之，与图书馆几名女管理员慢慢熟悉，有时还交谈几句。

此外，为了练习听力，我一回宿舍就将广播喇叭打开，新闻、文艺、广告节目都听，有时边吃饭边听，经常晚上边听着广播进入梦乡。

通过 4 个月"两点一线"（宿舍至系教学区）式的艰苦磨炼，到 1986 年底，我不仅初步适应了这里的学习和生活环境，而且俄语听说能力得到了明显提高：从刚来时只能勉强对付日常生活用语、听课时只能听懂 40%~50%、与导师见面时需要事先准备好腹稿进行背诵式对话；而 4 个月后我不仅上课能听懂 80%~90%，并可较熟练地用俄语与导师和苏联同学进行交流，甚至在讨论会上能一口气用俄语讲 10 分钟。在此期间，我还利用国内带来的资料，撰写了 1.5 万字的《中国经济地理学的研究现状与发展方向》一文的中文稿和俄文译稿。在 12 月 31 日最后一次俄语辅导课结束前，斯维特兰娜老师对我讲，你的俄语培训已经合格，下学期不必再上了。我由衷地对她的辛勤付出表示感谢，并向她赠送了一条杭州丝巾作为纪念，她欣然接受。但遗憾的是后来我再未能见到她，据说已退休了。

生活不习惯主要是解决一日三餐问题。由于没有公共餐厅，每顿饭都要自己做，不仅麻烦，而且耗时多。尽管国家教委每个月给进修访问学者发生活费 190 卢布，按当时的官方汇率，1 卢布相当于 1.5~1.6 美元。而列宁格勒物价总体水平较低，如商店里买一个长面包仅 13 戈比（1 卢布等于 100 戈比，下同），一瓶 500 克鲜奶 20 戈比，一盒鸡蛋（10 个）70 戈比，1 公斤鸡肉 2 卢布，1 公斤猪肉 2.2 卢布，1 公斤牛肉 2.4 卢布；蔬菜主打大白菜、土豆、胡萝卜、洋葱 4 种，每公斤 20~50 戈比不等，但新鲜的黄瓜每公斤要 2 卢布。为集中精力突破语言关，我对吃饭尽可能简化。早晨一般一杯牛奶、一个面包、几片肉肠；中午花 40 戈比买一块俄式牛奶大雪糕充饥；晚上回宿舍后，才做一顿菜（一般为肉片炒白菜或肉片炒土豆和胡萝卜），外加面包当晚餐。后来时间稍长，才知道附近商亭有卖排骨和肉骨头，水产品商店可买明太鱼、鳕鱼和虾、大螃蟹等海产品，加之语言培训告一段落，因此有较多时间可用于改善生活，所以每周做 2~3 次土豆烧牛肉、红烧排骨、糖醋鱼等我爱吃的荤菜，所用的固体酱油等调味品均为出国时所带。后来，我又向同宿舍的山东籍同学学会了做水煎包，饭菜花样更加丰富。这种以肉和菜为馅的包子，不用发面，制作简单，先用油煎一下包子底部，再加水，慢火待水煮干后即可食用。每次我在公用厨房做水煎包时，周边常有 3~4 个苏联女学生围观，边看边惊呼："Вкусно! Вкусно!"（好香！），等包子出锅后我给她们每人分一个才满意地离开。

刚到列宁格勒大学进修时，我因年龄较大，加之语言培训和听课任务较重，与同宿舍的中国留学进修人员交流很少,仅见面打个招呼而已,因此感到特别孤独,尤其是忙碌一天后夜深人静时,更加思念远方的亲人。10月初,北京大学来了一名短期访问学者吴贻翼,是学俄语专业的,年长我四岁,因为不住在同一层,所以他来后一周我才得知,并立即拜访了他。尽管专业不同,但毕竟是同龄人,又是苏南老乡(他是苏州人),因而共同语言较多,每周我都会去他房间聊上2~3次,还经常请他品尝我的厨艺,他则帮我修改"中国经济地理学的研究现状与发展方向"一文的俄文译稿。可惜,他在春节前就进修到期回国了。

由于列宁格勒地处高纬度(北纬59°~60°),因此每年11月中旬就进入"昼短夜长"的极夜时期,到12月中下旬每天8点多才天亮,下午4点不到天就黑了。漫漫长夜加上每周的双休日,使我独处的空余时间越来越多,更增添了我对祖国的思念。这种与日俱增的思念之情只有远离祖国的游子才能更深切地体会到。出国前,我老伴为我购买了录有"歌唱祖国""我爱你,中国""我的祖国""我和我的祖国""我的中国心",以及1964年国庆节首次演出的大型音乐舞蹈史诗《东方红》所有独唱和合唱歌曲的录音磁带,每当思念祖国和亲人时,我都会拿出录放机听上几首,其中最喜欢听的是由著名女高音歌唱家叶佩英为电影《海外赤子》演唱的经典插曲"我爱你,中国"。这首具有优美旋律和动人心魄的歌曲,把海外游子对眷恋祖国的无限深情抒发得淋漓尽致,我几乎每周都要听2~3次。这些热爱祖国与歌唱祖国的革命歌曲,不仅陪伴我度过了最寂寞孤独和难熬的四个月,而且在整个进修过程中,时时给我力量和勇气,鼓舞着我战胜困难,为祖国母亲增光添彩。

随着最难熬的头4个月逐步度过,困扰我最初的"四不"问题得到了很大改善,语言表达能力明显提高,生活上逐步习惯,联系的面不断扩大,不再自我封闭和孤独。特别是在中国驻列宁格勒总领事馆召开的1987年元旦联欢会上,认识了中国邮电科学院的进修学者邵汀和中科院大气所的王庚辰,由于年龄和经历相仿,共同语言较多,恰好他们住的宿舍离我也较近,因此,我们成为经常来往和交流的好朋友。同时,与同宿舍的中国社科院和中央党校的几位进修生和研究生的联系也日渐增多。1987年1月28日,中国农历除夕,我们宿舍的全体中国留学生和进修生举办了简单而又热烈的春节联欢会,地点在一楼乒乓球室,每人做一个菜,放在乒乓球桌上,我做的是红烧狮子头,大家围坐在一起,喝俄制饮料格瓦斯,共庆在异国他乡过春节,祝愿伟大祖国繁荣富强,国泰民安!几位年轻的研究生还表演了小合唱和舞蹈,最后大家合唱"歌唱祖国""我爱你,中国""我和我的祖国"。联欢会结束后,大家集体观看中央电视台的春节联欢晚会节目。

三、开展学术交流

1987年2月初,新学期开始后,我通过教研室秘书叶莲娜联系合作导师拉夫罗夫教授,向他汇报新学期的进修计划。事先我做了充分准备,进修计划全面周到,外出考察计划具体到日。特别是将我撰写的"中国经济地理学的研究现状与发展方向"俄文译稿交给他,并请他指正。他十分吃惊地快速浏览了一遍,眼中流露出满意的神色,对进修和考察计划表示支持,并对我语言的进步给予充分肯定,特别是能在短期内拿出一篇用俄文书写、包括参考文献共20多页的论文表示十分赞赏,当场定下来在3月初召开的教研室学术讨论会上由我做主题报告。为扩大影响,又将俄文稿请教研室秘书叶琳娜稍加修饰后打印成册,分发教研室其他老师。据说这是列宁格勒大学地理与生态学系社会经济地理教研室近20多年来第一位中国学者用俄语作学术报告。因此,我足足用了两个星期做准备,将会上可能会提的问题都做了预案。

1987年3月4日星期三上午9点,学术报告会准时在系图书馆阅览室召开,会议由拉夫罗夫教授主持,参会的还有教研室的另外两位教授——地区经济与区域规划专家奇斯塔巴耶夫和教研室主任巴热诺夫教授、教研室全体成员,以及各国进修生、研究生,甚至还有外系的师生,约有60多人。拉夫罗夫教授在介绍中称我是一位勤奋的中国学者,由于当时中苏两国经济地理学界已中断了20多年联系,因此,我的报告受到与会者的重视与好评。会上发言和提问十分踊跃,其中奇斯塔巴耶夫教授在发言中对中国同行在国土规划与区域规划、生产力布局、城镇化与城市地理、农业区划、土地利用与旅游地理等方面所取得的成绩表示敬佩,并询问了国土规划与区域规划的异同之处,以及全国国土规划纲要的主要内容和编制过程。但会上发言者最关心的是改革开放问题。有人提出,中国实施扩大对外开放政策,并建立了四个经济特区,是否要大规模引进资本主义经济和实行资本主义体制;有人提出,中国农村实行包产到户,是否要取消公有制,全面恢复私有制;有人对中国的人口问题和计划生育政策十分感兴趣,提出了实施中的许多问题;有人问及中国乡镇企业的性质界定及对中国工业化的作用;更有人提及对文化大革命的看法和对中苏关系发展前景展望等。通过报告会中间短暂的休息时间,我对所提的问题做了简要梳理与归纳,决定先对比较简单的问题进行解答。例如,区域规划与国土规划均属于空间规划,其规划指导思想原则、目标与内容大体相近;乡镇企业是中国解决农村剩余劳动力就业、实现乡村工业化和城镇化的重要途径。然后,围绕改革开放,重点阐述其提出的背景是:在全面批判和清算十年文革"以阶级斗争为纲"而造成的生产力发展缓慢、人民温饱尚未解决、科技教育落后局面所作出的重大战略决策。因此1978年12月召开的中共十一届三中全会明确提出,要将实行对内改革、对外开放作为社会主义现代化建设的总方针和基本国策。要在坚持社会主义制度的前提下,不断调整和改革生产关系同生产力、上层建筑同经济基础之间不相适应的方面和环节,促进生产力的发展和各项社会事业全面进步。在改革开放政策的引领下,中国果断地摒弃阻碍生产力发展的计划经济体制,将建立和不断完善社会主义市场经济体制作为工作重点。改革开放首先在农村推开,并以推广实施"家庭联产承包责任制"(即"包产到户")为标志,极大地调动了广大农民的生产积极性,粮食产量连年增产(总产量从1978年的30477万吨增至1985年的37910万吨,增长24.5%)。同时,我还特别强调,实行"家庭联产承包责任制"并不改变土地集体所有的基本属性,因而也就谈不上恢复土地私有制。在扩大对外开放方面，继 1979 年中央批准在深圳、珠海、厦门、汕头试办四个经济特区的基础上，1984 年 5 月，又进一步决定开放大连、秦皇岛、天津、烟台、连云港、南通、上海、宁波、温州、福州、广州、湛江、北海 14 个港口城市。1985 年起，又相继将长江三角洲、珠江三角洲、闽东南和环渤海开辟为经济开放区，由此形成沿海地区全面对外开放的新格局。改革开放有力地促进了全国经济的持续快速增长，国内生产总值（GDP）从 1978 年的 3616.2 亿元增至 1985 年的 9016 亿元，增长了 1.47 倍，年均增长率为 10.8%；实际利用外资从 1978 年以前的不足 10 亿美元增至 1985 年的 47.6 亿美元。一个开放、充满发展活力的沿海地区正在带动中国的东北和广大的中、西部地区经济腾飞。尽管受语言限制，我的回答虽不十分流畅，但大家基本都能听懂。由于时间所限，我特地留下了宿舍和房间号，希望今后多多开展交流。后来，经济学系有两批同学和研究生来宿舍找我，详细了解中国对外开放政策和农村联产承包责任制的实施效果，我都一一作了介绍。我的学术报告俄文稿，经拉夫罗夫教授审阅后，推荐到《列宁格勒大学学报》1987 年第 4 期发表，这在同期进修和访问学者中也是首次。

自从作完学术报告后，从合作导师到教研室教师甚至系图书馆管理员对我的态度都发生了很大变化，如主动与我打招呼，有时中午还请我喝咖啡，甚至短暂的交谈。我自己也深感，几个月来的努力没有白费，终于取得了收获。接着还应抓紧后续的半年时间，圆满完成进修计划的各项任务。

从 1987 年 3 月中旬开始，我转入以阅读和收集有关苏联国土开发、区域规划和经济区划方面的文献为主，仅从书店购买的有关的书刊和统计年鉴就达 20 多本。有一次我偶尔在系图书馆看到，书架上陈列有《苏联水文年鉴》，仔细查了一下，居然有发源于中国的两条国际河流——额尔齐斯河与伊犁河的水文统计数据。必须要说明的是，《苏联水文年鉴》本不属于保密资料，在中苏关系较密切的 1950 年代，甚至两国关系尚未破裂的 1965 年以前，中苏两国每年均交换水文资料。但自 1966 年中苏关系恶化后，苏联就不再同我国交换。1985~1986 年我承担中国科学院新疆资源综合考察队有关中苏界河额尔齐斯河与伊犁河的分水研究时，发现这两条河流的水文资料在 1966~1985 年期间中断，而我方边境水文站观测资料又短缺，因此中苏分水研究工作难以深入，并导致中方在国际河流分水谈判中处于被动局面。而系图书馆陈列的水文年鉴中上述两条界河 1966~1985 年水文数据齐全。机会难得，稍纵即逝。为此，我在 4 月初的一个星期五下午，以 7 月份即将去中亚地区考察为由，将 1966~1985 年《苏联水文年鉴》借到手。但如何下载这些数据又是一个难题，因为当时苏联复印机还未普及，全市找不到一家对外服务的复印门店；中国驻列宁格勒总领事馆虽有复印机，但要进入领事馆必须通过由地面和岗楼双守的苏联警卫门岗。由于当时毕竟中苏关系刚开始正常化，对出入领事馆人员监视还是比较严的，如带着这么一大包资料进入领馆肯定会引起怀疑。因此我思来想去，最后还是决定采用最笨，也最保险的做法——用笔记本抄录。为此，我买了三本练习本，囤足了两个晚上和白天吃的面包、香肠和饮料等食物。回宿舍吃完晚饭就开始干，以表格的形式，对额尔齐斯和与伊犁河各年份有关检测站的水位、流量、输沙率、水温、结冰等项资料按月平均、最大、最小值分别进行摘抄。原来预计用两个白天再加点班就可完成，但真正干起来就觉得工作量要比预计的要大得多。因为借时约定星期一上午要将资料归还给图书馆，所以只能昼夜连轴转，其间我仅在星期日凌晨困得实在不行才睡了两个小时，醒后起来又接着干，通过连续工作 50 多个小时，终于在星期一上午 10 点按时将资料归还系图书馆。后来我将抄录的两本资料请领事馆由信使带回国内，供中科院和水利部门参考。尽管 2000 年中俄关系恢复正常化后，跨境河流的水文资料交换又恢复正常，但我摘抄的资料对 20 世纪 80 年代末和 90 年代额尔齐斯河与伊犁河的分水研究及谈判仍发挥了一定的作用。

四、进行实地考察调研

按照合作导师拉夫罗夫批准的进修计划，进修期间有一个月去外地实地考察调研。我计划的调研地点有三个，即：莫斯科、中亚乌兹别克斯坦的塔什干、外高加索格鲁吉亚的第比利斯。考察计划十分详细，包括到达时间、调研访问对象、实地考察项目和离开日期等。列宁格勒大学外办将此计划上报教育部，再由教育部转至接待大学的外办，负责解决购买往返车票及住宿问题（均利用假期住学生宿舍）。

1. 第一站：莫斯科

我考察的第一站是莫斯科。列大外办已为我订好 7 月 12 日晚去莫斯科的车票，7 月 13 日一早就抵达莫斯科车站，接待我的是莫斯科大学，我打车到学校外办理报到后，给了我一把入住宿舍的钥匙，顺利地住进了研究生宿舍。

莫斯科大学全名为莫斯科国立罗蒙诺索夫大学，为世界知名的一流大学，由俄罗斯著名教育家罗蒙诺索夫于 1755 年创办。老校舍位于莫斯科市中心的红场附近，我去的新校舍建于 1953 年，位于莫斯科市西南的列宁山（现名"麻雀山"，实际上为一低缓丘陵），这是我曾到过的世界著名大学中气势最恢宏的学府，其主楼为 32 层，包括高 55 米红星徽标的尖顶在内，总高度达 240 米，周边四翼均为 18 层辅楼，各安装直径 9 米的大钟。这是一座封闭的硕大无比的巨形建筑物，一层设有 8 个出口。据说整个建筑的走廊合计 33 千米，包含 5000 多个房间。建筑物前两侧排列着俄罗斯著名学者的雕像，其中就有莫斯科大学的创始人罗蒙诺索夫。当时该校设 16 个系、50 多个专业、280 个教研室。在校学生约 3 万多人，其中硕士和博士生约 5000 人；另有来自 100 多个国家的外国留学生 4000 多人。此外，该校还拥有 4 个天文台、3 个博物馆、众多的科研机构和实验室、广场、运动场、体育馆、剧场、大礼堂，以及一座藏书 700 万册的图书馆和一个面积约 50 公顷的植物园等，总占地面积约 320 公顷，为此学校内有好几路公共汽车相连通。

我下榻的莫斯科大学研究生宿舍位于主体建筑群的辅楼，宿舍均为两室一单元，每间房住一人，设有公共卫生间。每间房约 12 平方米，可放一张单人床、一张书桌和一个小书架，每层楼设有公共厨房，这样的居住条件在 20 世纪 50 年代初已是十分奢侈的了。更为惊讶的是在这座巨无霸建筑中，不仅拥有教室、实验室、阅览室和大小会议室、还设有百货商店、书店、各类餐馆、咖啡馆，甚至理发美容店。如没有大事，可以宅一年不出主楼大门。

我在莫斯科的主要任务有两个：一是访问莫斯科大学地理系经济地理教研室的两位教授和莫斯科大学经济系的一位教授；二是去苏联国立列宁图书馆查阅资料。7 月 13 日上午我安顿好住宿后，就立即去位于主楼 22 层的地理系经济地理教研室，这里曾是苏联著名经济地理学家 Н.Н.巴朗斯基和 Ю.Г.萨乌什金工作过的地方。教研室女秘书热情地接待了我，并带我参观了系史陈列馆和图书室，还为我约定了与两位教授见面时间。接着，又去主楼外新建的经济系楼，约定了与另一位教授见面时间。下午我就在校园内参观游览并熟悉情况，重点参观了 1957 年毛泽东主席访苏时接见留苏学生代表的莫斯科大学礼堂，当年他在这里向在场的青年们殷殷嘱咐："世界是你们的，也是我们的，但是归根结底是你们的。你们青年人朝气蓬勃，正在兴旺时期，好像早晨八九点钟的太阳。希望寄托在你们身上。"尽管彼时已过去 30 年了，但伟人的声音犹在耳边。

7 月 14 日一早，我乘地铁来到位于市中心的苏联国立列宁图书馆（现名俄罗斯国家图书馆），该馆始建于 1795 年，1814 年 1 月正式对外开放，1862 年由彼得堡迁往莫斯科。十月革命后经扩建，已成为当时世界上屈指可数的特大型图书馆，藏书 4280 万册（件），仅次于美国国会图书馆，馆内有各类阅览室 22 个，座位 2100 多个。我主要查阅苏联社会经济地理、自然地理和区域经济方面的书刊，并顺便参观新书阅览室。中午在馆内的咖啡厅吃点东西后又继续干，直到晚 8 点关门时才离开。因为所查的目录太多，未能看完，所以打算过几天再来一次。

在莫斯科大学，我第一个拜访的就是工业地理学家 А.Т.赫鲁晓夫，他 1979 年出版的《苏联工业地理》以及 1982 年发表在《莫斯科大学学报（地理丛刊）》上的"苏联的工业枢纽及其建设原则与类型"一文我曾阅读并引用过。见面后，我简要地向他介绍了中国学者在工业地理学领域的研究现状，特别是结合地区生产力布局和国土综合规划与区域规划，有力地推动了工业地理学在理论与实践方面的快速发展。还应他要求重点解答了经济技术开发区的由来、等级及已取得的成效。他则向我讲述了工业地理学研究的新思路与新方法，即强调地域组织与技术方向，并特别重视工业地域组合类型、地区工业结构的形成与发展、各级工业体系的演变趋势研究。他提出的有关工业区划分为工业综合体、工业地区和工业枢纽三级的观点，以及工业枢纽的概念与特点、工业枢纽的类型、建设步骤与方法和经济效益等，对我印象颇深，使我获益匪浅。一个多小时访问结束前，他向我赠送了亲笔签名的 1985 年修订后再版的《苏联工业地理》，我则向他赠送了 1983 年科学出版社出版的《苏联经济地理（上册，总论）》。

第二位拜访的是莫斯科大学经济地理教研室的农业地理教授 A.H.拉基特尼科夫，他曾是与我共事 10 多年的学长曾尊固在苏联攻读副博士学位的导师。是一位农学出身、在土地利用研究方面颇有造诣的学者。我同他谈了与曾尊固的关系并转达曾的问候，他很高兴。接着，又介绍了我所在农业区划、黄淮海平原农业综合开发、中国农业地理丛书编写，以及正在进行的全国 1∶100 万土地利用图编制情况，他听后表示钦佩。应我的请求，他重点阐述了农业专门化地带划分的理论方法，并以 1972 年提出的将全苏划分为 26 个农业专门化地带为例，进行了详细的解读。这次访谈对今后我国农业区划的深入开展具有一定的借鉴作用。

第三位拜访的是莫斯科大学经济系的 П.M.阿兰皮耶夫教授，是一位从事经济区划研究的专家。他曾于 1960 年代初来华访问并参与中国经济区划方案的讨论，对中国情况比较了解。因此，我重点介绍中国改革开放以来提出的划分东、中、西三大经济地带和东、中、西及东北四大板块，以及 8 大经济区①划分的背景和进展情况；而他则对 1970 年代全苏划分为 19 个基本经济区方案的形成过程及划分的指标体系进行详细阐述，并提出未来应重点加强地域生产综合体与区域规划研究。这与我国当时经济地理研究重点不谋而合。

访问结束后，我又去了国立列宁图书馆查阅资料一天，剩下的三天时间就是游览莫斯科市区，其中有一天游览参观红场、克里姆林宫、列宁墓、国家历史博物馆，以及位于附近的两大百货商店"古姆"（国家百货商店）、"楚姆"（中央百货商店）；另外两天参观了阿尔巴特艺术大街、苏联国民经济成就展览馆、国立普希金艺术博物馆、卫国战争博物馆、国家大剧院、新圣女公墓等。三天的参观游览，虽然时间很紧，身体也很累，但对莫斯科市的印象却比文献中记载的更为深刻。

2. 第二站：塔什干

结束莫斯科的考察访问后，我于 7 月 20 日从莫斯科谢列梅杰沃机场坐飞机去塔什干，航程约 2 个多小时。一下飞机，就被滚滚的热浪包围，一眼看到矗立在机场航站楼对面的大楼顶层的大标牌为："乌兹别克斯坦——白金之国"。塔什干是乌兹别克斯坦加盟共和国的首都和苏联在中亚地区的最大的城市与交通枢纽。而乌兹别克斯坦是中亚五国中人口最多的国家（1982 年人口 1659.1 万），位于中亚地区中南部，气候干旱，年降水量仅 80～200 毫米，境内大部分地区为荒漠、半荒漠及低平原（图兰低地）和山间河谷盆地，著名的克孜勒库姆沙漠（面积 30 万平方公里）主体即分布于此。依靠发源于中天山的锡尔河及发源于帕米尔高原的阿姆河及其支流灌溉，形成了呈串珠分布的大小绿洲，为苏联最大的棉花生产基地（棉花产量约占全苏的 3/5），机场大楼标牌上的"白金"系指棉花。

塔什干位于天山西端的山前地带、锡尔河支流奇尔奇克河谷。1966 年 4 月 26 日发生了里氏 7.5 级（一说为 9 级）大地震，城市几乎被夷为平地，居民死亡人数达数十万人，

---

① 8 大经济区即：东北、北部沿海、东部沿海、南部沿海、黄河中游、长江中游、西南和西北经济区。

有30多万人无家可归。后在苏联举国体制的支持下，灾后重建用了近10年时间。我去考察时，基本上已恢复至震前状态。按原定计划，接待我的是塔什干大学，在学校外办办好了相关手续并领取到研究生公寓钥匙和安顿好住宿后，我就上街去看看，发现已见不到21年前大地震留下的痕迹。市中心宽广的道路，美丽的林荫大道和喷水池，以及古典的伊斯兰清真寺等，与我国新疆的乌鲁木齐十分相似。全市人口规模已达190万（1982年），在苏联各大城市中仅次于莫斯科、列宁格勒和基辅，居第四位。

根据进修计划，我在塔什干的主要任务是考察绿洲农业。第二天，我与塔什干大学地理系经济地理教研室主任进行了简短的交谈，当时正值暑假，大部分教授和师生都去外地避暑休养，所以很难开展学术交流。但当我提出希望能安排去费尔干纳盆地进行实地考察时，教研室主任欣然同意，并决定安排在7月23~25日，还答应派一位年轻教师陪同前往。费尔干纳盆地位于乌兹别克斯坦东北部，是介于天山山系和吉萨尔—阿赖山系之间的山间盆地，土地面积2.2万平方公里，行政区划除包括乌兹别克斯坦的费尔干纳、安集延及纳曼干三州外，还包括周边吉尔吉斯斯坦的奥什州和贾拉拉巴德州以及塔吉克斯坦苦盏州的部分河谷地区。这里气候干旱，夏季炎热，年降水量不足150毫米。锡尔河自东北向西南横贯全境，通过引水建有大费尔干纳运河（长345公里，流量200立方米/秒）及南、北费尔干纳运河等大型灌渠，灌溉棉田总面积达60多万公顷，约占全苏的1/5。由于棉花种植历史悠久，单产较高，因而棉花总产量占全苏的1/4。

7月23日上午，我与塔什干大学经济地理教研室的青年教师奥列格一起，从塔什干坐火车约3小时抵达费尔干纳市，在市内宾馆住宿和午休后，下午4点由塔什干大学棉花试验站同志开车陪同考察附近的国营棉花农场。下车后，眼前一望无垠的棉田，令人十分震撼。我向农技人员详细询问棉花的生产、管理、耗水、耗肥及采摘情况（均为机械化采棉）。第二天又去了一个州国营棉花农场管理局，了解棉花的发展布局和总体规划，还参观了籽棉加工厂，灌渠引水工程等水利设施建设情况。第三天又开车访问了安集延及纳曼干市。通过三天的实地考察，收获颇丰，费尔干纳盆地发展植棉业的规划、布局、管理、技术经验都值得中国新疆借鉴。

7月26日回塔什干大学后，主要去学校图书馆查阅和收集资料。

3. 第三站：第比利斯

第比利斯位于外高加索地区，是格鲁吉亚加盟共和国的首都。由于北部受大高加索山脉的屏障作用，这里气候温暖，日照充足，冬季最冷月平均温4℃以上，适合喜温作物生长，是苏联著名的"阳光地带"。我抵达机场后，径直打车去第比利斯大学，学校外办为我安排住在留学生公寓，并由地理系经济地理教研室全程接待。

格鲁吉亚是苏联独具特色的地理单元，土地总面积6.97万平方公里，山地约占2/3。其北部为山势雄伟的大高加索山脉，山脊海拔约4000米，最高峰厄尔布鲁士山海拔5642米，为欧洲第一高峰。大高加索山脉自然景观垂直地带分异明显，从海拔4000米以上的寒带依次向下为寒温带、温带、暖温带直至亚热带；南部属小高加索山脉西段，海拔多为1000～2500米，最高峰迪迪阿布利山海拔3301米；西部是属于亚热带湿润气候的黑海沿岸地区；中部分别为库拉河与里奥尼河谷地。其中库拉河为外高加索最大河流，发源自土耳其东北山地，横贯格鲁吉亚中东部和阿塞拜疆全境，注入里海，河长1364公里，流域面积18.8万平方公里。里奥尼河发源于大高加索山脉，自东向西流，注入黑海。

第比利斯位于库拉河中游的山间河谷盆地，为外高加索地区仅次于阿塞拜疆首都巴库的第二座百万人口以上大城市（1982年人口111万），建于公元4世纪，现为格鲁吉亚的政治、经济、文化中心和重要交通枢纽。城市分老城和新城区两部分。老城区位于库拉河两岸，滨水但比较拥挤，城内有弯曲小巷、残旧古堡，以及建于5世纪的教堂和昔日的格鲁吉亚王宫。工业区主要分布于库拉河右岸（南岸），而行政机关、高等院校多分布于库拉河左岸（北岸）。新城区则位于周边山麓地带，这里林木葱郁，有众多的天然温泉，许多具有民族特色的别墅群掩映其中。

抵达第比利斯次日，我就与学校外办的陪同人员一起，拜访了地理系经济地理教研室，教研室主任萨乌科什维利教授是一位十分豪爽热情的格鲁吉亚人，他1983～1984年曾在中国北京师范大学进修，导师为张兰生教授。当知道我来自北京中国科学院地理研究所，并与张兰生教授很熟悉时格外高兴。我们在一起无拘束地热情交谈，他还特地询问了张教授的近况，中午请我在学校附近的餐厅品尝了格鲁吉亚的特色午餐（葡萄酒＋烤肉和烤鸡块）。接着，又盛情邀请我明天一起去他在第比利斯山区的度假别墅，并对大高加索山南坡进行地理考察。

第二天上午，萨乌科什维利教授就和教研室的一位年轻教师一起开车到学校公寓接我。上车后，特别将我安排在副驾驶位置，便于观景和沿途介绍情况。汽车出城后，沿着大高加索山南坡蜿蜒曲折的登山公路前行。沿山麓往上，低山地带是一望无际的葡萄园，我们下车在路旁的农家参观。这里的酿酒葡萄虽比果用葡萄要小得多，但密密麻麻一串串挂满葡萄架，令人目不暇接。因为每户种植葡萄1.5～2公顷，所以家家都有酿酒设备，并将酿好的原汁出售给葡萄酒厂统一加工。参观结束后，在路上休息处简单地吃了点食品和饮料后继续前行。一路上萨乌科什维利给我介绍了大高加索山脉随海拔升高植被的垂直地带变化：从山麓和低山地带的葡萄园向落叶阔叶林、针阔叶混交林为主的群落过渡。下午6点多就抵达教授位于海拔约2000米处的乡村别墅，这是一座较简陋的木质结构二层楼，位于一个背风的小山间盆地，周边还散布有几座类似的建筑。据说是在政府分给大学教职员工使用的土地上建的，一般节日和暑假期间全家来此度假。他特别安排我住在二楼的一间大房。稍加休息，夜幕降临，萨乌科什维利教授一家在别墅附近的林间空地，为我举办了一场家庭式篝火晚宴。参加人员包括萨乌科什维利和他的夫人、一双儿女、同行的大学年轻教师和我，共6人。他们将从第比利斯带来的肉串、蔬菜沙拉、葡萄酒、水果、面包放在铺着桌布的地上，用林中的树枝支起了熊熊的篝火，并教我如何将鸡肉串、羊肉串放在火上烤，再加上胡椒粉等调料后与葡萄酒交替着吃喝……我们边吃边聊，萨乌科什维利首先代表全家和他的同事对远道而来的中国尊贵客人表示热烈的欢迎，并回顾他在北京两年进修期间亲眼看到中国改革开放的巨大变化，以及他到中国南方城市参观时受到的热情接待。我则对今晚格鲁吉亚友人的盛情款待致以衷心的感谢，并应邀简要介绍了中国地理学，特别是人文—经济地理学的发展历史和现状，以及为国家改革开放和经济社会发展所做的贡献。晚宴进行中，我们边说、边吃，共同举杯，相互祝福。席间，教授夫人和两位年轻人即席为我们演唱了格鲁吉亚民歌、跳起了欢快的民族舞蹈，最后我们一起用俄语合唱了"红莓花儿开"、"莫斯科郊外的晚上"等卫国战争时期的革命歌曲，直到深夜一点多才回屋休息。

第二天上午，吃了标配的牛奶、面包、黄油和香肠等早餐后，我们又乘车往大高加索山深处前进，公路越来越窄、坡度也越来越陡，幸而我们乘坐的是越野性能良好的苏制嘎斯汽车，因而还比较平稳。随着海拔升高，又逐渐过渡到针叶林带和高山草甸，气温一下比第比利斯降了15℃，到达海拔4200米的山脊处时风很大，遥望西边耸立着白雪皑皑的厄尔布鲁士山，令人心旷神怡！我们在此停了一会儿，并留下了十分珍贵合影留念！

下山途中，我们顺道参观了第比利斯大学在此设立的高山观测站，并与主人一起喝咖啡、饮格鲁吉亚茶和特产柠檬果汁与点心。下山途中，教授又为我详细介绍了大高加索山脉的成因、地质构造特点、自然地理环境、矿产资源和山地旅游等情况，使我有了更加深入全面的了解。下午6点多我们才回到我下榻的第比利斯大学公寓楼。为了感谢主人两天来的盛情接待，我向他全家和陪同教师分别赠送了从国内带来的小礼品——两条杭州真丝围巾、三条丝织领带和丝织工艺品。

通过这次实地考察，使我对苏联山地的自然条件垂直地带分异特点有了更为感性和深入的了解，弥补了当年苏联地理研究中的不足；亦为两国地理学界的交流合作架起了友谊的桥梁。

格鲁吉亚是斯大林的故乡，尽管1956年赫鲁晓夫在苏共二十大做反斯大林的秘密报告已过去了30多年，斯大林的形象在苏联莫斯科和其他城市已逐渐淡出，但在其故乡格鲁吉亚仍享有崇高的威望。在第比利斯市西郊的索罗拉克山麓，不仅建有纪念伟大卫国战争胜利的"格鲁吉亚母亲"的塑像，而且在最高的山顶上矗立着高约30多米的斯大林铜像。在第比利斯大学外办人员陪同下，我特地上山瞻仰了铜像并敬献花束。次日，我还专程乘火车去斯大林出生地哥里参观斯大林纪念馆。哥里位于第比利斯以西约100多公里，是一个人口仅为5.5万的小山城。在纪念馆馆长——一位胸前挂满各种勋章和奖章的退休苏军将军带领下，参观了斯大林出生时家庭的陈设，不同时期的相片，卫国战争时检阅苏军将士穿的大元帅军服和皮靴，用过的烟斗、望远镜，乘用的汽车和火车专列车厢，以及在第二次世界大战期间斯大林亲自指挥的几次重大战役示意图（如库尔斯克会战、莫斯科会战、斯大林格勒保卫战）等等。在参观结束时，我用中文和俄文在留言簿上写下："伟大的斯大林同志在卫国战争中建立的巨大功勋将彪炳史册，永垂不朽！"分别时，馆长与我热情握手并合影留念。

在第比利斯度过难忘的10天后,我于8月7日晚乘火车踏上归程,第二天一早醒来,列车行驶在黑海沿岸,宛如进入了另一个世界:一边是蓝色的大海、白色的沙滩;另一侧则是耸立的山崖,一片葱郁的绿色,偶尔还可看到山上悬挂的瀑布。上午9时,列车抵达黑海沿岸著名的旅游城市索契。这是一个长久以来令我十分向往的城市,但是原考察计划中并没有这一站,而我在第比利斯大学访问时得知,学校外办为我所购的回程火车票可申请在索契停留两天后再继续旅行。刚好原定一个月的访问考察时间还有两天富裕,所以我就决定中途在索契停留两天游览。为此上车后立即向苏联列车长提出申请,因为是旅游旺季,已暂停中途签票的规定,但在我再三解释和请求下,特别是列车长得知我是来自中国的地理学家,破例给我停留两天的签票,终于实现了梦寐以求的愿望。

索契虽紧邻格鲁吉亚,但在行政区划上属于俄罗斯联邦克拉斯诺达尔边疆区。地处大高加索山脉的最西端,城市东侧分布一系列大高加索山余脉,山势较陡峭;西侧为沿黑海自北向南呈条带状分布的狭长平原,宽约2~10公里。索契地处北纬45°35′,由于受山地屏障,气候温暖湿润,冬季平均气温为6℃~10℃,夏季最高温不超过30℃,全年降水量1000~1400毫米,部分山地可达2000毫米,年平均相对湿度70%~80%。一些喜温湿的亚热带经济作物如柑橘、柠檬、无花果、茶叶、油桐等均可生长,因而被称作地球上纬度最北的亚热带湿润气候区。

大索契旅游疗养区从黑海沿岸的舍普西河到普索乌河口,南北延伸约145公里、东西宽40~50公里。这里四季如春、阳光明媚(一年有200多天阳光普照),风光旖旎。我抵达索契时正值盛夏,街道两侧为美观整齐的棕榈树、桉树和柏树,街旁的花坛和街心花园中,郁金香、丁香、玫瑰、蔷薇等各色奇异鲜花竞相绽放,到处都是花团锦簇、五彩缤纷花的海洋;沿街东侧的山坡上,在绿树掩映下,分布着高程不一的别墅群。在宽广的海滩上,聚集着大批来自全苏各地身着泳装的男女老少游客,有的在海水中嬉戏玩耍,有的在游泳,还有不少年轻人驾驶着舢板冲浪……;在更远的海滩上,许多情侣乃至全家老少打着一顶顶花伞,尽情地享受日光浴。这个人口约35万的城市每年接待游客达500万人,旅游疗养收入约占全市财政收入的80%。在每年6~8月的暑期到处都是人满为患。在索契,我不仅坐旅游观光车游览了绚丽多彩的海滨浴场、植物园、原斯大林别墅所在的"绿树林"、奥斯特洛夫斯基博物馆,并坐缆车直达冬季滑雪胜地——红波利那亚雪山和阿宏山雪山。入夜,全市到处灯光璀璨、火树银花,流光溢彩。欣赏过美丽的夜景后,就在我自费下榻的假日酒店尽情地享受泡温泉(一种水温40℃含硫化氢的温泉),以及高加索的烤肉饼、烤虹鳟鱼、果蔬沙拉等特色美食。一直游玩到次日晚上10点,才恋恋不舍地离开索契,并按时于8月12日上午回到列宁格勒大学。

回校以后,因为尚在暑假期间,所以我休息三天后,决定利用这半个月时间好好游览一下列宁格勒周边的景点和城市。首先我同来自北京中国邮电研究院的好友邵汀一起,从涅瓦河坐游轮游览了距列宁格勒约 30 公里、位于芬兰湾南岸的"夏宫"。这是 18 世纪初，俄国沙皇彼得大帝兴建的郊外离宫，占地近千公顷，其特点是拥有 150 多座造型与大小不一的喷泉、2000 多个喷柱及两座梯形瀑布，其中较著名的有金字塔喷泉、太阳喷泉、橡树喷泉、亚当喷泉、夏娃喷泉等，每个喷泉各有风采，有人物、有动物、个个造型惟妙惟肖，生动可爱。此外，位于夏宫的大宫殿富丽堂皇，而夏宫花园则幽静、深邃。同时，我还参加列大留苏学生组织的游览欧洲最大的淡水湖——拉多加湖。该湖位于列宁格勒东北约 40 公里，坐郊区火车一小时可达。湖面一望无际，碧波荡漾，总面积 1.81 万平方公里，属冰川构造湖，平均水深 51 米，北部最深处 230 米，湖中分布有 60 多个小岛，湖水容积 9100 亿立方米。拉多加湖是流经列宁格勒的涅瓦河及其支流的源头，南岸建有新拉多加运河，为苏联欧洲部分纵贯南北的白海—波罗的海和波罗的海—伏尔加河水运干线的重要组成部分。卫国战争期间，在列宁格勒被德军围困的两年半时期，由于陆上交通完全被切断，冬季利用冰面成为运送粮食和军用物资的重要通道和中转站，对确保列宁格勒保卫战的最终胜利发挥了至关重要作用。我们光着脚、在冰凉的湖水中玩耍，并将从湖中钓到的鲑鱼、白鱼、狗鱼等洗净后放在火上烤后食用，尽情地享受着夏日的欢乐。此外，我们还一起组织乘郊区火车去列宁格勒西北约 130 公里的芬兰湾港口城市维堡，以及邻近的芬兰边境城市拉彭兰德（苏芬边境一日游不需签证）去领略"千湖之国"的美景。

9 月 1 日学校开学后，我们除承担中国大使馆教育处布置的编写"苏联百所大学专业简介"中列宁格勒市的 10 多所大学任务外（我负责列宁格勒大学），其余时间就投入进修总结。《总结》按合作导师批准的进修计划，逐条总结落实情况。我在阅读专业文献、撰写学术报告（论文）及实地调研考察方面都超额完成了任务；但在学术交流方面，特别是平时与教研室教师的学术交流还较少。写完总结后，离回国还有 20 多天时间，我一方面抓紧去书店购买专业书和图集；另一方面，利用这里的图书资料条件，完成了"苏联东部地区国土开发的经验及其对我国的借鉴意义"和"苏联组建工业枢纽中的若干理论与方法问题"两篇论文的初稿。回国后稍加修改后刊于 1987 年 12 月科学出版社出版的《地理集刊》（第 20 号）。

9 月 28 日，我在回国前，专门去教研室与合作导师拉夫罗夫教授道别，对他一年来的指导表示感谢，并顺便将《进修总结报告》俄文打印稿交给他，他草草翻阅了一遍，脸上露出笑容，特别对我一个多月的考察访问所取得的成绩表示赞赏，希望今后在两国社会经济地理的交流中发挥桥梁作用，并请代为转达向吴传钧先生问好！我表示：今后有机会一定请拉夫罗夫教授偕夫人一起到中国访问。国庆节过后，我就开始做回国做准备，这次回国的行李中图书占 3/4（合计约 50 多本），包括最新俄文版《世界地图集》，以及世界海洋地图集中的《太平洋》《大西洋》《印度洋》和《北冰洋》四册，尽管这些图集价格较贵，共花费了 380 多美元，相当于我两个月的生活津贴。但因我当时对海洋有浓厚的兴趣，回国后准备写一本《世界海洋经济地理》，所以咬咬牙把省吃俭用的钱全花在购买图书上。

10月4日离校前一天晚上，列宁格勒大学舍普琴柯大街宿舍区的全体新、老中国留学生为我们举行了欢送晚会，照样他们每人做一个中国菜，一年来在异国他乡建立的深厚感情使我们有些依依不舍，我对这些比我们小10多岁甚至20岁的小弟弟小妹妹送上了良好的祝福："学成归来，报效祖国"。

　　10月5日晚，我们告别了列宁格勒这座英雄的城市，在回国的归途中还要在莫斯科停留三天。6号一早抵达后仍住在去年来苏时下榻的"大学宾馆"，次日参加使馆教育处为我们开的总结会。8号休息一天，当晚11点50分我们从莫斯科乘火车启程回国。在车上我们虽度过了漫长的五天六夜，但归心似箭的心情与一年前来苏时的别离与不安形成鲜明的对照。火车每到一站我们都下车去活动活动，在车站将剩余的卢布花掉。我在伊尔库茨克站又给两个孩子买了一大包她们爱吃的奶油巧克力糖和奶糖。10月14日一早，当火车快要进入二连浩特的国门时，车厢里顿时自发地唱起了"远航归来"的歌声：

　　祖国的山河遥遥在望，
　　祖国的炊烟招手唤儿郎。
　　秀丽的海岸绵延万里，
　　银色的浪花也叫人感到亲切甜香。
　　祖国，我们远航归来了，
　　祖国，我们的亲娘！
　　……

　　我们这批80多位不再年轻的儿女在国外进修将近14个月后终于回到祖国温暖的怀抱。此时此刻，我激动得热泪盈眶。在北京站，我看到了来迎接的国家教委留学生司的领导，以及我们的亲人。这也标志着我的留学生涯画上了一个圆满的句号。

五、后记

　　自1987年10月从苏联回国后，我曾于1990年10月与我所地貌室的尤联元及科研处的王平一起，应邀参加联合国环境开发署在苏联中亚乌兹别克加盟共和国西北部的卡拉卡尔帕克自治共和国首府努库斯召开的"咸海危机：起因及解决途径"国际讨论会，并在会议期间坐直升机考察了咸海，还顺道访问了阿拉木图。回国后，撰写了"咸海危机的起因与解决途径"一文，刊于《地理研究》1991年第2期。

　　1992年5月，我回经济地理部各项科研工作走上正轨后，就请吴传钧先生出面，以中国地理学会的名义，邀请拉夫罗夫教授偕夫人访问中国，以感谢他在国际地理联合会恢复中国合法地位时所做的积极贡献。访问期间，教授夫妇在北京停留了约一周，除分别在我所和北京师范大学做了两次学术报告外，我全程陪同他们参观了故宫、北海、颐和园、八达岭长城，并去王府井、大栅栏百货商场购物。接着又去了上海、广州和正在建设中的深圳，为满足客人要求，还特地游览了与香港交界的中英街，拉夫罗夫教授夫人在此购买了不少化妆品和小家电。20天的行程，使他们亲身感受了中国改革开放的巨大变化，感慨颇深，同时也圆了我的心愿。

2000年8月，我与张豪禧、方创琳三人访俄，在莫斯科和圣彼得堡（1991年9月苏联解体后列宁格勒又改名为"圣彼得堡"）各停留一周。我在回圣彼得堡大学地理与生态学系时，看到系布告栏张贴有拉夫罗夫教授逝世的讣告，尽管当时正值暑假，系里人员很少，但我还是联系到了治丧委员会，参加了追悼会，并征得吴传钧先生同意，以中国地理学会和他的名义敬献花圈，对其夫人和亲属表示沉痛的哀悼和慰问。尽管迄今拉夫罗夫教授已离开我们20年了，但他对推动社会经济地理学发展、为恢复和推动中俄人文—经济地理学交流与合作所做的贡献，以及对我的厚爱与指导，将永志不忘。

我在石景山区担任科技副区长的两年

石景山区位于北京市的西北部，是原北京市城 8 区（东城、西城、崇文、宣武、朝阳、海淀、丰台、石景山区）的重要组成部分。1990 年土地面积 85.7 平方公里，常住人口约 31 万人。历史上石景山区是北京市城区与西部山区及河北省、山西省联系的重要通道。20 世纪 60 年代初以前分属海淀区和丰台区，1958 年成立石景山人民公社，1967 年 8 月正式成立区级行政单元。

石景山区在 20 世纪 90 年代初曾是北京市主要的重工业基地。区内除建有全市最大的首都钢铁公司（以下简称"首钢"）外，还有北京重型机床厂、北京重型电机厂、锅炉厂、燕山水泥厂和高井发电机厂等一批国有大型企业。这些企业实行垂直领导，与地方经济社会发展关联很弱，致使石景山区经济发展长期滞后，1990 年区属经济社会总产值仅 3.94 亿元[①]，国民收入 1.59 亿元，财政收入 0.79 亿元，在北京城 8 区中位居最后。同时，由于重工业集聚，导致环境污染严重，这也是北京 2002 年申奥未能成功的重要原因之一；而财政资金极度困难又造成城市公共服务设施和市政基础设施供应严重不足，生产和生活极不方便，在历次区人大会上，代表们对此意见纷纷。1990 年 12 月，强卫同志担任石景山区区委书记和区人大常委会主任后，下决心要改变这一局面，并找到位于石景山区玉泉路的中国科学院研究生院（现"中国科学院大学"）党委书记王玉民（当时兼任石景山区人大常委会副主任），以及中国科学院副秘书长张云岗。通过研究，决定先做一个顶层设计，即石景山区经济和社会发展规划，并以此为平台，将中科院的一些成熟技术和产品逐步吸引至石景山经济开发区（产业园），推动全区经济的持续快速发展。

一、石景山区规划结束后被留下担任副区长

根据中国科学院资源环境局与我所领导协商结果，决定派遣精干队伍承担此项任务，并由我担任"石景山区经济和社会发展规划研究"课题组组长，区域模拟实验室负责人陈为民任副组长，成员有：宋力夫、裘新生、甘国辉、陈田、冯仁国、刘小金、顿世新、李梅、郑伟元和茅诚等共 12 人。我们于 1991 年 11 月初开始调研，石景山区计委、科委和规

---

① 社会产值是 1990 年初以前国家统计局采用的衡量区域经济社会发展水平的指标。社会总产值同国民生产总值（GDP）的区别在于：计算的范围和方法不同。社会总产值是包括物耗在内的社会总产品价值，而国民生产总值只是新增加的价值。社会总产值只包括物质生产部门，而国民生产总值则包括非物质生产部门在内的国民经济各个部门。

划局还派了 3 名干部全程参与。由于有 1989~1990 年开展的山东省莱州市和禹城县县域规划的经验，因而这一课题进展较为顺利。在两周的实地调研中，我们不仅认真听取区计委、经委、规划、旅游、城建、环保、文教卫生等部门的情况介绍和规划要求外，还深入产业园与开发区、首钢、重型电机厂、燕山水泥厂、高井电厂等国有企业和民营中小企业，以及八大处和游乐园等旅游企业调研，并对鲁谷—衙门口、田村等城乡结合部进行了实地考察。在此基础上，通过三个月的室内总结，于 1992 年 5 月完成《石景山区经济和社会发展规划》（以下简称为《发展规划》）初稿。《发展规划》分为四部分：一是总体规划研究，包括区情分析与评价，经济社会发展战略，核心是利用系统动力学模型，对 2000 年、2005 年和 2010 年经济社会发展模式进行动态仿真，提出不同情景下的比选方案。二是产业发展规划，包括工业、商贸业、旅游业、城郊农业、房地产开发发展规划。提出调整优化产业结构，重点发展商贸、旅游、房地产及轻型制造业，加快开发建设八大处科技工业园（产业园）。三是环境治理与城市基础设施建设规划。包括城市道路交通、市政、环保基础设施，科教文卫和社会服务体系建设。重点为整治大气环境污染，力争用 10 年左右时间实现大气环境达标排放。四是实施规划的政策建议，包括制定吸引外资、土地、税收、劳动就业优惠政策；并对 6 个近中期重点建设项目进行规划论证。

　　《发展规划》初稿完成后，用了一个月时间广泛征求区政府各部门的意见，并完成了修改稿。1992 年 7 月正式向石景山区区委、区人大、区政府、区政协四大班子作了汇报。区委书记强卫认为，《发展规划》是一项成功的顶层设计，为石景山区未来 10 年、20 年的发展描绘了一幅宏伟的蓝图，令人振奋。区长程世峨指出："《规划》是今后政府进行重大决策的科学依据"。10 月 14 日，石景山区人民政府主持召开专家评审会，19 名评审专家学者来自国家计委、中科院、北京市政府部门、规划设计部门、北京大学和人民大学，其中包括中共北京市委常委、市委秘书长欧阳文安、中国科学院资源环境局局长欧阳自远院士、中科院副秘书长张云岗等。评审结论为："《发展规划》以发展经济为主线，内容全面，重点突出，结构完整，勾画了到 2000 年和 2010 年全区经济和社会发展的蓝图，并落实到空间，在理论方法上丰富了城市城乡结合部地区经济与社会发展规划的内容，在实践上对同类地区具有借鉴价值，是一项具有高水平的软科学研究成果，在大城市近郊区规划中居领先水平。"后来，我还代表课题组向时任北京市常务副市长张百发作了汇报，得到了市领导的肯定与表扬，并建议在朝阳、海淀、丰台三个近郊区推广。

　　1992 年 8 月初，在向区委、区政府四大班子汇报《发展规划》后不久，强卫书记和程世峨区长就将我找到办公室，再次表示对《发展规划》的充分肯定，并提出希望我留下协助区政府实施规划，在中科院与石景山区的科技合作中发挥中介作用。当时我对区领导的信任表示十分感谢，但留下来的事要向院、所领导汇报后再定。其后不久，区委组织部就派专人到院、所人事部门征求意见，很快办妥了相关手续。1992 年 8 月底，市委组织部副部长对我进行了任职前的谈话，勉励我作为北京市的第一位教授级科技副区长，希望在任职期间为加快石景山区经济社会发展发挥"高参"作用。

按照石景山区政府与中科院之间达成的共识，我在石景山区任科技副区长的主要任务有两条：一是协助区委、区政府落实《石景山区经济和社会发展规划》；二是在中国科学院与石景山区之间架起院地合作的桥梁。为了协助和加强科技副职工作，院所人事部门还选派了三位同志协助我的工作，其中遗传研究所刘桐华任区农委副主任，我所的赵千钧和程志刚两同志分别担任区科委副主任和区环保局副局长。

经石景山区十届人大第二次会议通过，1992年9月任命我为科技副区长，强卫以区人大名义签发了任命书（1992年8月～1996年8月），我于9月15日正式赴石景山区政府上班。

二、任期主要工作

我到任后，根据区政府的工作分工，主要协助主管副区长分管区计委、区规划局和区科委的部分工作，如参与重大招商引资项目的策划，科技人才与项目的引进，协调区政府与中央和市属企业的关系等。在两年任职期间，我主要做了以下三方面工作。

1. 协助区政府协调与首钢的关系

石景山区建区的重要初衷之一，就是要为区内的首钢、北重、北重电机、北锅、电厂、燕山水泥厂等八大国有企业和驻区的中央和北京市的党、政、军部门做好服务保障工作。其中首都钢铁公司是石景山区最大的国有企业。1990年，首钢厂区及其配套协作企业和家属居住区面积约10平方公里，户籍人口超10万人，约占全区总人口的1/3。首钢不仅对北京市工业总产值和财政收入贡献很大，而且也在一定程度上带动了石景山区商贸和社会服务业的发展；但同时石景山区也深受其环境污染之苦，特别是随着1980年代末和1990年代初首钢生产规模不断扩大，严重的大气污染使得首钢周边的许多居民区全年都不敢开窗通风，嘈杂的环境噪声使得周边居民日夜不得安宁；首钢众多的超重大卡车将石景山区的主干道——石景山大街压得坑坑洼洼，严重影响市政交通……居民对此意见很大。另外，由于首钢是中央直属企业，首钢公司党委书记、董事长周冠五还兼任冶金工业部副部长，因此首钢根本看不上经济技术十分薄弱的石景山区。首钢的许多协作企业宁可舍近求远放在河北省，致使石景山区属企业长期发展缓慢，区属经济增长乏力，居民就业困难（尤其是农转非人员）。针对上述问题，以强卫为班长的新一届区委、区政府成立后，将理顺石景山区与首钢的关系放在政府的重要议事日程，强卫书记带领区委、区政府班子主要成员拜访首钢，重点介绍石景山区未来五年和十年的经济社会发展规划，虚心听取首钢对政府工作的意见（如商业网点布局、市政基础设施建设、首钢子女入学问题等），并建立了双方定期协商的联席会议制度。我作为联席会议成员之一，由于是中科院派来的教授（研究员），首钢公司和所属部门领导对我的意见还比较重视，所以我与区计委、经委和科技局的有关领导一起，与首钢计划生产部负责人交流商谈了两次，对首钢部分配套企业向石景山转移达成共识。决定从1993年起,将首钢的部分冶金设备配件、电器开关、汽车零配件、部分新型建材生产逐步转移至石景山区属企业;而石景山区则在市政基础设施建设、商业网点、普通中学和职业技术教育与首钢密切协调。通过与首钢等8大国有企业的沟通与合作,为石景山区工业和服务业的持续发展奠定了基础。

2. 引进中国科学院有关高新技术和产品

针对当时石景山区工业支柱行业——机械电子工业"小而散"、设备陈旧、技术落后、产品批量小和附加值不高的状况,以及《发展规划》对八大处科技园重点发展电子和新材料的产业定位,我组织分管工业的副区长、区计委、区科委及有关企业负责人,参观考察中科院科技型企业——"联想""希望""三环公司"与"中科控股集团",以及中科科仪厂、"581厂"(现微电子中心)。通过考察交流,为石景山区机电产业产品升级指明了方向。其中,电子产业的发展以劳动密集型的电子元器件为重点,从中科院电子所和半导体所引进较成熟的技术,从元器件起步,再到生产组合件和电子产品;新材料领域重点引进新型磁性材料钕铁硼(Nd-Fe-B)技术。钕铁硼是国际上于20世纪80年代才出现的新型永磁材料,号称"永磁王",广泛应用于电子、电声、电工、电机、仪表等行业以及节能环保等领域,尤其适合在石景山区发展,能带动一大批区属企业产品跃上新台阶。中科院金属所、物理所、电子所、电工所、长春应用化学所及院属"三环新材料研究开发公司"在钕铁硼的原材料制备和产品的开发方面处于国内领先水平。经过一系列的考察和反复的论证,最终成功地将其引进八大处科技工业园,迄今已发展成为新材料行业的龙头企业。此外,近年石景山区文化创意产业中的支柱产业——数字电子产品的快速发展,也得益于当年电子元器件行业打下的基础。

3. 协助区政府及有关委、办、局提升信息化管理水平

石景山区是北京市城近郊8个区中建区最晚、科技及管理力量最薄弱的一个区。为此,我们发挥中科院在信息技术方面的优势,为区政府有关委、办、局建立了信息化管理系统。例如,协助区计委建立了"八五"及"九五"重点建设项目库,包括项目名称、建设性质(新建或改扩建)、建设起止年限、建设规模及主要建设内容、总投资及分年度投资、投资来源、新增效益(产值、利税、就业人数),以及项目建设单位等方面内容;协助区科委建立了基础科技信息库(包括科技人员状况、科技型企业及科技成果转化等方面内容);协助区环保局提高环境监测手段与技术,以及建立环境监测数据处理信息系统等。这些基础性工作,对提升政府部门的管理水平发挥了重要的作用。

三、两点体会

1. 必须紧跟时代步伐,与时俱进

20世纪90年代初,是中国实行改革开放以来,处于体制机制变革的关键时刻,如何从传统计划经济转变为社会主义市场经济，如何加快改革开放步伐，推动国民经济又快又好地上一个新台阶。带着以上问题，邓小平从1992年1月18日至2月21日先后视察武昌、深圳、珠海、上海等地，并发表了一系列重要讲话，这就是著名的"邓小平南巡"，由此掀起了新一轮改革开放的热潮。因此，无论是作为一个规划学者，还是作为一名基层领导干部，必须准确地把握时代特征，与时俱进，始终站在时代前列，始终坚持解放思想、实事求是和开拓进取，在大胆探索中求得新发展。

以石景山区为例，随着全区和全市经济的持续发展，居民对旅游业的消费需求不断增强，旅游业发展的市场潜力越来越大。为此，我们进行了超前规划，围绕将石景山区打造成为首都近郊的大型游憩、娱乐基地的定位，提出扩建石景山游乐园，开发建设三山公园，完善法海寺森林公园功能，恢复八大处三山八刹的佛教圣地风貌，开发北部山区的康复疗养旅游项目等。这些项目的顺利实施，使石景山区的游憩、娱乐业走上了持续、健康、快速的发展之路。

2. 深入基层，虚心向群众学习

毛主席教导我们：群众是真正的英雄。从群众中来，到群众中去，深入基层、深入实际、虚心向人民群众学习，诚心接受群众监督，始终根植人民、造福人民，是我们党的优良传统，也是对一名基层领导的基本要求。我在深入群众的过程中，不仅学到了很多知识，而且对自己的心灵也是一次洗涤。例如，在石景山区农村城市化调研中，针对耕地日渐减少、农转非就业困难等情况，当地农民提出加快发展"工厂化农业"、"都市农业"、"生态林业"等发展模式，不仅扩大劳动就业和增加收入，而且也支持了农村城镇化的健康发展。又如，我有一次随主管副区长去衙门口村，就农村城市化中的拆迁问题听取农民意见（因为五年前市政府已明确将鲁谷—衙门口作为疏解西城区人口的承接地），去前我们预计一定会碰到不少困难，所以做了一定的思想准备。但副区长做完动员报告后，许多农民群众表现出来的以国家利益为重，以及通情达理和"舍小家顾大家"的集体主义精神，使我深受震撼，这与知识分子惯有的个人至上、优柔寡断、好高骛远、妄自尊大等通病形成了鲜明的对照。相比之下，后者的品格显得多么低下，简直无地自容。

我在石景山区挂职虽只有短短两年（实际上1994年以后因扩招博士生和工作繁忙，所领导让我每周一、三、五去三天），与其说两年中我用人民赋予的权力，为区里办了几件实事，还不如说我在深入基层的过程中，思想得到的净化和心灵的洗礼，这对我以后的科研和人生必将产生很大的影响。使我对为人民服务的内涵有了更深的理解和认识，要时时刻刻关注基层群众的疾苦，用自己的知识和菲薄的力量全心全意地为他们服务，使他们生活得更加美好。

（本文刊于中国科学院地理科学与资源研究所所志系列丛书《地理学发展之路——中国科学院地理研究所科学活动回忆录（1940~1999）》；收录于陈文占主编：《石景山区地方志》，北京出版社，2005年）

主持"三峡库区移民开发与可持续发展"研究项目

自 1996 年我被国务院三峡工程建设委员会移民开发局聘为移民安置规划评估咨询专家,至 2002 年 6 月"三峡库区移民开发与可持续发展"研究项目告一段落,参与三峡库区移民安置规划与移民开发研究工作历时约 6 年。其间先是参与三峡工程湖北库区 4 县(区)和重庆库区 10 县(市、区)淹没处理及移民安置规划的评估与咨询工作;后又作为第一负责人参与了"三峡库区移民开发与可持续发展研究"研究项目的立项、实地调研、研究报告编写、研究成果汇报和项目验收全过程。由于三峡工程建设时间跨度较长等原因,直到 2010 年 12 月,"三峡库区移民开发与可持续发展"项目被国务院三峡工程建设委员会办公室评为"三峡工程移民科研优秀成果",并颁发荣誉证书。

一、三峡库区移民是世界级难题

水库移民是由于兴建水利水电工程淹没库区土地和房屋等生产与生活设施而导致的人口迁移。据 2010 年统计,全世界已建成和在建的水库总库容达 6 万亿立方米,其移民达数千万人。中国是世界上水库移民最多的国家,自 1949~1999 年的 50 年间,共修建大、中、小型水库达 8.4 万座,包括在建的长江三峡、黄河小浪底工程等,全国水利水电工程移民总数达 1750 万人(含工程建设期间移民人口的自然增长)。

长江三峡工程是迄今为止世界上规模最大的水利枢纽工程和综合效益最广泛的水电工程。具有防洪、发电和航运等综合功能,其中防洪功能居首位。规划三峡大坝建成后,防洪总库容为 221.5 亿立方米,水库蓄洪可削减洪峰流量 27000~30000 立方米/秒,使长江荆江河段的防洪标准从十年一遇提升为百年一遇;水电站总装机 2250 万千瓦,年发电量 1000 亿千瓦时;改善航运里程 660 公里,万吨级船队可直达重庆,年单向通航能力从 1000 万吨提高到 5000 万吨。但是该工程也存在一些亟待解决的重大问题,主要有:大规模移民问题,泥沙淤积问题,诱发山体滑坡等次生地质灾害问题,库区水环境问题,珍稀动物和文物保护问题,以及巨大的工程建设投资(动态总投资超 2000 亿元)等,其中尤以移民问题是最大的难点。有着浓厚三峡情结的毛泽东主席对三峡工程移民问题十分重视。1958 年 3 月 30

日毛主席乘船视察规划中的三峡工程大坝时，对同行的长江水利委员会主任林一山等同志交代："让近百万群众搬出家园，这可是一代人为国家建设做出的沉重奉献。大批移民得生产，得穿衣吃饭，他们的子女得受教育。这些事，今后总得妥善安排。"因此，自 20 世纪 50 年代初起，三峡工程经历了漫长的规划论证过程。1989 年 5 月，水利部长江水利委员会在汇集全国有关专家学者意见基础上编制的《长江水利枢纽可行性研究报告》经国务院审查通过。经进一步完善后，于 1992 年 4 月提交全国人大五次会议审议，尽管最后《关于兴建长江三峡工程的决议》获得基本通过，但在该议案表决时，2633 名全国人大代表投赞成票的虽占 67.1%，但投弃权和反对票的占比却高达 32.9%，这是迄今为止全国人大通过的重大议案中赞成票率最低的一次，既表明了代表们对三峡工程的高度重视，也反映了对其存在的问题和有可能产生的负面影响的深深担忧。

根据《关于兴建长江三峡工程的决议》，三峡水库大坝按坝高 185 米、蓄水位 175 米设计，库区范围包括：湖北省宜昌市的夷陵区、秭归县、兴山县、恩施自治州的巴东县；重庆市的巫山县、巫溪县、奉节县、云阳县、万县市三区（龙宝、天城、五桥）、开县、忠县、石柱县、丰都县、涪陵市两区（枳城、李渡）、武隆县、长寿县、渝北区、巴南区、江津市，共 19 个县市区。库区土地总面积约 5.6 万平方公里，总人口 1589.6 万人（均为 1995 年行政建制及人口）。由于三峡水库属于典型的河道型水库，蓄水位 175 米时，水库面积 1084 平方公里，总库容 393 亿立方米，其中防洪库容 221.5 亿立方米。所以尽管三峡水库直接淹没的陆地面积仅 632 平方公里，但因水库沿岸长 680 公里的狭长地区是人口和城镇密集、经济活动强度较大的地区，因而移民数量和搬迁工程量很大。据长江水利委员会 1995 年 4 月统计，三峡水库 175 米蓄水淹没线需迁移人口 84.75 万人，其中城镇人口 49.88 万人，农村人口 34.87 万人；库区受淹城市 2 座（万州及涪陵）、县城 11 座（其中全淹和基本全淹 8 座）、集镇 116 个、村庄 1680 个。库区淹没房屋 3473 万平方米，耕园地 41.9 万亩，工矿企业 1625 个，以及大型码头、公路、输电、通讯等基础设施。如考虑到三项工程建设周期长达 17 年间（1993～2009 年）的人口自然增长和工程建设中的二次搬迁等因素，规划最终移民总数将达到 113 万人。移民规模之大、人数之多，在世界水利水电史上都是空前的。如著名的埃及尼罗河上的阿斯旺水库，总库容 1689 亿立方米，移民总数为 12 万人。又如 1990 年代世界上最大的巴西与巴拉圭之间巴拉那河上的伊泰普水电站，总库容 290 亿立方米，装机容量 1400 万千瓦，年发电量约 900 亿度，其移民仅 4 万人。即使是移民较多的印度河上的克里希纳水利工程，移民也只有 24 万人。特别是由于三峡库区地处大巴山褶皱带、川东平行岭谷褶皱带和鄂湘黔隆起褶皱带三大构造单元的交汇处，境内山高谷深，在人类长期高强度开发下，土地垦殖率较高（27.2%），陡坡开荒普遍，水土流失严重，人地矛盾十分尖锐，移民环境容量严重不足。加之长期以来由于受三峡工程几上几下的影响，建设投资较少，经济社会发展严重滞后，1995 年三峡库区人均 GDP 不到全国平均水平的一半，是我国主要的集中连片贫困区之一，其中有国家级贫困县 8 个（湖北省的秭归、巴东县，重庆市的巫山、巫溪、云阳、奉节、石柱及开县），移民搬迁任务十分艰巨，因此被国内外人士称为"世界级难题"，也是三峡工程成败的关键。

二、三峡工程库区各县（市、区）移民安置规划评估工作

为给三峡工程设计和建设提供重要的科学依据，水利部长江水利委员会会同湖北和四川两省地方政府，于 1991~1992 年对湖北库区 4 县（区）和原四川库区（1997 年重庆成为直辖市后改为"重庆库区"，下同）18 县（市、区）进行了淹没实物指标调查统计。调查内容包括：受淹总人口（含农业人口和非农业人口）、耕地、园地、河滩地、林地、柴草山、鱼塘，受淹集镇、受淹工矿企业数，淹没各类房屋面积，受淹公路里程（分二、三、四级公路），受淹高压输电线路、邮电通讯线路和广播线路长度（均为杆公里），受淹小水电站和抽水站（千瓦），受淹港口交通设施（含一类及二类港口和码头）等。在调查淹没实物指标基础上，按照《长江三峡工程建设移民条例》《长江三峡工程水库淹没处理及移民安置规划大纲》，以及国务院三峡工程建设委员会 1994 年 12 月 29 日发布的《关于批准三峡工程水库移民补偿投资概算总额及切块包干方案的通知》要求，由湖北和四川两省移民办公室牵头，会同库区有关市、县、区人民政府于 1994~1996 年相继完成了库区 22 个县（市、区）淹没处理及移民安置规划，并在 1996 年末至 1997 年 4 月由三峡移民工程咨询中心分四次组织专家进行评估。现将作者亲自参与的重庆库区（占三峡工程受淹陆地面积 74%、淹没区总人口 85%）为例，对库区 18 县（市、区）淹没处理及移民安置规划评估情况作一简述。

在正式评估前，为帮助未曾到过三峡库区的专家了解库区移民工作实际，并熟悉移民安置规划流程，三峡移民工程咨询中心于 1996 年 12 月 1 日组织部分专家对重庆库区 10 县（市、区）进行了为期两周实地考察。考察组专家集体乘坐游轮，每天停靠在长江沿岸不同的县（市、区），白天上岸考察，晚上吃住在船上。专家们每到一地，除听取县市政府领导和移民局介绍移民安置工作汇报外，还实地考察城镇迁建、工矿企业搬迁、港口等交通基础设施复建规划现场，并广泛征求工厂业主、农村干部、移民群众意见。通过实地考察，专家们一致反映收获很大，不仅对库区移民工作的重要性和艰巨性有了感性认识，也为下一步开展评估咨询工作奠定了基础。

1. 巫山、巫溪、奉节、云阳、忠县移民安置规划评估

巫山、巫溪、奉节、云阳、忠县五县是三峡库区移民搬迁的重点区域。五县受淹陆地面积占整个三峡库区的 35.3%，受淹人口占 35.4%，受淹耕园地占 35.7%。上述五县移民安置规划评估于 1997 年 2 月 25 日至 3 月 3 日在湖南长沙市举行。与会的评估专家共 52 名，我所所有 5 名同志参加。其中，我与刘毅分在工矿企业迁建改建规划及补偿投资核算组，李荣生分在农村移民安置规划组，顾朝林分在城镇迁建规划组，张文尝分在专业项目迁建复

建规划组。由于本次为四川库区18县（市、区）移民安置规划的首次评估会，因此，在评估会的开幕式上，三峡建委移民开发局移民工程咨询中心主任黄定国、四川省三峡移民办主任任全辉、水利部长江水利委员会副主任傅秀堂、四川省政府副秘书长袁福有、重庆市副市长甘宇平、三峡建委办公室计划资金司副司长陶景良、三峡建委移民开发局规划司司长段志德做了主题发言，介绍了四川库区移民安置规划的编制过程，并对淹没实物指标的调研与测算、移民规划安置的标准、资金安排，以及对规划评估要求作了说明。接着，专家们本着高度负责的科学态度，用两天时间认真审阅了五县的移民安置规划文本，重点为本人承担评估的工矿企业迁建改建专项规划，通过审阅规划文本和与同组专家的会下交流，形成了专家评估报告，准备好评估会上的发言提纲。次日，我在会上第一个发言，除对巫溪县以外四县的工矿企业、迁建规划及补偿投资核算（巫溪县无受淹工矿企业）给予基本肯定外，重点针对资产评估的对象、范围、方法、补偿投资核算调整原则与办法，特别是对工矿企业迁建中过分强调"三原"原则（原规模、原标准、原功能），以及工矿企业迁建改建规划如何同工业结构调整、工业总体布局和扩大农村剩余劳动力就业相结合等问题提出了6条建议，被专家组采纳作为会议简报上报。

农村移民安置规划组评估专家意见可归纳为：一是关于生产安置人口计算（即按照被征用的耕地面积除以征地前被征地单位的人均耕地面积），各县的修正系数存在内容与口径不统一问题。二是关于环境容量与移民安置区的选择，各县应本着多途径多渠道的原则，加强土地开发力度，积极扩大县内安置移民的环境容量。三是关于移民外迁问题，巫山、奉节、云阳、忠县4县规划外迁移民6万多人，外迁可采取多种形式，如劳务输出、投亲靠友或自找门路等。四是尽快编制移民搬迁进度与投资流程规划。

城镇迁建规划组评估专家的总体意见为：巫山、奉节、云阳、忠县四县城总体规划是较为合理可行的。建议其道路规划要依山就势，道路不宜过宽，但可加大路网密度；城市排水系统采用雨污分流制；千方百计节约用地，并通过进行综合性地质灾害防治和护岸、回填、造地等方式，扩大城市建设用地。对集镇规划，要因地制宜控制人口和建设规模，应与农村移民就业安置和迁建投资相协调；对半淹集镇（如云安、云阳镇）应补充功能恢复规划，并重视恢复大昌老城（巫山县）等一批有特色的城镇风貌和民居。

专业项目迁建复建规划组评估专家对公路复建规划予以基本肯定，认为"布线指导思想对头、方案合理、规模标准适当"，但应协调处理好过境线与城镇道路、港区与城市道路和连结线的衔接配合。港口码头复建应加强巫山、奉节与忠县港址的选择和港区总体布局的优化。电力、广播电视、邮电通信设施的复建在坚持"三原"原则的同时，应适当考虑未来的发展，并为其提供必要的预留用地。

分组评估结束后，于3月3日召开了闭幕式。长江水利委员会规划设计院总工程师唐登清、重庆市三峡办副主任罗世校、长江水利委员会副主任傅秀堂、三峡建委办公室计划资金司副司长陶景良、三峡建委移民开发局规划司司长段志德、三峡建委移民开发局移民工程咨询中心副主任黄喜洋做了总结发言，对评估会上专家所提出的意见和建议进行了归纳汇总，对规划中存在的一些问题（如地质灾害防治、生态环境、文物保护等）作了说明，并表示要充分吸收各位专家的意见，抓紧分县移民安置规划的修编工作。

2. 万县市三区、开县、石柱县移民安置规划评估

万县市三区（龙宝、天城、五桥）、开县、石柱县移民安置规划评估于1997年3月29日至4月2日在成都市举行，参加评估会的专家共53名，我所有8位同志与会。其中，我与赵令勋、刘毅分在工矿企业迁建改建组，陆大道、郭焕成、李荣生分在农村移民安置规划组，顾朝林和张文尝仍分别参加城镇迁建规划组和专业项目迁建规划组。本次评估会新增了环境保护规划组，但我所无人参与。

本次评估工作所涉及的行政单元虽只有一市两县，但其中的万县市（后改为"万州市"，下同）则是三峡库区的4个地级及以上城市中受淹人口和工矿企业最多的城市（受淹人口16.1万人、工矿企业372家）；开县则是三峡库区受淹人口最多的县（受淹人口11.08万人），加之淹没区（位于长江支流小江沿岸）是三峡库区少有的河谷平原，因而有近50平方公里的人口与经济密集区被淹没，损失十分巨大。

由于已是第二次移民安置规划评估会，所以开幕式与闭幕式都免了。评估过程与上次基本相同。我所在的工矿企业迁建改建规划及补偿投资核算评估组，专家们针对补偿投资的界定、评估方法的统一（如设备补偿、停产损失等）、评估程序与机构、补偿投资的核算提出了不少具体意见；并建议：受淹工矿企业的迁建改建规划应在相应市县的中长期经济与社会发展规划指导下，明确发展方向、行业结构调整、支柱产业选择等；采用组合式搬迁，并与扩大就业、治理环境污染、控制用地扩张相结合；避免利用工矿企业迁建改建规划盲目上项目、铺摊子、扩大规模，而忽视企业整体素质和效益的提升，最终导致投资总规模过大，超出补偿投资包干数。

农村移民安置规划组提出，应遵循"搬得出、稳得住、能致富"的总原则，扩大安置范围、加大农村产业结构调整力度，加强科技扶持，加快乡镇企业发展；万县市三区应充分发挥城郊农业优势和为城市工业服务的有利条件，拓宽安置门路；开县、石柱应充分发挥畜牧业、林业基础较好的比较优势，广辟安置渠道。此外，还对生产安置人口的计算、移民分批搬迁的流程和补偿资金的安排等提出具体意见。

城镇迁建规划组重点针对万县市和开县县城规划进行了评估。专家建议，利用万县市迁建机遇，重新修编万县市总体规划，将其定位为："长江中上游结合地带的水陆交通枢纽，第二、三产业发达、环境优美，具有旅游服务等多种功能的现代化城市"。并提出，调整龙宝区移民迁建规划用地，将开县县城与驷马镇合并规划，重视开县县城小江上游和石柱沿溪镇的滑坡等地质灾害防治。

专业项目迁建复建规划组的评估重点为：对万县市港口码头的复建规划应坚持"一城一港"原则，搞好港口和作业区的合理布局。由于2003年三峡工程坝前水位达到135米时，万县港大部分泊位将被淹没，因而要加快制定 80 个泊位的复建实施计划。此外，对公路、电力设施、邮电通讯及广播电视复建规划应进一步优化线路合理布局与补偿投资测算。

环境保护规划组共有 6 位评估专家。建议应加强环境容量测算，编制环境功能区、水环境污染控制和水质保护规划，综合论证开县 145 米低水位时约 50 平方公里消落区的环境治理方案；库区工矿企业迁建改建应以环境功能分区为依据，优化行业结构与合理布局。

3. 涪陵市及原重庆市所属区（县）移民安置规划评估

本次评估涉及行政单元较多，包括涪陵市枳城与李渡区、丰都县、武隆县、长寿县、重庆市区、渝北区、巴南区及江津市，共有 8 个市（县、区）。除涪陵市区及丰都县受淹面积较大（分别为 51 平方公里和 30.5 平方公里）和受淹人口较多（分别为 6.86 万和 5.46 万人）外，其余市（区、县）淹没相对较少。第三次评估会于 1997 年 4 月 22 日至 26 日在云南昆明召开。与会专家共 50 名，其中我所有 6 位同志参与。我与赵令勋、刘毅仍参加工矿企业迁建改建规划及补偿投资核算评估组，郭焕成与李荣生参加农村移民安置规划组，顾朝林参加城镇迁建规划组。评估流程与第二次相同。我所在的工矿企业迁建改建规划组评估的主要意见可归纳为：一是 8 个县（市、区）报告编制水平参差不齐，其中除涪陵市二区较为规范外，其他县（市、区）普遍存在基础数据不全，补偿投资核算的口径、范围、评估方法不一致与不衔接等问题，丰都县和巴南区尤为突出。二是受淹工矿企业的迁建改建规划深度不够，未能很好地与产品的市场需求、工业结构的调整、新技术的开发应用、环境保护和城镇迁建规划相衔接。三是应抓紧制定工矿企业迁建改建中的配套政策，如用好用足对口支援政策、扩大劳动就业政策、税收优惠政策等。四是不断提高管理水平，建立项目的实施监测、管控和跟踪评估制度。

农村移民安置规划组评估的主要意见：一是 8 县（市、区）规划中有关生产安置人口的计算不统一、不规范，特别是所采用的"修正系数"科学依据不足。二是农村移民中土地补偿费和安置标准总体偏低，且各县（市、区）差距较大。三是由于耕地数量有限，农村移民安置中应扩大第二、三产业的安置。四是加强农村转移安置中的配套基础设施建设规划。

城镇迁建规划组评估中，重点对涪陵市城区、丰都县城及长寿县城迁建规划中存在的问题提出三点建议：一是涪陵作为乌江流域最大的物资集散地和长江上游的重要港口之一，应做好移民迁建防护工程规划，移民迁建区宜采取分片组团式布局。二是丰都县城迁建中应重视文物保护和地质灾害（滑坡）整治。三是长寿县城仅局部受淹，应做好河街功能恢复规划，以及移民安置区黄角湾小区的详细规划。此外，对受淹的 29 个集镇需因地制宜编制迁建规划和落实防护措施。

专业项目迁建复建规划组的评估，重点围绕涪陵港与丰都港淹没复建规划中的港区选址及作业区布局问题展开。特别是三峡水库建成后对涪陵港泥沙淤积的影响，以及白鹤梁文物的保护。此外，还涉及到受淹的 33 座小水电站失去功能后的复建补偿，以及受淹公路、电力、邮电通信、广播电视设施的复建工作。

环境保护规划组评估时提出，应对移民安置规划中的环境问题进行汇总和列出清单。如农村移民安置中的环境容量，工矿企业迁建改建中的环境污染（重点水环境污染），城镇迁建中环境地质灾害等问题，并提出有针对性的治理措施。此外，还需规范环境保护补助经费的使用及效益评估工作。

本次评估结束后举行了闭幕式。长江水利委员会副主任傅秀堂、三峡建委移民开发局移民工程咨询中心副主任黄喜洋、三峡建委移民开发局副局长宋原生作了总结发言，对评估会上专家提出的 400 多条意见建议和 10 多万字的书面评估报告予以高度肯定，并将在会后对三峡工程库区 22 个县（市、区）的移民安置规划修编中逐条落实。

由三峡建委移民开发局组织、历时长达 20 多天、前后共有 200 多位专家参与的三峡工程库区重庆 22 个县（市、区）的淹没处理及移民安置规划评估工作，充分体现了移民安置工作中的科学民主决策精神，对三峡库区移民工作的重大调整起到了重要的促进作用。1999 年 6 月 6 日，国务院办公厅发布《关于三峡工程库区移民工作若干问题的通知》（国办发〔1999〕53 号），其中最核心的是移民工作的"两个调整"，即：一是农村移民安置从"就地后靠，以土为本"，调整为就地安置与异地安置、集中安置与分散安置、政府安置与移民自找门路安置相结合的"三结合"政策，鼓励更多的农村移民外迁安置。新增库区规划外迁移民总数 12.5 万人。其中，湖北库区 2.5 万人全部在本省非库区安置；重庆库区 10 万人，在本市非库区安置 2 万人，投亲靠友、自主分散安置 1 万人，出市外迁安置 7 万人[①]。二是淹没工矿企业从"原样复制搬迁"调整为：加大企业结构调整力度（包括企业组织结构、所有制结构和产品结构调整），关停破产淘汰一批，资产重组发展壮大一批，对口支援嫁接盘活一批。此外，针对加强移民资金管理、重视保护生态环境和文物、进一步做好对口支援工作，相应地出台了一批新政策，这对 2009 年三峡工程的顺利完工起到了重要的保障作用。

三、"三峡库区移民开发与可持续发展"项目的申报与实地调研

通过参与三峡工程重庆库区移民工作的初步考察和 18 个县（市、区）移民安置规划的三次评估会，使得我们对三峡工程移民工作的重要性、艰巨性和长期性有了更深入的了解。在每次参与评估的专家中，我所多则 8 名，少则 6 名，并且分布在 4 个组，提出的评估意见专业性和针对性较强，受到与会领导和专家们的重视。因此，在第三次昆明评估会期间，三峡建委移民开发局规划司领导找我和赵令勋同志，希望我所能参与三峡工程移民科研项目。该项工作从 1997 年 5 月开始筹备，通过征求我所参会同志的意见，决定将项目名称定

---

① 重庆库区外迁安置农村移民 7 万人中，四川省安置 9000 人，湖北、江苏、浙江、山东、广东省各安置 7000 人，上海市和福建省各安置 5500 人，安徽、江西、湖南省各安置 5000 人。

为"三峡库区移民开发与可持续发展研究",既可为三峡库区工程移民开发工作提供科学的方案与对策,也契合当时我所经济地理部将区域可持续发展作为主攻方向之一的长远目标。为此,我用一周时间起草完了项目立项报告(初稿),并与赵令勋同志一起分别向三峡建委移民开发局宋原生副局长和规划司段志德司长作汇报。他们一致认为,选题很重要,研究内容针对性强,可作为三峡移民科技项目的综合性课题,统一上报,并提出要加强前瞻性和应用型研究,围绕国务院1999年53号文件精神和"两个调整"的战略方针,提出具体落实方案、行动与对策。为更好地集思广益,我们又在经济地理部就立项报告召开了讨论会,广泛征求老、中、青同志特别是参与三峡库区分县(市、区)移民安置规划评估咨询工作的赵令勋、张文尝、郭焕成、李荣生、顾朝林、刘毅、樊杰等同志的意见,会后又对立项报告进行了认真的修改。1997年10月,"三峡库区移民开发与可持续发展研究"作为三峡库区移民科研重大项目经所领导批准,由所科研处上报中科院资源环境局再统一上报三峡工程建委移民开发局。

1998年,尽管当时我正在负责唐山市政府委托的"唐山市跨世纪经济和社会发展战略研究"项目,这是唐山大地震之后20年、继我所胡序威和李文彦等主持的1976年唐山地震重建规划之后的第二轮规划,加之涉及到曹妃甸港的开发规划,意义重大;同时这也是1997年我担任经济地理部主任以来主持的首个跨研究室的区域规划项目,不敢有所闪失。因此,我除完成唐山规划任务外,还要时刻关注三峡移民课题申报的动向。其间,我曾于5月和8月两次回京参加项目的初评和复评答辩。1998年10月,唐山规划工作告一段落后,我和赵令勋同志全力以赴投入三峡库区移民项目立项工作,尽管复审已获通过,但这类竞争性项目仍充满变数和不确定性,随时有可能因外部因素而被"拿下"。由于我所自1996年工资改革试点后,科研人员工资由职务工资、绩效津贴和生活补贴三部分构成,其中人均科研经费强度则是当时衡量绩效的最主要指标。而彼时的经济地理部,由于科研课题,尤其是重大项目少,人均经费强度较小,因而该项目申请成功与否将直接影响到未来几年众多科研人员的绩效津贴。为此,我们两人不敢有丝毫懈怠,多次找三峡建委移民开发局和中科院资环局有关领导,以及参与项目评议的专家汇报工作,争取获得他们的支持。其间也不乏身心交瘁之时。其中,最难忘的是1998年12月下旬的一天晚上,我和老赵两人冒着凛冽的寒风,在祁家豁子等候公共汽车进城那次汇报工作的场景……好事多磨,1999年元旦上班后第二天,科研处同志通知我,项目已获批。我和赵令勋立即去三峡建委移民局找段志德司长了解详细情况,得知该项目拟分两期进行,总经费初定600万元,其中,第一期经费300万元,包括以下8个专题:①三峡库区主要自然资源开发利用现状、潜力与合理开发途径研究;②三峡库区人口增长与移民安置研究;③三峡库区移民安置与农业及农村经济可持续发展研究;④三峡库区移民开发与产业结构调整优化研究;⑤三峡库区工矿企业迁建与库区工业持续发展和合理布局研究;⑥三峡库区高效生态农业与农业产业化发展模式研究;⑦三峡库区移民开发中的交通设施建设与合理布局研究;⑧三峡库区移民开发中的对口支援与经济技术合作研究。并明确我为项目总负责人，负责与项目委托单位三峡建委移民开发局规划司签订合同；各专题组同时分别与三峡建委移民开发局规划司和项目负责人单位签合同。按合同规定，项目首批经费（150万元）于1999年第一季度到位后正式启动。

"三峡库区移民开发与可持续发展研究"项目组集中调研分两次进行。第一次是5月3日至6月18日对重庆库区18县（市、区）进行集中调研。参加调研工作的除我和赵令勋、孙尚志、张文尝、张豪禧、李宝田等几位老同志外，还有当年属于60后的学术骨干，如樊杰、张雷、方创琳、王黎明、刘彦随、张文忠、钱智、杨荫凯、许光洪，以及高群等一批在读的博士生；此外还有中国人民大学的李强、洪大用等4人，以及北京交通大学的胡天军，合计约30多人。5月3~10日在重庆市，项目组集中听取市政府、三峡建委移民开发局、长江水利委员会、重庆市三峡移民办等单位详细介绍整个三峡工程库区和重庆库区有关移民工作的情况；后又分为农村移民及农业发展、工矿企业迁建、城镇迁建、基础设施复建、资源与环境、统计数据收集6个组，分别前往重庆市有关对口部门进行深入座谈、调研及收集资料，最后项目组又用一天时间进行交流和讨论，为即将开展的重庆库区分县（市、区）实地考察做准备。

分县（市、区）考察调研从5月11日开始，从巫山县起，溯江而上，经巫溪、奉节、云阳、万县市（万州）、开县、忠县、石柱、丰都、涪陵、长寿至重庆市区；并由此再分三个小组，分别前往淹没面积较小、受淹人口较少的巴南、渝北、江津等地调研。6月18日，重庆库区集中考察调研工作结束，各专题组在重庆进行阶段总结。在此基础上，我起草完成了《三峡工程重庆库区调研工作汇报提纲》，就重庆库区移民安置与可持续发展中的人口环境容量与扩大外迁移民、库区移民开发与产业结构和产业布局调整优化、库区工矿企业迁建与关停并转和企业重组、库区高效生态农业与农业产业化发展模式、库区港口复建与港区合理布局，以及如何发挥对口支援在库区移民开发与可持续发展中的作用等6个方面，向市政府领导汇报。听取汇报的有：重庆市政府分管移民工作的常务副市长甘宇平，分管工业、交通的副市长李德水，主管移民工作的政府副秘书长王耘农，专程来渝的三峡建委移民开发局规划司副司长于永平，以及市计委、市经贸委、农委和政策研究室的有关领导。由于准备较充分，这次汇报十分成功，尤其是在现有基础上增加外迁移民3万人，库区产业结构调整思路与支柱产业选择、库区工矿企业迁建关、停、破产比例的测算，高效生态农业七种发展与布局模式，对口支援与经济技术合作项目的遴选及评估等，得到了市领导的高度肯定。王耘农副秘书长在总结发言中指出，《汇报提纲》所提出的六个主要问题抓得准、针对性强、解决问题的思路、方案、模式与切入点具有可操作性，对修编重庆库区18县（市、区）移民安置规划和编制重庆经济社会发展"十五"规划具有重要的指导和参考作用。

此次考察结束后，我们又于1999年8月11~25日对湖北库区宜昌市夷陵区，以及秭归、兴山、巴东四县组织了两周实地考察。2001年4~5月和7月，部分专题根据研究工作需要，又对重庆库区进行了补充调研。

四、"三峡库区移民开发与可持续发展"项目主要研究成果

截至 2002 年 6 月研究工作结束，本项目第一阶段 8 个专题产出的科研成果包括：8 份专题研究报告，17 期研究简报，学术论文 10 篇，提交并获批咨询报告 2 份。

（一）专题研究报告 8 份

1. 三峡库区主要自然资源开发利用现状、潜力与合理开发途径研究

该专题重点研究三峡库区的土地资源、重要矿产资源、生物资源和旅游资源的评价与合理开发利用。专题负责人为赵令勋，主要成员有孙尚志、李宝田等。专题研究的主要成果和结论为：

（1）制定了三峡库区土地资源适宜性评价的原则、方法、指标体系，其中耕地按适宜性程度分为四个等级，荒地资源按质量分为三个等级。通过对土地利用的地域类型与功能分区和土地利用效益的定量分析，提出了库区土地资源持续利用的对策措施与 5 种优化配置模式（包括生态效益模式、经济主导模式、产业协调模式、区域特色模式与时序优化模式）。

（2）在对库区重要矿产资源（天然气、煤炭、磷矿、盐矿）的储量、开采现状进行综合分析的基础上，根据库区经济社会发展需要和保护生态环境原则，重点论证天然气开发利用的方向、规模，发展天然气为原料加工工业的可行性与合理布局，以及需采取的相应对策措施。

（3）为维护库区生物资源的多样性，应将森林资源的保护与"长防林"建设工程相结合，并提出草地资源和中药材资源的合理开发利用强度与保护措施。

（4）按照三峡库区旅游资源的开发与生态环境保护相结合的原则，提出将生态旅游、休闲度假、科考探秘作为三峡库区旅游业发展的主要方向；制订了库区主要旅游区功能布局、旅游产品设计及旅游线路开发方案。

2. 三峡库区人口增长与移民安置研究

该专题重点研究三峡库区人口现状及发展趋势预测，农村剩余劳动力分析、农村移民就业安置的产业方向、模式与政策措施。专题负责人为中国人民大学李强，主要成员有洪大用等。专题研究的主要成果和结论为：

（1）以 1990 年全国第四次人口普查的人口性别、年龄结构，以及 1990～1998 年三峡库区分县（市、区）的人口出生率、死亡率、总和生育率、迁移率等数据为基础，采用人口学中常用的"年龄移算法"，对库区各县（市、区）2000～2030 年的总人口、劳动力资源、人口年龄结构和学龄人口进行了预测。其中，按中方案，三峡库区总人口将从 1998 年的 1582.26 万人增至 2010 年的 1645.1 万人、2020 年的 1665.9 万人和 2030 年的 1678.1 万

人。人口峰值出现于2024年,总人口为1693.5万人,其后将出现缓慢下降。

(2) 查明了三峡库区农村剩余劳动力的现状、地区及行业分布状况。1998年库区农村剩余劳动力总量为239.2万人,占库区总劳力的32.93%。其中,大农业部门为112.03万人,工业部门为26.07万人,建筑业为37.04万人,交通通信业9.49万人,商贸业16.58万人。在此基础上预测2005年库区种植业以外的农村剩余劳动力将比1998年增加12.37万人,2010年将增加23.38万人,并达到峰值,其后逐年下降。

(3) 通过对库区451户农户家庭问卷调查得出,若针对性地采取优惠政策(如教育优惠政策、户口迁移优惠政策等),可促进34%的移民自主外迁。据此,提出了"新兼业安置移民"模式,即在不改变农民身份和土地保障的条件下,给现行移民体制下尽可能大的自主择业权和自由选择空间权,以及实施教育促移民和"户籍移民"等模式,可扩大库区移民安置容量10%左右。

3. 三峡库区移民安置与农业及农村经济可持续发展研究

该专题重点研究三峡库区各类土地资源状况,农村移民安置的耕地承载力和移民容量及安置模式,农业与农村经济可持续发展等。专题负责人为王黎明,主要成员有刘彦随、杨燕风等。专题研究的主要成果和结论为:

(1) 运用TM遥感影像和数字高程模型(DEM)解译了三峡库区各县(市、区)的土地利用数据,包括:各类不同土地利用方式的土地面积,不同海拔高程与坡度的耕地面积。其中,解译得出的库区各县(市、区)的耕地总面积为2458.8万亩,比土地详查汇总数据多221.12万亩,误差率(9.87%)在10%的允许范围之内;库区>25°的坡耕地面积为456.8万亩,占耕地总面积的18.6%。

(2) 通过对三峡库区移民安置区土地生产力状况的综合研究,以及国家对>25°坡耕地实施退耕还林草的要求,因此,三峡库区移民既包括水库淹没移民,还包括由于退耕导致的生态移民。运用耕地压力模型,在地理信息系统支持下进行模拟,得出了库区需异地安置移民总数的9个方案,其中推荐的方案为17.11万人。通过实地调研提出农村移民安置的8种模式。

(3) 提出三峡库区农业与农村发展的新思路,即:坚持发展特色经济,重点发展具有区域比较优势的特色农业;坚持同生态环境相协调,积极发展高效生态农业;加快农业产业化步伐,坚持"加工起步,联动发展,延伸增值"的思路,大力发展农副产品加工工业;并提出城郊地区、河谷地区、丘陵坝区、中低山区的农业专业化发展模式。

4. 三峡库区移民开发与产业结构调整优化研究

该专题重点研究三峡库区产业结构调整优化的背景、原则、目标、总体思路、重点与切入点、政策建议等。专题负责人毛汉英,主要成员有钱智、高群及黄金川等。专题研究的主要成果和结论为:

(1) 深入分析了三峡库区产业结构现状特点与存在问题、调整优化的有利条件与制约因素。库区移民开发为产业结构的升级提供了难得的政策、资金和改制改组的机遇。

（2）明确三峡库区产业结构调整优化必须贯彻"生态优先"原则；充分发挥库区自然资源与人力资源比较优势，大力发展资源型和劳动密集型产业；以主导产业为龙头，延伸产业链；加快发展非公经济和配角经济，建设一批特色产业集群。

（3）提出三峡库区支柱产业选择的主要指标为：具有良好的生态环境效益，产品的市场潜力较大，行业的关联带动作用较强，有利于劳动力的就业安置。据此构建了包括6项一级指标、12项二级指标的库区支柱产业选择指标体系，并运用层次分析法，计算各项一级和二级指标的权重和综合得分，最终得出三峡库区重点发展的五大支柱产业，即：以生态旅游为主的旅游业，与农业产业化紧密结合的食品工业，以重庆市现代制造业为依托、以汽车和摩托车为主的机电工业，以中药材深加工为主的医药工业，以及经过改组整合后的新型建材工业。

（4）制定三峡库区产业结构调整优化的对策与政策建议，包括：用好用足国家支持三峡库区的各项优惠政策，充分发挥对口支援作用，优化投资环境，更好地发挥重庆市区的辐射带动作用，大力发展科教事业和积极引进科技人才等。

（5）提出三峡库区产业空间结构调整优化的方案，特别是库区重点移民区域（如原万县移民区）及城市（万州及涪陵市）产业结构调整优化方案及实施意见。

5. 三峡库区工矿企业迁建与库区工业持续发展和合理布局研究

该专题重点研究三峡库区工矿企业迁建中存在的问题，测算搬迁企业关停破产比例及重组模式，库区工业结构的调整优化与合理布局，重庆市区工业职能的重塑等。专题负责人樊杰，主要成员有：张文忠、任东明、杨晓光等。专题研究的主要成果和结论为：

（1）针对库区工矿企业迁建中存在的主要问题，如过分强调"三原"原则；未打破地区及所有制界限，盲目追求大项目和组建企业集团，大量失业职工的安置等；提出库区搬迁企业确定关停破产比例的基本原则为：生态环境保护第一原则，经济效益原则，结构调整原则，与国家和地方规划及政策相衔接原则，并据此采用相应指标。由此测算得三峡库区各县（市、区）搬迁工矿企业关停破产比例的高、中、低三套方案，制定了企业关停和破产操作的具体流程。

（2）明确库区工矿企业迁建重组应遵循市场原则、资产优化配置原则、产业合理布局原则与环境保护原则，并推荐四种一般组合模式；还深入探讨了资源加工型淹没企业迁建的五种重组模式。

（3）提出了三峡库区中长期工业结构调整的总方向为：有利于消除"二元"结构；加强库区经济发展硬环境建设；扶优、扶强，发挥比较优势；改造提升传统工业、营造发展活力。制订了今后30年库区工业结构调整的近、中和远期方案。提出库区工业布局优化的总框架为：两头牵动、中间布点，形成一轴三区、点面结合、双向拓展的发展格局。

（4）分析重庆市区在库区工业企业重组中的重要作用，提出了重庆市区工业企业与库区企业整合的五种模式。

6. 三峡库区高效生态农业与农业产业化发展模式研究

该专题重点研究三峡库区高效生态农业发展的背景条件、主要发展模式、发展方向、区域布局及对策建议等。专题负责人方创琳，主要成员有张豪禧、刘彦随等。专题研究的主要成果和结论为：

（1）深入分析三峡库区发展高效生态农业与农业产业化发展的重要性、紧迫性及内外部环境条件，并对其发展现状进行综合评价，指出存在问题与未来发展潜力。

（2）制定了三峡库区发展高效生态农业的原则、目标与思路，提出了实现的路径与模式。在实地调研基础上总结出库区不同类型地区可供推广的七种高效生态农业模式，其中，海拔 300 米以下沿江河谷地区的果—粮—菜—猪—沼—渔模式，海拔 300～500 米浅山丘陵区的橘—粮—经—畜—桑—沼模式，海拔 500～800 米低山区的林—粮—油—薯—草—畜模式，海拔 800 米以上中高山区的干果—药—茶—烟—菜—草模式等。

（3）提出三峡库区农业产业化发展方向为：确立主导产业，实行区域化布局，依靠龙头企业带动，发展壮大规模经济；将农业产业化发展与农业经济结构调整、农村移民安置、农业龙头企业建设、农业商品基地建设、观光农业和高效生态农业紧密结合。重点建设以下五大商品农业产业化基地：①以香桂为主的香料种植与加工基地；②优质柑橘、脐橙等优质水果出口创汇基地；③涪陵、万州 35 万亩榨菜种植与加工基地；④40 万亩高油玉米、25 万亩专用鲜薯及 5 万亩优质大豆基地；⑤中药材规模化、集约化的种植示范与深加工基地。

（4）在深入研究库区高效生态农业产业化的发展条件、目标及经营模式的基础上，提出库区农业 8 大主导产业的培育与空间布局；针对农业产业化经营中存在的问题提出了解决的对策建议。

7. 三峡库区移民开发中的交通设施建设与合理布局研究

该专题重点围绕库区交通设施复建与合理布局，研究三峡库区交通运输联系特征与运量预测、库区交通设施总体规划与布局、主要交通运输方式的建设布局等。专题负责人张文尝，主要参加者有张雷、胡天军（北方交通大学）、杨荫凯、许光洪。专题研究的主要成果和结论为：

（1）在对三峡库区交通设施现状及存在问题进行深入分析的基础上，根据其运输联系特征，以及库区和长江上游经济带未来经济社会发展需求，对库区 2010 和 2020 年的运输需求与客、货运量进行预测。

（2）根据国家、重庆市、湖北省交通发展规划纲要及库区移民开发的需要，提出三峡库区建设"三横五纵"运输干线和四大交通运输枢纽的交通总体布局框架。

（3）对三峡库区水运、公路、铁路等主要运输方式的建设布局进行规划论证，特别强调水运及港口建设在库区交通运输中的重要地位与作用。在库区交通复建中，应认真贯彻"一城一港"原则，走联合建设之路，实行社会化、市场化的建设运营机制。

（4）针对库区交通设施复建中存在的问题，特别是港口复建工作滞后、水陆运输衔接不紧密、移民公路建设资金缺口较大等问题，提出改善的途径建议。

8. 三峡库区移民开发中的对口支援与经济技术合作研究

本专题重点研究三峡库区对口支援与经济技术合作的背景、资源与经济社会基础、方向、目标、切入点与重点项目、调控政策。专题负责人毛汉英，主要成员有张豪禧、钱智等。专题研究的主要成果和结论为：

（1）提出库区对口支援与经济技术合作项目遴选的原则，包括：以库区中长期发展战略规划为指导，符合国家产业政策；与迁建企业的组合搬迁和结构调整相结合；有利于推动库区的环境保护与生态建设；促进科技进步和提高产品的市场竞争力，增强项目的带动作用和关联效应。

（2）制定库区对口支援与经济技术合作项目的评估指标体系，其中一级指标为：经济效益、社会效益、生态效益、科技进步、带动关联效应；二级指标有17个。运用层次分析法综合赋权后进行综合评分。在项目综合评估中，要重视少数约束性指标（如生态环境指标）的瓶颈作用。在此基础上，提出了库区近中期合作的主要方向和重点行业。

（3）明确库区对口支援双方实行优势互补需实现四个对接，即：库区优势资源与支援方的资本对接，库区存量资本与支援方增量资本对接，库区技术要素需求与支援方技术扩散转移对接，库区引进外资与支援方的开放口岸和营销体系相对接。

（4）编制了三峡库区对口支援和经济技术合作的重点项目库。包括重庆库区对口支援二期移民搬迁的98个合作意向性项目，涉及168个搬迁企业；根据各地移民搬迁任务的要求与进度，选择100个重点招商项目，其中工业39项，农业7项，基础设施37项，旅游17项。

（5）提出三峡库区对口支援与经济技术合作调控目标体系与调控政策手段。

上述8个专题中，第2、3、5、8专题于2000年7月完成，并于同年9月通过专家组验收；其余4个专题因需进行补充调研，于2002年6月完成，研究成果按计划上报三峡建委移民开发局，但由于项目委托方计划、机构和人员变动等不可控的原因，一直拖到2011年9月18日才由国务院三峡办移民安置规划司组织专家验收组通过验收。

（二）研究简报、论文及咨询报告

1. 研究简报

为使项目的研究成果更快更好地服务于三峡库区移民安置工作，我们将专题研究取得的最新成果以《简报》形式报送三峡建委移民开发局、国家发展计划委员会地区经济司，以及重庆市和湖北省政府办公厅、移民局、发展计划委员会、经贸委、农委、政研室等单位。从1999年6月～2002年2月共出17期简报。

（1）第1、2期：三峡工程重庆库区调研工作汇报（1999年6月18日）。

(2) 第 3 期：三峡工程搬迁工业企业关停、破产比例测算方法与初步结果（2000 年 3 月 29 日）。

(3) 第 4 期：利用遥感及地理信息系统技术分析三峡库区各类土地资源状况的初步成果（2000 年 3 月 15 日）。

(4) 第 5 期：三峡库区农业发展新思路与发展模式（2000 年 3 月 17 日）。

(5) 第 6 期：三峡库区对口支援与经济合作项目遴选、评估与库区近中期投资的方向和重点（2000 年 3 月 22 日）。

(6) 第 7 期：三峡库区人口发展趋势预测（2000 年 3 月 27 日）。

(7) 第 8 期：三峡库区农村剩余劳动力的测算（2000 年 3 月 30 日）。

(8) 第 9 期：三峡库区农村移民就业安置的问题与出路（2000 年 4 月 4 日）。

(9) 第 10 期：三峡库区土地承载力及农村移民异地安置数量的测算（2000 年 9 月 7 日）。

(10) 第 11 期：三峡库区退耕坡地的环境移民压力研究（2000 年 9 月）。

(11) 第 12 期：关于加快三峡库区港口复建的建议（2001 年 4 月 25 日）。

(12) 第 13 期：三峡库区产业结构调整中支柱产业选择方法与结果分析（2001 年 7 月 26 日）。

(13) 第 14 期：三峡库区移民公路建设需解决的若干问题（2001 年 7 月 27 日）。

(14) 第 15 期：三峡库区农业产业化的发展思路与目标（2001 年 8 月 5 日）。

(15) 第 16 期：三峡库区不同类型地区高效农业发展模式（2001 年 8 月 26 日）。

(16) 第 17 期：三峡库区天然气资源合理开发利用问题（2001 年 8 月 26 日）。

(17) 第 18 期："三峡库区移民开发与可持续发展研究"项目第一批专题科研成果应用情况（2002 年 2 月 27 日）。

2. 发表的学术论文

(1) 张文忠："三峡库区淹没工矿企业迁建重组模式的实证研究"，刊于《改革》2000 年第 6 期。

(2) 刘彦随、冯德显："三峡库区土地持续利用潜力与途径模式"，刊于《地理研究》，2001 年第 2 期。

(3) 王黎明、杨燕风等："坡耕地退耕压力模型研究"，刊于《地理研究》，2001 年第 20 卷，第 4 期。

(4) 冯仁国、王黎明等："三峡库区坡耕地退耕与粮食安全的空间分异"，刊于《山地学报》，2001 年第 19 卷，第 4 期。

(5) 王黎明、杨燕风等："三峡库区退耕坡地环境移民压力研究"，刊于《地理学报》，2001 年第 56 卷，第 6 期。

(6) 刘彦随、方创琳："区域土地利用类型的胁迫转换与优化配置——以三峡库区为例"，刊于《自然资源学报》，2001 年 7 月。

（7）张文忠、樊杰、杨晓光："重庆市区企业的扩散及库区企业空间整合模式"，刊于《地理研究》，2002 年第 1 期。

（8）任东明、樊杰、胡宝清："三峡库区二元经济结构特征及其消除途径"，刊于《地理研究》，2002 年第 2 期。

（9）方创琳、刘彦随："三峡库区不同类型地区高效生态农业发展模式"，刊于《生态学报》，2002 年第 5 期。

（10）毛汉英、高群："三峡库区生态环境约束下的支柱产业选择"，刊于《地理学报》，2002 年第 5 期。

3. 咨询报告

（1）毛汉英、赵令勋等："三峡库区大规模发展天然气化工必须慎之又慎"，2002 年 4 月 27 日以《中国科学院专报信息》（第 76 期）上报国务院办公厅与中央办公厅，5 月 12 日得到时任国务院副总理吴邦国副总理的批示。

（2）方创琳等："将三峡库区建设成为生态经济区"，由致公党中央上报国办和中办，获中央领导批示。

综上所述，"三峡库区移民开发与可持续发展研究"项目（第一期）的主要贡献可归结为以下三个方面：

一是对 1999 年 5 月国务院提出的三峡工程开发性移民政策的"两个调整"提供了重要支持与可操作的方案。例如，运用实地调研与定量模型测算得出的三峡库区需外迁的受淹移民与生态移民（退耕还林草）总数为 17.11 万人，其中水库淹没移民 14 万人，并分解到库区各县（市、区）。又如，对淹没工矿企业搬迁提出了关、停、破产比例测算方法，以及四种可推广的结构调整与重组模式；再如，提出了对口支援与库区工矿企业迁建的四种对接（嫁接）模式及 98 个意向合作项目。

二是为三峡库区 22 个县（市、区）移民安置规划的调整和修编提供重要的科学依据。包括农村移民安置规划、城镇迁建规划、工矿企业迁建规划、基础设施复建规划、环境保护与生态建设规划。内容涉及：核实库区受淹人口及淹没实物指标（含耕园地、工矿企业、城镇以及交通、电力、通讯等基础设施）基本数据，受淹企业资产评估与补偿投资核算，企业迁建扩建和基础设施项目复建的规划论证，迁建城镇的布局规划，以及库区移民安置规划与所在县（市、区）"十五"和"十一五"经济社会发展规划的衔接与协调。

三是为三峡库区实施可持续发展战略提供决策依据。1987 年，世界环境与发展委员会发布的《我们共同的未来》报告，将可持续发展定义为"既满足当代人的需要，又不对后代人满足其需要的能力构成危害的发展"。对生态环境极度脆弱、当时尚有 8 个国家级贫困县和 5 个省级贫困县的三峡库区而言，可持续发展的首要目标是脱贫致富，同时逐步改善生态环境。亦即是在确保三峡工程移民安置任务顺利完成的同时，谋求库区经济获得稳定增长和社会持续发展，人口数量得到有效控制，自然资源得到合理开发利用，生态环境实现良性循环。这一发展战略在上述 8 个专题的研究成果中得到了充分体现。

随着三峡工程于 2009 年基本建成，大规模移民工作基本告一段落。根据三峡建委办公室主任蒲海清在 2006 年 10 月 1 日接受媒体采访时透露，三峡库区最终移民将达到 140 万人，其中外迁移民 14 万人[①]，明显超过了原先规划的 113 万人和 12.5 万人，尽管绝大部分移民已实现了"搬得出、稳得住"，但距离逐步"能致富"目标尚存差距。此外，大量就近后靠移民的后期扶持问题，外迁移民如何融入当地社会问题，以及外迁后回流移民的安置问题等，仍需要长期关注和有待妥善解决。

五、后记

长江三峡水利枢纽工程于 1994 年正式开工建设，1997 年大江截流成功；2003 年三峡工程如期实现蓄水 135 米、船闸试通航、首批水电机组发电三大目标；2008 年三峡工程开始 175 米试验性蓄水，2009 年正式全面投入使用。通过 12 年来的安全运行，较好地发挥了防洪、发电和航运三大综合功能，基本上实现了规划的预期目标。截至 2020 年底，三峡工程累计拦洪运用 61 次，总蓄洪量超过 1800 亿立方米，确保了长江中游未发生大的洪涝灾害；同时，三峡水库还为长江中下游补水超过 2200 天，补水总量超 2900 亿立方米，为枯水期供水安全提供了有力保障。在发电方面，三峡电站累计发电 1.4 万亿千瓦时（其中 2020 年发电量为 1118 亿千瓦时），为长江中下游地区城乡提供源源不断的清洁能源。在航运方面，三峡船闸自 2003 年 6 月 18 日投入运行以来，截至 2021 年 6 月 17 日已安全运行 172674 闸次，通过 91.24 万艘次船舶、16.04 亿吨货物、1222.86 万人次旅客，成为服务沿江经济带发展的重要物流通道。2018 年 4 月 24 日，习近平总书记考察三峡工程时，赞其为国之重器，并强调"真正的大国重器，一定要掌握在自己手里。"

三峡工程运行以来，也出现了一些问题，其中最突出的是水库泥沙淤积问题。据报道，三峡大坝截流 24 年来已堆积泥沙 18 亿吨，有可能危及水库的使用寿命。近年，通过采取"蓄清排浑"的优化方式，即每年 7~9 月汛期（占全年来水和来沙量的 50%以上），通过人为制造洪峰将富含泥沙的浑水排走；而在 10~11 月水中含沙量较小时蓄清水至 175 米。此外，随着长江上游梯级开发，特别是向家坝、溪洛渡、白鹤滩、乌东德等大型水利—水电枢纽的相继建成运行，三峡库区的泥沙淤积问题将大大减轻。

（致谢：本文撰写中参考了长江水利委员会编：《三峡工程移民研究》，
湖北科学技术出版社，1997 年出版）

[①] 据人民网报道，截至 2008 年底，三峡库区政府组织和自主外迁的移民共计 19.7 万人。

回眸区域发展与区域规划研究三十二年

1987年10月从苏联进修回国后,在当时全国经济地理蓬勃发展大好形势的召唤下,出于专业考虑,回国后不久我就从世界地理室调回经济地理部,并在新组建的区域开发理论研究室工作。至此,开始了长达32年的区域发展与区域规划研究生涯。其中从1988年到2003年8月为在职期间,先后担任区域开发理论研究室副主任(1988~1990年)、主任(1991年起)和经济地理部主任(1997~2000年初地理所与综考会合并)。32年来,在吴传钧院士和胡序威等老一辈科学家的热情指导和帮助下,在同辈同事和年轻同志的大力支持下,我先后主持和主要参加了50多项区域发展与区域规划项目(内有30多项为第一负责人),其中有2项为国家重大或攻关项目,6项为中科院资源环境局重点项目,5项为国家自然科学基金项目(内有1项为重点基金项目),其余均为地方政府委托项目。上述项目按研究区域尺度大体可分为以下五类:一是跨省区项目,研究区域范围较大,如中国东部沿海地区(包括12个省市)、苏鲁豫皖四省接壤地区(淮海经济区,包括19个地市)、东南沿海地区(闽粤沿海地区)、环渤海地区、三峡库区(包括湖北省及重庆市19个区、市、县)。二是省级行政区项目,如山东省、河南省、广西壮族自治区及重庆市。三是省内跨地区项目,研究范围为省内跨地市区域,如武汉城市圈、粤东沿海地区、山东半岛、柴达木盆地、广西北部湾南(宁)北(海)钦(州)防(城港)都市圈等。四是省地级城市项目,如甘肃省兰州市、湖北省武汉市、河南省郑州市、安徽省合肥市、海南省海口市、福建省厦门市、广东省揭阳市、江苏省常州市和盐城市、河南省新乡市和焦作市、河北省唐山市,以及北京市朝阳区和石景山区等。五是县(市)级项目,如山东省莱州市、禹城市、单县,河南省辉县和郏县,江苏省滨海县、四川省新津县及河北省隆化县等。

按研究项目类型又可分为以下四类:一是区域综合研究。如"山东省人地关系优化与区域协调发展研究""苏鲁豫皖接壤地区资源开发、产业布局与环境整治""中国沿海地区21世纪的持续发展""中国沿海地区可持续发展的决策支持系统与调控对策"等。二是区域专题研究。如"东南沿海地区外向型经济发展与区域投资环境研究""柴达木盆地水资源合理利用与生态环境保护""三峡库区移民开发与可持续发展研究"等。三是区域与城市发展规划研究。这类研究数量众多、地域尺度和行政区划等级不一。如"淮海经济区经济和社会发展规划""盐城沿海开发战略规划""武汉城市圈总体规划""郑州市建设国家区域中心城市规划""兰州市城市发展规划研究""合肥市城市空间发展战略规划""广东省揭阳市经济和社会发展规划""海南省海澄文一体化规划""唐山市跨世纪经济和社会发展规划""莱州市经济和社会发展战略规划""禹城县综合国土规划"等，通常将区域发展与区域规划紧密结合，将区域规划作为落实区域发展研究的落脚点。四是区域发展与区域规划理论研究。主要为国家自然科学基金项目，如"地球表层动态机制与人地系统调控""人地关系调控机理与区域发展模式""省级区域持续发展的调控与决策支持系统研究""环渤海地区的区域承载力与可持续发展研究"等。

通过上述研究，本人在区域发展与区域规划方面出版学术专著8本（含2本为主要参编），发表学术论文100多篇。主持的课题获中科院科技进步二等奖1项，省级科技进步一等奖和二等奖各1项。以下对本人32年来区域发展与区域规划研究生涯中有较大影响的项目作简要回顾。

一、区域发展模拟的初次大练兵

为配合1980年代后半期经济地理部承担的全国综合国土规划工作的需要，并紧跟国际经济地理学发展的趋势，1988年4月，经济地理部成立了区域开发理论研究室（1997年5月改名为"区域发展研究室"），胡序威兼主任，我任副主任，下设区域模拟实验室。为了彻底改变长期以来经济地理学者在区域发展研究中以定性或简单的定量方法为主，对区域经济社会发展同人口、资源、环境等复杂性问题的动态研究缺乏有效的手段，必须推动研究方法上的重大革新。为此我们决定将区域开发理论研究室成立后的第一项课题《山东省莱州市经济和社会发展战略规划》作为试点，这是山东省计委领导亲自向中科院提出的，并作为新时期山东省县域发展规划编制试点示范项目。院办公厅和资环局领导都十分重视，决定由我所牵头，还专门请系统科学研究所配合参加。当时所、部领导让我负责该项工作，并组成了由陈为民、顾朝林、牛亚菲、冯仁国、李梅、董卫华、刘小金以及系统所韩景清、许可康、王洪才等共11位同志参加的课题组，调研工作于1989年6月底开始。由于合作单位中科院系统所在系统建模与系统模拟方面经验丰富，所以，事前我就对课题组的年轻同志提出要求，希望抓紧机会，在工作过程中虚心向系统所同志学习，作为一次掌握区域发展模拟理论方法的大练兵。

两周的实地调研工作结束后，在《规划》编制前，为统一认识，我们同系统所同志进行了深入讨论，并决定在定性分析研究的基础上，以协调县域经济社会发展同人口、资源、环境关系和优化县域经济结构为目标，构建了莱州市经济社会发展的系统动力学模型。该模型最终由2000个方程组成，包括约1000个变量，处理了几十万个数据。模型总体构架结构包括工业、农业、建筑业、交通运输邮电业、商贸业、饮食服务业、水资源、人口、能源、科技教育及环境共12个子系统，大致划分为以下三大模块：一是生产系统模块，以固定资产投入该子系统的产值输出为核心，确保国民经济社会系统正常运行。二是资源环境协调模块,主要揭示经济社会发展对短缺性资源(水资源、能源)的需求,以及这些要素对经济社会发展的制约程度。三是优化及政策调控模块,将资金、劳动力、水资源及能源的分配作为主要政策调控手段。模型仿真了包括高、中、低发展速度,不同经济发展模式,以及包括资金、劳动力、水资源、能源供给和环境等在内的60多个方案,并进行了发展方案的评价与优选,提出了规划实施的配套条件与政策建议。

在课题组全体同志的共同努力下,《莱州市经济和社会发展战略规划》获得了很大的成功。时任全国政协副主席、中科院院长卢嘉锡在考察山东期间,专程赴莱州听取我们汇报并亲笔为规划报告文本题词。山东省计委和烟台市计委(莱州为烟台市下属的县级市)对规划成果给予了很高的评价,省计委组织全省在"八五"县域规划中进行推广。更为重要的是,通过两个多月的合作共事,我所一大批青年同志较好地掌握了系统动力学模型建模的理论方法和软件,难怪系统所系统生态开放实验室(院级)主任邓述慧在参加项目评审会后对我说:"你们地理所这批年轻同志真了不起,两个月合作不仅把我们建模的理论方法都学到家了,而且把软件也'顺'到手了。"自此以后,系统动力学模型不仅在禹城、石景山、揭阳、新乡、唐山和柴达木盆地规划中得到广泛应用,并取得很好的效果,而且在我培养的博士生吕鸣伦、方创琳、余丹林等的博士论文中也广为应用,并不断加以改进和完善。以莱州规划为基础,我撰写了"县域经济社会同人口、资源、环境协调发展研究"一文,刊于《地理学报》1991年第4期。实践证明,以系统动力学模型为主,并与投入产出等模型相结合的区域模拟方法,对深化区域发展的定量研究和提升区域规划的科学基础,乃至推动经济地理学研究方法革新,具有极为重要的作用。

二、牵头兰州市城市发展规划研究

1991年10月,时任兰州市副市长的中国工程设计大师任震英找到我所胡序威先生,委托中科院地理研究所经济地理部承担"兰州市城市发展规划研究"课题,为兰州市开展新一轮城市总体规划修编提供科学依据。在时任经济地理部主任胡先生的协调下,决定由区域、城市、工交三个研究室抽调人员联合组队,并指定我和叶舜赞、赵令勋三人为课题负责人,由我总负责。课题组成员有:陈为民、李荣生、周世宽、陈田、金凤君、蔡建明、郭腾云、冯仁国、彭清、曹勇、顿世新、杨磊、刘卫东、茅诚和孙樱,共18人,并由胡先生担任课题顾问。调研工作从1991年11月上旬开始至月底结束,共约三周。回京后通过集中总结,于1992年4月中旬完成《规划》初稿,并赴兰向省市领导汇报,1992年10月27~29日通过专家组评审。

兰州作为当时西北地区仅次于西安的第二大新兴综合性工业城市,由于其区位、交通和工业基础较好等比较优势,使其在加快西北地区开发和对外开放中承担特殊重要的使命。1990年兰州市域范围除主城区四区外,还包括周边的榆中、皋兰、永登三县及红古区,土地总面积1.31万平方公里,总人口262.4万人。其中兰州主城区是一个"两山夹一川"("两山"即南面的五泉山和北面的白塔山,相对高程为500～700米;"一川"为黄河)的条带状城市,南北宽2～8公里,东西延伸约38公里。包括城关、七里河、安宁、西固四区,总人口148.8万(1990年)。

兰州市发展中存在的突出问题:一是产业结构不合理。1990年全市重化工为主的第二产业占比高达75.6%,第三产业服务业占比20.45%;第二产业中能源、原材料工业占比又高达61.3%,产业链短,经济效益不高。二是环境污染严重,尤其是大气环境污染更为突出,这与其地形特点和污染型产业占比较高密切相关,全市万元工业产值工业废气排放量居全国第一,20世纪80年代发生的光化学烟雾事件曾震惊全国。三是城市用地严重不足,城区可供开发用地166.8平方公里,其中现有的工业、生活、居住和市政设施用地87.6平方公里,开发利用率达53%。未来城市用地发展方向(向西或向北)均存在明显短板,尚待进一步论证。四是城市基础设施和社会服务设施发展明显滞后。上述问题,不仅制约了兰州作为西北地区中心城市综合功能的发挥和对周围地区的辐射和吸引力,而且直接影响了兰州市的对外开放与开发进程。

针对上述兰州城市发展中存在的问题,在实地调研考察阶段,我们先用三天时间集中听取省市计委、省建设厅和市建委、省市环境保护局,以及省市发展研究中心对兰州市经济社会发展、城市基础设施和环境整治现状与发展规划等情况介绍。而后,课题组一行在兰州市城乡土地管理局张天法局长和市计委规划处处长陪同下,赴兰州城四区、红古区以及市郊的榆中、皋兰、永登三县进行实地考察,我们边听边看并进行交流;同时,还分别对位于西固区的兰州炼油厂("兰炼")、兰州石油化学工业公司("兰化")、兰州石油与化工机械厂("兰石")、兰州毛纺厂,位于兰州城关区东岗的兰州钢厂等重点大型工业企业,以及兰州经济技术开发区、连海经济开发区进行了重点调研;此外,还对兰州城区未来规划拓展的城关区雁滩、西部红古区的湟水谷地和位于兰州北部中川机场附近的秦王川进行实地考察、比选。20多天调研考察结束后,课题组内部围绕产业发展与布局、城市发展方向、环境整治和重大市政基础设施建设进行了两天的讨论,形成了初步意见。在此基础上,再与市计委、市建委、市规划局、市环保局、市科委、市交通局、市商业局、市财政局、市经济研究中心以及经济技术开发区和连海经济开发区管委会进行了一天的交流,在众多重大问题上取得了共识。

回京后,我们又采用了遥感技术、数学模型、区域模拟等先进技术手段,进行城市经济社会实力评价、人口规模预测、用地条件评价、主导产业选择与区域发展情景模拟,最后得出以下结论性意见:

一是明确兰州城市发展的性质和定位。可概括为:甘肃省省会和西北地区重要的经济中心、最大的交通枢纽、商贸与金融中心和科教中心,远期将发展成为我国连接中亚、西亚和欧洲的国际性城市。

二要加大产业结构调整优化力度。未来兰州市工业应以石油化工、机械电子、轻纺工业为主导产业,构建石油化工—轻纺产业链、电力—原材料产业链、机电一体化产业链;加快发展以商贸、交通物流与邮电通信、金融保险、科教、旅游为主的第三产业,适度发展城郊现代农业。工业布局以西固区为重点,逐步向周边红古区的河口—东川、连海、皋兰、永登、榆中等小城镇转移。

三要强化环境污染治理。除大力调整现有的工业结构与工业布局外,抓紧对石油化工、冶金、电力等重污染企业的设备改造更新,逐步实现达标排放;关停搬迁部分重污染企业(如兰钢),将部分煤电改为水电;加快实现城市集中供热和普及燃气化;严格控制交通污染;加速南北两山及城区绿化工程。要求到2000年全市控制环境质量恶化趋势,2010~2020年取得明显好转。

四是论证了未来城市用地发展方向。基于城市水资源条件,近期主要向西,沿黄河、湟水及大通河下游河谷川地拓展,但因其河谷狭窄(宽度仅1~2.5公里),可开发利用的土地约20平方公里,只能满足中等规模城市用地条件。从长远看,位于兰州城区以北50~60公里的秦王川盆地开发潜力较大。该地属于干旱冲积平原,总面积达472平方公里,现有人口仅13万人,但其水资源严重短缺,未来大规模开发取决于"引大(大通河)入秦"工程的实施(规划年调水量4.4亿立方米)。

五要加快市政基础设施建设。包括:实施城区西水东调,通过建设西固水厂第一、二期,解决城关区用水不足;城四区分别新建(城关区、安宁)扩建(西固、七里河)污水处理厂,消纳所在区工业及生活污水。为解决带状城市东西向交通拥堵及汽车尾气污染,近期重点建设高架路,打通南北外环路,2000年后规划建设地铁和轨道交通。

初稿由我和陈田、陈为民、蔡建明等分头执笔,最后由我统稿定稿。初稿完成后,经讨论修改,于1992年4月下旬赴兰州向甘肃省和兰州市党政领导汇报。听取汇报的有:省委书记顾金池、省长贾志杰、省建设厅厅长宋春华(后调任建设部副部长)、兰州市委书记李虎林、兰州市政府顾问任震英,以及早期从中科院地理所调至兰州中科院冰川冻土沙漠研究所任所长的施雅风院士和兰州大学的多位专家、教授。我因第一次参加如此高规格的汇报会,内心有点紧张,因而显得有点拘谨,基本照PPT稿念。幸好在场的胡序威先生做了一个重要的补充发言,将《规划研究》的成果从宏观到微观、从自然和社会经济条件到城市空间结构、从产业结构与产业布局到环境污染作了"画龙点睛"的阐述。汇报受到了与会的省市领导和专家学者的一致高度评价,认为《规划研究》为未来兰州的城市发展指明了方向,具有前瞻性和可操作性。长期担任兰州市主管城建副市长的国家工程设计大师任震英甚至在会上赞扬:"这是我主持兰州城市工作以来最好的一次规划。"1992年10月27~29日,在兰州市政府支持下,对《兰州城市发展规划研究》课题进行了高规格评审。评委会主任为中国城市规划研究院院长邹德慈院士,副主任为吴传钧院士、施雅风院士,委员有:我所从事环境研究的章申院士、中国人民大学杨树珍教授、南京大学宋家泰教授、兰州大学陈长和教授，以及宋春华、任震英、杨良琦等省市领导共12人。评审意见结论为："该项目研究思路开阔，基础工作扎实，指导思想明确，立论依据充分，分析论证严谨，研究方法有特色。在原有规划基础上有重大突破，进一步充实完善了新形势下兰州城市发展规划中的发展方向、用地和环境保护等若干重大问题，具有可操作性。该项成果将城市经济社会发展同城市规划有机结合，在系统分析与综合研究方面结合较好，达到了国际先进水平"。通过这次规划，不仅使我和一批年轻人得到了实际锻炼，积累了经验，而且也为经济地理学在城市规划界赢得了声誉，并为今后的工作打下了良好基础。

三、对山东省持续八年的跟踪研究

我在地理所退休前从事区域发展与区域规划研究的15年中，山东是去得最多的省。从1989年6月承担《莱州市经济和社会发展战略规划》开始，先后主持了《禹城县经济和社会发展规划》《禹城县综合国土规划》（1991年）和《山东省单县经济和社会发展规划》（1995年）；并作为中科院"八五"重点项目"山东省人地关系巨系统优化与区域协调发展"的负责人，1992～1993年率队对山东半岛、济南、鲁北和鲁西北地区进行了两次大规模实地调研；1994～1995年，又主持中科院区域可持续发展研究中心第二期项目《苏鲁豫皖接壤地区资源开发、产业布局与环境整治》和淮海经济区联络处委托的《淮海经济区经济和社会发展规划》项目，先后对鲁南的日照、临沂、枣庄、济宁、菏泽、泰安、莱芜7市进行了系统调研；1997年我又陪同陈述彭院士系统考察了黄河三角洲，并对东营市进行了较深入调研。此外，我主持的3项面上自然科学基金项目和一项重点基金专题也均以山东省作为研究的典型地区。由此，我对山东省有着特殊的深厚感情，并同山东省发改委、17个地市的领导及计委与规划部门的负责人有着良好的工作关系和密切交往。2003年我陪吴传钧先生去新疆乌鲁木齐参加乌（鲁木齐）昌（吉）一体化规划详审，时任自治区党委书记的王乐泉同志（原任聊城地委书记和山东主管农业的副省长）在接见与会专家时对我还有深刻印象。1995年初由我主编出版的《人地关系与区域持续发展研究》一书是对山东省可持续发展前七年研究工作的阶段总结。1990年代中后期相继发表的"山东省可持续发展指标体系初步研究"（刊于《地理研究》1996年第4期）、"山东省经济与环境协调发展研究"（刊于《地理研究》1997年增刊）、"山东省跨世纪可持续发展的调控研究"（刊于《地理学报》1998年第5期）等文章，都是这一时期的代表性研究成果。

在对山东省区域发展进行持续跟踪研究的基础上，1995年8月我应山东省人民政府邀请，列席山东省一年一度的经济工作会议，会议的主题是讨论山东省"九五"经济和社会发展计划。会议前，在郑度所长的提议支持下，针对山东省跨世纪的经济和社会与人口、资源、环境协调发展问题，由我执笔提交了五个咨询报告（每个报告2500～3000字），作为会议附件分发给与会代表。其核心观点为：

一是改革开放以来，山东省经济持续超高速增长是建立在资金、资源、劳动力高投入基础之上，并以牺牲生态环境和经济效益为代价取得的，因而也是难以持续的。为此，"九五"应加快经济从粗放型向集约型发展转变，谋求经济的持续、适度高速和协调发展。

二是山东省人口基数大，总和生育率仍较高，但由于在人口管理上存在的问题，人口生育统计存在的瞒报、漏报等现象普遍，导致人口自然增长率与出生率在统计上出现了大幅下降的假象。未来山东省人口政策应控制人口增长，稳定低生育水平，努力提高人口素质。

三是山东省的水、土、能矿和生物资源由于经过长时期、高强度的开发利用，消耗速度加快，未来将从资源丰富型逐步变为资源短缺型，特别是水资源将成为制约全省可持续发展的重要限制因素。为此，要加快建设资源节约型经济社会体系。为解决山东半岛严重缺水，建议从南水北调东线微山湖南端的韩庄修建沿沂蒙山南麓至日照、胶州、青岛、莱西和烟台的复线大口径输水管线（年输水能力约 10 亿立方米）。

四是山东省生态环境问题已到了十分严重的地步，未来 10 年仍处于高污染阶段。为尽快遏制生态破坏与环境污染恶化势头，必须建立促使生态环境良性循环的体制机制。

五是针对山东省改革开放以来，以山东半岛为主的东部地区同中、西部地区发展差距不断扩大的趋势，应大力推进包括实行对口支援、省级财政转移支付和开征资源税在内的扶持政策，努力缩小区域发展差距。

由于与会的都是省政府及有关厅局的领导和各地市的党政一把手，对于平时习惯听取赞扬和恭维的这些领导来讲，我的另类发言引起了会场不小的震动，议论纷纷，省计生委的一位领导甚至抓住我们报告中提及的人口统计上的漏报、瞒报等问题，上纲上线到否定计划生育伟大成绩的高度。幸好主持会议的赵志浩省长保护了我，破例让我再用 20 分钟作进一步的补充说明，其中对争议较大的人口问题，我以山东省"三普"和"四普"（分别为 1982 和 1990 年）人口普查数据为基础，利用国内外权威人口模型模拟结果，得出了少报人口的上限和下限数。尽管会上对我们的咨询建议并未取得完全共识，但后来省人大通过的山东省"九五"经济和社会发展计划中，我们的绝大多数意见和建议都被采纳。这对我们长期从事山东省区域发展与区域规划的学者而言，也是最好的回报。

四、主持唐山市震后的第二次发展规划研究

1976 年 7 月唐山大地震后的重建规划是在我所胡序威、李文彦、陆大道等同志的领导下完成的。1998 年正值唐山震后重建 22 周年，唐山市委、市政府委托我所经济地理部承担《唐山市跨世纪经济社会发展战略研究》课题，为唐山市新一轮的发展提供产业与空间规划的科学依据。当时我作为第三任经济地理部主任，深知这一任务的重要意义和特殊性，决定动员全部的力量，并请吴传钧和胡序威两位先生担任学术顾问。课题组由我担任组长，樊杰、陈田任副组长，主要成员有：张文尝、赵令勋、张豪禧、刘勇、张文忠、王黎明、

方创琳、余丹林和杨萌凯等 12 人，唐山市委政研室王国忠、刘学谦两位正、副主任及李技副处长全程参与。

如果说 20 年前我所主持的唐山市震后重建规划主要是解决工业和城镇的合理布局，重点是对唐山市区的空间规模控制和重化工企业的调整布局（包括重化工和污染企业的外迁及建设工业小城镇等）；那么，新一轮的唐山市发展规划将围绕建设东北亚地区新型重化工基地和环渤海地区核心增长极的目标定位，实施"三个加快"发展战略，即：加快城市功能转型（从生产功能向综合服务功能转型）、产业转型（从传统能源原材料基地向现代重化工和高端制造业基地转型）和空间拓展（从内陆城市向海港城市转变）；加快经济布局向滨海推进，建设跨世纪海上新唐山；加快曹妃甸深水港区开发，建设千万吨级大型钢铁厂、大型石化企业和装备制造基地。在此基础上，提出了产业部门和空间调整优化方案，包括产业结构的优化升级、工业支柱产业的发展与布局、现代服务业的发展与布局、基础设施的建设布局、城镇体系与城镇空间结构调整优化、沿海地区的集中开发与曹妃甸港区建设规划。其中主要规划思路与内容被政府部门采纳，并载入"十五"和"十一五"规划。尽管后来我曾多次应邀在北京和唐山参加有关唐山城市规划的评审和曹妃甸港区的规划论证会，但始终没有机会再亲临当年乘冲锋舟考察的曹妃甸岛。2008 年奥运会结束后，我们南京大学地理系 1956~1961 级校友聚会，其中有一项内容就是实地考察曹妃甸港区。十年后展现在我们面前的是一幅全新的景象：经过填海造陆，现今曹妃甸的面积已扩大两倍多，达 30 多平方公里，宽广的疏港公路和铁路将昔日这个荒凉的小岛同大陆连成一片，20 万吨级原油码头和 15 万吨级运矿码头已投入运营，钢铁厂和石化企业的高大厂房正在拔地而起……眼前的一切和热火朝天的建设场面表明，经济地理部两代人 30 多年的持续努力没有白费，昔日规划的蓝图正在付诸实施，这对我们"规划者"也是最高的褒奖。

五、负责武汉城市圈总体规划

1991 年 10 月~1992 年，我因主持兰州市政府委托的"兰州市城市发展规划研究"课题，在向甘肃省和兰州市政府汇报规划成果时，有幸结识了时任甘肃省省长的贾志杰，他对我们的工作给予很高的评价，并由此留下深刻印象。1993 年贾志杰调任湖北省省长，后又任省委书记。在他的引荐下，我自 1993 年起开始介入湖北省和武汉市的区域与城市发展规划的咨询论证工作，并几乎每年都参加省市召开的有关经济与科技发展论坛。

2002 年 6 月，时任湖北省委书记俞正声在中共湖北省第八次报告中首次提出，要建设以武汉为核心的武汉城市圈，提升其国际竞争力和对全省经济社会发展的辐射带动作用。2003 年，湖北省曾两次组织召开加快推进武汉城市圈建设研讨会和专家座谈会，我都应邀参加，特别是在 11 月 8 日全国人民代表大会常务委员会副委员长丁石孙出席的"推进武汉城市圈建设的理论研讨会"的中心发言中，我不仅介绍了城市群的基本内涵和建设的重大意义，以及世界城市群的建设现状，而且还对国内正在兴起的城镇化及城市群建设热潮作了研判。2004年4月，湖北省委办公厅、省政府办公厅转发《省发展和改革委员会关于加快推进武汉城市圈建设的若干意见》，表示要加快推进以武汉市为核心，包括黄石、鄂州、黄冈、孝感、咸宁、仙桃、天门、潜江市在内的武汉城市圈建设步伐。2005年5月，我致信时任湖北省省长罗清泉，建议推进武汉城市圈建设必须规划先行，得到了省政府领导的批示。2005年6月，由省发改委提议并经省政府常务会议同意，决定由我牵头编制《武汉城市圈总体规划》。考虑到武汉市科教实力雄厚，前期做了很多有益的探索，因此，我们采取"五湖四海"做法。课题组以中科院地理科学与资源研究所为主体，吸收湖北省社科院、湖北省发展研究中心和华中师范大学作为协作单位。课题组成员有20多人，其中研究骨干包括我所的方创琳、黄金川、鲍超，湖北省社科院副院长陈文科、所长秦尊文，省发展研究中心主任梁亚莉，华中师范大学地理学院院长曾菊新、副院长罗静等。

一体化是城市群的最基本特征和建设的主要目标。建设武汉"1+8"城市圈（群），一方面是为了增强核心城市武汉市对周边8市经济技术与科技创新的辐射带动作用；另一方面是为了突破行政区划体制的束缚，促进要素资源的自由流动与优化组合，发挥市场在资源配置中的决定作用，逐步形成一体化发展的体制机制。因此，在《武汉城市圈总体规划》中，将加快推进"五个一体化"作为总体思路与建设重点。

一是推进基础设施建设一体化。以高速化、网络化、智能化为重点，加快建设包括公路、铁路、水运和航空为主体的综合交通体系，实现武汉至核心圈城市"一小时交通圈"、至外围县市"两小时交通圈"；以及建设安全、可靠、经济的电力生产与供应体系，数字化、宽带化、综合化的信息基础设施网络，完善的防洪、防涝、抗旱、供水水利基础设施体系。实现基础设施共建、共管、共享，全面提升基础设施对城市圈经济社会持续协调发展的保障程度。

二是推动产业发展与产业布局一体化。以城市圈优势产业为龙头，建设跨地市的汽车、钢铁、有色冶金、化工、建材、生物医药、纺织服装、食品饮料九大优势产业链。每个产业链包括研发、原材料供应、加工制造和销售与服务等环节。通过产业链的上下游关联效应，推动周边县市根据其比较优势，建设特色产业集群和生产性服务业基地，形成优势互补、分工合理、特色鲜明、运行高效、布局合理的一体化现代产业体系。

三是完善区域市场一体化。以打破区域条块分割和市场壁垒为目标，构建多层级的区域市场网络，形成商品与生产要素自由流动的一体化市场机制。重点推进城市圈商品市场、金融市场、人才和劳动力市场、技术市场和市场管理一体化建设，形成统一开放、竞争有序、服务高效、监管有力的市场一体化发展新格局。

四是统筹城乡发展一体化。以逐步消除城乡二元结构为目标，坚持工业和反哺农业、城市支援乡村和"多予少取放活"方针，加快建立以工促农、以城带乡的长效机制。统筹城乡发展规划，推进城乡基础设施和公共服务建设一体化；实现公共服务均等化，走城乡融合发展之路。

五是环境保护与生态建设一体化。按照可持续发展要求，对城市圈水、土、能矿等自然资源实行节约集约与循环利用，制定统一的环境保护与生态建设目标，建立跨流域和跨地市的生态环境协调机制；加快环保基础设施与生态功能区一体化建设，大力发展循环经济，积极推进生态市、生态产业园区、生态社区等生态示范区一体化建设。

2005年12月，《武汉城市圈总体规划》初稿完成后，先在课题组内进行了交流和讨论，取得了一致的认识。2006年1月和4月，我代表课题组先后向省发展改革委和武汉城市圈市长联席会议汇报了《规划》编制过程及内容要点，广泛征求意见，后在此基础上形成了修改一稿和二稿。2006年6月和8月，又分别向省政府领导和省直各委办厅局联席会议作了汇报，得到了罗清泉省长等省领导的高度肯定。根据省领导和省直各部门的意见，并结合十届全国人大四次会议批准的《国家"十一五"经济和社会发展规划纲要》精神又进行了认真的修改，形成了修改第三稿和第四稿，最后于2007年5月上报的是《规划》修改第五稿。2007年10月《武汉城市圈总体规划》经湖北省政府常务会议审议并原则通过。

2006年8月，在向省政府领导汇报武汉城市圈工作时，罗清泉省长对我提出，希望武汉城市圈能承担一项国家综合配套改革试验任务。当时省里一些专家提出可否考虑将重振民营经济或外来人口管理作为配套改革试点。我根据当时的全国形势和城市圈建设需要，向罗省长提议：将国家"十一五"规划提出的"建设资源节约型、环境友好型"社会（简称"两型"社会）作为武汉城市圈综合配套改革试点的内容，得到罗省长和省领导的一致赞同。在省政府主持下，试点方案经过多次讨论和反复修改后上报中央。2007年12月14日，国家发改委经报请国务院同意，批准武汉城市圈作为全国资源节约型和环境友好型社会建设综合配套改革试验区。2008年3月，我被湖北省政府和武汉市政府聘为武汉城市圈"两型社会"建设综合配套改革试验区专家组成员。专家组组长为时任中国工程院院长徐匡迪院士，成员大多来自中国工程院，每年召开一次专家组会议，为城市圈建设"两型社会"建言献策。2008年5月，我还应邀在武汉召开的"湖北论坛"做了"加快建设'两型社会'推动武汉城市圈又好又快发展"的主旨演讲。

2007年2月，由原建设部上报国务院批准的《全国城镇体系规划（2006～2020年）》，将北京、上海、天津、广州、重庆列为国家中心城市。国家中心城市作为全国城镇体系的核心城市，在全国的金融、管理、文化和交通等方面发挥着重要的中心和枢纽作用，在推动国际经济发展和文化交流方面也发挥着重要的门户作用。国家中心城市应当具有全国范围的中心性和一定区域的国际性两大基本特征。考虑到武汉独特的地理区位优势，以及在推动长江经济带和促进中部崛起中担负的"三基地、一枢纽"（先进制造业和高技术产业基地、现代服务业基地、科教与创新基地，综合性交通枢纽）作用，因此我从2009年起就在湖北省和武汉市召开的各类论坛上提议争取将武汉建成为国家中心城市。2010年11月在"全面提升武汉发展层次的战略思考"一文中，我明确提出，到2020年将武汉建成为现代化、国际化、自主创新和生态文明城市为标志的国家中心城市。很快，这一提议得到了湖北省和武汉市广大学者和媒体的积极响应以及政府的大力支持。2012年6月召开的湖北省第十次党代会上，正式提出要将武汉建设成为国家中心城市。2016年12月，经国务院批复同意，国家发改委发布《促进中部崛起"十三五"规划》，首次明确支持武汉建设国家中心城市。

通过编制《武汉城市圈总体规划》，我与武汉市结下了深情厚谊，一直没有中断。直到2019年底以前，武汉市科协每年国庆节前都会代表市政府来北京看望包括我在内的所有建设"两型社会"的专家组成员。2020年5月，当武汉市取得全面战胜新冠疫情之际，我还专门致信《长江日报》和《武汉晚报》表示慰问、致敬。

六、编制《盐城沿海地区发展规划纲要》

江苏省是我国主要的东部沿海省市之一，海岸线长度954公里，包括连云港、盐城和南通三市，其中盐城市是全省海岸线最长的城市（海岸线长582公里，占全省的56%）、发展潜力大（港口和水土资源条件），但由于受沿海滩涂保护的影响，因而也是当时开发水平最差的地市。

为加快江苏沿海的开发与保护，2006年5月~2007年6月，我参加方创琳主持的《盐城沿海开发战略规划》项目，对盐城市区及该市所辖的响水、滨海、射阳、大丰、东台、阜宁、建湖等7县（市）进行了为期20天的实地调研，并承担了产业规划的编制工作。该项成果汇报后受省发改委和市政府的高度评价，并作为编制《江苏沿海地区发展规划》的重要依据。2008年，又参加了黄金川牵头的《江苏滨海港区总体规划》，再次对盐城市滨海县沿海乡镇及近岸海洋与滩涂环境进行了深入的实地考察。2009年6月10日，国务院常务会议审议并原则通过的《江苏沿海地区发展规划》提出，要"立足沿海、依托长三角、服务中西部、面向东北亚"，将江苏沿海地区建成为中国东部地区重要的经济增长极。而连云港、盐城、南通三个沿海中心城市也将成为江苏省集中布局临港产业，形成功能清晰的沿海产业和城镇带的"桥头堡"。2009年10月，受盐城城市发改委的委托，希望以我所提交的上述两个规划为基础，对标《江苏沿海地区发展规划》，编制《盐城沿海地区发展规划纲要》（简称《规划纲要》）。我在一名研究生的帮助下（协助制图），经过三个月的努力，于2010年2月提交了5万多字的《规划纲要》初稿，并向盐城市政府进行了汇报，得到了市政府领导和市发改委的一致认可，作为盐城沿海地区开发的重要遵循和编制盐城市"十三五"规划的重要依据。其实，《规划纲要》中的许多观点和思路都是课题组的集体成果，我仅做了归纳、凝练和提升。

盐城沿海地区开发中最棘手的问题是协调好保护与开发的关系。盐城沿海地区北起响水县的灌河口，经滨海、射阳、大丰至东台市的老坝港，在其滨海地区分布有大面积的滩涂，总面积达 4558 平方公里，分别占全省和全国沿海滩涂面积的 70%和 15%，并且每年还以 13 平方公里的速率向外淤涨。为保护近岸海洋环境和湿地生态系统，1983 年 2 月，江苏省政府批准建立"江苏省盐城地区省级沿海滩涂珍禽自然保护区"。1992 年 10 月，经国务院批准又升级为"江苏省盐城国家级珍禽保护区"，保护区范围 45.3 万公顷，涵盖全部沿海滩涂。为适应江苏省沿海地区开发需要，2007 年 2 月，经国务院批准，对保护区范围进行了适当调减（面积压减 28.2%），并更名为"江苏省盐城湿地珍禽国家级自然保护区"，是全国最大的沿海滩涂类型自然保护区，每年在此越冬的水禽达 50 多万只。该保护区主要由两部分组成：一是以射阳为中心的丹顶鹤自然保护区，为丹顶鹤、黑鹳、白鹳、白头鹤、金雕、白肩雕、大鸨、遗鸥等濒危珍稀水禽越冬保护区，总面积 247260 公顷（折合 2472.6 平方公里），其中核心区 1.74 万公顷（折合 174 平方公里）；二是以大丰为中心的麋鹿自然保护区，主要保护麋鹿的栖息地以及白鹳、白尾海雕和丹顶鹤等珍稀水禽，总面积 7.8 万公顷（折合 780 平方公里），其中核心区 2668 公顷，缓冲区 2220 公顷，试验区 73112 公顷。本文由于篇幅所限，重点介绍《规划纲要》中如何协调沿海滩涂资源的综合开发与保护问题。

1. 开发原则

盐城沿海地区开发必须坚持以下五大原则：

一是生态开发原则。突出生态保护优先，实行保护式开发，在保护中开发，在开发中保护。根据生态环境保护要求和资源环境承载力，选择重点区域，实行据点式开发模式，优位推进；在开发建设上提高环境准入门槛，积极发展低碳经济和循环经济，加强面上的保护力度。

二是综合开发原则。充分发挥盐城沿海地区的港口、土地和滩涂资源优势，科学实施综合开发，坚持沿海特色农业、临港产业和新兴工业、港口物流业、湿地生态休闲旅游业四业并举，加快构建具有特色的现代产业体系。

三是集约开发原则。根据"集中、集聚、集约"发展要求，实行城镇集中布局、产业集聚发展、土地集约利用，提高滩涂资源的集约化开发程度，制定差异化开发利用方式；依托深水港口，集中发展临港产业；依托港城和重点开发区，优化产业布局。

四是开放开发原则。以市场化为导向，充分发挥政府在对外开放中的引导作用，发挥市场配置资源的基础性作用。通过优化投资环境，吸引国际资本、长三角产业转移和民营经济，坚持走大开放促大开发、大开放促大发展之路。

五是一体化开发原则。为提高开发的整体效率，大力推进"四个一体化"，即：区域基础设施一体化、产业发展与产业布局一体化、区域市场建设一体化、环境保护与生态建设一体化。

2. 港口建设与临港产业发展

盐城沿海因其淤泥质海岸特点，建港条件相对不利，但在河口及近岸由于海流和潮汐而形成的深槽附近也分布一些良港。如位于潮汐通道"西洋深槽"的大丰港，−15 米等深线宽 3~4 公里、长约 55 公里，10 万吨级海轮可乘潮进港；位于废黄河口附近的滨海港，因历史上黄河长期冲刷，形成侵蚀岸线，−15 米等深线距岸仅 3.95 公里，是江苏沿海建设 10 万~15 万吨以上深水泊位综合条件最佳的港口（距岸近、锚地广阔、地质构造稳定、周边海域无暗礁和辐射沙洲，陆域土地资源丰富等）；又如，位于射阳河口的射阳港，以及苏北唯一可直通海的深水内河——灌河下游的陈家港，均可建设万吨级泊位。为此，《规划纲要》提出，近中期重点建设已有一定基础的大丰港，加快开发建设滨海港，配套发展射阳港和陈家港，形成"一港四区"的发展格局。其中"一港"为盐城组合港，发展定位为：上海国际航运中心的喂给港、连云港的组合港和长三角北翼的工业港。"四港区"中，大丰港作为近中期盐城组合港的主港区，以通用散杂货、石油化工和集装箱运输为主的综合性港区；滨海港是以服务后方临港工业为主的港区，近中期主要服务于能源中转储备，以煤炭、LNG（液化天然气）和大宗散货为主，远期逐步发展部分公用货物运输功能；射阳港为以散杂货、大宗农产品、化工产品运输为主的综合性港区；陈家港及灌河沿岸港口主要承担煤炭、散杂货及化工产品运输。

盐城组合港具有鲜明的重化工港特色，各港区均配套规划建设经济技术开发区或工业园区，重点发展临港产业。其中，大丰港临港产业以风电和生物质能源等新能源、石化与新材料、医药、风机制造和不锈钢、木材及农产品加工为主；滨海港规划以钢铁、能源、化工（石化、盐化工和煤化工）、建材、重型机械及农产品加工为主；射阳港以电力（风电及煤电）、化工、农产品加工、新型建材为主；陈家港以化工、新能源（风电）和船舶修造、有色冶金为主。

3. 沿海滩涂资源的综合开发

在盐城沿海地区 45.58 万公顷滩涂中，潮上带为 18.03 万公顷，潮间带为 14.89 万公顷，辐射沙洲为 12.67 万公顷，分别占滩涂总面积的 39.5%、32.7% 和 27.8%。根据盐城市作为长三角地区重要的农副产品生产基地，以及沿海滩涂作为国家重要的土地后备资源开发区的发展定位，建设以粮、棉、油、菜、肉、禽、水产为主的现代化商品农业基地仍是今后重要的任务之一。按照盐城市主体功能分区，除国家级自然保护区的核心区和缓冲区禁止开发外，其实验区遵循"保护优先、因地制宜、科学及综合开发"原则，可有选择地进行与生态功能相适应的农业开发，亦即是科学匡围滩涂的潮上带，适度匡围潮间带的高潮滩。规划到 2020 年，盐城沿海滩涂开发总规模为 9.03 万公顷（折合 903 平方公里），其中农业用地 5.33 万公顷（主要用于种植业、水产养殖业），生态用地 1.67 万公顷（种植林草及湿地），工业及城镇建设用地 2 万公顷，分别占滩涂开发总面积的 59.3%、18.5% 和 22.2%。

盐城沿海地区滩涂资源综合开发利用模式主要有以下五类：

一是滩涂渔业综合开发利用模式。规划建立滩涂渔业示范区，调整更新养殖模式，大力推广高涂蓄水养殖、海水和淡水基地养殖、农业和渔业立体养殖，大力发展规模化、工业化养殖，通过扶植拳头产品、创造渔业品牌，形成水产品生产加工体系。

二是现代高效农业园区开发利用模式。重点发展高效、生态、外向型现代农业。实施成片开发，以粮、油、菜、棉、瓜果、中药材、花卉等为重点，加强对耐盐、高产、优质农作物品种的选育和推广，推进规模化生产、产业化经营、公司化管理，建成为全省重要的绿色食品生产加工基地。

三是生态高效林草开发利用模式。在新开发滩涂实行植苇等生态恢复措施，完善沿海防护林体系，建设高标准农田林网，大力发展经济林果业。充分利用沿海滩涂自然牧草资源，因地制宜发展以苜蓿、黑麦草、三叶草等为主的人工草场，大力发展优质山羊及奶牛饲养等。

四是滩涂自然保护区—旅游开发利用模式。以盐城国家级珍禽自然保护区和大丰麋鹿国家自然保护区为基础，以人与自然的和谐统一为主题，结合盐城湿地生态国家公园建设，将围垦的滩涂、沙洲和生态用地作为重要节点，打造有特色、有规模、高质量的寓保护和开发为一体独特的滨海旅游风光带。

五是滩涂港口—城镇—产业集聚区开发利用模式。规划将围垦的3330公顷滩涂优先于用大丰港、滨海港、射阳港和陈家港口建设用地，10000公顷用于建设经济开发区和工业区等临港产业用地，3330公顷用于建设城镇居住和生活服务用地。

七、结束语

在我32年区域发展与区域规划研究生涯中，最应感谢的是我的老战友张豪禧同志。他于1992年初从农业地理室转来我室，当时正值研究室初创阶段，他的加入对我们这个集体无疑是强有力的支持。他积极参与了我退休前所主持的几乎所有课题，从1992年的"粤东沿海地区外向型经济发展与区域投资环境研究"，到"山东省人地关系巨系统优化与区域协调发展""苏鲁豫皖接壤地区资源开发、产业布局与环境整治""淮海经济区经济社会发展规划"等重点课题，他都是主力和骨干。1997年他退休后又与我并肩战斗了6年，承担了"柴达木盆地水资源合理开发利用与生态环境保护研究""唐山市跨世纪经济社会发展战略研究""环渤海地区区域承载力与可持续发展研究""三峡库区移民开发与可持续发展研究"等重大和重点课题。豪禧同志为人正直、厚道，待人热情、诚恳，关心集体、工作勤奋、严谨，从不计较个人名利得失，无论在业务上还是政治思想上都发挥了不可替代的作用，是值得信赖和深交的朋友。他所在的12年期间是区域发展与区域规划事业最兴旺发达、出成果出人才最多的时期，其中每一项成果和成绩都与他的辛勤努力和无私奉献分不开的。近几年虽然由于工作和身体原因联系少了，但我们之间的友谊就像陈酿一样，随着时间的延长而更加醇香。

退休十七年：始终未离开我热爱的地理科学事业

根据 1998 年初中国科学院人事局下发的文件，国务院学位委员会 1992 年批准的第五批博士生导师可以延期到 65 岁退休，因此，我比同龄的研究员多工作了五年，于 2003 年 8 月正式办理退休，至今已十七年了。在此期间，我虽然人事关系退了，身份变了，但实际上从未离开我所热爱的地理科学事业，尽管已进入八十有三的耄耋之年，但仍孜孜不倦地在人文经济地理领域默默耕耘，并与时俱进。

一、爱国主义是当今中国科技工作者应具备的基本素质

我出生于旧社会一个贫困的农村家庭，我的中学和大学是靠政府提供的人民助学金而完成学业的，是在党的阳光雨露下成长的。因此，我对党和国家一直怀有深深的感恩之心。家国情怀不仅是更老一辈科学家的优良传统，也是我们这一代老科技工作者需要继续发扬光大，并世世代代传承下去的宝贵财富。"爱国主义"决不是停留在口头上的空话，而是在长期培养中形成的，并在关键时刻以实际行动得到证实和检验。在职期间，我无论在承担科研项目或出国进修访问期间，还是在参加国际性学术会议和跨区域发展与合作论坛上，始终将爱国主义放在第一位，1986~1987 年我在苏联进修期间写的总结"祖国在我心中"一文就是集中体现。为了加强对年轻人进行爱国主义教育，我一方面通过博士学位课程，联系中国实际，培养和提升他们的家国情怀。早在 1998 年，根据郑度院士的提议，在我所硕士和博士学位课程"中国地理"讲座中，增加"中国周边的地缘政治与地缘经济"一讲。这一专题从 1998 年至今我已连续讲了 22 年，虽然从 2003 年起改为人文地理专业博士学位课程，但每次都有不少自然地理、地理信息系统专业的博士生听讲，一般有 60~70 人。每年讲课前我都对讲稿进行认真修改补充，突出宣传习近平总书记提出的亲诚惠容的周边外交理念、构建人类命运共同体思想，正确解读"一带一路"国际合作、南海问题、东海问题、中印关系、中日关系、朝核问题、地缘经济等热点问题，最后归纳为实施"北联、西进、南合、东拓"的地缘政治与地缘经济战略。学生每次听完后普遍反映得到了一次爱国主义精神洗礼，并报以热烈掌声。2014 年，我在此基础上写成了"中国周边地缘政治与地

缘经济格局和对策"一文，在"地理科学进展"上发表，并于 2015 年相继被《中国地理与资源国情快报》以及国内多家媒体转发，多所高校还请我去作报告。另一方面，在国内外举办的各类论坛上，对台独以及有损中国主权的言论进行了针锋相对的斗争。例如 2008 年在福州召开的"海峡两岸经贸合作高层论坛"分组会议期间，对台湾大学郑某翔教授发言中散布的"一中一台"言论当场进行了有力的批驳。又如在 2013 年的一次南海问题报告会上，对国内某著名国际关系专家在讲演中刻意淡化"九段线"提出严正批评，明确表明："九段线是中国南海海域的传统海疆线，九段线以内 210 万平方公里海域的所有的岛礁、沙洲主权均属中国，越南、马来西亚、菲律宾等国侵占的南沙群岛岛礁都是非法的，今后中国一定会通过不同途径将其收回。"为此，在会上进行了唇枪舌剑的辩论，我因言辞激烈而被称作"愤青"。我说，我算不上"愤青"而是"愤老"。

二、有工作干，生活才能过得更充实，人生才更有价值

我从 1956 年进入南京大学地理系接触地理专业，迄今已有 65 年；即使是从 1961 年进入中科院地理研究所，正式成为人文与经济地理研究队伍中的一员，至今也已 60 载。在我大学老师张同铸和宋家泰等教授以及所内吴传钧、邓静中、胡序威等老一辈地理学家的长期教育与培养下，我对地理学从不了解、知之甚少到比较了解，并将其作为毕生奋斗的事业，经历了不断提高和深化的过程。其间，既有取得成绩的喜悦，也有失败的教训。但是，随着研究工作的不断深入，我对地理事业的感情也变得更加深厚醇香，它与我的生命紧紧地联结在一起，成为不可分割的一部分。早在退休前夕，我曾经承担过规划项目的地区和城市（如武汉、郑州）就派人来北京找我，希望配合当时国家提出的区域协调发展和城镇化战略，由我牵头开展新一轮的区域与城市（含城市群）发展和空间规划。同时，我昔日指导并留所工作的博士方创琳和黄金川也力邀我加入他们的研究团队，继续从事区域与城市规划研究工作。由此，开启了我退休后的精彩人生。自退休至今，我先后主持了 8 项区域与城市规划研究项目（含课题及专题），其中既包括像"武汉城市圈总体规划""郑州建设国家区域中心城市规划"等较大项目，也包括像"中关村核心区空间结构优化研究"等小项目。并作为主要参加者，参与了方创琳和黄金川主持的 15 个研究项目（课题），执笔撰写了 24 份研究报告，合计总字数约 200 万字。在我 70 周岁前夕，将 1978~2008 年期间发表的主要学术论文和代表性研究报告汇总，结集出版了约 60 万字的学术著作：《区域发展与区域规划——理论·方法·实践》（商务印书馆，2008 年）。此外，还参与方创琳主编的 2 部专著编写（均为第 2 作者，科学出版社，2015 年，2018 年）；单独或以第一作者撰写发表学术论文 20 多篇，其中有 4 篇列为 2011~2019 年中文地理期刊高被引论文；撰写咨询报告 10 份，其中有 9 份被中办、国办或有关省市政府采用。

除承担所内科研项目外，我还积极参与所外有关科技合作、科技咨询、项目评估与评

审等活动。例如，从 2009 年起，连续 4 年作为专家组负责人之一，参与国务院确定的全国第一、二、三批 69 个资源枯竭型城市经济转型与可持续发展规划的评审，以及规划实施的后评估工作。又如，自 2013 年以来，连续七年参与中国市长协会主办、国际欧亚科学院中国科学中心承办的《中国城市发展报告》，并担任副主编，每年负责"观察篇"5~6 篇稿件组稿及审稿。又如，退休期间，平均每月参加所内外有关科研项目研讨、咨询和各类评审会约 4~5 次。

回想起退休以来的 17 年，虽然成天忙忙碌碌，平时一般每天工作 6 小时，有时甚至还要加夜班。但对我这个生活中没有特殊兴趣和爱好的人来讲，工作才是我唯一的爱好。由于平时常和年轻人在一起，感到生活过得特别充实，人生才更有价值。今后只要身体允许，我还会继续工作下去。

三、放下身段，当好科研团队的普通一兵

在我参与昔日学生领衔的科研团队工作前，常暗暗地告诫自己：一定要放下昔日导师和课题负责人的身段，老老实实当好普通一兵。因此，凡是我参加的项目，一定从实地调研开始，参与全过程研究工作，包括参加课题的集中总结、讨论，并承担研究报告（或专著）一至两章的具体编写。但时间一长，对自己的思想要求就一度有所放松，有时因为学术问题或对工作理解不同，就不顾场合，甚至当着学生的面坚持自己的看法，使得课题负责人一时难以下台，我内心也因为不被理解而感到委屈和不痛快。后来，我找赵令勋、李宝田两位老同事老朋友聊起此事时，他们俩一针见血地批评我，没有从思想上彻底放下昔日导师的架子，并希望我今后要从思想到行动上真正把自己作为普通一员，更加谦虚谨慎，严于律己。老朋友的真诚提醒，引起了我的高度重视。自此以后，在参与昔日学生主持的课题时，一方面坚持实干作风，决不当学术顾问之类的挂名成员；另一方面，真诚地关心和帮助年轻同志，坚持多补台、多出主意、多鼓励，有不同意见会后坦诚交流，以实际行动支持他们多出高水平高质量的科研成果。慢慢地，我与团队的关系也变得更加和谐。现在我深深地感到，自己在思想感情上已真正地融入了城市地理研究室这个温暖的集体，只要他们有需要，我一定会竭尽全力帮扶一把。2019 年 3~4 月，黄金川承担河南省发改委招标的河南省营商环境评价项目，任务重、要求高、时间紧迫，省有关部门希望对河南情况比较熟悉的我参与此项工作。尽管当时我老伴去世不到半年，心情状态尚未调整好，但考虑到课题组缺少研究骨干，为搞好省级营商环境评价试点，我还是答应全程参加。从 3 月初开始，就投入了极为紧张繁忙的工作，全省 18 个地市加上郑州航空港综合经济区共 19 个地级单元，每个地方都要进行实地调研。通常每天上午 8：30~12：30 召开与全市营商环境有关的 10 多个政府部门座谈会，下午召开企业家座谈会和对企业进行实地考察，另外每个地市还要发放近千份问卷调查表，晚上 7 点多吃完晚饭后还需花费 2 个多小时车程

才能抵达下一个城市。在这样紧张的高强度工作环境下，我始终精神抖擞地作为座谈会的主力，认真听取情况介绍并积极参与互动，从未缺席或早退过一次。实地调研结束后，还参与课题组在北京集中两周总结，对分头编写的《河南省营商环境评价报告》初稿进行了认真的修改定稿，并执笔撰写了最后一章"河南省营商环境存在的主要问题及优化提升的对策建议"。2019年12月又参与黄金川主持的"广西壮族自治区营商环境评价"课题，在完成北部湾沿岸五市调研后，于12月31日晚才回到北京。

在大量实地调研的基础上，我还与方创琳、黄金川合作撰写了6篇学术论文，内容涉及到推进"多规合一""生态文明城市建设""海澄文一体化"和"优化营商环境"等。其中，2020年撰写的"河南省18地市营商环境评价研究：方法、结果、问题与对策建议"和2021年初撰写的"将南宁都市圈建成'一带一路'有机衔接的重要门户"两文。先后被2019/2020和2020/2021《中国城市发展报告》采用。

四、与时俱进，努力提升科研工作水平

为了紧跟时代前进的步伐，科研工作必须不断创新。针对以往人文—经济地理研究中，定量研究较为薄弱的短板，1990年代初，通过与中科院系统科学研究所合作，引进了系统动力学模型，促使对区域发展研究从原来的定性描述转变为动态模拟与情景预测。相应地，对区域发展的调控也更具针对性与可操作性。在此基础上通过不断实践和总结，又相继提出了区域可持续发展评价指标体系、区域可持续发展决策支持系统，以及区域资源环境承载力的定量研究方法，大大拓展了区域发展研究的广度与深度。2001年由我与研究生余丹林合作撰写的"环渤海地区区域承载力研究"一文，获2019年《地理学报》创刊85周年表彰的最具影响力的85篇论文中列第52位（被引频次433次）。

退休以后，我继续沿着这一方向不断探索，特别对吴传钧先生倡导的人地关系地域系统（简称"人地系统"）优化调控的理论基础，包括人地系统结构、人地系统非线性效应、人地关系耦合理论、人地系统演进动力机制、人地系统演进模式等运用定量公式与数学模型进行表述；并将人地系统研究与区域人口、资源、环境与经济社会（PRED）协调发展和区域可持续发展紧密结合，增强了对区域发展实践的指导作用（参阅"人地系统优化调控的理论方法研究"刊于《地理学报》，2018年第73卷第4期）。此外，为深化区域产业发展与资源、市场、劳动力、经济效益与生态环境的相互关系研究，提出了区域支柱产业选择定量方法体系，在不同类型地区应用，取得了较为满意的结果。

在重视定量研究的同时，对我所原有研究基础较好的国土规划与区域规划、区域生产力布局、城镇化与区域城镇体系等领域的理论探索也不放松。例如，针对新世纪初全国范围内掀起的城市群研究热潮，但学术界一度对城市群的定义争议较大。我根据2005~2006年主持的《武汉城市圈总体规划》实践，将城市群定义为：在工业化、城镇化水平相对较

高地区,以至少一个特大城市为核心,依托发达的交通、通信等基础设施网络,由若干空间距离相近、经济联系密切、功能互补的城市和众多城镇组成,并最终实现高度一体化的城镇群体。因而,"一体化"是促进城市群发展的主要内生动力,主要包括:交通等基础设施建设一体化、产业发展与布局一体化、区域市场一体化、城乡统筹一体化、环境保护与生态建设一体化。以上观点逐步得到同行的广泛共识。又如,区域协同发展是新时代区域发展研究的新课题。我在京津冀协同发展研究中,将"协同发展"定义为:围绕同一发展目标,基于合作共赢理念、优势互补原则、产业分工要求和资源环境承载力,协调两个或两个以上省、地市级行政区组成的地域单元,形成目标同向,交通基础设施、产业发展布局、要素市场、城乡、基本公共服务与民生保障、生态环境保护一体化的区域发展新格局。协同发展的核心是提倡和谐与包容发展,最终目标是实现互利共赢、共同发展。为此,首先探讨了京津冀协同发展的机制创新与区域政策的目标(社会公平、经济效率、生态文明目标)和指向(有序疏解北京非首都功能、优化产业结构与空间格局、构建一体化的现代交通网络、促进基本公共服务均等化、加强生态环境保护)。在此基础上,提出了推动京津冀协同发展有针对性的机制创新与区域政策,包括推进区域产业协同发展、区域要素市场一体化、区域协同创新和区域公共服务共建共享机制与政策。为使区域政策能落地,必须以解决制约区域发展的瓶颈为目标,立足于区域差异、资源环境承载力与优势互补、区域合作共赢等原则,综合施策。文中以区域横向生态补偿机制与政策为例,研究内容涉及生态补偿依据、补偿范围与标准、补偿模式等。与以往相比,不仅宏观研究与区域政策结合较为紧密,而且区域政策具有较强的可操作性(参阅"京津冀协同发展的机制创新与区域政策研究",刊于《地理科学进展》,2017年第36卷第1期)。该文发表后,被《新华月报》《2018首都科技创新发展报告》等20多家媒体与网站采用,受到广泛好评。2020年11月,该文被评为中国地理学会优秀学术论文(2016~2017年)。

五、开拓研究新领域:从传统能源转向核能研究

2016年5月,方创琳主持的中科院重点科研项目:"中亚战略能矿资源的地缘配置格局对国家安全的影响"在立项讨论时,我提出,对中亚地区的煤炭、石油、天然气等传统能源研究较多(本人于2013年发表了"中国与俄罗斯及中亚五国能源合作前景展望"一文),而对核能了解甚少,且铀矿作为当今最主要的核原料来源,直接关系到我国大规模发展核电的核原料安全供应。这一提议得到在场的院计划财务局领导的重视与赞同,于是方创琳就将这一专题交给我负责,研究合同期限为2016年6月至2018年12月。尽管我在大学时曾学过一年"普通地质学与地史学",但具体对铀矿几乎从未接触过。接受任务后,我采用最笨的方法,花了约2个月时间,从百度、维基、学习文库等网上恶补有关铀矿科普和专业知识,下载了60多篇文章,内容涉及铀矿的成矿规律、铀矿的类型与赋存条件、各类铀

矿的勘探开发、铀矿的提取与加工、铀浓缩、核电建设对铀矿的需求、世界铀矿的产销与贸易等，对铀矿有了较全面的了解。在此基础上，利用我在职时曾从事 18 年苏联地理研究，并两次到中亚地区进行实地考察的基础和积累，花费了整整一年多时间，系统收集整理了中亚地区（主要是哈萨克斯坦和乌兹别克斯坦）铀矿的资源分布与开发利用现状（具体到铀矿区和主要矿点）、中亚地区铀矿的合作开发与国际贸易，中国与中亚铀矿合作开发的重点领域、合作模式、合作潜力，及其对中国核电发展的保障程度等方面的数据与资料，并执笔完成了研究报告。在研究工作中，我得到了研究团队给予的大力支持和帮助，例如方创琳的博士生罗奎为我翻译了国际原子能机构发布的 2017 年《铀矿红皮书》中的中亚国家部分，中科院兰州文献情报中心的曲建升等为我提供了中亚铀矿产销及合作开发方面的系统资料，包少勇为我下载了 30 多篇有关中亚铀矿的论文。2018 年该专题按期完成并通过验收。主要成果包括：出版专著《丝绸之路经济带：中亚能源地缘配置格局及与中国合作》，我作为该书的第二作者（方创琳为第一作者），负责撰写第七章"中亚铀矿资源配置格局与中国合作开发"。并执笔撰写了研究论文"丝绸之路经济带：中国与中亚铀矿合作开发的前景与对策"，刊于《中国科学院院刊》2018 年第 6 期（该文被新华文摘杂志社等 10 多家网站转载）。此外，还在上述研究的基础上，于 2018 年撰写了两份咨询报告（"加强与中亚铀矿合作开发，提升中国核原料保障程度的建议""关于抓紧建设我国核原料战略储备体系的建议"），由中科院上报并被中办国办采用。

六、一个承诺，干了六年多《地理科学进展》不挂名的责任副主编

2013 年，我所《地理科学进展》杂志组建新的编委会，周成虎院士成为主编，当时他因忙于我所苏州地理信息系统基地建设，无暇顾及杂志，而我作为周成虎的学长和老邻居老朋友，因此，当他找到我希望帮他承担近几年刊物的审稿工作时，我便欣然答应。因为通过审稿不仅可全面了解地理学科发展的新动向，并可学到很多新思想、理论、方法。当时他要给我一个责任副主编头衔，但我坚决拒绝，因为头衔对我这个退休十年的老人已无多大意义。成虎看我态度坚决也就同意了。虽然我在职时也担任过《地理学报》和《经济地理》杂志的副主编，但多为挂名性质，不承担具体责任，一年仅开一次编委会而已，而这次是要负实际责任的。《地理科学进展》为月刊，每期刊登约 18 篇论文，从 2013 年至 2019 年 8 月的六年间，我一般提前一个月，对下一期经初审拟刊用的文章进行学术和政治把关，并从头到尾认真地审阅和逐字逐句修改一遍，而后再由编辑进行技术加工。这项工作十分花费时间，有时遇到文笔较差的文章，一上午四个小时还改不完一篇稿，每期通常要花费我整整一周时间才能完成，有时出差还要提前准备好稿件。直到 2019 年 7 月，因《地理科学进展》编辑部主任刘春凤调任《资源科学》编辑部主任，再加上当时我由于出差时间较长、工作较紧张、身体免疫功能明显下降、浑身出现瘙痒症和痛风，才辞去此项工作。

但为所内外地理刊物进行审稿等任务仍不断。

七、不是在职博导，但仍是年轻人的良师益友

退休前，我先后指导了 20 名博士、4 名硕士和 2 名博士后。退休后，又在新疆生态与地理所合作培养了 2 名博士（其中有一名在北京以我为主培养），并从 1998 年开始至今每年还为博士生上两门学位课程（2018 年起改为一门课）。在长期的科研工作和生活中，我与博士生们建立了深厚的感情，在专业上我对他们严格要求，培养独立从事科研工作能力，我指导的学生中，先后有两名博士生和一名硕士生的学位论文获中科院院长优秀奖；同时，在生活上热情地关心照顾（不仅限于本人甚至还包括家属），绝大部分博士生找工作时我都尽力帮助联系。退休后，尽管不再担任在职导师，但人文经济地理部所在的五楼和六楼的博士生和年轻人在我每周 3 天上班时，随时可到办公室找我，有的向我请教学习中碰到的问题，或帮助推荐学术论文，或为一年一度的申报国家自然科学基金项目出谋划策，或联系帮助找工作，或帮助部分学生协调师生关系、甚至家庭矛盾。在我的帮助下，不仅为 5 位博士生找到了理想工作，还为一位婚姻濒临解体的年轻同志家庭重归于好……只要我上班就有年轻人来找我，我的老同事取笑我管得"太宽"。我认为，只要年轻人愿意找我，就是信任我，我没有理由甩手不管。与此同时，年轻人也给了我更大、更多的关爱。2004 年秋，我承担"焦作市域总体规划（2005~2020 年）"调研工作，在河南焦作云台山考察途中，因犯心脏病而突然晕倒，方创琳马上联系叫 120 急救车，等 120 急救车赶到山上后，为争取抢救时间，直接将担架从密林中的山坡抬下山，当时方创琳的女硕士生步伟娜，怕林中的树枝枝杈刮到我的脸，坚持弯腰趴在担架前保护我，从半山到山下整整用了半个多小时。我回家向老伴讲起此事，都十分感动：亲闺女也不过如此！另外，我 2012 年 4 月在北大医院因腰椎管狭窄动大手术，方创琳和我女儿一起，守在手术室外从上午 8 点一直到 12 点半手术结束，术后连续三天，研究室内年轻人从早到晚轮流为我值班，使我备受感动！

除了工作和生活外，我在退休后十七年的共事中，也深感方创琳和黄金川等一代已经迅速地成长起来，特别是他们勇于创新、开拓进取的精神和务实、求是的学风深深感染着我和整个团队。2018 年 6 月 20 日，我所研究生联合会办的刊物《地理学求索》在采访我后，即席题写了以下一段：

长江后浪推前浪，一代新人超旧人，这是自然规律。希望年轻同志要抓紧地理学发展的难得机遇期，继承老一辈学者的优良传统，胸怀一颗爱国之心报国之志，刻苦学习，团结协作，勤奋工作，瞄准学科前沿，为推动现代地理科学的大发展、为国家经济社会发展和生态文明建设做出新的更大贡献！

八、结束语

我退休十七年来，始终未离开我所热爱的地理科学事业，先后主持或参与了20多项大小科研项目（课题或专题），做了一些力所能及的工作，取得了一些小小成绩，虽然这些成绩与党和国家对我的长期培养相比，根本算不了什么，但却得到了同行和社会的广泛认可。退休以来，我先后获得了中科院研究生院颁发的"杰出贡献教师奖"（2008年）、中国科学院杰出科技成就奖（2009年，列20名获奖者第8位）、新疆维吾尔自治区科技进步一等奖（2013年，列获奖者第3名）、中国科学院科技促进发展奖（2016年，列获奖者第8名）、国务院三峡工程建委办公室颁发的"三峡工程移民开发优秀科研成果奖"（2011年，列获奖第1名）、住房及城乡建设部颁发的"华夏建设科学技术二等奖"（2017年，列获奖者第2名）、中国地理学会授予的第八届"中国地理科学成就奖"（2017年）、中国地理学会颁发的"《地理学报》创刊85周年最具影响论文奖"（2019年）、中国地理学会期刊优秀论文奖（2020年）。2020年6月8日被国家自然资源部聘为《全国国土空间规划纲要（2015～2020年）》编制专家。2012年3月当选为国际欧亚科学院院士，尽管其含金量不如两院院士，但作为当时国际欧亚科学院中国科学中心160多位院士中唯一的人文经济地理专业院士，并于2016年当选为国际欧亚科学院中国科学中心副秘书长，能得到国际学术界的认可，这对我既是鼓励，更是鞭策。今后，我将继续秉持"老骥伏枥，志在千里"的信念，发扬"小车不倒只管推"和"不用扬鞭自奋蹄"的精神，继续为地理科学事业繁荣贡献绵薄的力量。

附录1：承担的科研项目和代表性科研成果及获奖项目名录

一、主持或主要参加的科研项目

（一）地方政府委托或招标的规划类研究项目

1. 山东省莱州市政府：莱州市经济和社会发展战略规划（1989~2000年），项目主持人，1989~1990年。
2. 山东省禹城县政府：禹城县经济和社会发展规划（1991~2000年），项目主持人，1989~1991年。
3. 山东省禹城县政府：禹城县综合国土规划，项目主持人，1990~1991年。
4. 北京市石景山区政府：北京市石景山区经济和社会发展规划研究（1993~2000年），项目主持人，1992年。
5. 兰州市政府：兰州市城市发展规划研究，项目第一主持人（学术指导：胡序威；合作主持人：叶舜赞、赵令勋），1992~1993年。
6. 广东省揭阳市政府：广东省揭阳市经济和社会发展规划（1993~2010年），项目主持人，1992~1993年。
7. 山东省单县政府：山东省单县经济和社会发展规划（1996~2010年），项目主持人（与张义丰合作主持），1996年。
8. 淮海经济区联络处：淮海经济区经济社会发展规划（1996~2010年），项目主持人，1995~1996年。
9. 河南省新乡市政府：新乡市经济和社会发展规划（1996~2010年），项目主持人，1997年。
10. 河北省唐山市政府：唐山市跨世纪经济和社会发展战略研究，项目主持人，1998~1999年。
11. 河南省辉县市政府：河南省辉县市经济和社会发展规划（1996~2010年），项目主持人，1998~1999年。

12. 深圳市龙岗工业区：深圳硅峰生态软件园详细规划，方创琳主持，毛汉英主要参加，2001年。
13. 厦门市计委：厦门市杏林区产业发展规划，项目主持人，2002年。
14. 厦门市计委：厦门市翔安区产业与空间发展规划，项目主持人，2002~2003年。
15. 山东省菏泽市政府：山东省菏泽市域总体规划，方创琳主持，毛汉英主要参加，2004~2005年。
16. 杭州城市规划局：杭州市下沙区空间发展规划，项目主持人，2004~2005年。
17. 河南省焦作市发改委：焦作市域总体规划（2005~2020年），方创琳主持，毛汉英主要参加，2004年。
18. 焦作市城市规划局：河南省焦作城市总体规划（2005~2020年），方创琳主持，毛汉英主要参加，2005~2006年。
19. 江苏省常州市城市规划局：常州城市现代化规划指标体系研究，项目主持人，2005年。
20. 湖北省政府：武汉城市圈总体规划，项目第一主持人，2005~2006年。
21. 广西壮族自治区政府：北部湾开发合作与广西发展规划，方创琳主持，毛汉英主要参加，2006~2007年。
22. 北京市朝阳区：朝阳区中关村健翔科技园发展规划，项目主持人，2007年。
23. 江苏省盐城市政府：盐城市沿海开发战略规划，方创琳主持，毛汉英主要参加，2006~2007年；2010年毛汉英负责编写《盐城沿海地区发展规划纲要》。
24. 南京市发展和改革委：南京城市发展定位与未来发展战略规划，方创琳主持，毛汉英主要参加，2008年。
25. 江苏省滨海县政府：江苏省滨海港区总体规划，黄金川主持，毛汉英主要参加，2007~2008年。
26. 河南省郏县政府：河南省郏县产业发展与产业集聚区规划，黄金川主持，毛汉英主要参加，2008年。
27. 郑州市发展和改革委：郑州市建设国家区域中心城市规划，项目主持人，2009~2010年。
28. 北京市朝阳区农委：北京市朝阳区金盏地区农村城市化规划，项目主持人，2010年。
29. 合肥市城市规划局招标项目：合肥城市空间发展战略规划，方创琳主持，毛汉英主要参加，2012年。
30. 焦作市发展和改革委：焦作市综合保税区空间规划，黄金川主持，毛汉英主要参加，2012~2013年。
31. 四川省新津县政府：新津区域规划，项目主持，2014年。
32. 河北省隆化县政府：河北省隆化县产业转型发展规划，项目主持人，2014~2015年。
33. 郑州市发展和改革委：郑州市自然资源资产负债表编制研究，黄金川主持，毛汉英主要参加，2015 年。
34. 北京市海淀区科协：中关村科学城核心区空间结构优化研究，项目主持人（参加者：赵令勋、李宝田），2015 年。
35. 海南省发展和改革委：海澄文一体化规划，黄金川主持，毛汉英主要参加，2015~2016 年。
36. 河南省发展和改革委：河南省营商环境评价，黄金川主持，毛汉英主要参加，2018~2019 年。
37. 广西壮族自治区发展和改革委：广西壮族自治区营商环境评价，黄金川主持，毛汉英主要参加，2019~2020 年。

（二）国家有关部委及国家自然科学基金项目

1. 国家科委农业区划局：中国农作物复种地理北界调查，项目主持人：邓静中、程鸿、方文、曾尊国，毛汉英参加晋北—陕北片调研，1963 年。
2. 国家科委农业区划局：秦岭—淮河地带农业界线调查，邓静中指导，调研报告撰写由蔡清泉、毛汉英负责，1964 年。
3. 国家自然科学基金项目：中国经济区划理论方法研究，由胡序威申请，毛汉英负责项目具体研究工作与撰写结题报告，1988~1990 年。
4. 国家自然科学基金项目：人地关系调控机理与区域发展模式，由毛汉英、齐文虎共同申请和主持，1991~1993 年。
5. 中科院《区域开发前期研究》第一期资助项目：东南沿海地区外向型经济发展与区域投资环境研究，由毛汉英、郭文卿、姚士谋共同负责（毛汉英负责粤东沿海片区及项目成果汇总），1992~1995 年。
6. 中科院资环局"八五"重点项目：山东省人地关系巨系统优化与区域协调发展研究，项目主持人，1992~1995 年。
7. 国家自然科学基金重点项目：地球表层动态机制与人地系统调控，廖克为项目总负责人；毛汉英主持第 4 课题"区域协调发展模式与调控机理研究"，1992~1996 年。
8. 中科院《区域开发前期研究》第二期项目：苏鲁豫皖接壤地区资源开发、产业布局与环境整治，项目主持人，1994~1996 年。
9. 国家自然科学基金项目：省级区域持续发展的调控与决策支持系统，项目主持人，1995~1997 年。
10. 科技部"九五"国家重点攻关项目："西北地区水资源合理开发利用与生态环境保护研究"第 4 课题"柴达木盆地水资源合理开发利用与生态环境保护研究"课题，与贾绍风共同主持，1997~1998 年。
11. 中科院资源环境局"九五"重点项目：中国沿海地区可持续发展的决策支持系统与调

控对策，项目主持人，1997～1999 年。

12. 国家自然科学基金项目：环渤海地区区域承载力与可持续发展研究，项目主持人，1999～2001 年。
13. 国务院三峡工程建设委员会移民开发局重大项目：三峡库区移民开发与可持续发展研究，项目主持人，1999～2002 年。
14. 国家社会科学重大基金项目：新型城镇化背景下中国城市空间格局优化研究，方创琳主持，毛汉英主要参加，2013～2015 年。
15. 中科院重点项目："一带一路"地区地缘环境系统演化模拟研究，其中第 2 课题"中亚战略能矿资源开发的地缘配置格局及对国家安全的影响"，方创琳主持；毛汉英负责："中亚铀矿资源的地缘配置格局及对中国和安全的影响"专题，2016～2018 年。
16. 中科院战略先导科技专项：泛第三极环境变化与绿色丝绸治理建设，其中子课题"中亚大湖区城镇化的资源环境影响与调整策略"由刘毅负责；毛汉英承担子子课题："中亚大湖区工业化与城镇化的耦合关系及资源环境效应"，2018～2022 年。

二、出版的专著及发表的主要学术论文

（一）出版的专著（含合著）

1. 陈汉欣、毛汉英等：《苏联钢铁工业地理》，冶金工业出版社，1981 年。
2. 中国科学院地理研究所、东北师范大学编著：《苏联经济地理（上册，总论）》（由毛汉英、陈才主编），科学出版社，1983 年。
3. 毛汉英主编：《苏联农业地理》，商务印书馆，1984 年。
4. 东北师范大学、中国科学院地理研究所编著：《苏联经济地理（下册，区域）》（由陈才、毛汉英主编），科学出版社，1987 年。
5. 陈汉欣、毛汉英等：《世界钢铁工业地理》，冶金工业出版社，1989 年。
6. 毛汉英主编：《北京石景山区经济和社会发展规划》，中国计划出版社，1993 年。
7. 毛汉英主编：《广东省揭阳市经济和社会发展规划》，中国计划出版社，1993 年。
8. 毛汉英主编：《粤东沿海外向型经济发展与投资环境研究》，中国科学技术出版社，1994 年。
9. 毛汉英、胡序威主编：《兰州市城市发展规划研究》，兰州大学出版社，1994 年。
10. 毛汉英主编：《人地系统与区域持续发展》，中国科学技术出版社，1995 年。
11. 毛汉英主编：《苏鲁豫皖接壤地区资源开发、产业布局与环境整治》，科学出版社，1995 年。
12. 陆大道主编，毛汉英副主编：《中国沿海地区 21 世纪持续发展研究》，湖北科学技术出

版社，1997 年。
13. 张同铸、毛汉英主编：《世界农业地理总论》，商务印书馆，2000 年。
14. 毛汉英著：《区域发展与区域规划——理论·方法·实践》，商务印书馆，2008 年。
15. 方创琳、毛汉英、叶大年等：《中国城市发展空间格局优化理论与方法》，科学出版社，2016 年。
16. 方创琳、毛汉英等：《丝绸之路经济带：中亚能源地缘配置格局与中国合作》，科学出版社，2018 年。

（二）辞书类著作及译作

1. 毛汉英：《北冰洋》，天津人民出版社，1980 年。
2. 刘伉、毛汉英、王守春：《世界自然地理手册》，知识出版社，1981 年，1984 年再版。
3. 毛汉英、刘伉：《世界人文地理手册》，知识出版社，1981 年，1984 年再版。
4. 中科院地理研究所等 11 家单位（毛汉英按工作量列主要作者第三位）：《世界地名词典》，上海辞书出版社，1980 年。
5. 中科院地理研究所等 11 家单位（毛汉英按工作量列主要作者第三位）：《世界地名词典（修订版）》，上海辞书出版社，1996 年。
6. 左大康主编，邢嘉明、毛汉英常务副主编：《现代地理学词典》，商务印书馆，1990 年。
7. 蒋长瑜、毛汉英主编：《大辞海（第七版）世界地理卷》，上海辞书出版社，2014 年。
8. 蒋长瑜、毛汉英主编：《大辞海（第八版）世界地理卷》，上海辞书出版社，2020 年。
9. 毛汉英、杨郁华等译：《经济地理学：历史、理论、方法和实践》（作者：[苏] Ю.Г. 萨乌什金），商务印书馆，1987 年。

（三）代表性学术论文

1. 毛汉英："南阳盆地经济地理"，南京大学 1959 年优秀大学生论文集（地学类），1959 年。
2. 毛汉英："欧洲人民民主国家的农业区划"，刊于中国农业科学院《国外农业科技情报》，1962 年第 10 期。
3. 毛汉英："晋北南部地区农业的垂直地带分异研究"，刊于中国地理学会 1963 年在上海召开的《1963 年经济地理学术会议论文集》，科学出版社，1964 年。
4. 蔡清泉、毛汉英："秦岭淮河地带农业地理界线研究"，拟刊于中国科学院地理研究所编辑《地理集刊》（第 16 号），已付印，因"文革"停刊未出版。
5. 毛汉英："西秦岭地区的自然与农业地理界线研究"，拟刊于中国科学院地理研究所编辑《地理集刊》（第 16 号），已付印，因"文革"停刊未出版。
6. 毛汉英："苏联植棉业的生产布局"，刊于《世界地理集刊》第 2 集，商务印书馆，1984 年。

7. 毛汉英："苏联东部地区国土开发的经验及对我国的借鉴意义",中科院地理研究所编辑《地理集刊》(第20号),科学出版社,1987年。
8. 毛汉英："苏联组建工业枢纽中的若干理论与方法问题",中科院地理研究所编辑《地理集刊》(第20号),科学出版社,1987年。
9. 毛汉英："北冰洋的自然与资源",中科院地理研究所编辑《地理集刊》(第21号),科学出版社,1988年。
10. 毛汉英："西天山金矿分布及成矿的地质环境与开采现状",1988年4月应中国科学院遥感应用研究所郑兰芬课题组委托撰写的研究报告。
11. Мао Ханинь 1988. Современное Изучение Направление Развития Экономической Географии в Китае. *Развитие Социально-Экономической Географии.* Изд. ЛГУ.
12. 毛汉英："区域经济协作联合与经济区的形成和发展",国家自然科学基金:"中国经济区划理论方法研究"结题报告,写于1990年,收录于《区域发展与区域规划》,商务印书馆,2008年。
13. 毛汉英："县域经济和社会同人口、资源、环境协调发展研究",《地理学报》,1991年第1期。
14. 毛汉英："咸海危机的起因与解决途径",《地理研究》,1991年第2期。
15. 毛汉英、刘小金："系统动力学在区域发展规划中的应用——以山东省莱州市为例",《地理学报》,1992年第2期。
16. Mao Hanying 1992. Coordinated development of county-level man-land relationship. *The Journal of Chinese Geography,* Vol.3, No.2.
17. 毛汉英："粤东沿海地区外向型经济发展的若干问题探讨",收录于中国科学技术协会主编《沿海开放地区经济持续发展战略探讨》,中国科学技术出版社,1993年。
18. 毛汉英："闽粤沿海外向型经济发展与区域投资环境综合研究",收录于《中国区域开发研究》,中国科学技术出版社,1994年。
19. 毛汉英："山东省人口、资源、环境与发展的省情报告及决策建议",收录于《人地系统与区域持续发展研究》,中国科学技术出版社,1995年。
20. 毛汉英："山东省可持续发展指标体系初步研究",《地理研究》,1996年第4期。
21. 胡序威、毛汉英、陆大道："中国沿海地区可持续发展的问题与对策",《地理学报》,1995年第1期。
22. 毛汉英、方创琳："新时期区域发展规划的基本思路及完善途径",《地理学报》,1997年第1期。
23. 毛汉英："西北地区可持续发展的问题与对策",《地理研究》,1997年第3期。
24. 毛汉英："黄河三角洲地区可持续发展的问题与对策",《地理研究》,1997年增刊。
25. 毛汉英："山东省经济与环境协调发展研究",《地理研究》,1997年增刊。

26. 毛汉英:"新世纪山东省可持续发展的战略问题与对策",《地理学报》,1998 年第 5 期。
27. 毛汉英、方创琳:"兖滕两淮地区采煤塌陷地的类型与综合开发生态模式",《生态学报》,1998 年第 5 期。
28. Mao Hanying 1998. Theory and practice of China's regional development planning in the new period. *Making regional development in China sustainable development UNCRD*. Japan.
29. Mao Hanying 1998. Resources exploitation and socio-economic development in the Qiadam basin. *Chinese Journal of Arid Land Research,* Vol.11, No.2.
30. 毛汉英:"区域可持续发展的理论方法研究",收录于《世纪之交的中国地理学》,人民教育出版社,1999 年。
31. 毛汉英:"紧密为国家发展宏观决策服务的人文地理学——30 年来人文地理学研究的历史回顾",收录于《地理学的发展与创新》,科学出版社,1999 年。
32. 毛汉英:"区域可持续发展的机制与调控",收录于《地理学发展与创新》,科学出版社,1999 年。
33. 毛汉英:"中国区域发展差异与区域协调发展途径",收录于 1999 年 8 月 21 日~23 日在中国台北召开的《跨世纪海峡两岸地理学术研讨会论文集》,1999 年。
34. Mao Hanying 1999. Basic thoughts and practice of China's regional development planning in the new period. *The Journal of Chinese Geography*, Vol.9. No.2.
35. 毛汉英、周国民:"福建省新世纪可持续发展的问题与对策",《地理研究》,2001 年第 1 期。
36. 毛汉英:"日本第五次全国综合开发规划的基本思路及对我国借鉴意义",《世界地理集刊》,2001 年第 2 期。
37. 毛汉英、余丹林:"环渤海地区区域承载力研究",《地理学报》,2001 年第 3 期。
38. 毛汉英、余丹林:"区域承载力定量研究方法探讨",《地理科学进展》,2001 年第 4 期。
39. 毛汉英:"我国新一轮国土规划编制的基本思路",《地理研究》,2002 年第 3 期。
40. 毛汉英、高群:"三峡库区生态环境约束下的支柱产业选择",《地理学报》,2002 年第 5 期。
41. 毛汉英:"中国区域发展的人文基础",收录于《中国区域发展的理论与实践》,科学出版社,2003 年。
42. 毛汉英:"区域可持续发展的综合调控",博士学位课程"人文地理学"讲稿,收录于《区域发展与区域规划——理论·方法·实践》,商务印书馆,2008 年。
43. 毛汉英、赵千钧:"生态环境约束下黄河三角洲资源开发的思路与模式",自然资源学报,2003 年第 4 期。
44. 毛汉英、周国民:"区域可持续发展决策支持系统的实现研究",收录于《区域发展与区域规划——理论·方法·实践》，商务印书馆，2008 年。

45. 毛汉英："国外能源基地建设与综合发展的经验做法"，2003 年 12 月为国务院发展研究中心"国外能源基地建设经验"专题撰写的总结报告，收录于《区域发展与区域规划——理论·方法·实践》，商务印书馆，2008 年。

46. 毛汉英："新时期区域规划的理论、方法、实践"，《地域研究与开发》，2005 年第 6 期。

47. 毛汉英："武汉城市圈经济一体化的途径与对策"，《学习与实践》，2005 年第 10 期。

48. 毛汉英："常州城市现代化规划指标体系研究"，2005 年执笔撰写的"常州城市现代化规划指标体系研究"课题总结，收录于《区域发展与区域规划——理论·方法·实践》，商务印书馆，2008 年。

49. 毛汉英："加快建设海西城市群的背景与思路"，2006 年 10 月在福州召开的省社科联大会上的主题报告，收录于《区域发展与区域规划——理论·方法·实践》，商务印书馆，2008 年。

50. 毛汉英："区域经济一体化与武汉城市圈'五个一体化'建设"，《学习与实践》，2007 年第 9 期。

51. 毛汉英："加快建设'两型社会'，推动武汉城市圈又好又快发展"，2008 年 5 月在武汉召开的"湖北论坛"的主题报告，刊于《2008 湖北论坛文集》，收录于《区域发展与区域规划——理论·方法·实践》，商务印书馆，2008 年。

52. 毛汉英："人地系统若干理论问题的进展与展望"，收录于《吴传钧九十华诞祝贺文集》，商务印书馆，2008 年。

53. 毛汉英："深化闽台经贸合作，构建两岸区域共同市场"，2008 年 5 月 18 日在福州召开的《海峡两岸经济发展论坛》上的报告，收录于《区域发展与区域规划——理论·方法·实践》，商务印书馆，2008 年。

54. 毛汉英："地缘政治、地缘经济与重振世界地理研究"，百度快照网转引，2019 年 6 月 16 日。

55. 毛汉英："盐城市沿海地区发展规划纲要"，根据方创琳主持的《盐城市沿海开发战略规划》、黄金川主持的《江苏省滨海港区总体规划》和补充调研编制，2010 年 5 月。

56. 毛汉英："全面提升武汉发展层次的战略思考"，在湖北发展论坛上的主题发言，2010 年 11 月 6 日。

57. 毛汉英："世界地理研究回顾与展望——建所 70 周年世界地理研究成果与发展前景"，《地理科学进展》，2011 年第 4 期。

58. 毛汉英："中国与俄罗斯及中亚五国能源合作前景展望"，《地理科学进展》，2013 年第 10 期。

59. 毛汉英："生态文明城市：现代城市发展的必由之路"，2013 年 11 月在湖北城市发展论坛主题报告，收录于《2013/2014 中国城市发展报告》，中国城市出版社，2014 年。

60. 毛汉英:"中国周边地缘政治与地缘经济格局和对策",《地理科学进展》,2014 年第 3 期。
61. 毛汉英、黄金川:"海南省海澄文一体化的路径与保障机制",收录于《2015/2016 中国城市发展报告》,中国城市出版社,2016 年。
62. 毛汉英:"中国城市发展空间格局优化目标与模式",收录于方创琳主编《中国城市空间格局优化理论与方法》,商务印书馆,2016 年。
63. 毛汉英:"回眸区域发展与区域规划研究的十二年(1988~1999)",2010 年 5 月完稿,收录于《中国科学院地理研究所所志:个人回忆录》,科学出版社,2016 年。
64. 毛汉英:"京津冀协调发展的机制创新与区域政策研究",《地理科学进展》,2017 年第 1 期。
65. 毛汉英、曲建升、李耀明、包少勇:"丝绸之路经济带:中国与中亚铀矿合作开发的前景与对策",《中国科学院院刊》,2018 年第 33 卷,第 6 期。
66. 毛汉英、曲建升等:"中亚铀矿资源配置格局与中国合作开发",收录于方创琳等主编《丝绸之路经济带:中亚能源地缘配置格局与中国合作》,科学出版社,2018 年。
67. 毛汉英:"人地系统优化调控的理论方法研究",《地理学报》,2018 年第 4 期。
68. Мао Ханинь, Бао Шаоюн 2019. Урбанизационные Развитие и Прогресс в Китае и Откровение для Старан Центральной Азии. *Известие Географического Общества Узбекистана* (Доклад на международной научной конференции РГО и УГО) Ташкент.
69. 毛汉英、黄金川:"河南省 18 地市营商环境评价——方法、结果、问题与对策建议",收录于《2019/2020 中国城市发展报告》,中国城市出版社,2020 年。
70. 毛汉英、黄金川:"将南宁都市圈建成'一带一路'有机衔接的重要门户"收录于《2020/2021 中国城市发展报告》,中国城市出版社,2021 年。

(四)咨询报告

1. 毛汉英:"三峡库区大规模发展天然气化工必须慎之又慎",中办国办采用,2002 年 4 月 9 日。
2. 毛汉英:"连云港口空间重点应向南拓展",中办国办采用,2007 年 5 月 8 日。
3. 毛汉英:"必须坚持湄洲湾开发的重化工方向",福建省政府采纳,2008 年 10 月。
4. 毛汉英:"科学发展背景下武汉市的发展新定位:建设国家中心城市",武汉市委、市政府采用,2010 年。
5. 毛汉英:"南海断续线的性质及其对我国主权和海洋权益的意义",中办国办采用,2011 年 4 月 29 日。
6. 毛汉英、李宝田:"尽快在南沙群岛重点岛礁建设深水远程基地",中办国办采用,2012 年 10 月 5 日。

7. 毛汉英、李宝田："必须高度重视中俄界湖兴凯湖流域的生态环境问题",中办国办采用,2011年12月13日。
8. 毛汉英："致所领导:关于恢复世界地理研究室的意见和建议",2012年1月8日。
9. 毛汉英、赵令勋："中关村科学城核心区空间结构亟待调整优化",北京市政府领导批示,2016年4月7日。
10. 毛汉英:"关于抓紧建立我国核原料战略储备体系的建议",中办国办采用,2018年10月18日。
11. 毛汉英:"加强与中亚铀矿合作开发,提升中国核原料保障程度的建议",中办国办采用,2019年3月20日。
12. 毛汉英:"南水北调中线工程水源地核心区——河南省南阳地区的移民安置及生态补偿问题亟待解决",2019年11月20日。
13. 毛汉英:"'十四五'时期我国GDP保持5%的平均增长率是必要与可行的",国际欧亚科学院中国科学中心上报,2020年6月15日。
14. 毛汉英:"严守18亿亩耕地红线,确保粮食安全",国际欧亚科学院中国科学中心上报,2020年6月15日。

三、科研成果获奖项目

1. 中国科学院颁发:《苏联经济地理(总论)》,获中国科学院科技进步二等奖,列获奖者第1名,1985年。
2. 中国科学院颁发:苏联经济地理研究,获中国科学院自然科学进步二等奖,列获奖者第1名,1989年。
3. 山东省政府颁发:山东省莱州市经济和社会发展战略规划,获山东省科技进步二等奖,列获奖者第1名,1992年。
4. 中华人民共和国国务院于1992年10月颁发毛汉英政府特殊津贴。
5. 甘肃省政府颁发:兰州市城市发展发展规划研究,获甘肃省科技进步一等奖,列获奖者第1名,1993年12月。
6. 中国科学院研究生院颁发:优秀研究生导师,1996年。
7. 中国科学院颁发:中国沿海地区21世纪可持续发展研究,获中国科学院科技进步二等奖,列获奖者第2名,1999年10月。
8. 中国科学院研究生院颁发:杰出贡献教师奖,2008年5月10日。
9. 中国科学院颁发:中国地域空间开发理论体系研究及重大规划实践,获中国科学院杰出科技成就奖,列20名获奖者第8名,2009年。
10. 国务院三峡工程建设委员会办公室颁发:三峡工程移民科研优秀成果奖,列获奖者第

1 名，2011 年 12 月。
11. 新疆维吾尔自治区政府颁发：新疆城镇产业布局分析与决策支持系统及应用研究，获自治区科技进步一等奖，列获奖者第 3 名，2013 年 12 月。
12. 中国科学院颁发：中国新型城镇化发展的合理格局与决策支持示范团队，获中国科学院科技促进发展奖，列获奖者第 8 名，2016 年 12 月。
13. 华夏建设科学技术奖励委员会颁发：中国城市发展空间格局优化关键技术及应用，获住房及城乡建设部华夏建设科学技术二等奖，列获奖者第 2 名，2017 年 5 月。
14. 中国地理学会授予：中国地理科学成就奖，2017 年 6 月。
15. 中国地理学会颁发：《地理学报》创刊 85 周年最具影响力论文奖（论文题目："环渤海地区区域承载力研究"，刊于《地理学报》2001 年第 56 卷第 3 期），2019 年 11 月。
16. 中国地理学会颁发：中国地理学会期刊 2016～2017 年优秀论文奖（论文题目："京津冀协同发展的机制创新与区域政策研究"，刊于《地理科学进展》2017 年第 36 卷第 1 期），2020 年 11 月。
17. 国际欧亚科学院中国科学中心于 2011 年 11 月选举通过，经国际欧亚科学院总部批准，毛汉英于 2012 年 3 月 23 日当选国际欧亚科学院院士（院士证编号：057）。

附录2：我的家庭记述

我出生在江苏省江阴县（现改为江阴市）篁村乡（现属璜土镇）篁村，这是一个历史悠久的江南小镇。位于江阴市的西北边陲，紧邻常州市新北区，是典型的河网密布、稻麦两熟的鱼米之乡。有关篁村的历史沿革和兴衰，搜狐网2016年12月25日有一段简介，现摘录如下：

篁村村域包括中心村篁村及周边的26个自然村，土地面积6.23平方公里，地处璜土镇的西南部，东枕桃花港（河），西峙姬墩山，南倚西横河，北靠青鱼浜（河）。篁村村域被河道环绕，经东南西北的四座桥——太平桥、新桥头、璜塘桥、许小桥分别与四周村落相连。宋代，篁村属江阴县良信乡建善里毛司都。清康熙三年（1664年）属江阴县前周乡。民国23年（1934年）前周乡分为前周、篁村两乡，篁村乡公所（乡政府）设在篁村街上。民国36年（1947年），篁村又并入前周乡，乡公所仍设篁村街上。新中国成立后，又于1949年10月重新设置篁村乡，至1958年10月并入璜土人民公社，篁村成为璜土公社十五生产大队。1983年，改为璜土乡篁村。1987年璜土撤乡建镇，又改为璜土镇篁村。2011年统计常住人口6100人。

清咸丰十年（1860年）太平军进驻篁村，同当地的团练展开激战，战火弥漫，因东距篁村约2公里的汇头镇被毁殆尽，商贸市场逐步转移到篁村，直到清光绪初年（1875年）才形成街衢。篁村老街街道东西走向，中街向东为条石街道，西街街道用立砖铺设，全长215米，宽4米。在东街和中街、中街和西街之间，各有一十字弄，中街有一南向的大王基单向弄。解放初，篁村街上有居民250多户、1200余人。

篁村的经济基础较好，商品经济较发达，文化底蕴深厚。当时在篁村不长的街上店铺林立，约有七八十家。主要包括南北杂货、布店、茶点、粮行、饭店、理发、铁铺等行业，国药店有内科中医坐堂应诊；此外，街上还有菜摊、猪肉、家禽、水产品等众多摊贩。总之，从粮米油盐、小菜鱼肉、酒肆饭店、看病问药、书场戏院，甚至棺木、扎库无不齐全。清同治八年（1869年），本地商人金国琛在篁村东街开设金鼎恒糟坊（手工酿酒作坊），1894年在汇头上开设了汇丰茧行，在邻近的三官殿又开设了维纶茧行，各有烘茧灶4~5门，为篁村民族工业之先河。清光绪末年，篁村又开设了苗猪市场，农历每逢五、十为集市，周边各村百姓都来赶集，十分热闹。民国五年（1916年）地方绅士陈砚庭发起在建善庵设立篁村小学校。民国十七年（1928年）开始设立邮政代办所，与全国通邮。当时，篁村作为辐射周边 3 公里范围内 20 多个自然村的经济活动中心，这些村落的老百姓，对外均自称为"篁村人"。

新中国成立后，篁村又先后成立了供销社、信用社、联合诊所、卫生院及农贸市场。改革开放以来，随着经济社会的快速发展，篁村旧街拆除，重建了 10 米宽的水泥路街道，沿街两侧新建了 2~3 层的民居与商铺，但仍然保存了一些江南特色的老建筑，如花窗、木楼、雕花梁、花瓦、斑墙和飞檐等。不过，近年随着乡村改造，遗存的老建筑已越来越少。

由于篁村位于江阴与常州的交界处，到常州市中心仅 7~8 公里，因此，篁村与常州的联系十分紧密。解放前后很长一段时期，篁村至常州每天均开航"班船"（一种人力摇的木船，可载客 20 多人），早发夕归，因而无论外出办事或上中学，都去常州，所以我直到 50 岁时（1988 年）因去姐姐家探亲才第一次到江阴城区。2000 年以来，随着京沪高速公路通车和常州市区范围的不断扩大，常州市区公交汽车已延伸至距篁村不到一公里的双沟村，往返常州市区更加便捷。2005 年以来，由于横贯江阴市域的芙蓉大道（省道 340 线）的建成，篁村交通条件又有了质的改变。因该线为一级公路，环绕篁村街的北侧及西侧通过，并在篁村街西设有出口，还有支线连接沿江高速，篁村至江阴市区车程缩短至 40 分钟。2011 年 6 月京沪高铁通车，而高铁的常州站（常州北站）设在位于常州新北区的长江路，因此位于常州与江阴交界处且邻近高铁站的小湖村迅速兴起，致使距小湖村约 2 公里的篁村区域中心地位受到挑战，邮局、信用社等公共服务设施相继迁至小湖村，就连有 70 多年历史的篁村中心小学也因生源减少而被合并，篁村边缘化趋势日益加剧，经济呈现衰落景象。

一、出身书香门第

我以前对祖上的情况了解很少，为此曾多次问过父亲和四叔。四叔告诉我，祖上为书香门第，曾出过好几位进士。近年随着网络的发达，百度网 2013 年 11 月 12 日在记录我祖父的条目时，根据他著作中序跋和诗注等信息进行归纳整理，对我祖先作出以下叙述：始迁祖毛详，字瑞卿，直隶元氏县人，元泰定甲子（1324 年）进士，元统癸酉（1333 年）任常州路推官；八世祖毛宪，字式之，明正德辛未（1511 年）进士，官刑科给事中，著有《毘陵正学编》《谏垣存草》；高高祖毛复亨，乾隆壬戌（1742 年）进士，江宁府教授；嗣高祖毛应藻，乾隆丙戌（1766 年）进士，内阁中书，授湖南沅陵县知县，著有《果斋文集》；高祖父毛凤翚和高叔父毛凤龢均为清秀才（诸生）。

我的祖父毛灏，字翰甫、涵夫。有关我祖父的简历，从百度网搜集到以下记载：

毛灏，江阴人，生于清光绪九年（1883年），世居江苏武进姬山①。先世皆入仕为官，父辈及灏均为诸生。灏年十一始学诗，受父辈赞许，弱冠学制艺，不废吟咏，生性聪慧，略知医。翰甫诗五古学陶，有天趣，差比韦、柳；七律仿佛邵、陆，多有佳句。中年后，放浪山水，啸傲风月。因居姬山，谐姬为寄以名集，寓意人生如寄。著有《寄山诗文集》、《主治精华》《医意》等（引自百度网，2013年11月12日）。

2013年百度网上拍卖的《寄山集》有以下一段简介：《寄山集》共十三卷，清江阴毛灏（翰甫）著，为竹纸本，观其版式字体，当为民国木活字刻本。从书中跋可知，《寄山集》刊于乙亥，即民国二十四年（1935年），计有《寄山诗集》十卷、《寄山文集》两卷、《寄山随笔》一卷。书中或吊古咏贤以寄高远之志，或履痕游踪以叙烟霞之僻，或时令乡俗以述民风村规，或感叹时事以思人世沧桑。此外，还有他批注的《随园诗话》两册，以及手抄木《医药精华》等善本留存。前几年，《寄山集》十三卷网上开价已达4.2万元，但询问后有价无货。

从百度网上还发现，我祖父自1904年考中秀才后，由于科举制度于1905年被废除，作为读书人失去了功名上升的阶梯，故而在较长一段时期因怀才不遇、锐气受挫而变得颓丧。于是只身离家出走，云游各地山水名胜，这在他日后所著的《寄山诗文集》也有所反映；但同时他也借此机会结交各地文人墨客。其中他与时称江南大儒的清末进士钱振锽（钱名山，字梦鲸，1875~1944年）因志趣相投，私交甚好。

我祖父所著的《寄山文集》卷末的跋就是钱先生所写，文中对毛灏作了如下评价："先生冰雪聪明，绘时绘情，无微不显，无曲不达。具此才笔，何患不卓然高出于世。五古格调最高，先清有天趣，虽未及陶公，庶几韦、柳，《述往》诸篇，譬之朱弦疏越，一唱三叹，有遗音者矣。七律似邵尧夫，似陆放翁，结句多佳，此先生将来富寿康宁之兆也。"此外，钱振锽在其所著的《名山集》中，也有多处介绍和赞扬他的老朋友毛灏。

我祖父在游历各地名山大川时也留下了许多诗篇，其中在网上可搜到的就有近10首，现仅举游南京燕子矶一首："著翅凌空阔，风高燕子矶，山如临水坠，石欲渡江飞，远塔竿千尺，孤城带一围，久留凉意重，渐觉薄行衣。"

可惜，祖父的这些著作以及收藏的四大书柜书画，随着1958年以来农村的历史变革，特别是"文革"中的"扫四旧"，已散失殆尽，这也是我们后辈的悲哀！

有关我祖父中年后的详情我们都了解不多。只知道他从1928年起曾在家乡办私塾。1937年12月初日寇侵略中国，家乡沦陷后，因坚拒在汪伪时期的江阴县澄西区公所任职而逃离家乡去上海，并一直在上海国文专修馆教书。由于祖母因病去世较早（1942年），

---

① 姬山，即姬墩山，位于江苏省江阴市西部与常州市新北区交界处，行政区划属江阴市璜土镇。虽山高仅18.8米，周边长288米，但却十分有名。相传为春秋时期吴王阖闾的太子终累（即姬光太子）未立先卒安葬于此之墓，因堆土为馒头状，似墩称山。山南原有姬光庙，清咸丰十年毁于战乱。1984年夏，在此出土了隋唐时期的釉陶壶。

所以祖父平时很少回家。自我记事起就很少见到他,加之他平时态度威严,不苟言笑,因此我们都十分怕他。解放后虽退休在家,但独居老屋东北厢房,平日在家看书赋诗作画,而且自己做饭,很少与外人交往,加之我1950年离家去常州上中学,平时住校,假日回家也不敢单独去前屋看他,偶尔碰到也只是恭恭敬敬地叫一声"公公"(当地土话,即"爷爷")。只有在逢年过节时,跟随母亲去给他送饭菜和自家做的点心(江南过春节时做的团子及馒头)时,他才问我几句学校情况并叮嘱我要好好学习。直到1956年我考上南京大学后,他才认为我已真正进入"读书人"的行列,态度也发生了很大变化,变得比较和蔼可亲。1957年春节前,我从南京带回两只板鸭,母亲要我将其中的一只给爷爷送去,他欣然接受,并询问我中央大学(南京大学的前身)和金陵大学的一些情况,还表示:以后有机会要再去南京看看。1957年暑假我回家,正值那年夏天天气特别闷热,因为当时一般农村人家都没有电扇,所以当地盛行吃过晚饭等太阳落山后,就在门前场院泼水降温并架起临时木板床乘凉聊天,天气特别热时甚至整宿都睡在外面。平时我祖父一般夏天很少出来乘凉,因为我暑假回家,所以他几乎每天晚上都出来,躺在为他架的竹躺椅上,我们家、三叔和四叔家的七八个孙辈围着他,听他讲当年参加常州府科举考试,以及他年轻时游览各地风景名胜的故事,大家听得如痴如醉,每天晚上讲完一段后求他再讲一段。有时,我也顺便给他汇报南京的名胜古迹(如中山陵、雨花台、玄武湖、夫子庙等)近况,以及在南京周边的紫金山、栖霞山、幕府山、燕子矶和镇江的金山、焦山一带进行地质实习的情况,这些地方他年轻时大多去过,有时还插问我几句。可惜,这样热闹、温馨的场面未能持续太长时间。1958年春节前夕,祖父因病突然去世。当时我正参加南京大学地理系组织的勤工俭学活动,负责常州至浙江新安江水电站220千伏高压电网常州至宜兴段的线路平面测量,因缺少通讯工具,家里无法通知我,所以直到勤工俭学结束回家后才知道,我父亲带我去他的墓地祭奠,我长跪不起,满含着对他的愧歉,原谅孙儿不孝,未能见到最后一面,这也是我终生一大遗憾!

二、我的父母亲及一家

我的祖父母共生育四子一女。我的父亲毛顺培(1914~2003年)为次子。因祖父从小认为他天资不如其他三个儿子,所以十四五岁就让他去常州"学生意",亦即当学徒。解放前一直在常州北大街钟楼附近的"东丰裕"中药店当店员,这是当时常州最负盛名的中药店,类似北京的"同仁堂",他负责照方抓药。解放后,又先后调至常州东大街的良心药店、南大街的存仁药店以及常州北门外青山桥中药店当店员,直至1975年退休。他为人诚实、胆小谨慎,中文功底很好,字写的也不错。我刚到常州上中学时,因年龄太小,头一年寄居住在他工作的药店,与他打铺(同住一床)。初二稍大一点才去住校。他对我其他课程一概不过问,唯独每学期的作文本一定要交给他看,而且还在本上作批改。由于他一般晚上8~9点才下班，所以我每天做完的功课后，他就把店里订的报纸给我看，这一看报习惯一直坚持至今。在现今网络发达时代，年轻人早就不看报纸等纸媒了，但我至今仍坚持订《北京晚报》《参考消息》，每天睡觉前半躺在床上看2小时。我认为，阅读报纸和上网看新闻，效果完全不同，只有看报才能了解新闻的来龙去脉，而且我将看报作为一种享受和积极的休闲。我父亲于2003年1月底春节前夕因器官衰竭而病危，我弟弟打电话给我后立即赶回，但还是未能见上最后一面而阴阳两隔。我父亲退休后过了28年与世无争的田园安逸生活，所以他尽管体质不好，但却活到89岁。我父母能长寿（母亲享年91岁），全靠我弟弟和弟妹的精心照顾。

我的母亲居兰官（1914~2005年）是一名普通的江南农村妇女，但却是勤劳能干、有主见、识大体顾大局，并对我人生影响最大的亲人。我的外祖父原在距家约5公里的武进县（现武进区）郑陆桥镇与人合开一家杂货铺，后因病早逝。外祖父和我外祖母（江南人称"舅公""舅婆"）生育三女一男，我母亲在女孩中为老二，当时因经济来源中断，迫于生计，所以母亲在14岁时就到毛家当童养媳，为我祖父开设的私塾（常年有7、8至10名学生）做饭洗衣，从小吃了不少苦。由于她为人正直，待人热情和气，尊老爱幼，干活勤快麻利，因而深得全家人的尊重。她与私塾的学生们相处关系很好，我的小姨就是她介绍给当年在读私塾的朱忠孝先生。母亲20岁时与父亲正式成婚（江南农村称为"圆房"），育有三女两子，我是孩子中的老二。当时我父亲在常州当店员，挣菲薄工资，母亲一人在家带我们五个孩子，生活十分拮据。土改后，原来出租的5亩多地都收回自己种，因此，她除了承担繁重的家务外，平时还要种菜和下田干活。由于她特别爱整洁，卧室和堂屋每天都打扫和擦洗得干干净净，而且从不让我们插手。母亲每天起早贪黑，默默地为这个家庭付出，毫无怨言！我知道她把全部的希望寄托在孩子身上，尤其是作为长子的我，更是承载了她对改变命运的殷切期望。或许是受祖父办私塾的影响，母亲从小就给我灌输"万般皆下品，唯有读书高"等思想，教育我一定要好好读书，只有读书才能改变自己和一家人的命运。上初二时，我曾一度沉湎于看民国时期的鸳鸯蝴蝶派小说，期中考试成绩一下从全班前5名降至中游时，她十分生气，对我进行了严厉的责备，并边流泪边说，她不在乎自己从小吃了多大苦，只要我读书好为她争气就一切都值了。同时还用"少壮不努力，老大徒伤悲""梅花香自苦寒来"等名言从正面开导我，直到我保证以后不再看言情小说，并从初二下学期开始每学期在班上成绩上升5名后，她才满意。初中毕业时，我考上了不用交学费并有助学金的南京邮电学校和常州工业专科学校，同时也获得了在读的常州市一中保送上高中名额（全年级共10名），但我考虑家庭困难，姐姐和两个妹妹都在上学，因此想去读南京邮电学校，但母亲坚决不让，非要我上高中考大学。我问她："开学交不上学费及住宿费用怎么办？"她说："解放前积攒了5个金戒指和一副金耳环，每学期开学卖掉一个戒指就可供你交学费和住宿费（当时一个金戒指也就值30~40元），你只要好好学习考上大学就行了。"母亲关于读书改变命运（即现在流行的"知识改变命运"）令我刻骨铭心，并成为很长一段时期激励我前进的动力。如果没有母亲坚持让我读书并考上大学，我很可能也只能像父亲一样当一名店员，养家糊口过一辈子。正是由于母亲的严格教育和无私奉献，才成就了我的今天。不仅如此，在我参加工作后生活最艰难的时候，母亲还毫不犹豫地将我刚出生 6 个多月的二女儿接回老家，一直抚养到 8 周岁才送回北京上学；我二妹的儿子自出生后就由母亲一手带大，直到 10 岁才接回上海。母亲晚年时，常以在条件极为艰苦的解放初期，一个普通农家能出两位名牌大学的大学生而引以为傲，更为孙辈们的有出息而感到无比欣慰。每当我或孩子们回老家探亲，母亲都要带我们上街走一圈，而街坊邻居见到后总会问一声："这是北京的儿子（或女儿、孙女）回来看您了，真有福气！"这也是她最幸福的时刻，常常喜悦之情溢于言表。但是没有母亲的远见卓识和长期含辛茹苦的付出，也不可能有我们一大家的今天。父母亲的大爱无疆和深恩大德我永志不忘，一辈子也报答不了！

我的姐姐毛玉琴（1936～1990 年）比我大两岁，从小对我呵护有加，感情很深。由于家庭困难，为保证我上高中，所以她 1954 年初中毕业后便辍学在家，后经自己努力考上江阴师范学校师训班，先后在家乡江阴璜土及石庄镇农村小学，从代课教师做起，后才转为正式教师。她为人忠厚善良，孝敬父母，爱护弟妹，工作上勤勤恳恳，兢兢业业，像一头老黄牛辛勤耕耘，因而深得师生们的热爱。每次假期回家去看她，都嘘寒问暖关怀备至，为我买衣服和球鞋，并做我最爱吃的饭菜。姐夫张福生（1933～1999 年）是我母亲选定的女婿，原为江阴县城小学教师，思想进步，精明能干、勤奋上进，1956 年与我姐姐结婚后住在我家侧房 4 年。姐夫长我五岁，但各方面比我成熟得多，因此我一直将他视为兄长。因为工作表现出色，1956 年经县、地市、省教育部门层层选拔，保送南京师范学院（今南京师范大学）中文专修科（两年制）学习，并享受调干生待遇。正好同年秋我也考入南京大学，因两校相距很近，有了更多的见面交流机会，更加深了亲情，并在政治思想和生活上对我帮助很大。姐夫 1958 年毕业后分配至江阴教师进修学校任教，他在教学上很有成就，改革开放后第一批晋升为高级教师，同时举家迁往江阴县城。1990 年我姐姐因患肝癌 54 岁就去世了，最初安葬在离我家不远的住基村南，我每次回家探亲都去给她上坟，寄托我无限的哀思！她们生有一儿一女，女儿张敏出生在我家，并由我母亲一手带大，原为苏州医学院附属医院护士长，前几年已退休；儿子张明军任江阴市环保局副局长。我姐姐去世后，因对姐夫续弦等存在误会，亲情关系一度有所疏远。1999 年姐夫因病去世后，与姐姐合葬于江阴市近郊的花山公墓。由于我父母亲相继于 2003 年和 2005 年过世后就很少回老家探亲，即便是顺道去上海、南京出差，也是来去匆匆，所以直到 2016 年 4 月因参加方创琳主持的江苏南通市海安县新型城镇化试点项目调研咨询，会议结束后顺道回老家探亲。正值清明时节，在弟弟和外甥的陪同下去花山公墓祭奠姐姐姐夫。在半山腰我抱着他们的墓碑嚎啕大哭，既有对她们的深切怀念，也有对我过往误会的自责，愿姐姐和姐夫在天国过得幸福安康！

我大妹妹毛筱玉（1940~2019年），比我小两岁，1956年初中毕业后就在家务农。她勤奋上进、善于交往，办事能干利索，1958年公社化后，长期担任生产大队会计，改革开放后又任乡镇企业会计，不幸于2019年8月因病去世。妹夫宋留根，与我同龄，性格豁达开朗，办事交往能力很强，初中毕业后务农，先后担任大队干部和乡镇企业负责人。20世纪90年代中退休后，在篁村街上开了一家农资商店，出售蔬菜种子及农药等，经营尚好。她们育有两男（宋鹤年、宋小军）一女（宋婉如），均为当地乡镇企业员工。

我小妹毛慧玉，比我小五岁。她从上小学起学习成绩就十分优秀，1956年考入常州市第三初中，成绩出类拔萃。1959年考入江苏省和全国知名度很高的省立常州高级中学（简称"省常中"）后，学习更加勤奋刻苦，成绩在全年级名列前茅，在史称高考录取率最低的1962年考上北京师范大学化学系。当我陪同她去学校报到时，才得知她在当年化学系录取的新生中总分名列第一，其中数学满分。按她的成绩，报北大、清华没有问题，但她为不增加家庭负担，主动选择报考免学杂费和食宿费的北京师范大学。在我们家五个姐弟妹中，小妹与我关系最为亲密。每年寒暑假回家，她都跟着我，听我讲在大学参加实习和勤工俭学中的经历和趣事，有时也谈论国内外时事新闻。1962年她考上北师大后，因为同在一个城市，所以我星期日经常去看她，给她送零花钱并带她去饭馆改善一下生活。1967年我家搬至地安门东大街中科院第一宿舍后，离北师大化学系所在的东官房定阜大街（原辅仁大学旧址）更近，星期天常来我家，我老伴孟云钗也与她情同姐妹，小妹一直叫她为"姐"。她本拟保送读研究生，后因文化大革命研究生制度取消，并推迟一年于1968年8月毕业，分配至江苏省扬州市江都县昌松中学任教，直到1979年才调往我妹夫转业的城市本溪市四中，1983年底又与妹夫一起调回上海宝钢，先后在宝钢三中和松浦中学任教，并成为当时上海市的第一批高级教师，直至1998年退休。1978年恢复学位制后，我曾两次动员她考研，但她认为好不容易才有一个安定的家，不愿再过长期分居生活而作罢，直到现在我都为她感到惋惜。

二妹夫王耀东，出身农民家庭，为人忠厚诚实，品学兼优，1963年毕业于南京工学院（现"东南大学"）机械工程系，毕业后分配在安徽马鞍山钢铁公司，1966年被征调甘肃筹建酒泉钢铁公司，并列入基建工程兵编制。1972年转业至本溪钢铁公司，1983年又调往上海宝山钢铁公司（现"宝武钢铁集团"），曾任处长，2001年退休。小妹及妹夫育有一子王刚，现与爱人及两个孙辈均定居于加拿大。

我弟弟毛汉荣比我整整小一轮十二岁。他上小学和初中时勤奋刻苦，学习成绩优秀。但初中毕业时恰逢文化大革命，无学可上，在当时"上山下乡"浪潮中只能回乡务农。弟弟为人正直善良，勤劳刻苦，十分孝敬父母，对三个姐姐和哥哥感情深厚，关心有加，是一个有担当、勇挑重担的男儿。他同弟媳居多英一起，除种自家承包的6亩田外，还种菜和饲养猪、羊、鸡、鸭等，有时吃不完的菜还由弟媳用自行车拉到常州市区出售。平时，他们上要侍奉年迈的老父母，下要养育自己的儿女，并对我的小女儿和我小妹的儿子疼爱有加。因此，弟弟和弟妹不仅代我尽孝，而且还帮我和小妹承担抚养年幼的侄儿女的责任，他浓浓的兄弟情分，更激发了我对家的热爱！弟弟和弟媳一家，好不容易盼到子女成家立业，刚过上没几年好日子，但弟媳居多英因长期劳累，于2018年患胰腺癌，虽经上海、无锡等多家大医院全力救治，但仍不幸于2020年1月去世，我们都十分悲痛，因为她还不到66岁！他们的一双儿女均在无锡工作。女儿毛小芬，无锡东林小学高级教师；女婿施国旺，上海园林设计院副总，高级工程师。儿子毛华中为无锡有信制造有限公司工程师，儿媳韩小红为无锡红宝特种油墨集团助理工程师。我弟弟现有孙儿和外孙女各一人。

三、我的三位叔伯和堂兄弟妹

我的伯父毛组培（1912～2005年），据说是我祖父四个儿子中国文功底最好的一个。解放前长期在武进县最北部长江边的圩塘镇（现常州市新北区春江镇）中心小学任教，因年轻时与我伯母离婚，且解放后长期居住在常州市区，加之他与我敬爱的四叔关系长期不睦，所以平时来往很少。1950年我到常州上中学后，父亲曾带我去过他家两次。伯父身材略胖但十分和善。新伯母据说曾经是他的学生，家庭出身地主，十分端庄漂亮，待人也很热情。我上高中时，就读的常州市一中距伯父工作的南门清凉寺机械厂较近（他当时在厂财务任职），所以主动去看过他几次，通过深入的交谈，逐步消除了以往的误会与隔阂。1956年7月初参加高考前，我去他所在工厂与他道别，当他看到我没有手表时，立刻摘下自己手腕上的表送给我，并嘱咐：在考试时掌握好时间，取得好成绩。1961年我大学毕业分配来京工作后，回家探亲机会更少，仅在回京前顺便去看过两次，并给他带一些春节母亲做的点心，他边品尝并赞扬我母亲能干，孩子们有出息。2006年伯父因患脑血栓病故。伯父、伯母未生育子女，后来领养了娘家的外甥，曾在南京电力学校上学，毕业后分配在南京电力部门工作。

我三叔毛锡培（1916～1953年）是父辈四兄弟中字写得最好的一个。在祖父办的私塾结业后，曾在江阴和武进县的多所小学任教。他的毛笔字秀逸遒劲，我们家每年春节对联（大楹联）都出自他手，其中记忆最深的是在两家共用天井西大门上贴的"南国家声，西河世泽""风雅世宗地，洁廉世望家"，蕴含彰显先贤、启迪后人，继承祖先优良传统。三叔从小身体虚弱，且不善言辞，更不愿结交朋友。1951年他得了一种当地称为"瘤珠"的病，实为恶性肿瘤，1953年初病入膏肓，那年我上初三，放春假回家时去看他，他在病床上拉着我的手嘱咐：好好读书，继承毛家诗书传家家风……正值风华正茂就撒手人寰，十分令人悲伤！我三婶朱银秀（1920～2001年）出身于世代医家，她伯父是常州有名的骨科医生。我三叔去世后，三婶含辛茹苦将三个孩子抚养长大。大儿子毛汉良，小我一岁，诚实淳朴，初中毕业后在家务农，育有一子两女，孙辈均有出息。三叔的两个女儿毛琴芳和毛小琴初中毕业后出嫁邻村，亦务农，其中毛琴芳和毛小琴的丈夫杨岳文已去世多年。

我四叔毛洪培（1921～1993年）是父辈四兄弟中最能干，并能紧跟时代步伐、对我成长影响最大的人。他从我祖父办的私塾结业后，曾进入当时的正规学堂（相当于中学）学习三年，后在邻近武进县的郑陆桥小学和青松庵小学教书。解放初期，因思想进步，工作积极，曾抽调至土改工作队工作。1952年为培养教育人才，经县教育局推荐和省教育厅批准，保送至华东师范大学历史系专修科学习，1954年秋毕业后先分配在上海速成中学（后改为上海交大附中）和上海中学任教，后于1958年秋调至上海近郊的七宝中学任教，1980年退休。他身材魁梧，知识渊博，结交面广、思路清晰、健谈，特别对国内外时事有独到见解，因此只要他寒暑假期回家，我经常赖在他家，听他纵论国内外大事或所见所闻，每次都有茅塞顿开之感。四婶吴秀秀（1922～2002年）家境较富裕，曾在篁村街上开粮店，本人为小学毕业文化程度。四叔对我要求很严，期望值很高。他竭力反对我上大学时谈恋爱，鼓励我抓紧时间，勤奋学习。大学三年级时，我通过积极参加南大地理系承担的南水北调中线工程项目前期实地调研，撰写了"南阳盆地经济地理"一文，1959年刊登于南京大学学报，我将单印本寄给他，他阅后很高兴，称赞我是"毛家之千里驹"。"文革"初期，四叔因社会关系和"历史问题"一度受到冲击，但他并未因此而消极和丧失信念。1972、1979年我两次因公出差去上海曾到学校看他，每次他都十分关心我的工作和家庭情况，特别是1979年那次，他叮嘱我要抓紧十年文革后迎来"科学春天"的难得机遇，政治上要努力进取，科研工作要安下心、钻进去，做出成绩，不辜负党和人民的培养。四叔的这些话，至今犹在耳边，并永远是鼓舞我不断前进的动力！

1980年四叔退休回乡后，并未过悠闲的田野生活，而是积极乐观向上，尽管他患有高血压、心脏病，但仍每天摆弄院子、种菜、养鸡、养鸭。1992年6月，我出差去常州讲课，顺道回老家，看到他在大太阳下光着膀子砌猪舍，我惊讶地劝他不能这么干，但他就是一个永远闲不住的人。后因中风卧床一年多，1993年11月因脑溢血不幸去世，从此我失去了最敬爱并可坦诚相互交流的长辈，老天不公！

我四叔和四婶共育有两男两女。长子毛汉成，在江苏镇江体校毕业后参军，复员后在运输公司开汽车，退休后又在乡镇企业干了几年。爱人陈琴贤，高中毕业后经师训班培训，在江阴璜土中学任教，为高级教师。他们育有两个女儿，分别毕业于南京大学化学系和江苏镇江师专，老大毛晓宇为南京一家医药公司副总，老二毛晓玲在常州新北区中学任教。次子毛汉贤，中学学习成绩优秀，高中毕业后因"文革"原因，只能回乡务农，育有一子一女，儿子毛强中在江阴市西石桥卫生院工作，女儿毛小静在乡镇企业工作。四叔的两个女儿毛玉芳和毛玉兰初中毕业后回乡成为乡镇企业工人；大女婿管明耀为当地璜土镇乡镇干部，小女婿倪士明为乡镇企业管理人员。

我姑姑毛琴，虽出身书香门第，但因受祖父封建思想影响，未读书识字，为家庭妇女。但我姑父陈铁真（原名陈金奎，1910～1990年）却是一位十分正直、爱国、有担当的人。1937年12月常州被日寇侵占沦陷后，他不愿当亡国奴，从未干过农活的他，毅然带领全家老少离开常州城回到老家农村种田。1941年新四军在江阴根据地前栗山创办中学（实际是培训新四军干部），他毅然答应并在条件极为艰苦的学校任教，后随新四军北撤转移。1949年后，曾任常州名山中学（后改为"市三初中"）校长和常州市政协委员。他为人严肃，不苟言笑，极有威严。我在常州读书时，曾随父亲去他家一次，印象中两层小楼有两大间用于藏书。1957年初我从南京大学回家过第一个春节，他主动邀请我去他家，并给我和两位表兄（大表兄陈福芝当时在银行工作，二表兄陈福星为南京大学外语系法语专业三年级学生）讲了许多他年轻时跟我爷爷读书的往事，以及他与新四军交往的历史，并鼓励我们要珍惜来之不易的和平年代，好好学习，以知识报效国家。

此外，我爷爷还有一个弟弟（当地人称"叔公"）毛蕴甫，与我爷爷同时考中秀才。因解放后土改时划为"地主"，不久便抑郁而死。他的儿子毛福培（1922～？）解放前后长期担任小学教师，1957年反"右"时被错划为"右派"。1958年举家迁至内蒙古，与老家联系中断。

四、我的岳父母家

我的岳父孟昭昱1918年出生于河北省任丘县（现任丘市）辛中驿乡惠伯口村的一个贫困农民家庭。年轻时曾上过几年私塾，后因生活所迫随同村人去张家口坝上张北县城一家绸布店当学徒。好不容易积攒一些钱自己开一个布摊，1945年初被汉奸勾结日本鬼子抢劫一空，为此他急火攻心得了眼病，因治疗不及时，左眼失明。解放后，变卖老家部分田产后，在张家口市武城街开了一家小布店，1955年资本主义工商业社会主义改造（即"公私合营"）时，带头上交。1956年进入张家口市粮食局下设的粮食站工作，因为人老实，又有点文化，能写会算，所以很快成为粮站负责人，并于1960年光荣加入中国共产党。岳父思想进步，为人正派，一生勤劳，具有"一心为公、事事带头、吃苦在前"的老黄牛精神。但他不苟言笑、不善交往、平时难以接近，更谈不上交流。1974～1975年"文革"后期他参加张家口市粮食系统落实干部政策外调，曾两次来京并住在我家，通过沟通，改变了我原先的看法。实际上他内心深处充满了对家庭深沉的爱，特别对大女儿（我爱人孟云钗）初中毕业时，因受"重男轻女"封建思想影响，不让她上高中一事深感愧疚。1976年春因在工作中积劳成疾得脑中风，后又转为脑溢血，经医治无效于6月8日去世，终年仅58岁！在追悼会上的悼词，是我为他写的，我们都深深地怀念他。

我的岳母马桂芬亦于1918年出生于邻近任丘的河间县（现河间市）郭村乡边家边村的一个农民家庭，其家庭情况稍好。岳母心地善良、脾气温和、待人和善，是一个典型的勤劳且充满大爱的北方劳动妇女，年轻时为贴补家用曾在张家口市的街道工厂当工人，1967年我大女儿出生后，为帮忙带孩子而辞去工作，其间曾多次来京与我们一同生活。特别是我二女儿出生时，又带着我两岁的大女儿来京照顾我爱人产后生活，成天乐呵呵的，慢条斯理，不紧不慌，全身心地付出，从不嫌苦嫌累。1985年我两个女儿上中学和大学后，原来捉襟见肘的家庭经济条件也得到了明显改善，我劝她留下来养老，但她因牵挂在张家口的外孙，住了两个月就回去了。1987 年 10 月我从苏联进修回国后，又将她接来北京，她十分喜欢我从出国人员服务部买的大彩电，我上班后，她就在家看最钟爱的河北梆子，百看不厌，但她内心还是放心不下张家口的儿女两家，1988 年春节前执意回家。1989 年 4 月底，我从电话中得知她患阿尔茨海默病，便立即请假去张家口，托关系将其送至解放军 251 医院，我回京后，老伴孟云钗又去医院护理陪住了三个月，其间我与大女儿毛菁中间去替换了两次。岳母最后被诊断转为肺癌，因病情加重不幸于 1989 年 10 月去世，享年 72 岁。岳母一生辛劳、呕心沥血为全家的付出，她浓浓的亲情永远铭记在我们的心中。

岳父岳母生有两女一男，我的老伴是大女儿，二女儿孟淑云，"文革"那年高中毕业，进入张家口市毛纺厂当工人，她热爱本职工作，乐于助人，星期天从不休息，连年被评为先进工人，1984 年患严重的类风湿病转为心脏病，因病情加重无法坚持工作而内退，她一生命运多舛，结婚后不到三年爱人即英年早逝，留下一个遗腹子由岳母抚养长大。后又与疾病进行了顽强斗争，不幸于 1988 年 58 岁被病魔夺去了生命。岳父母的儿子孟宪锋和儿媳樊淑英均成长于"文革"年代，没有读多少书，初中毕业后分别进入张家口市煤气公司和毛纺厂当工人，一辈子诚实本分，勤勤恳恳工作，现退休在家养老，安度晚年。俩人育有一女孟娟在张家口市房地产公司工作，女婿为铁路员工，一家人幸福和睦。

五、我的小家庭

我的老伴孟云钗，1938 年 12 月 15 日出生于河北省任丘县（现任丘市）辛中驿乡惠伯口村的一个下中农家庭。解放后，全家随父亲迁至张家口市，由于她割舍不下年老体弱的爷爷，所以就留下来陪伴爷爷。她从小吃了很多苦，每天做饭、担水，而且放学后还要去地里干农活。1956 年她姑姑将爷爷安置好后，才转学到张家口市一中，1958 年考入张家口师专，因病休学一年。1960 年春又考入北京工业学校机械制造专业，1964 年春毕业后分配至北京第一棉纺织厂设备保全科制图室工作。

我老伴年轻时大大咧咧、酷爱文体活动，上学时曾参加张家口市滑翔机训练，取得合格证书。1964 年曾参加为庆祝中华人民共和国成立 15 周年而举办的大型音乐舞蹈史诗"东方红"的排练活动，并作为 3000 人的合唱团成员之一，在国庆节演出结束后，曾接受毛主席、周总理等党和国家领导人亲切接见，并有合影留念保存至今。

我与孟云钗是在 1965 年初由同为北京第一棉纺织厂的远房亲戚茅祖光和王西霞夫妇介绍认识的。通过一年的相处，于 1966 年 1 月 16 日在北京办理结婚登记，并于春节回老家举办了一个简单的婚礼。婚后仅一个月，我就于 2 月 28 日去甘肃武威参加农村"四清"工作，直到 8 月初接到中国科学院通知回北京参加文化大革命。由于没有住房，只好借住在她同事在东单苏州胡同的一间空房，直到 1967 年 5 月 8 日，我们的第一个孩子出生后，才在宣武门外上斜街中科院宿舍分得一间平房。因上下班极不方便，后又通过朋友帮助，于 1967 年 8 月底搬到地安门东大街科学院第一宿舍。这里住着竺可桢、吴有训两位副院长，以及杨钟健、张文佑等著名科学家，我住的一间半平房是原地学部主任尹赞勋在"文革"中退出的餐厅，虽面积仅有 20 平方米，但隔成一间半，并有共用厨房及卫生间，冬季有暖气，做饭用液化天然气罐，上下班交通及生活十分方便，这在当时同龄人中条件已属上乘，所以我们在此一住就是 17 年。

孟云钗虽只有中专毕业，但工作十分努力。由于京棉一厂全套设备是从民主德国进口，因而纺织机械零配件都需自己解决，先进行测绘制图，而后再加工制造，她所承担的正是测绘制图环节。为广泛征求一线工人对零配件的意见并加以改进，因而她同工人师傅结下了深厚的友谊。其中最令她有成就感的是由她主持、与工人于师傅合作在 1972～1973 年试制成功的废棉打包机，可提高效率 2～3 倍，获 1975 年北京市纺织系统技术革新一等奖，据说 20 世纪 90 年代该厂搬迁前此设备仍在使用。

孟云钗为人正直，极富正义感和同情心，在厂里爱岗敬业，在家尊老爱幼，勤俭持家。我们结婚后的前二十多年，全家基本上都是由她操持。1989 年她因病退休，直到 2003 年 8 月我办理退休手续后才有时间陪她，并分担部分家务，但采购仍一概由她负责。因她身体有病，一个人在家不放心，所以我外出短期讲课、开会或休假都会带上她。我们先后去过武汉、郑州、开封、南京、杭州、厦门、贵阳、长春、沈阳、大连、乌鲁木齐、庐山、三亚等城市。2015 年秋，她早晨在小区内遛弯时不慎摔倒后，身体大不如前，所以我 2016～2018 年几乎没有去外地开会讲课，每天吃完饭后陪她在小区的湖边散步，并和她一起看一集电视连续剧，2017 年春在家不慎又将右胳膊摔骨折后，一切生活上都有我伺候。这时，我才真正体会到什么是"相濡以沫"。自 2018 年起，她身体每况愈下，先是肠胃出现病变，并多次消化道大出血，7 月份在解放军 309 医院（因邻近二女儿居住的国防大学宿舍且有熟人照顾）住院半个多月后，因病情好转而出院。但 10 月 7 日晚和 8 日又两次大出血，便再住进 309 医院，因病情危重，经会诊后立即动手术，术后病情一度有所好转，我去看时她心情还不错。但几天后，因反复大出血和止血凝血引起整个消化系统与肾脏器官严重受损而转入 ICU 病房，之后便处于昏迷状态，每次无论我怎么大声呼叫，她都没有反应，我内心备受煎熬。尽管医院和医生已尽了最大努力，但仍回天乏力，最后因全身器官衰竭不幸于 2018 年 11 月 2 日上午 11 时 33 分永远地离开了我们。她走时十分安详，两个女儿守候在她身边，因怕我过度悲伤，让我见最后一面就离开，但我内心还是难以接受这一事实，毕竟我们共同生活了 52 年又 10 个月，在这段难忘的岁月里，我们曾共同努力拼搏，既有贫困拮据，但更多是幸福欢乐的日子。1 月 4 日上午，在解放军 309 医院，30 多位至亲好友为她举行了简短的遗体告别仪式。在她"头七"这天，我在日记本上写了："此缘、此恋，将如影随形，终生相伴；此情、此意，已根生脑海，永驻心间"，以寄托我对她无尽哀思与永远怀念。

我们共同生育两个女儿。大女儿毛菁生于1967年5月8日，从小由姥姥带大，6周岁时才回京上学。二女儿毛筠生于1969年3月28日，从小由奶奶带大，1977年春来京上小学二年级。我们同两个孩子关系总体很好，我老伴生前将她们比作"小棉袄"，而我现在则把他们当作"小大衣"。上中小学时，我对她俩要求较严，经常给她们讲一些励志的故事，以及"书山有路勤为径，学海无涯苦作舟"等格言，从小培养她们诚实、勤奋、上进、富有爱心等美德，为她们日后的成长打下了基础。但平心而论，当时我所关注的是自己的科研事业和工作，对她们的关爱，无论是精力（时间）还是物质投入都很不够，有时甚至在事业不顺或在单位出现矛盾后，回家还把气撒到她们身上。每当想到这些，我就深感愧疚。

大女儿毛菁，从小聪明伶俐、活泼好动，初中考上市重点北京五中，高中在区重点东直门中学，大学考入北京联合大学生物系，1989年毕业后分配在海淀区卫生学校教书，受时任北京工商银行副行长的亲家公梁忠和先生的影响，1992年调入北京工商银行系统工作，并通过自学考上了经济师，后又转至招商银行北京分行，现为该行高级职员。大女婿梁勇与我女儿高中同学，1989年北京工业大学机械系毕业后，一直在金融系统工作，现为工商银行北京分行处级干部。

小女儿毛筠，从小长得胖乎乎的，像个洋娃娃，由于长期生活在农村，刚到城里还有点不适应，上小学时有点犯迷糊，我对她要求也较不如老大，但她从27中初中毕业后，却经历了曲折的求学深造之路。当年她考上的是职业外语学校（北京126中），三年后她不甘于上中专，又提前一年考上了北京教育学院英语专业（二年制），1986年毕业后，在北京196中学任教三年后，又续了本科，毕业后分到北京101中学任教。为进一步提高教学水平，2000年她又考入北京第二外国语学院在职研究生，每周有两个半天加上星期六、日两天上课，每次她都从西北郊的国防大学宿舍坐公交车到东郊管庄，往返需4个多小时，坚持了两年半才完成全部学位课程。她十分热爱教学工作和学生，通过刻苦钻研在教学上取得了优异成绩，2010年晋升为高级教师，并先后获得了市教学骨干、学科带头人及优秀教师称号，2014年晋升为特级教师，2019年又被评为正高级教师。上述成长经历是我完全没有想到的，也使我对她刮目相看。她取得的成绩除自己长期不断上进努力外，也与学校领导的培养及同事们的帮助分不开的。2020年她又担任101中学温泉校区执行校长，并正在满怀信心地开创新的局面。二女婿潘竞科，出生于知识分子家庭，其父母分别为西安第四军医大学和西安交大教授，他从解放军重庆后勤学院毕业后，考入国防大学读研究生，取得博士学位后留校工作，现为国防大学后勤学院教授、博士生导师。他们俩育有一个儿子潘汇丰，现为大学四年级学生。

我老伴去世后，两个女儿都坚决反对我一人再住在建材城东里富力桃园小区。在二女儿的坚持下，我于2018年11月2日搬至她家所在的永定路26号国防大学干休所宿舍，这里紧邻西四环，周围环境和居住条件很好。两年多来，在两个女儿和女婿无微不至的关心下，我开启了幸福的老年新生活。